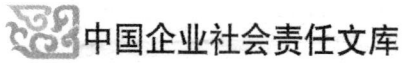中国企业社会责任文库

中国企业社会责任报告白皮书
WHITE BOOK OF CHINESE CSR REPORTS
2013

中国社会科学院经济学部企业社会责任研究中心
新华网
正德至远社会责任机构

钟宏武　魏紫川　张　葱　孙孝文等/著
翟利峰　方小静　周亚楠　汪　杰　张林菁等/数据分析

经济管理出版社
ECONOMY & MANAGEMENT PUBLISHING HOUSE

图书在版编目（CIP）数据

中国企业社会责任报告白皮书.2013/钟宏武等著.—北京：经济管理出版社，2013.12
ISBN 978-7-5096-2878-2

Ⅰ.①中… Ⅱ.①钟… Ⅲ.①企业责任—社会责任—白皮书—中国—2013 Ⅳ.①F279.2

中国版本图书馆CIP数据核字（2013）第295436号

组稿编辑：陈　力
责任编辑：魏晨红　王格格　胡　茜　杨国强
责任印制：黄章平
责任校对：超　凡

出版发行：经济管理出版社
　　　　　（北京市海淀区北蜂窝8号中雅大厦A座11层　100038）
网　　址：www.E-mp.com.cn
电　　话：(010) 51915602
印　　刷：三河市延风印装厂
经　　销：新华书店
开　　本：710mm×1000mm/16
印　　张：34
字　　数：631千字
版　　次：2013年12月第1版　2013年12月第1次印刷
书　　号：ISBN 978-7-5096-2878-2
定　　价：128.00元

·版权所有　翻印必究·
凡购本社图书，如有印装错误，由本社读者服务部负责调换。
联系地址：北京阜外月坛北小街2号
电话：(010) 68022974　邮编：100836

"中国企业社会责任文库"总序

2006年以来，我国企业社会责任运动进入了一个新的历史阶段，呈现出全社会参与、全面加速和中心扩散的特征。

（1）企业责任运动呈现出全社会参与的特征。政府部门、公众、媒体、员工、消费者、社会团体、社区、投资者、研究机构等企业利益相关方的社会责任意识开始觉醒，从各个角度以各种方式向企业施压，形成了形式各异的责任运动。在不平凡的2008年，先后发生了南方雪灾、"5·12"汶川大地震、"三鹿奶粉事件"和国际金融危机等重大事件，2008年11月胡锦涛在APEC会议上提出"企业应该树立全球责任观念，自觉将社会责任纳入经营战略，完善经营模式，追求经济效益和社会效益的统一"。社会责任已成为企业生存与发展的必修课。

（2）企业社会责任运动呈现出全面加速的特征。目前，中国企业已经认识到社会责任的重要性和必要性，企业社会责任实践的重点不是"解释问题"而是"解决问题"，企业极为关注"怎么做"和"做得好"。截至2009年10月，超过500家企业发布了企业社会责任报告；不少企业还建立了社会责任部门，统筹推动企业社会责任工作；此外，部分先进企业还在积极探索将社会责任工作融入企业战略和日常管理，建立全面社会责任管理体系。

（3）企业社会责任运动呈现出中心扩散的特征。从产业层面来看，我国企业社会责任运动起源于能源、电力等公共事业，目前已逐步向采掘、制造、贸易、零售、通信、金融、房地产等各行各业扩散。从区域层面来看，企业社会责任运动的中心从北京、上海、广州等东部中心城市向中部、西部省份扩散。

企业社会责任实践的不断发展，繁荣了我国企业社会责任的理论研究。20世纪90年代，中国期刊全文数据库收集的企业社会责任论文年均20余篇；21世纪初，企业社会责任论文年均800余篇，2009年达到2900余篇。

遗憾的是，如此众多的理论成果并未对企业社会责任实践产生相应的影响力。一方面是因为一些理论工作者的研究题目过于西化，不太关注我国的现实问题，导致理论成果与具体实践"两张皮"；另一方面是因为缺乏一个集中展示优秀理论成果的平台,一些重大的研究成果散见在浩如烟海的普及性读物之中,增大了广大读者的甄别难度,减弱了此类成果的影响效力。

为了解决上述问题,中国社会科学院经济学部企业社会责任研究中心与经济管理出版社合作推出"中国企业社会责任文库",为关注中国企业社会责任理论与实践的重大研究成果提供统一的出版平台,使得理论成果更快更好地指导具体实践。

"中国企业社会责任文库"将通过专家推荐、文库编委会评选的形式,每年向全社会精选10本重要研究成果出版发行、宣传推广。通过3~5年的运行,为中国企业社会责任贡献一批传世之作!

全国人大常委会委员
中国社会科学院学部主席团代主席

陈佳贵

2009 年 12 月

中国社会科学院经济学部企业社会责任研究中心简介

中国社会科学院经济学部企业社会责任研究中心（以下简称"中心"）成立于2008年2月，是中国社会科学院主管的非营利性学术研究机构。中国社会科学院副院长、经济学部主任李扬研究员任中心理事长，国务院国有资产监督管理委员会研究局局长彭华岗博士、中国社会科学院工业经济研究所党委书记黄群慧研究员任中心常务副理事长，中国社会科学院社会发展战略研究院钟宏武副研究员任主任。中国社会科学院、国务院国有资产监督管理委员会、人力资源与社会保障部、中国企业联合会、人民大学、国内外大型企业的数十位专家、学者担任中心理事。

中心以"中国特色、世界一流社会责任智库"为目标，积极践行研究者、推进者和观察者的责任：

● 研究者：中国企业社会责任问题的系统理论研究，研发颁布《中国企业社会责任报告编写指南（CASS-CSR 1.0/2.0）》，组织出版"中国企业社会责任文库"，促进中国特色的企业社会责任理论体系的形成和发展。

● 推进者：为政府部门、社会团体和企业等各类组织提供咨询和建议；主办"中国企业社会责任研究基地"；主办"分享责任——中国企业社会责任公益讲堂"；开设中国社科院研究生院MBA《企业社会责任》必修课，开展数百次社会责任培训，传播社会责任理论知识与实践经验；组织、参加各种企业社会责任研讨交流活动，分享企业社会责任研究成果。

● 观察者：出版《企业社会责任蓝皮书（2009/2010/2011/2012/2013）》，跟踪记录上一年度中国企业社会责任理论和实践的最新进展；每年发布《中国企业社会责任报告白皮书（2011/2012/2013）》，研究记录我国企业社会责任报告发展的阶段性特征；制定、发布、推动《中国企业社会责任报告评级》，为

150 余份企业社会责任报告提供评级服务；主办"责任云"（www.zerenyun.com）平台以及相关技术应用。

中国社会科学院经济学部企业社会责任研究中心

2013 年 11 月

电话：010 - 59001552

传真：010 - 59009243

网站：www. cass - csr. org

E - mail：csr@ cass - csr. org

地址：北京市朝阳区东三环中路 39 号建外 soho 写字楼 A 座 1710

邮政编码：100022

研究业绩

课题：

（1）国土资源部：《矿业企业社会责任报告制度研究》，2013年；

（2）国务院国资委：《中央企业社会责任优秀案例研究》，2013年；

（3）中国扶贫基金会：《中资海外企业社会责任研究》，2012～2013年；

（4）北京市国资委：《北京市属国有企业社会责任研究》，2012年5～12月；

（5）国资委研究局、中国社会科学院经济学部企业社会责任研究中心：《企业社会责任推进机制研究》，2010年1～12月；

（6）国家科技支撑计划课题：《社会责任国际标准风险控制及企业社会责任评价技术研究》之子任务，2010年1～12月；

（7）深交所、中国社会科学院经济学部企业社会责任研究中心：《上市公司社会责任信息披露》，2009年3～12月；

（8）中国工业经济联合会、中国社会科学院经济学部企业社会责任研究中心：工信部制定《推进企业社会责任建设指导意见》前期研究成果，2009年10～12月；

（9）中国社会科学院交办课题：《灾后重建与企业社会责任》，2008年8月～2009年8月；

（10）中国社会科学院课题：《海外中资企业社会责任研究》，2007年6月～2008年6月；

（11）国资委课题：《中央企业社会责任理论研究》，2007年4～8月。

专著：

（1）黄群慧、钟宏武、张蒽等：《中国盐业总公司考察》，经济管理出版社2013年版；

（2）彭华岗、钟宏武、张蒽、孙孝文等：《企业社会责任基础教材》，经济管理出版社2013年版；

（3）姜天波、钟宏武、张蒽、许英杰：《中国可持续消费研究报告》，经

济管理出版社 2013 年版;

(4) 陈佳贵、黄群慧、彭华岗、钟宏武:《企业社会责任蓝皮书（2012）》,社会科学文献出版社 2012 年版;

(5) 钟宏武、魏紫川、张蒽、孙孝文等:《中国企业社会责任报告白皮书（2012）》,经济管理出版社 2012 年版;

(6) 李春光、彭华岗、黄文生:《每一滴油都是承诺:中国石化企业社会责任的理论与实践》,经济管理出版社 2012 年版;

(7) 孙青春:《寻找增长的涌泉:企业可持续创新之路探索》,经济管理出版社 2012 年版;

(8) 陈佳贵、黄群慧、彭华岗、钟宏武:《企业社会责任蓝皮书（2011）》,社会科学文献出版社 2011 年版;

(9) 彭华岗、钟宏武、张蒽、孙孝文:《中国企业社会责任报告编写指南（CASS-CSR2.0）》,经济管理出版社 2011 年版;

(10) 钟宏武、张旺、张蒽:《中国上市公司非财务信息披露报告（2011）》,社会科学文献出版社 2011 年版;

(11) 钟宏武、张蒽、翟利峰:《中国企业社会责任报告白皮书（2011）》,经济管理出版社 2011 年版;

(12) 彭华岗、楚旭平、钟宏武、张蒽:《企业社会责任管理体系研究》,经济管理出版社 2011 年版;

(13) 彭华岗、钟宏武:《分享责任——中国社会科学院研究生院 MBA "企业社会责任"必修课讲义集（2010）》,经济管理出版社 2011 年版;

(14) 黄群慧、黄天文、钟宏武:《中国中钢集团国情调研报告》,经济管理出版社 2010 年版;

(15) 陈佳贵、黄群慧、彭华岗、钟宏武:《企业社会责任蓝皮书（2010）》,社会科学文献出版社 2010 年版;

(16) 钟宏武、张唐槟、田瑾、李玉华:《政府与企业社会责任》,经济管理出版社 2010 年版;

(17) 陈佳贵、黄群慧、彭华岗、钟宏武:《企业社会责任蓝皮书（2009）》,社会科学文献出版社 2009 年版;

(18) 钟宏武、孙孝文、张蒽:《中国企业社会责任报告编写指南（CASS-CSR1.0）》,经济管理出版社 2009 年版;

(19) 钟宏武、张蒽、张唐槟、孙孝文:《中国企业社会责任发展指数报告（2009）》,经济管理出版社 2009 年版;

(20) 陈佳贵、黄群慧、钟宏武、王延中:《工业化蓝皮书——中国地区工业化进程报告（1995~2005）》，社会科学文献出版社2007年版；

（21）钟宏武：《慈善捐赠与企业绩效》，经济管理出版社2007年版。

论文：

在《经济研究》、《中国工业经济》、《人民日报》等刊物上发表论文数十篇。

主要作者简介

钟宏武 中国社会科学院经济学部企业社会责任研究中心主任。男，四川省简阳人。毕业于中国社会科学院研究生院工业经济系，管理学博士，副研究员。2007年，受日立奖学金资助，前往日本三井全球战略研究所访学半年，研究日本企业的社会责任。先后访问南非、英国、瑞典、中国台湾等国家和地区，研究企业社会责任。主持"企业社会责任推进机制研究"（国资委课题）、"上市公司社会责任信息披露"（深圳证券交易所与中心合作课题）；编著《中国企业社会责任报告编写指南（CASS－CSR 1.0/2.0)》、《中国企业社会责任报告白皮书（2011)》、《企业社会责任管理体系》、《政府与企业社会责任：国际经验与中国实践》、《慈善捐赠与企业绩效》等专著；在《经济研究》、《中国工业经济》、《人民日报》等报刊发表学术论文50余篇。

魏紫川 中国企业社会责任报告专家评级委员会副主席。男，安徽滁州人，汉族，中共党员，1986年毕业于东南大学无线电技术专业，中国人民大学经济学硕士、博士，美国纽约市立大学计算机科学高级访问学者。1986～1996年在新华社技术局工作，任教授级高级工程师；1997年参与新华网创建；1997～2000年在新华社新闻信息中心和新华社网络办公室工作；2000年任新华网总裁助理；2004年至今任新华网副总裁兼副总编、董事会成员；2010年至今任国家计算机网络与信息安全专家组委员。曾获新华社技术进步一等奖（部级）、新华社社级好稿奖、中国新闻奖网络新闻专栏一等奖等荣誉奖项，编著《中国企业社会责任报告白皮书（2012)》。

张蒽 中国社会科学院企业社会责任研究中心副主任。女，管理学博士，经济学博士后。2007年开始从事企业社会责任研究工作，作为主要研究人员参与"中央企业社会责任推进机制研究"（国资委课题）、"上市公司社会责任信息披露"（深交所委托课题）、"中央企业社会责任理论研究"（国资委课题）、"企业社会责任指标体系研究"（科技部课题）等重大课题的研究。参与出版《中国企业社会责任报告编写指南（CASS－CSR 1.0/2.0)》、《企业社会责任蓝皮书（2009/2010/2011/2012)》、《企业社会责任管理体系研究》等专著。在《中国工业经济》、《经济管理》等期刊上发表过学术论文；为数十家中外企业提供社会责任管理咨询。

孙孝文 正德至远社会机构总经理,中国社会科学院企业社会责任研究中心副主任。男,管理学硕士。参与"中央企业社会责任推进机制研究"(国资委课题)、"上市公司社会责任信息披露"(深交所委托课题)等重大课题的研究。编写出版《中国企业社会责任蓝皮书》、《中国企业社会责任报告编写指南》等专著;为中国移动、中国石化、华润集团、中国兵器工业集团、新兴际华、中国电信、中国民生银行、中国农业发展集团有限公司、北方工业、三星中国、中国储备棉管理总公司等20余家企业提供社会责任咨询。

翟利峰 中国社会科学院经济学部企业社会责任研究中心评价部部长。男,哲学硕士。2010年开始进入企业社会责任研究领域,目前主攻方向为社会责任评价和可持续风险管理,曾合著出版《中国企业社会责任报告白皮书(2011)》,参与"中国企业社会责任蓝皮书(2011/2012/2013)"和"中国上市公司非财务信息研究蓝皮书(2011)"课题的技术路线设计、数据收集和撰写工作;主持过"基于安全生产的煤炭企业社会责任研究"(中央高校基本科研业务费专项资金),参加"北京市属国有企业社会责任研究课题"(省部级);为多家大型企业社会责任报告编写提供咨询指导意见;发表《哲学视角下科技风险探析》(核心期刊)、《中国煤炭企业2011年社会责任报告研究》(论文集)等学术文章。

方小静 中国社会科学院经济学部企业社会责任研究中心评价分析师。女,河南许昌人,企业社会责任审计师,从事企业社会责任管理与审计7年时间,现负责中心企业社会责任报告评级管理和联络工作。曾组织《企业社会责任蓝皮书(2012/2013)》、《中国企业社会责任报告白皮书(2012/2013)》的数据分析与撰写工作;对中国南方电网公司、中石油集团、华能集团、华电集团、中石化集团、中石化股份、中国联通、中国电信等几十家企业社会责任报告进行评级;参与中国民生银行、中国联通、天津生态城、东风本田、中石化集团等公司的社会责任咨询工作。

周亚楠 中国社会科学院经济学部企业社会责任研究中心分析师。女,河北衡水人,法学硕士,毕业于中国社会科学院研究生院。在企业社会责任研究与咨询等领域有着丰富的经验,曾为中国电子信息集团、华润集团、华电集团、北汽集团、新兴际华集团、中国储备棉公司等多家大型企业提供企业社会责任报告咨询服务,先后参与《企业社会责任蓝皮书(2013)》、《中国企业社会责任报告白皮书(2013)》等报告的撰写和数据分析工作。

汪 杰 中国社会科学院经济学部企业社会责任研究中心理事、主任助理,男,法学硕士。参与中国社会科学院国情调研、中国福利彩票社会责任标准规范、可持续消费等研究课题。参与编写《中国企业社会责任蓝皮书（2012）》、《中国企业社会责任报告白皮书（2012）》、《上市公司非财务信息披露报告》等专著。为中国电信、中国联通、中国保利、国家核电、中国盐业总公司、北京控股、上海大众、松下（中国）、中国民生银行等企业提供社会责任咨询服务。

张林菁 中国社会科学院经济学部企业社会责任研究中心中级咨询师，正德至远社会责任机构项目经理。女，社会工作硕士。2009年开始研究公益与社会责任相关问题，先后参与《中国企业社会责任蓝皮书（2012）》、《中国企业社会责任报告白皮书（2012）》等社会责任专著的撰写工作及北京市属国有企业社会责任研究、张家港企业社会责任建设等课题的研究工作；为中国石化股份、中国电子信息集团、华润集团、华电集团、北汽集团、新兴际华集团、中国储备棉公司、天津生态城、三星中国、佳能（中国）、斗山（中国）、LG化学（中国）等20余家企业提供社会责任咨询。

内容摘要

《中国企业社会责任报告白皮书（2013）》是中国社会科学院经济学部企业社会责任研究中心在全面分析在华企业2012年社会责任报告的基础上形成的重要研究成果。研究以《中国企业社会责任报告编写指南（CASS-CSR2.0）》和《中国企业社会责任报告评级标准》为评价依据，以企业社会责任报告的完整性、实质性、可比性、可读性、平衡性和创新性六大指标为评价维度，对1084份报告进行逐一评价、打分并划分星级与阶段，得出了中国企业社会责任报告的得分、排名及企业社会责任报告发展阶段特征。

本书分为总论、行业篇、评级篇和附录四大部分。总论阐述了研究方法与路径，呈现了中国企业2012年社会责任报告的整体特征与质量水平；行业篇第1~25章分别评价了特种设备制造业、通信服务业、电力供应业、石油和天然气开采与加工业、银行业、一般采矿业、电力生产业、零售业、酒精及饮料酒制造业、煤炭开采与洗选业、通信设备制造业、金属冶炼及压延加工业等25个重点行业内企业发布的社会责任报告六大性质和综合得分，呈现了各行业企业社会责任发展阶段特征；评级篇展示了参与"中国企业社会责任报告评级"的57份2012年社会责任报告的评级报告；附录部分呈现了中国企业2012年社会责任报告总体排名表、分行业排名表及不计入本次研究范围的社会责任报告发布企业名单，最后对企业社会责任综合平台——责任云（www.zerenyun.com）进行了介绍。

研究发现：

（1）中国企业社会责任报告信息披露不完整，30页及以下的企业社会责任报告占报告总量的63.3%；

（2）中国企业社会责任报告发布的连续性较好，连续三次及以上发布报告的企业占比66.7%，第五次发布企业最多，共有335家，占比30.9%；

（3）中国企业社会责任报告平均得分由2012年的31.7分上升为35.3分，整体处于二星级（发展阶段），49.7%的企业（539家）得分低于30分，仍处在起步阶段；

（4）特种设备制造业、电力供应业、银行业、石油和天然气开采与加工业4个行业社会责任报告综合得分较高，处于三星及以上水平，其他行业均处于二星级或一星级水平；

（5）中央企业社会责任报告质量最高，国有企业和外资企业的社会责任报告水平领先于民营企业；

（6）中国台湾、亚洲其他国家或地区、中国香港的企业在境外企业发布报告中得分较高；

（7）中国企业社会责任报告"六性"中，实质性平均得分为47.5分，表现较好；其他性质得分都在40分以下，表现不佳，其中，可读性相对较好，可比性和平衡性相对最差，仍然存在定量数据披露不足、"报喜不报忧"的问题。

目 录

"中国企业社会责任文库"总序 ································· 1

中国社会科学院经济学部企业社会责任研究中心简介 ············ 1

主要作者简介 ··· 1

内容摘要 ··· 1

总　论 ··· 1

　　第一节　研究背景 ··· 1
　　第二节　技术路线 ··· 3
　　第三节　报告概况 ·· 19
　　第四节　评价结果 ·· 26
　　第五节　阶段性特征 ··· 31

行 业 篇

第一章　特种设备制造业社会责任报告综合评价（2013） ······ 39
　　第一节　研究背景 ·· 39
　　第二节　评价结果 ·· 40
　　第三节　阶段性特征 ··· 40

第二章　通信服务业社会责任报告综合评价（2013） ··········· 44
　　第一节　研究概述 ·· 44
　　第二节　评价结果 ·· 45
　　第三节　阶段性特征 ··· 45

第三章　电力供应业社会责任报告综合评价（2013）……49
第一节　研究概述……49
第二节　评价结果……50
第三节　阶段性特征……51

第四章　石油和天然气开采与加工业社会责任报告综合评价（2013）……54
第一节　研究概述……54
第二节　评价结果……55
第三节　阶段性特征……55

第五章　银行业社会责任报告综合评价（2013）……59
第一节　研究概述……59
第二节　评价结果……60
第三节　阶段性特征……62

第六章　一般采矿业社会责任报告综合评价（2013）……66
第一节　研究概述……66
第二节　评价结果……67
第三节　阶段性特征……69

第七章　电力生产业社会责任报告综合评价（2013）……73
第一节　研究概述……73
第二节　评价结果……75
第三节　阶段性特征……77

第八章　零售业社会责任报告综合评价（2013）……81
第一节　研究概述……81
第二节　评价结果……82
第三节　阶段性特征……84

第九章　酒精及饮料酒制造业社会责任报告综合评价（2013）……88
第一节　研究概述……88

第二节　评价结果 …………………………………………………… 89
　　第三节　阶段性特征 …………………………………………………… 90

第十章　煤炭开采与洗选业社会责任报告综合评价（2013） ……… 94
　　第一节　研究概述 …………………………………………………… 94
　　第二节　评价结果 …………………………………………………… 95
　　第三节　阶段性特征 …………………………………………………… 97

第十一章　通信设备制造业社会责任报告综合评价（2013） ……… 101
　　第一节　研究综述 …………………………………………………… 101
　　第二节　评价结果 …………………………………………………… 102
　　第三节　阶段性特征 …………………………………………………… 103

第十二章　金属冶炼及压延加工业社会责任报告综合评价（2013） …… 107
　　第一节　研究概述 …………………………………………………… 107
　　第二节　评价结果 …………………………………………………… 109
　　第三节　阶段性特征 …………………………………………………… 112

第十三章　食品饮料业社会责任报告综合评价（2013） ……………… 117
　　第一节　研究概述 …………………………………………………… 117
　　第二节　评价结果 …………………………………………………… 118
　　第三节　阶段性特征 …………………………………………………… 120

第十四章　机械设备制造业社会责任报告综合评价（2013） ………… 124
　　第一节　研究概述 …………………………………………………… 124
　　第二节　评价结果 …………………………………………………… 129
　　第三节　阶段性特征 …………………………………………………… 135

第十五章　交通运输设备制造业社会责任报告综合评价（2013） …… 142
　　第一节　研究概述 …………………………………………………… 142
　　第二节　评价结果 …………………………………………………… 144
　　第三节　阶段性特征 …………………………………………………… 146

第十六章　保险业社会责任报告综合评价（2013）·················· 150
第一节　研究概述·················· 150
第二节　评价结果·················· 154
第三节　阶段性特征·················· 158

第十七章　计算机及相关设备制造业社会责任报告综合评价（2013）··· 164
第一节　研究概述·················· 164
第二节　评价结果·················· 165
第三节　阶段性特征·················· 166

第十八章　交通运输服务业社会责任报告综合评价（2013）·················· 170
第一节　研究概述·················· 170
第二节　评价结果·················· 173
第三节　阶段性特征·················· 176

第十九章　非金属矿物制品业社会责任报告综合评价（2013）·················· 181
第一节　研究概述·················· 181
第二节　评价结果·················· 183
第三节　阶段性特征·················· 185

第二十章　建筑业社会责任报告综合评价（2013）·················· 189
第一节　研究概述·················· 189
第二节　评价结果·················· 191
第三节　阶段性特征·················· 194

第二十一章　电子产品及电子元器件制造业社会责任报告综合评价（2013）·················· 198
第一节　研究概述·················· 198
第二节　评价结果·················· 201
第三节　阶段性特征·················· 205

第二十二章　医药生物制造业社会责任报告综合评价（2013）·················· 210
第一节　研究概述·················· 210

第二节　评价结果 …………………………………………………… 213
　　第三节　阶段性特征 …………………………………………………… 216

第二十三章　工业化学品制造业社会责任报告综合评价（2013）……… 221
　　第一节　研究概述 ……………………………………………………… 221
　　第二节　评价结果 ……………………………………………………… 224
　　第三节　阶段性特征 …………………………………………………… 228

第二十四章　服装鞋帽制造业社会责任报告综合评价（2013）………… 233
　　第一节　研究概述 ……………………………………………………… 233
　　第二节　评价结果 ……………………………………………………… 234
　　第三节　阶段性特征 …………………………………………………… 235

第二十五章　房地产开发业社会责任报告综合评价（2013）…………… 239
　　第一节　研究概述 ……………………………………………………… 239
　　第二节　评价结果 ……………………………………………………… 242
　　第三节　阶段性特征 …………………………………………………… 245

评级篇

第二十六章　中国企业社会责任报告评级报告概述 ……………………… 253

第二十七章　评级结果 ……………………………………………………… 254

第二十八章　评级报告展示（五星级） …………………………………… 258
　　一、《中国南方电网企业社会责任报告2012》评级报告 …………… 258
　　二、《中国建筑材料集团有限公司2012年社会责任报告》
　　　　评级报告 …………………………………………………………… 260
　　三、《中国华电集团公司社会责任报告2012》评级报告 …………… 262
　　四、《中国石油化工集团公司社会责任报告2012》评级报告 ……… 264
　　五、《中国石化2012年可持续发展进展报告》评级报告 …………… 266
　　六、《中国兵器工业集团公司2012年企业社会责任报告》
　　　　评级报告 …………………………………………………………… 268

七、《中国电信集团公司2012年社会责任报告》评级报告 …………… 270

八、《中国建筑股份有限公司可持续发展&社会责任报告2012》
　　评级报告 ……………………………………………………………… 272

九、《中国华能集团公司2012年可持续发展报告》评级报告 ………… 274

十、《中国电子科技集团公司2012年企业社会责任报告》
　　评级报告 ……………………………………………………………… 276

第二十九章　评级报告展示（四星半级） ……………… 278

十一、《中国铝业公司2012年社会责任报告》评级报告 ……………… 278

十二、《华润（集团）有限公司社会责任报告2012》评级报告 ……… 280

十三、《中国联合网络通信集团有限公司2012年社会责任报告》
　　　评级报告 …………………………………………………………… 282

十四、《广东省粤电集团有限公司企业社会责任报告2012》
　　　评级报告 …………………………………………………………… 284

十五、《中国民生银行2012年社会责任报告》评级报告 ……………… 286

十六、《中国三星社会责任报告2012》评级报告 ……………………… 288

十七、《中国黄金集团公司社会责任报告2012》评级报告 …………… 290

十八、《2012年中国海洋石油总公司可持续发展报告》评级报告 …… 292

十九、《中国盐业总公司社会责任报告2012》评级报告 ……………… 294

二十、《太钢社会责任报告2012》评级报告 …………………………… 296

二十一、《神华集团有限公司2012年社会责任报告》评级报告 ……… 298

二十二、《中国兵器装备集团公司2012年社会责任报告》
　　　　评级报告 ………………………………………………………… 300

二十三、《国家核电技术公司2012年可持续发展报告》评级报告 …… 302

二十四、《2012年广业社会责任报告》评级报告 ……………………… 304

二十五、《远洋地产企业责任报告2012》评级报告 …………………… 306

二十六、《中煤集团2012年社会责任报告》评级报告 ………………… 308

二十七、《中国储备棉管理总公司社会责任报告2012》
　　　　评级报告 ………………………………………………………… 310

二十八、《中国电子信息产业集团有限公司社会责任报告2012》
　　　　评级报告 ………………………………………………………… 312

第三十章　评级报告展示（四星级） …………………… 314

二十九、《斗山infracore（中国）社会责任报告2012》

评级报告 ··· 314

三十、《中国松下社会责任报告2012》评级报告 ················ 316

三十一、《中国东方航空股份有限公司2012年度社会责任报告》
评级报告 ··· 318

三十二、《中国医药集团企业社会责任报告2012》评级报告 ········ 320

三十三、《2012年北汽集团社会责任报告书》评级报告 ············ 322

三十四、《中国黄金国际资源有限公司社会责任报告2012》
评级报告 ··· 324

三十五、《广东省丝绸纺织集团有限公司2012年社会责任报告》
评级报告 ··· 326

三十六、《2012年中钢集团可持续发展报告》评级报告 ············ 328

三十七、《佳能（中国）企业社会责任报告2012—2013》
评级报告 ··· 330

三十八、《中国节能环保集团企业社会责任报告2012》
评级报告 ··· 332

三十九、《中国保利集团公司2012年社会责任报告》评级报告 ····· 334

四十、《广东物资集团公司2012社会责任报告》评级报告 ········· 336

四十一、《中国机械工业集团有限公司社会责任报告2012》
评级报告 ··· 338

四十二、《广东省建筑工程集团有限公司社会责任报告2012》
评级报告 ··· 340

四十三、《中国航天科技集团公司2012年社会责任报告》
评级报告 ··· 342

四十四、《广东粤海控股有限公司2012年社会责任报告》
评级报告 ··· 344

四十五、《中国交通建设股份有限公司社会责任报告2012》
评级报告 ··· 346

四十六、《2012年广百集团社会责任报告》评级报告 ·············· 348

四十七、《LG化学（中国）2012年度社会责任报告》
评级报告 ··· 350

四十八、《朔黄铁路发展有限责任公司2012年度社会责任报告》
评级报告 ··· 352

四十九、《广东省水电集团有限公司2012年社会责任报告》
评级报告 ··· 354

五十、《中国航空工业集团公司2012年社会责任报告》
　　　评级报告……………………………………………… 356

五十一、《国家电网浙江省电力公司2012年社会责任实践报告》
　　　　评级报告……………………………………………… 358

第三十一章　评级报告展示（三星半级）……………………… 360

五十二、《广东省交通集团有限公司2012年企业社会责任报告》
　　　　评级报告……………………………………………… 360

五十三、《广东省航运集团有限公司2012年社会责任报告》
　　　　评级报告……………………………………………… 362

五十四、《广东省广新控股集团有限公司2012年企业社会责任报告》
　　　　评级报告……………………………………………… 364

五十五、《广东省广晟资产经营有限公司2012年社会责任报告》
　　　　评级报告……………………………………………… 366

五十六、《广东省铁路建设投资集团有限公司2012年社会责任报告》
　　　　评级报告……………………………………………… 368

五十七、《广东省机场管理集团有限公司2012年企业社会责任报告》
　　　　评级报告……………………………………………… 370

附录一　中国企业社会责任报告评价结果与排名（2013）……… 372

附录二　重点行业社会责任报告评价结果与排名（2013）……… 459

附录三　未参与评价的企业社会责任报告名单（2013）………… 509

附录四　责任云平台介绍………………………………………… 513

后　记……………………………………………………………… 515

2014年中心工作计划……………………………………………… 517

正德至远社会责任机构简介……………………………………… 518

总 论[①]

第一节 研究背景

企业社会责任报告（Corporate Social Responsibility Report），又称非财务报告，是企业就其履行社会责任的理念、制度、措施和绩效所进行的系统信息披露，是企业与利益相关方进行全面沟通交流的重要过程和载体。

放眼世界，企业主动发布社会责任报告，积极与利益相关方开展沟通交流，已经成为经济全球化时代重要的商业准则。纵观中国，在政府、资本市场、行业协会等各方力量的推动下[②]，我国企业社会责任报告的编制和发布也

[①] 总论主要由钟宏武、翟利峰、周亚楠撰写，而相关数据收集和整理工作主要由方小静、周亚楠、郑策、李亚珍等人完成。

[②] 政府方面，深圳市人民政府在2007年5月9日发布的《中共深圳市委深圳市人民政府关于进一步推进企业履行社会责任的意见》中，明确将"政府引导，社会参与"作为三大基本原则之一，并提出了"鼓励企业向社会发布企业社会责任报告"等措施。2007年7月，上海浦东新区发布《浦东新区推进建立企业社会责任体系三年行动纲要》（2007~2009），明确了浦东新区推进建立企业社会责任体系的工作目标，其中指出，发布企业社会责任报告企业要达到300家。2008年1月，国资委发布一号文《关于中央企业履行社会责任的指导意见》，鼓励中央企业发布社会责任报告，接受社会公众的监督，2010年8月要求中央企业3年以内都要发布社会责任报告。资本市场方面，证监会2009年12月发布了《关于做好上市公司2009年年度报告及相关工作的公告》，沪深两地交易所也先后发布关于上市公司履行企业社会责任的文件。深交所在2006年9月发布的《上市公司社会责任指引》，2008年12月发布的《关于做好上市公司2008年度报告工作的通知》中就提出上市公司应当发布社会责任报告；上交所在2008年5月发布的《上市公司环境信息披露指引》以及2009年1月发布的《上市公司社会责任报告编制指引》中对社会责任报告编制做出了细化的要求。行业协会方面，中国银行业协会继2009年1月发布《中国银行业金融机构企业社会责任指引》之后，2009年5月发布了《中国银行业社会责任报告》。房地产、汽车、医药卫生、直销、体育用品等行业均发布了行业可持续发展报告或相关调查研究。中国工业经济联合会组织召开2009年、2011年中国工业经济行业可持续发展报告发布会。中国纺织工业协会出台《中国纺织服装可持续发展报告纲要》。此外，全国工商联也启动了对中国民营企业社会责任的相关研究。

取得了飞跃式的发展,截至 2013 年,中国已有 1231 家企业发布 2012 年社会责任报告(见图 0 - 1)。①

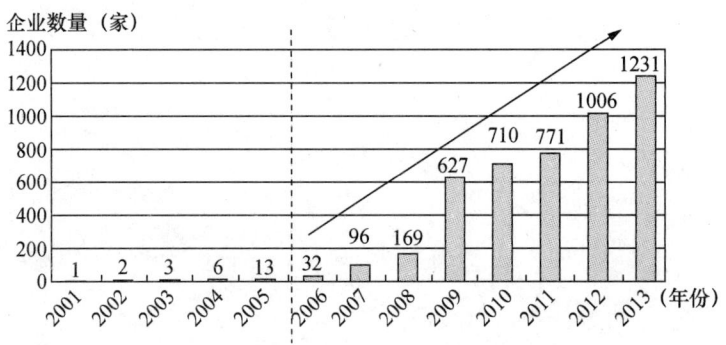

图 0 - 1　中国企业社会责任报告发展概况

同时,也应看到,在数量高速增长的同时,中国企业发布社会责任报告、进行社会/环境信息披露中还存在不少问题,如报告过于简单、主线模糊、框架不清、内容随意等,信息披露的时效性、客观性、平衡性、可读性也有待改进。为了引导中国企业社会责任报告的发展,提高中国企业社会/环境信息披露的质量和水平,中国社会科学院经济学部企业社会责任中心于 2009 年 11 月发布了我国第一本企业社会责任报告编写手册——《中国企业社会责任报告编写指南(CASS - CSR 1.0)》,2010 年制定发布了中国第一份社会责任报告评价标准——《中国企业社会责任报告评级标准》,中心成立 4 年来累计为 130 份企业社会责任报告出具了评级报告,2011 年 3 月发布了《中国企业社会责任报告编写指南(CASS - CSR 2.0)》。2011 年 12 月发布了第一本《中国企业社会责任报告白皮书(2011)》,对当年发布的 771 份企业社会责任报告进行了逐一评价。2012 年 12 月发布了《中国企业社会责任报告白皮书(2012)》,对当年发布的 1006 份企业社会责任报告进行了逐一评价。2013 年,中心继续对本年发布的所有企业社会责任报告进行评价,进一步推动中国企业社会责任报告水平的提升。

---

① 截至 2013 年 11 月 15 日。

第二节 技术路线

本书以中国社会科学院经济学部企业社会责任研究中心（以下简称"中心"）发布的《中国企业社会责任报告编写指南（CASS-CSR2.0）》以及《中国企业社会责任报告评级标准（2013）》为依据，借鉴国内外企业社会责任报告评价的路径与方法，结合我国企业社会责任报告发展现状，从完整性、实质性、平衡性、可读性、可比性和创新性六个方面对企业社会责任报告逐一评价、评级，构建具有中国特色的企业社会责任报告评价体系。如图0-2所示。

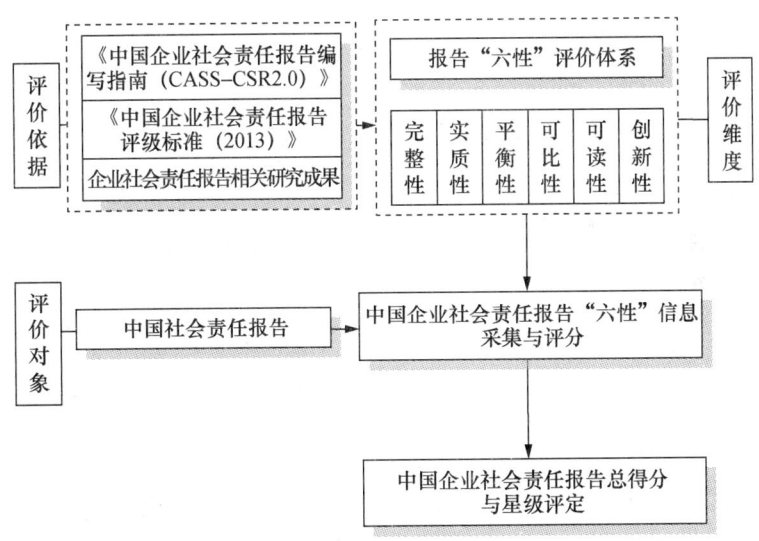

图0-2 中国企业社会责任报告研究路径

大样本的数据分析需要信息系统的支持才能保证数据质量，因此本研究在前期开发中国企业社会责任报告评价数据库，所有的数据采集和分析在数据库上完成。具体操作流程如下：①按照评级体系要求开发数据库系统以提供技术支持；②组织信息员采集报告中"六性"信息；③组织报告审核员审核采集的"六性"信息；④审核无误的"六性"信息录入数据库；⑤利用数据库系统进行统计、分析并导出评价结果用于分析。

一、评价依据

本书的评价依据是《中国企业社会责任报告编写指南（CASS–CSR2.0）》（简称《指南2.0》）、《中国企业社会责任报告评级标准》及企业社会责任报告相关研究成果。

企业社会责任报告发源于西方，国际上的报告编写标准与我国基本国情和企业发展阶段有较大的差异，我国企业编制社会责任报告欠缺可供借鉴和参考的指导手册。因此，2009年12月，中心发布了《中国企业社会责任报告编制指南（CASS–CSR 1.0）》（简称《指南1.0》），作为国内社会责任理论研究和实践指导的一项重要成果，对企业社会责任的发展起到了促进作用。2010年末，为适应中国企业社会责任新时期新形势要求，进一步增强指南的国际性、行业性和工具性，中心对《指南1.0》进行了修订，于2011年3月发布《指南2.0》。该指南构建了一个以责任管理为核心、以市场责任为基石，以社会责任和环境责任为两翼的"四位一体"模型（如图0–3所示）；突出了责任管理的重要作用，提出了6个方面、18项责任管理指标，引导企业建立责任管理体系（如图0–4所示）；充分考虑到行业性质对企业履行社会责任的重大影响，除通用指标体系外，还构建出包含46个行业的补充指标体系，充分反映不同行业企业履行社会责任的情况和特点。《指南2.0》较为全面的指标体系为评价企业社会责任报告提供了关键指标。

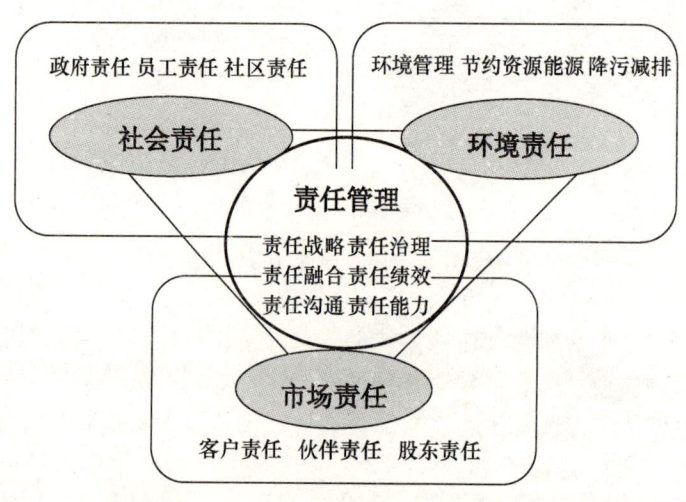

图0–3 企业社会责任"四位一体"理论模型

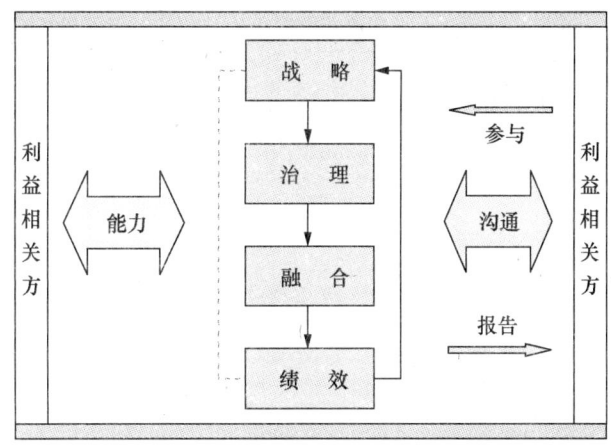

图0-4 企业社会责任管理的六维框架

《指南1.0》发布后得到社会各界广泛认可，在一些企业的提议下，中心成立"中国企业社会责任报告评级专家委员会"，制定并发布我国第一份企业社会责任报告评价标准——《中国企业社会责任报告评级标准（2010）》，从多个维度对企业社会责任报告进行系统评级。2011年，根据《指南2.0》以及评级专家在评价报告提出的意见和建议，对标准进行修订，形成《中国企业社会责任报告评级标准（2011）》。该标准确立了企业社会责任报告的评价维度和评分方法，是本书最主要的评价依据。

此外，本书还参考了国内现有的中国企业社会责任报告评价研究，主要包括商道纵横发布的《价值发现之旅》、WTO经济导刊发布的《中国企业社会责任研究报告》以及润灵环球评级发布的《A股上市公司社会责任报告评级》等，这些研究构建了各具特色的评价方法对中国企业社会责任报告进行分析，为本书提供了有益的参考。

二、评价维度

根据《中国企业社会责任报告评级标准（2011）》，本书从企业社会责任报告的六个性质对报告质量进行系统的评价，这"六性"包括完整性、实质性、平衡性、可比性、可读性和创新性。其中，完整性评价以《指南2.0》中各行业的核心指标为依据；实质性评价也充分考虑了各行业社会责任核心议题的差异。如表0-1所示。

表0-1 企业社会责任报告评价"六性"及权重

性质	内容	权重（%）
完整性	考查社会责任报告披露《指南2.0》关键指标的充分性	25
实质性	考查社会责任报告对所属行业实质议题的覆盖程度	30
平衡性	考查社会责任报告内容是否中肯，是否披露了企业发生的实质性的负面信息	10
可比性	考查社会责任报告披露数据的纵向可比性和横向可比性，亦即关键绩效指标是否披露了连续数年的历史数据以及是否披露了行业数据	10
可读性	考查报告的信息披露方式是否易于读者理解和接受	20
创新性	评价报告在内容或形式上是否具有有价值的创新	5

根据各项指标的关键性及中国企业社会责任报告发展的阶段性特征，六大指标被赋予不同的权重，权重由"中国企业社会责任报告评级专家委员会"专家采用德尔菲法（专家法）确定。是否披露了企业核心的社会责任议题一致被认为是企业社会责任报告最为重要的评价维度，占30%；其次是完整性和可读性，分别占25%和20%；再次是平衡性和可比性，各占10%；报告创新有益于企业从数百份社会责任报告中脱颖而出，吸引利益相关方阅读，但考虑到中国企业社会责任报告的发展阶段，只赋予创新性5%的权重。

三、评分方法

（一）完整性

完整性从两个方面对企业社会责任报告的内容进行考察：一是责任领域的完整性，即是否涵盖了经济责任、社会责任和环境责任；二是披露方式的完整性，即是否包含了履行社会责任的理念、制度、措施及绩效。具体的评分办法是参照《指南2.0》中每一个行业的指标体系，考查企业社会责任报告披露的指标占该行业指标体系关键指标的比重。为确保披露指标比重分析的准确性，每份报告经过两次评价。表0-2以一般制造业为例，列举了该行业社会责任报告的关键指标体系。

表0-2 完整性通用指标体系（以一般制造业为例）

一级指标	二级指标	三级指标
报告前言	报告规范	(1) 报告时间范围；(2) 报告组织范围；(3) 报告发布周期；(4) 报告数据说明；(5) 报告参考标准；(6) 报告可靠性保证；(7) 解答报告及其内容方面问题的联络人及联络方式；(8) 报告获取方式及延伸阅读
	高管致辞	(1) 企业与社会责任关系的声明； (2) 企业年度社会责任工作成绩与不足的概括总结
	责任模型	企业社会责任模型
	企业简介	(1) 企业名称、所有权性质及总部所在地； (2) 企业主要产品及服务；(3) 企业运营地域及运营架构； (4) 企业规模；(5) 企业治理机构；(6) 企业董事会结构
	关键绩效表	(1) 社会责任工作绩效对比表；(2) 关键绩效数据表； (3) 报告期内公司荣誉表
责任管理	责任战略	(1) 企业社会责任理念；(2) 核心社会责任议题； (3) 企业社会责任规划
	责任治理	(1) 社会责任领导机构；(2) 社会责任组织体系； (3) 社会责任管理制度
	责任融合	推动供应链合作伙伴履行社会责任
	责任绩效	构建企业社会责任指标体系
	责任沟通	(1) 利益相关方对企业的期望以及企业的回应措施； (2) 企业高层领导参与的内部社会责任沟通与交流活动； (3) 企业高层领导参与的外部社会责任沟通与交流活动
	责任调研	开展CSR课题研究
市场绩效	股东责任	(1) 投资者关系管理体系；(2) 成长性；(3) 收益性；(4) 安全性
	客户责任	(1) 客户关系管理制度；(2) 售后服务体系； (3) 积极应对客户投诉；(4) 客户信息保护； (5) 客户满意度调查；(6) 产品质量管理体系； (7) 产品合格率；(8) 支持产品服务创新的制度措施； (9) 研发投入；(10) 研发人员数量及比例； (11) 新增专利数；(12) 重大创新奖项
	伙伴责任	(1) 供应链社会责任评估和调查；(2) 战略共享机制及平台； (3) 责任采购制度及（或）方针；(4) 诚信经营的理念与制度保障； (5) 公平竞争的理念及制度保障；(6) 信用评估等级

续表

一级指标	二级指标	三级指标
社会绩效	政府责任	（1）企业守法合规体系；（2）守法合规措施； （3）守法合规培训；（4）重大守法合规负面信息； （5）响应国家政策；（6）纳税总额
	员工责任	（1）遵守国家劳动法律法规； （2）劳动合同签订率/集体合同覆盖率；（3）社会保险覆盖率； （4）参加工会的员工比例；（5）禁止强迫劳动； （6）每年人均带薪休假天数；（7）平等雇用制度； （8）男女员工工资比例；（9）女性管理者比例； （10）残疾人雇用率或雇用人数；（11）职业病防治制度； （12）职业安全健康培训；（13）职业病发生次数； （14）员工心理健康制度/措施；（15）体检及健康档案覆盖率； （16）员工培训制度；（17）员工培训力度； （18）员工职业发展通道；（19）民主管理与厂务公开； （20）员工意见或建议传达到高层的渠道； （21）困难员工帮扶投入；（22）确保工作生活平衡； （23）员工满意度；（24）员工流失率
	安全生产	（1）安全生产管理体系；（2）安全应急管理机制； （3）安全教育与培训；（4）安全培训绩效； （5）安全生产投入；（6）员工伤亡人数
	社区责任	（1）评估企业运营对社区的影响；（2）员工本地化政策； （3）本地化采购政策；（4）捐赠方针或捐赠制度； （5）捐赠总额；（6）支持志愿者活动的政策、措施； （7）员工志愿活动数据
环境绩效	环境管理	（1）环境管理体系；（2）环境事故应急机制； （3）环保培训与宣教；（4）环保培训力度；（5）绿色采购； （6）环保公益；（7）环保产品的研发与销售； （8）环保技术设备的研发与应用；（9）新建项目的环境评估； （10）环保总投资
	节约资源能源	（1）节约能源政策措施；（2）单位产值能耗及能源节约量； （3）节约用水制度/措施；（4）单位产值水耗及水资源节约量； （5）使用可再生能源的政策、措施；（6）循环经济政策/措施； （7）绿色办公措施

续表

一级指标	二级指标	三级指标
环境绩效	减排降污	(1) 减少废气排放的政策、措施；(2) 废气排放量及减排量； (3) 减少废水排放制度、措施或技术；(4) 废水排放量及减排量； (5) 减少废弃物排放制度、措施或技术； (6) 废弃物排放量及减排量；(7) 积极应对气候变化； (8) 温室气体排放量及减排量；(9) 生产噪声治理； (10) 厂区及周边生态环境治理
报告后记		(1) 展望：公司对社会责任工作的规划； (2) 报告评价：社会责任专家或行业专家、利益相关方或专业机构对报告的评价； (3) 参考索引：对本指南要求披露指标的采用情况； (4) 意见反馈：读者意见调查表及读者意见反馈渠道

（二）实质性

实质性主要考察企业社会责任报告是否涵盖了行业特征议题、时代议题等关键的社会责任议题，以及是否覆盖了受其重大影响的关键利益相关方。评分方法是参考《指南2.0》，设立每一个行业的特征性、实质性责任议题（如表0-3所示），根据企业社会责任报告所实际披露的议题占其应当披露的实质性议题的比率评分。为确保披露议题比重分析的准确性，每份报告经过两次评价。

表0-3 分行业的实质性议题

行业类别	实质性议题	行业类别	实质性议题
农林牧渔业	响应宏观政策	造纸业	职业健康管理
	产品质量管理		发展循环经济
	食品安全		化学危险品管理
	食品安全应急		厂区周边环境治理
	农业机械技术和生物技术创新		环保设备技术的研发和应用
	带动农民致富		林纸一体化制度及措施
	带动农村经济发展		废纸回收与再利用
	节约能源、水资源		减少废气、废水、废渣排放
	减少农药、化学品使用的制度		产品服务创新

续表

行业类别	实质性议题	行业类别	实质性议题
煤炭开采与洗选业	贯彻宏观政策	印刷业	客户信息保护
	发展循环经济		职业健康管理
	保障能源供应		发展循环经济
	煤质控制与管理		环保技术、设备的研发与应用
	职业健康管理		重金属回收利用的制度和措施
	安全生产		减少废气、废水、废渣排放
	保护土地	废弃资源及废旧材料回收加工业	危险废物的贮存、运输、处理
	煤矿采区回采		垃圾分类管理知识的宣传及普及
	清洁煤技术研发		垃圾填埋处理的制度措施
	矿区保育、尾矿处理和矿区生态保护		废品分类处理
石油和天然气开采与加工业	贯彻宏观政策		各类废品的收运管理
	产品服务创新		地下水保护的制度和措施
	保障能源供应		避免二次污染的制度与措施
	职业健康管理	一般制造业	产品质量管理
	安全生产管理与应急		产品服务创新
	产品运输安全保障		职业健康管理
	承包商安全管理		安全生产
	开发新能源		环保产品的研发与销售
	循环经济		环保技术、设备的研发与应用
	积极应对气候变化		节约能源、水资源
	生产作业区生态保护与修复		减少废气、废水、废渣排放
一般采矿业	贯彻宏观政策	建筑业	贯彻宏观政策
	职业健康管理		产品创新
	安全生产		建筑质量管理
	环境管理体系		按期交付工程
	环保技术、设备的研发与应用		农民工权益保护
	资源储备		承包商管理
	节约土地资源		安全生产
	残矿回收		噪声、粉尘、建筑垃圾管理
	矿区保育、尾矿处理和矿区生态保护		绿色建材使用

续表

行业类别	实质性议题	行业类别	实质性议题
金属冶炼及压延加工业	贯彻宏观政策	交通运输服务业	响应政府交通调度
	产品质量管理		服务质量管理体系
	产品创新		服务特殊群体
	责任采购		职业安全健康
	职业健康管理		安全运输
	安全生产		交通运输工具按时退役
	环保技术设备的研发与应用		使用环保节能交通工具
	节约能源、水资源	互联网服务业	确保资费透明的制度与措施
	循环经济		提高客户满意度
	厂区周边环境管理		保护客户信息安全
金属制品业	产品质量管理		传输服务稳定性
	产品创新		职业健康管理
	职业健康管理		预防网络沉迷的机制
	安全生产		禁止不健康、不道德信息的机制
	环保设备的研发与应用		绿色办公
	金属回收制度或措施	零售业	产品信息说明规范、完整
	节约能源、水资源		售后服务体系
	减少"三废"排放		问题产品处理的制度措施
	厂区周边环境治理		服务特殊人群
非金属矿物制品业	产品质量管理		推动电子商务和网上业务
	产品创新		促进当地就业
	职业健康管理		责任采购
	安全生产		绿色物流
	环保设备和技术的研发与应用		推广环保产品的制度及措施
	节约能源、水资源		节能建筑与绿色门店
	生产区噪声治理		仓储物流运输中的能源节约
	减少"三废"排放	批发贸易业	问题产品处理
	厂区周边环境治理		公平贸易
工业化学品制造业	产品创新		责任采购
	职业健康管理		库存管理
	安全生产		仓储物流运输中的能源节约

续表

行业类别	实质性议题	行业类别	实质性议题
工业化学品制造业	产品、半成品、副产品运输管理制度	批发贸易业	包装减量化及包装物回收利用
	环境事故应急机制		危险品仓储及运输和废弃管理
	危险化学品管理	通信服务业	确保通信质量
	环保技术设备的研发与应用		产品服务创新
	循环经济		资费透明
	厂区周边环境治理		应对客户投诉
	减少有害物质排放		客户信息保护
日用化学品制造业	产品质量管理		营造健康网络环境
	产品服务创新		保障应急通信
	针对特殊群体的产品设计		缩小数字鸿沟
	确保广告宣传合规		积极应对气候变化
	职业健康管理		基站设施共建共享的措施和成效
	安全生产		电磁辐射管理
	关注动物福利	计算机服务业	提供优质服务
	产品包装减量化		客户信息保护
	减少"三废"排放		推动产品研发
机械设备制造业	产品质量管理		信息安全管理
	产品创新		职业健康管理
	职业健康管理		员工培训与发展
	安全生产		保护知识产权
	环保产品的研发与销售	银行业	贯彻宏观政策
	节约能源、水资源		金融产品多样化
	减少"三废"排放		产品服务创新
	生产区噪音治理		保护客户信息制度
	报废设备的回收再利用		确保资费透明
交通运输设备制造业	确保产品安全性		中小企业信贷支持或小额信贷
	产品服务创新		欠发达地区信贷支持
	产品召回制度		反洗钱的制度措施
	安全生产		推进新巴塞尔资本协议
	环保交通运输设备的研发与销售		IT设备
	节约资源能源		绿色信贷

续表

行业类别	实质性议题	行业类别	实质性议题
交通运输设备制造业	生产区噪音治理	保险业	贯彻宏观政策
	报废设备的回收再利用		提供优质服务
通信设备制造业	产品质量管理		保险产品多样化
	产品创新		保险知识普及
	售后服务体系		客户信息保护
	通用设计		确保产品、服务信息的透明、真实
	产品安全性		反洗钱
	职业健康管理		风险管理
	环保产品的研发与销售		IT设备
家用电器制造业	包装减量化及包装物回收	证券、基金及其他金融服务业	贯彻宏观政策
	产品质量管理		提供优质服务
	产品创新		保护客户信息
	售后服务体系		金融产品多样性
	家电召回		确保产品、服务信息的透明、真实
	家电下乡政策制度		投资者教育
	职业健康管理		反洗钱
	环保产品的研发与销售		风险管理
	包装减量化		IT设备
电子产品及电子元件制造业	产品质量管理		交易平台安全高效
	产品服务创新		社会责任投资
	职业健康管理	特种设备制造业	贯彻宏观政策
	安全生产		客户关系管理
	环保技术设备的研发与应用		产品质量管理
	危险品仓储、运输和废弃管理		产品科技创新
	重金属管理		职业健康安全管理
	产品和包装回收再利用		确保信息安全
计算机及相关设备制造业	产品质量管理		安全生产
	产品服务创新		环保设备及技术的研发及应用
	售后服务体系	酒店业	针对特殊群体的产品和服务
	针对特殊群体的产品设计		应对客户投诉
	产品召回		保障客户隐私不受侵犯

续表

行业类别	实质性议题	行业类别	实质性议题
计算机及相关设备制造业	职业健康管理	酒店业	保障客户人身与财产安全
	环保节能产品的研发与生产		客房、餐厅卫生管理
	重金属管理		责任采购
	响应国家政策		建设绿色节能型酒店
电力生产业	保障电力供应		废弃物管理
	安全生产	旅游业	提供优质服务
	发展绿色电力		资费透明
	节约资源能源		合规导游
	发展循环经济		应对客户投诉
	厂区及周边环境治理		丰富旅游产品
	减少"三废"排放		确保游客安全
电力供应业	保障电力供应		文化遗址保护
	保障农村及边远地区用电		旅游地环境保护
	农电工管理	房地产开发业	贯彻宏观政策
	综合停电管理的制度措施		确保住宅质量的制度及措施
	责任采购		合规拆迁
	安全生产		避免土地闲置
	设备管理		老城区保护
	提高电力输送效率		新建项目环评
	"绿色供电"的制度及措施		绿色建筑
食品和饮料业	食品安全管理	房地产服务业	提供优质服务
	问题食品处理		积极应对客户投诉
	食品信息披露、广告宣传合规		确保资费透明的制度及措施
	食品安全事故应急机制		产品信息披露合规
	应对客户投诉		员工培训和发展
	绿色采购		诚信经营与公平竞争
	带动农村经济发展		节能建筑和营业网点
	产品包装材料减量化	水的生产和供应业	停水信息及时通告
酒精及饮料酒生产业	原材料安全卫生管理		供水调度系统的开发与应用
	包装减量化及包装物回收再利用		水资源储备体系
	产品信息披露合规		水污染事故处理

续表

行业类别	实质性议题	行业类别	实质性议题
酒精及饮料酒生产业	理性饮酒宣传与健康生活方式倡导	水的生产和供应业	灾备保障体系
	产品质量管理		节水知识宣传
	发展循环经济		水质水源检测和监测工作
	节约能源、水资源		防范跑、冒、滴、漏等浪费现象
纺织业	产品质量管理	燃气生产和供应业	保障气质良好
	产品服务创新		确保资费透明的制度措施
	职业健康管理		保障燃气稳定供应
	女员工三期保护		安全用气、节约用气宣传
	化学用剂回收措施、技术		生产和运输安全保障
	化学危险品管理		应急和灾害保障体系
	动物福利		减少"三废"排放
服装鞋帽制造业	减少废水、废气、废渣排放	文化娱乐业	提供优质服务
	产品创新		提供健康的文娱产品
	职业健康管理		特殊人群服务的制度及措施
	良好健康的工作环境		娱乐场所安全卫生管理
	工作生活平衡		保障青少年及儿童身心健康
	安全生产		经营活动不扰民
	带动就业		诚信经营与公平竞争
	服装废料处理的政策措施		资费透明
木材加工与家具制造业	应对客户投诉	一般服务业	产品服务创新
	针对特殊人员的家具设计		积极应对客户投诉
	产品宣传合规		特殊人群服务的制度、措施
	减少化学品使用		员工权益保护
	职业健康管理		诚信经营与公平竞争
	工厂防火的理念、制度、措施	餐饮业	卫生管理
	可持续林业		食品安全
	原材料回收、再利用		应对客户投诉
医药生物制造业	产品研发		从业人员健康管理
	产品质量管理		员工权益保护
	产品召回制度		绿色食品
	过期药品回收制度		保护珍稀动物
	安全生产		废弃物处理
	化学药品管理		节能建筑和营业网点
	产品事故应急		
	保障实验对象的权益		
	关注社区健康		

（三）平衡性

平衡性要求是为了避免企业在编制报告的过程中对企业的经济、社会、环境消极影响或损害的故意性遗漏，影响利益相关方对企业社会责任实践与绩效判断。在平衡性评价中，将考查企业在社会责任报告中是否披露了实质性的负面信息。如果企业社会责任报告未披露任何负面信息，或者社会已知晓的重大负面信息在社会责任报告中未进行披露和回应，则违背了平衡性原则。平衡性的评分标准如表0-4所示，由于对平衡性的打分不可避免地存在一定的主观性，因此在评价中由两名评价员同时打分，取他们的平均值；如果两名评价员打出的分数相差10分以上，则提交研究团队专家审查。

表0-4 平衡性评分标准

分数	负面信息披露情况
80~100	报告披露了企业在报告期内发生的实质性负面信息，并且说明了负面信息发生的原因，提出了针对负面问题的改进措施
60~79	报告披露了企业在报告期内发生的实质性负面信息，但未阐述负面信息发生的原因，也未提出改进措施
40~59	报告仅披露了企业在报告期内的部分实质性负面信息，一些社会已知晓的重大问题没有进行披露和回应
10~39	报告披露的负面信息不具有实质性，存在"为披露负面信息而披露"的意图
0	报告未披露任何社会责任负面信息

（四）可比性

可比性是指企业社会责任报告对信息的披露应有助于利益相关方对企业的责任绩效进行分析和比较。可比性体现在两个方面：纵向可比和横向可比，即企业在披露相关责任议题的绩效水平时既要披露企业历史绩效，又要披露同行绩效。在具体操作上，可比性考察了企业是否披露了连续数年的历史数据及行业（或同行企业）数据。评分方法是统计企业披露了连续3年及3年以上数据的定量指标占《指南2.0》中该行业关键定量指标的比重，对行业（或同行企业）数据的披露情况作为加分项处理（每一个横向比较指标加5分）。因为中国现有的企业社会责任报告中，能够对绩效数据进行横向比较的非常少，因此将报告中出现的横向比较作为奖励项目进行适当加分，以引导中国企业在企业社会责任报告中提供更多横向比较内容，为利益相关者评价企业履责水平提供更有价值的信息。

（五）可读性

可读性是指报告的信息披露方式易于读者理解和接受，企业社会责任报告的易读性可体现在以下方面：结构清晰，条理清楚；语言流畅、简洁、通俗易懂；通过流程图、数据表、图片等使表达形式更加直观；对术语、缩略词等专业词汇做出解释；方便阅读的排版设计。可读性从三个方面对企业社会责任报告的内容进行考察，分别对结构条理方面、表达形式方面、专业词汇解释方面进行打分，其中结构条理方面和表达形式方面权重各为50%，评分标准如表0-5所示，专业词汇解释为加分项，具有该条目的企业加10分。由于对可读性的打分不可避免地存在一定的主观性，因此在评价中由两名评价员同时打分，取他们的平均值；如果两名评价员打出的分数相差10分以上，则提交研究团队专家审查。

表0-5 可读性评分标准

分数	结构条理	表达形式
0~20	结构混乱，方式简单	仅有文字，没有使用任何流程图、数据图、图片等表达形式，可读性差
20~40	结构欠清晰，方式不丰富	很少使用数据图、数据表、图片，无排版设计
40~60	结构基本清晰，方式丰富	使用了流程图、数据表、图片等表达形式，排版欠美观
60~80	结构清晰，但未突出企业履责特点	合理采用了流程图、数据表、图片等多种表达方式，进行了合理的排版设计
80~100	结构清晰，且体现了企业履责特点	表达方式丰富多彩，流程图、数据表、图片等多种表达方式使得报告直观易读，并进行了精美的排版设计

（六）创新性

创新性的评价方式具体指将报告的内容、形式与国内外社会责任报告以及企业往期社会责任报告进行对比，判断其在内容和形式方面有无创新，以及创新是否有助于提高报告质量。创新性设计了2个指标即内容创新性和形式创新性，权重分别为60%和40%，评分标准如表0-6所示。评价也由两名评价员同时打分，取他们的平均值；如果两名评价员打出的分数相差10分以上，则提交研究团队专家审查。

表0-6 创新性评分标准

分数	内容/形式创新性
0~20	无任何创新，报告质量差
20~40	无创新，报告整体较为平庸
40~60	有些许新意，对提升报告质量意义不大
60~80	有一定创新，对报告质量的提升有一定的作用
80~100	有明显创新，且提高了报告质量

（七）综合得分

根据"六性"中每一个性质的评价方法可以得出各份企业社会责任报告各评价维度的得分，再乘以每一个性质的权重，最终可以计算出报告综合得分，公式为：

$$企业社会责任报告得分 = \sum_{j=1,2,3,\cdots,6} A_j \times W_j,$$

其中，A_j为"六性"中每一个性质的得分，W_j为"六性"中每一个性质的权重。

四、星级与阶段划分

为了直观地反映出企业社会责任报告的质量特征，《中国企业社会责任报告评级标准》（2011）对中国企业社会责任报告的评价结果采取星级制的方式展现，共分为七个级别，分别是：五星级、四星半级、四星级、三星半级、三星级、二星级、一星级；每一个级别对应的发展水平分别为：卓越、领先、优秀、良好、追赶、发展、起步（详见表0-7）。本研究延续了这一星级划分方法，根据得分分别给出了"六性"中每一个性质的星级以及报告综合星级。

表0-7 企业社会责任报告得分及对应星级与发展水平

评价得分	对应星级	星级图示	发展水平
90.0~100.0	五星级	★★★★★	卓越
80.0~89.9	四星半级	★★★★☆	领先
70.0~79.9	四星级	★★★★	优秀

续表

评价得分	对应星级	星级图示	发展水平
60.0~69.9	三星半级	★★★☆	良好
50.0~59.9	三星	★★★	追赶
30.0~49.9	二星	★★	发展
0.0~30.0	一星	★	起步

五、评价对象

从时间范围来看，本书的评价对象为2013年10月31日之前发布的2012年度中国企业社会责任报告。从获取性来看，是能够从企业官网、社会责任报告资源库等公开渠道获取的报告。从发布主体来讲，包括中国国有企业、民营企业发布的社会责任报告和外资企业发布的针对中国大陆的社会责任报告，政府、协会、研究机构等其他组织发布的社会责任报告不纳入评价范畴。从报告名称来讲，企业社会责任报告、企业公民报告、可持续发展报告等综合性的企业社会责任报告都纳入评价对象，但单项责任报告，如环境责任报告、社会公益报告等未进入本书的范畴。

最终，本书共收集2012年度企业社会责任报告1231份，剔除对外宣称发布报告但不能从公开渠道搜到报告、外资企业发布的中文版全球报告、单项责任报告、超出本书研究时间范围的报告147份（具体名单见附录三）[①]，最终用于评价的是1084份2012年企业社会责任报告。

第三节 报告概况

一、报告分布

1. 东部地区企业发布报告数量最多

为了分析中国企业社会责任报告的地区发展水平，本书按照企业的总部所

---

① 本书研究的时间节点为2013年10月31日。

在地,将企业分为中国大陆和境外,其中境外分为中国香港、中国台湾、日韩、亚洲其他国家或地区、欧洲、北美洲等地区,从而不仅可以将国内企业的社会责任报告情况与在华外资企业进行比较,也可以对国内不同地区的社会责任报告发布情况进行比较。

在对1084份2012年企业社会责任报告逐一评价后发现,总部在中国大陆的企业构成了研究样本的主体,共计987份,占总量的91.1%;总部位于境外的企业发布的报告数量比2011年有所增加,由86份上升为97份,占总量的8.9%,如图0-5所示,这说明外资在华企业越来越重视在我国的社会责任信息披露工作。发布社会责任报告的境外企业中,日韩企业最多,有34家;中国香港其次,有21家;北美洲(18家)、欧洲(16家)、中国台湾(5家)、亚洲其他国家或地区(3家)发布报告企业数量依次递减,如图0-6所示。

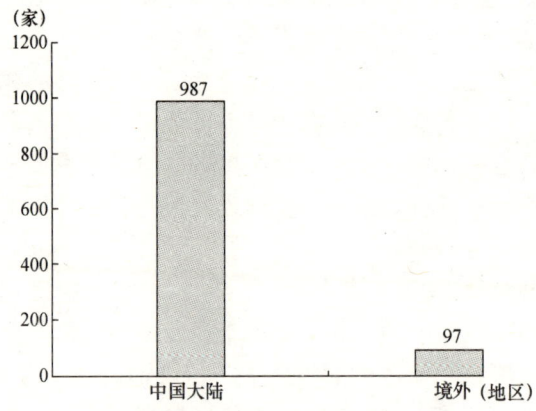

图0-5 企业的境内外分布情况

在中国大陆企业中,总部位于东部发达地区的企业发布报告数量居多,北京、上海、广东三地企业共发布443份社会责任报告,占研究样本总数的40.9%,构成了我国企业社会责任报告发布的主体。其中,总部位于北京地区的最多,达到189家,占比17.4%;其次是上海,共141家,占13.0%;再次是广东,共113家,占10.4%(如图0-7所示)。

2. 发布报告企业行业分布广泛

为了分析各行业企业社会责任报告发展水平,本书参照《指南2.0》的行业分类,在2011年的基础上,将发布报告企业划分为47个行业,同时将跨多个行业混合经营的企业以混业计算,以增加研究的科学性和系统性。行业分类以国家统计局的"国民经济行业分类"为基础,根据各行业社会责任关键议题的相近程度,进行合并和拆分,确保指标体系构建的科学性和指标的实质性。

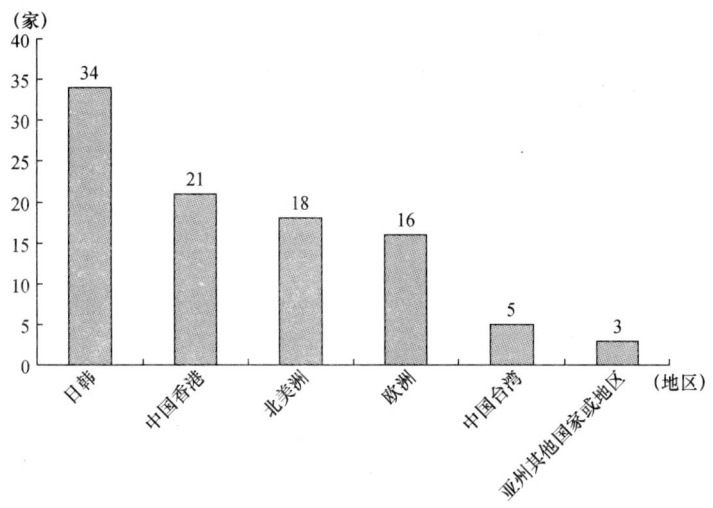

图 0-6 境外企业地区分布

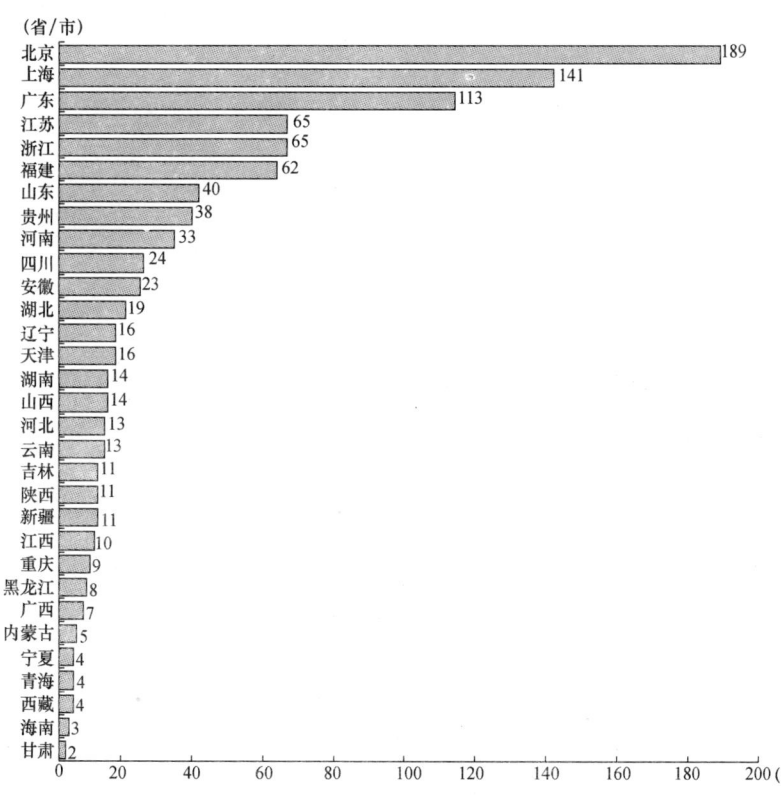

图 0-7 境内企业地区分布情况

统计发现，发布社会责任报告的企业广泛分布于47个行业（包括混业）。其中，机械设备制造业与跨多个行业混业经营的企业数量较多，各达到107和86家，分别占报告总数的9.9%和7.9%；房地产开发业其次，共78家，占7.2%；再次是保险业，共74家，占6.8%；电子产品及电子元件制造业、工业化学品制造业紧随其后，各有64家，分别占发布报告企业总数的5.9%；而餐饮业数量最少，只有1家，如图0-8所示。

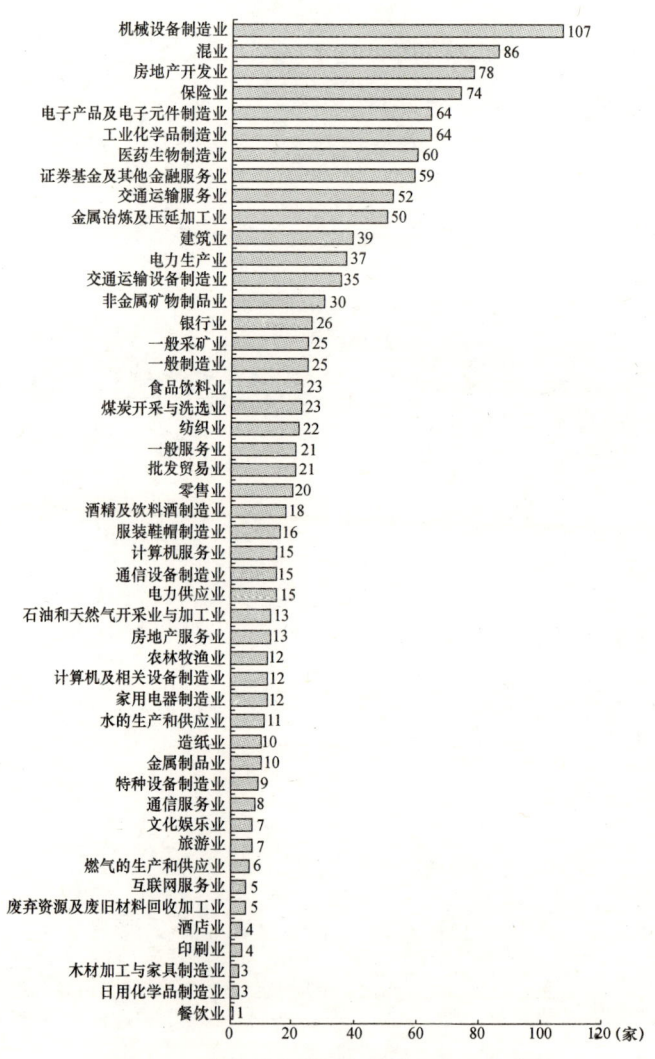

图0-8 发布社会责任报告企业行业分布①

---

① 本书研究中，混业企业包括跨2个行业经营企业70家和跨3个行业经营企业16家。

3. 国有企业发布报告数量最多

为了分析不同性质企业的社会责任报告情况,我们延续2011年的分类标准将样本企业划分为国有企业、民营企业和外资企业。通过对样本的分析发现,国有企业是发布2012年企业社会责任报告的主力军,共有631家国有企业发布社会责任报告,占发布报告企业总数的58.2%;民营企业其次,共有347家,占32.0%;外资企业最少,仅106家,占9.8%[①]。如图0-9所示。

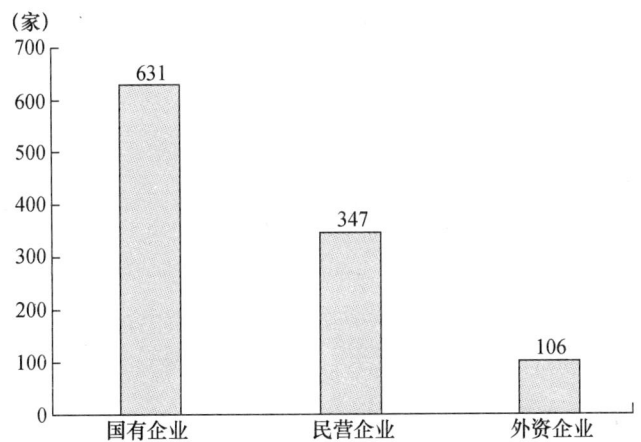

图0-9 发布社会责任报告企业性质分布

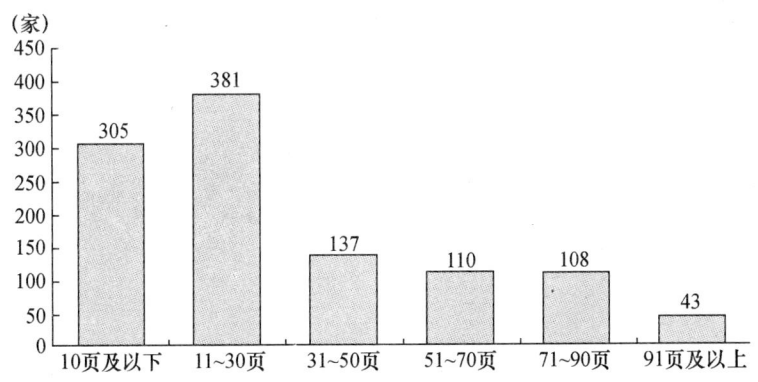

图0-10 报告篇幅分布

---

① 本书研究中,混业企业包括跨2个行业经营企业70家和跨3个行业经营企业16家。

二、报告基本信息

1. 30 页及以下报告数量占比最大

适度的社会责任报告篇幅是企业对利益相关方进行交流和沟通的必要条件和保证,2013 年中国企业社会责任报告平均篇幅为 318 页。通过对报告篇幅分析发现,30 页及以下的报告数量占比 63.3%,共计 686 份。其中,11~30 页的报告最多,达到 381 份,占 38.7%,这部分报告的信息量偏少;其次是 10 页及以下的报告,共有 266 份,占 24.5%,这些报告披露的信息量过少;再次是 31~50 页的报告,共有 137 份,占 12.6%;另外,51~70 页、71~90 页和 91 页及以上报告分别有 110 份、108 份和 43 份,共占报告总数的 24.1%,这些报告篇幅较大,基本能够全面披露企业在社会责任方面的理念、制度、措施和绩效等信息。

2. 报告发布连续性较好,第五次发布企业最多

发布 2012 年社会责任报告的企业中,第五次发布报告的企业数量最多,达到 335 家,占总数的 30.9%;首次发布社会责任报告的企业其次,共 182 家,占 16.8%;再次是第三次发布社会责任报告的企业,有 168 家,占 15.5%。总体而言,大部分企业发布社会责任报告的连续性较好,发布三次及以上的企业共有 723 家,占 66.7%。如图 0-11 所示。

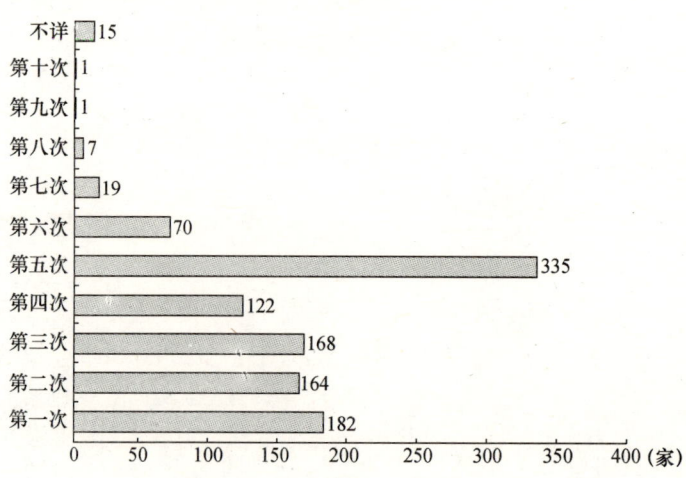

图 0-11 报告发布次数分布①

---

① 15 家企业发布的报告未写明发布次数,且在其官方网站上也无法查明,故表示为不详。

3. 绝大多数报告命名为企业社会责任报告

在我们研究的1084份社会责任报告中，983份报告命名为"企业社会责任报告"，占90.7%；48份报告命名为"可持续发展报告"，占4.4%；爱普生拓优科梦水晶元器件（无锡）有限公司、无锡百纳容器有限公司、无锡迈特动力机械有限公司、富士胶片精细化学（无锡）有限公司、锐科（无锡）科技有限公司、无锡市南方投资发展有限公司、紫光软件（无锡）集团有限公司等所发布的7份报告命名为"履行社会责任报告书"，其他命名方式的为11家，主要有"可持续行动计划"、"企业公民责任报告"等。

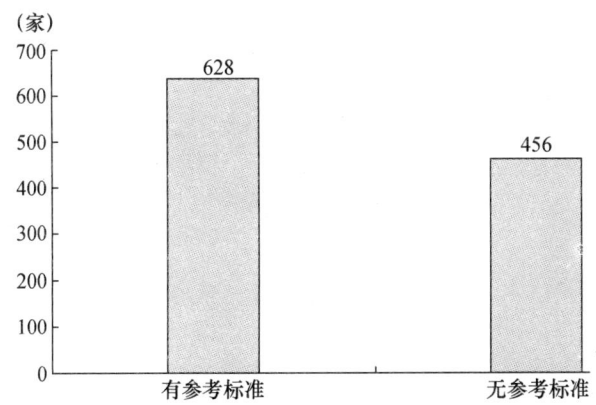

图0-12 社会责任报告是否参考相关标准分布

4. 过半企业参考了社会责任报告编写相关标准，其中195家企业参考了《中国企业社会责任报告编写指南》

经分析，628份报告在报告规范中披露了报告编写参考标准，占发布报告总数的57.9%；456份企业社会责任报告未披露或未有参考相关标准，占发布报告总数的42.1%，该部分企业社会责任报告编写较随意，缺乏规范性。在披露参考标准的628份报告中，265份报告参考了全球报告倡议组织（GRI）《可持续发展报告指南》，195份报告参考了中国社会科学院企业社会责任研究中心编写的《中国企业社会责任报告编写指南》，174份报告参考了上交所指引，133份报告参考了深交所企业社会责任报告指引，109份报告参考了国资委指导意见。报告参考标准详细情况如图0-13所示。

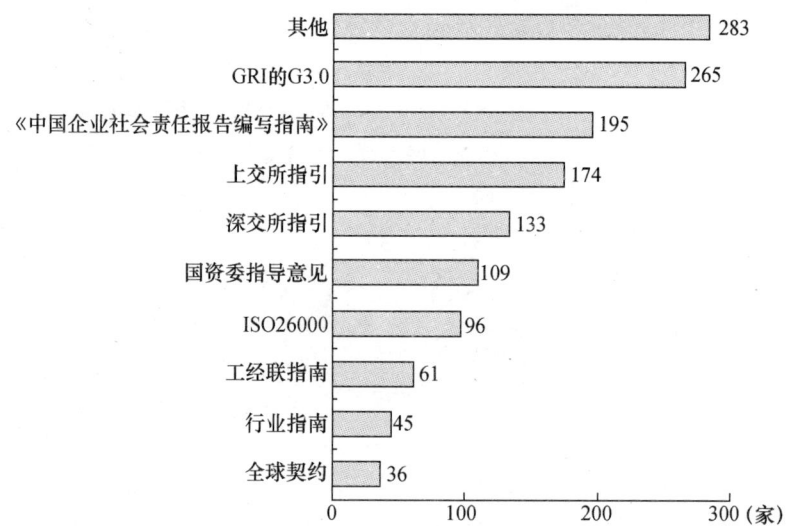

图 0-13 报告参考标准分布

第四节 评价结果

经评价，2013 年企业社会责任报告综合质量排名前 100 名的企业得分星级及排名如表 0-8 所示（全部 1084 家企业的排名参见附录一）。

表 0-8　2013 年中国企业社会责任报告综合得分及排名

排名	企业名称	公司性质	总部所在地	所属行业	社会责任报告星级
1	中国南方电网公司	中央企业	广东	电力供应业	★★★★★
2	中国建筑材料集团有限公司	中央企业	北京	非金属矿物制品业	★★★★★
3	中国华电集团公司	中央企业	北京	电力生产业	★★★★★
4	中国石油化工集团公司	中央企业	北京	石油和天然气开采业与加工业	★★★★★
5	中国石油化工股份有限公司	国有企业	北京	石油和天然气开采业与加工业	★★★★★
6	中国兵器工业集团公司	中央企业	北京	特种设备制造业	★★★★★
7	中国电信集团公司	中央企业	北京	通信服务业	★★★★★

续表

排名	企业名称	公司性质	总部所在地	所属行业	社会责任报告星级
8	国家电网公司	中央企业	北京	电力供应业	★★★★★
9	中国建筑股份有限公司	中央企业	北京	建筑业	★★★★★
10	中国华能集团公司	中央企业	北京	电力生产业	★★★★★
11	中国移动通信集团公司	中央企业	北京	通信服务业	★★★★★
12	中国电子科技集团公司	中央企业	北京	特种设备制造业	★★★★★
13	中国远洋运输（集团）总公司	中央企业	北京	交通运输服务业	★★★★☆
14	中国铝业公司	中央企业	北京	混业（一般采矿业；金属冶炼与加工业）	★★★★☆
15	华润（集团）有限公司	中央企业	中国香港	混业（电力生产业；酒精及饮料酒制造业；零售业）	★★★★☆
16	中国联合网络通信集团有限公司	中央企业	北京	通信服务业	★★★★☆
17	广东省粤电集团有限公司	国有企业	广东	电力生产业	★★★★☆
18	中国民生银行股份有限公司	民营企业	北京	银行业	★★★★☆
19	中国三星	外资企业	韩国	电子产品及电子元件制造业	★★★★☆
20	中国黄金集团公司	中央企业	北京	一般采矿业	★★★★☆
21	中国海洋石油总公司	中央企业	北京	石油和天然气开采业与加工业	★★★★☆
22	宝钢集团有限公司	中央企业	上海	金属冶炼及压延加工业	★★★★☆
23	中国盐业总公司	中央企业	北京	混业（食品饮料业；工业化学品制造业）	★★★★☆
24	太原钢铁（集团）有限公司	国有企业	山西	金属冶炼及压延加工业	★★★★☆
25	中国建设银行股份有限公司	国有企业	北京	银行业	★★★★☆
26	神华集团有限责任公司	中央企业	北京	煤炭开采与洗选业	★★★★☆
27	中国兵器装备集团公司	中央企业	北京	混业（特种设备制造业；机械设备制造业）	★★★★☆
28	国家核电技术公司	中央企业	北京	一般制造业	★★★★☆
29	上海浦东发展银行股份有限公司	国有企业	上海	银行业	★★★★☆
30	兴业银行股份有限公司	国有企业	福建	银行业	★★★★☆
31	广东省广业资产经营有限公司	国有企业	广东	混业（一般制造业；一般服务业）	★★★★☆

续表

排名	企业名称	公司性质	总部所在地	所属行业	社会责任报告星级
32	远洋地产控股有限公司	国有企业	北京	房地产开发业	★★★★☆
33	中国中煤能源集团有限公司	中央企业	北京	煤炭开采与洗选业	★★★★☆
34	中国储备棉总公司	中央企业	北京	一般服务业	★★★★☆
35	中国电子信息产业集团有限公司	中央企业	北京	电子产品及电子元件制造业	★★★★☆
36	招商证券股份有限公司	国有企业	广东	证券基金及其他金融服务业	★★★★☆
37	中国农业银行股份有限公司	国有企业	北京	银行业	★★★★☆
38	天津生态城投资开发有限公司	国有企业	天津	一般服务业	★★★★
39	斗山infracore（中国）	外资企业	韩国	机械设备制造业	★★★★
40	中国松下	外资企业	日本	混业（家用电器制造业；电子产品及电子元件制造业）	★★★★
41	中国东方航空股份有限公司	中央企业	上海	交通运输服务业	★★★★
42	中国神华能源股份有限公司	国有企业	北京	混业（煤炭开采与洗选业；电力生产业）	★★★★
43	上海复星医药（集团）股份有限公司	民营企业	上海	混业（医药生物制造业；零售业）	★★★★
44	英特尔（中国）有限公司	外资企业	美国	电子产品及电子元件制造业	★★★★
45	中国医药集团总公司	中央企业	北京	医药生物制造业	★★★★
46	光宝科技股份有限公司	外资企业	中国台湾	电子产品及电子元件制造业	★★★★
47	中国太平洋保险（集团）股份有限公司	国有企业	上海	保险业	★★★★
48	北京汽车集团有限公司	国有企业	北京	交通运输设备制造业	★★★★
49	中国工商银行股份有限公司	国有企业	北京	银行业	★★★★
50	中国五矿集团公司	中央企业	北京	混业（一般采矿业；金属冶炼及压延加工业）	★★★★
51	中国黄金国际资源有限公司	国有企业	北京	一般采矿业	★★★★
52	广东省丝绸纺织集团有限公司	国有企业	广东	混业（纺织业；服装鞋帽制造业）	★★★★
53	中国中钢集团公司	中央企业	北京	混业（一般采矿业；机械设备制造业；批发贸易业）	★★★★

续表

排名	企业名称	公司性质	总部所在地	所属行业	社会责任报告星级
54	招商银行股份有限公司	国有企业	广东	银行业	★★★★
55	佳能（中国）有限公司	外资企业	日本	电子产品及电子元件制造业	★★★★
56	宝山钢铁股份有限公司	国有企业	上海	金属冶炼及压延加工业	★★★★
57	中国节能环保集团	中央企业	北京	混业（一般制造业；废弃资源及废旧材料回收加工业）	★★★★
58	中国保利集团公司	中央企业	北京	混业（房地产开发业；批发贸易业）	★★★★
59	中国国际航空股份有限公司	中央企业	北京	交通运输服务业	★★★★
60	中国远洋控股股份有限公司	国有企业	北京	交通运输服务业	★★★★
61	广东物资集团公司	国有企业	广东	批发贸易业	★★★★
62	中国机械工业集团有限公司	中央企业	北京	机械设备制造业	★★★★
63	广东省建筑工程集团有限公司	国有企业	广东	建筑业	★★★★
64	中国石油天然气集团公司	中央企业	北京	石油和天然气开采业与加工业	★★★★
65	中国平安保险（集团）股份有限公司	民营企业	广东	保险业	★★★★
66	中国航天科技集团公司	中央企业	北京	特种设备制造业	★★★★
67	东风本田汽车有限公司	民营企业	广东	交通运输设备制造业	★★★★
68	广东粤海控股有限公司	国有企业	广东	混业（水的生产和供应业；房地产开发业；零售业）	★★★★
69	沪东中华造船（集团）有限公司	国有企业	上海	交通运输设备制造业	★★★★
70	上海紫泰物业管理有限公司	民营企业	上海	房地产服务业	★★★★
71	中国交通建设股份有限公司	中央企业	北京	建筑业	★★★★
72	北京控股集团有限公司	国有企业	北京	燃气的生产和供应业	★★★★
73	中国光大银行股份有限公司	国有企业	北京	银行业	★★★★
74	上海银行股份有限公司	国有企业	上海	银行业	★★★★
75	广州百货企业集团有限公司	国有企业	广东	零售业	★★★★
76	山西太钢不锈钢股份有限公司	国有企业	山西	金属制品业	★★★★
77	万科企业股份有限公司	国有企业	广东	房地产开发业	★★★★
78	LG化学（中国）投资有限公司	外资企业	韩国	工业化学品制造业	★★★★

续表

排名	企业名称	公司性质	总部所在地	所属行业	社会责任报告星级
79	联想集团	民营企业	北京	计算机及相关设备制造业	★★★★
80	朔黄铁路发展有限责任公司	国有企业	河北	交通运输服务业	★★★★
81	东风汽车公司	中央企业	湖北	交通运输设备制造业	★★★★
82	中国铝业股份有限公司	国有企业	北京	混业（金属冶炼及压延加工业；一般采矿业）	★★★★
83	华润电力控股有限公司	国有企业	北京	电力生产业	★★★★
84	宁波银行股份有限公司	国有企业	浙江	银行业	★★★★
85	上海外高桥第三发电有限责任公司	国有企业	上海	电力生产业	★★★★
86	夏普中国投资有限公司	外资企业	日本	电子产品及电子元件制造业	★★★★
87	广东省水电集团有限公司	国有企业	广东	建筑业	★★★★
88	中国航空工业集团公司	中央企业	北京	特种设备制造业	★★★★
89	浙江省电力公司	国有企业	浙江	电力供应业	★★★★
90	河北钢铁集团有限公司	国有企业	河北	金属冶炼及压延加工业	★★★★
91	中国石油天然气股份有限公司	国有企业	北京	石油和天然气开采业与加工业	★★★★
92	广东省交通集团有限公司	国有企业	广东	混业（交通运输服务业；建筑业）	★★★☆
93	上海浦东路桥建设股份有限公司	国有企业	上海	建筑业	★★★☆
94	亚太森博集团	外资企业	新加坡	造纸业	★★★☆
95	中国北车股份有限公司	国有企业	北京	交通运输设备制造业	★★★☆
96	广西玉柴机器集团有限公司	国有企业	广西	机械设备制造业	★★★☆
97	广东省航运集团有限公司	国有企业	广东	交通运输服务业	★★★☆
98	中国第二重型机械集团公司	中央企业	四川	机械设备制造业	★★★☆
99	广东省广新控股集团有限公司	国有企业	广东	混业（一般制造业；一般服务业；金属冶炼及压延加工业）	★★★☆
100	大唐国际发电股份有限公司	国有企业	北京	电力生产业	★★★☆

第五节 阶段性特征

（1）中国企业社会责任报告平均得分由2012年的31.7分上升为35.3分，整体处于二星级（发展阶段），五成企业（539家）得分低于30分，仍处在起步阶段。

2013年，中国企业社会责任报告平均分由2012年的31.7分上升为35.3分，整体处于发展阶段。中国南方电网公司、中国建筑材料集团有限公司、中国华电集团公司、中国石油化工集团公司、中国石油化工股份有限公司、中国兵器工业集团公司、中国电信集团公司、国家电网公司、中国建筑股份有限公司、中国华能集团公司、中国移动通信集团公司、中国电子科技集团公司12家企业的报告达到五星级，处于卓越阶段；25家企业的报告达到四星半级，处于领先阶段；54家企业的报告为四星级，处于优秀水平；56家企业的报告为三星半级，处于良好水平；93家企业的报告为三星级，处于追赶水平；305家企业的报告为二星级，处于发展水平；539家（49.7%）企业的报告只有一星级，处于起步阶段。

（2）特种设备制造业社会责任报告综合得分较高，处于三星半级水平；电力供应业、银行业、石油和天然气开采与加工业处于三星级水平，其他行业均处于二星级或一星级水平。

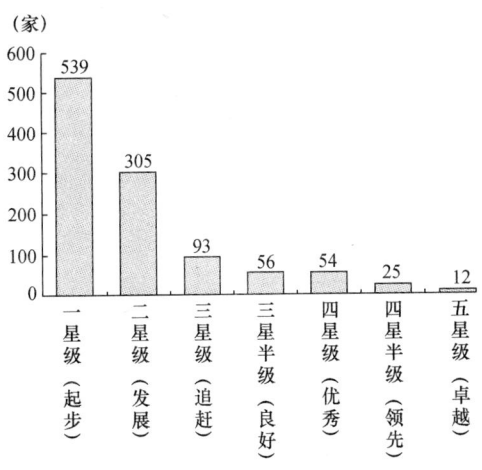

图0-14 报告的阶段性分布

行业间企业社会责任报告质量差距较大，特种设备制造业得分为 67.6 分，处于三星半级（良好）水平；电力供应业、银行业、石油和天然气开采业与加工业得分别为 56.6 分、56.1 分、50.3 分，处于三星级（追赶）水平；电力生产业、通信服务业、一般采矿业、交通运输设备制造业、废弃资源及废旧材料回收加工业等 34 个行业社会责任报告综合得分位于 30~50 分，处于二星级（发展）水平；酒店业、农林牧渔业、互联网服务业、文化娱乐业、房地产开发业、木材加工与家具制造业等 9 个行业的得分在 30 分以下，处于一星级（起步）水平。各行业社会责任报告得分及阶段分布如图 0-15 所示。

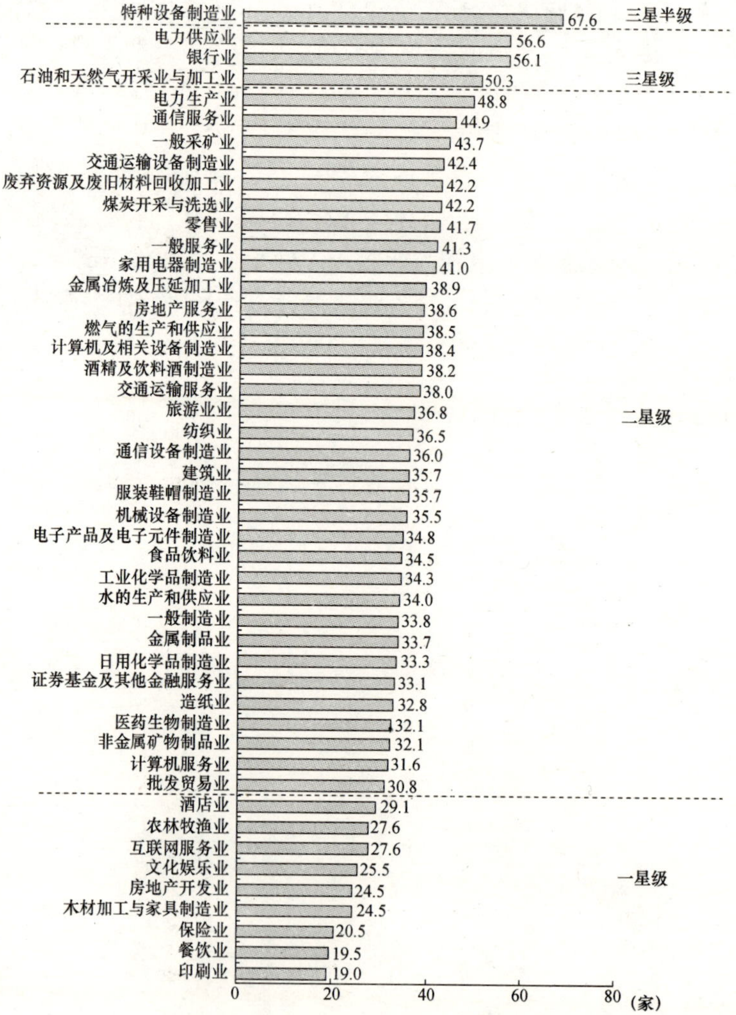

图 0-15 各行业得分的阶段分布

（3）中央企业社会责任报告质量最高，国有企业、外资企业的社会责任报告水平领先于民营企业。

从国有企业、民营企业、外资企业三类性质企业的社会责任报告质量来看，国有企业得分（39.0分）和外资企业得分（35.0分）均高于民营企业得分（28.6分），处于发展（二星级）阶段，而民营企业报告尚处于起步（一星级）阶段。值得肯定的是，国有企业中的中央企业社会责任报告综合得分为69.6分，处于良好（三星半级）水平。

与2012年相比，国有企业社会责任报告综合得分由35.9分提高到39.0分，上升了3.1分，国有企业中的中央企业从65.4分提高到69.6分，上升了4.2分；民营企业由24.2分提高到28.6分，增长了4.4分，但仍然处于起步（一星级）阶段；而外资企业则由2012年的29.7分提高到35.0分，从起步（一星级）阶段提高到发展（二星级）阶段。

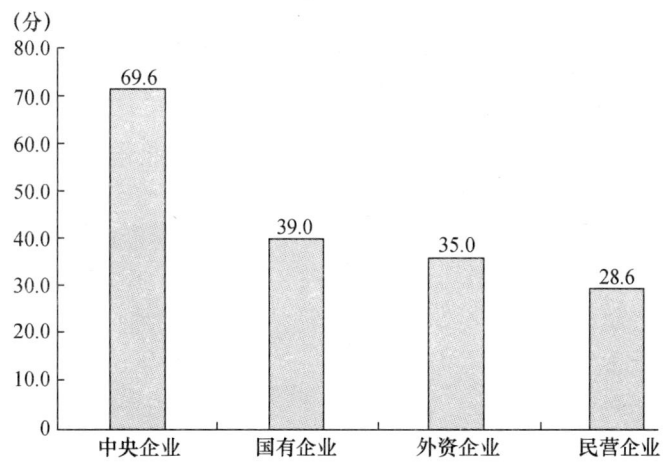

图0-16 不同性质企业的报告得分

表0-9 不同性质企业社会责任报告综合评价年度比较

		2012年	2013年	年度变化
	国有企业	35.9	39.0	3.1
其中：				
	中央企业	65.4	69.6	4.2
	民营企业	24.2	28.6	4.4
	外资企业	29.7	35.0	5.3

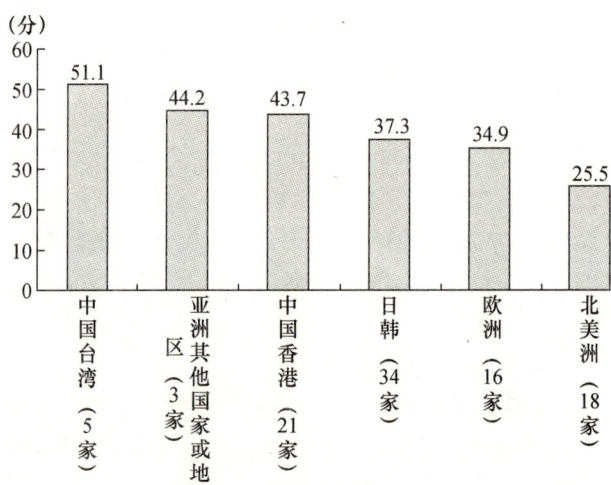

图0-17 不同国家/地区在华企业社会责任报告得分

(4) 中国台湾、亚洲其他国家或地区、中国香港地区的企业报告在境外企业中得分较高。

以企业总部所在地划分，总部位于中国台湾的企业社会责任报告得分相对较高，为51.1分，处于追赶（三星级）阶段；总部位于亚洲其他国家和地区[①]、中国香港、日韩、欧洲地区的企业社会责任报告得分分别为44.2分、43.7分、37.3分和34.9分，处于发展（二星级）阶段；北美洲地区企业发布报告得分最低，为25.5分，处于起步（一星级）阶段。

(5) 中国企业社会责任报告"六性"平均得分都在50分以下，表现不佳，实质性相对较好，可比性相对最差，仍然存在定量数据披露不足的问题。

从完整性、实质性、平衡性、可比性、可读性、创新性"六性"来看，中国企业社会责任报告的实质性得分最高，为47.5分，处于二星级（发展）水平，即报告在披露企业社会责任关键议题方面表现较好；可读性得分其次，为39.4分，即报告综合运用了图表等表现形式，利于读者阅读；报告完整性、创新性得分相对适中，分别为33.2分和26.8分，处于二星级和一星级水平。另外，报告平衡性与可比性较差，分别为17.9分和17.4分，处于一星（起步）水平，说明多数企业没有披露连续的关键绩效指标，并定量说明本企业社会责任履责水平在同行业中所处位次。总体而言，中国企业社会责任报告的"六性"都还有较大的改进空间。如图0-18所示。

---

① 亚洲其他国家或地区为除中国、中国港澳台、日韩之外的所有亚洲国家或地区。

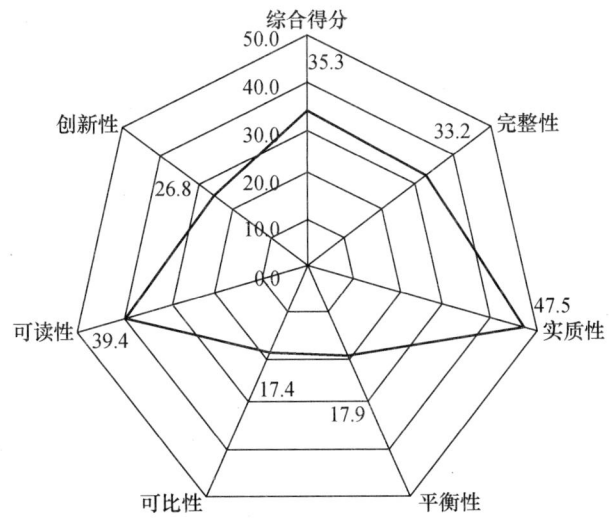

图 0-18 社会责任报告六大性质及综合得分比较

与 2012 年相比，实质性和平衡性表现较明显，其他方面表现稳定。其中，实质性由 2012 年的 35.6 分提高到 47.5 分，提高了 11.9 分，说明企业越来越关注关键性议题的识别，注重与相关方进行实质性的交流和沟通；"六性"中得分降低较为明显的是平衡性，由 2012 年的 30.5 分降低到 17.9 分，说明很多企业在报告编写过程中忽视负面信息的披露，存在"报喜不报忧"的现象。

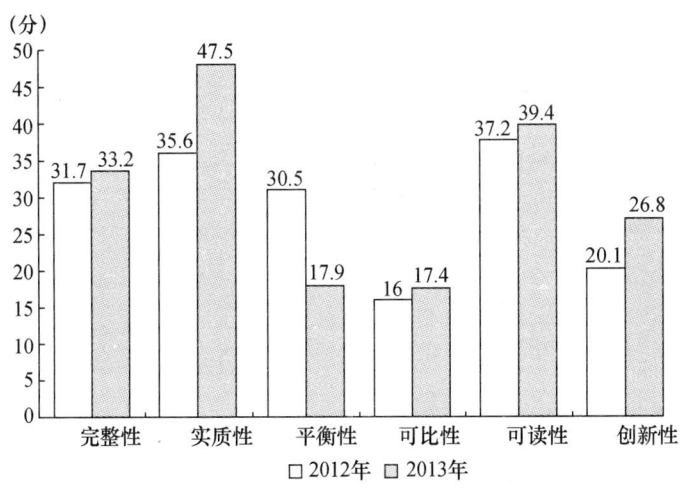

图 0-19 报告六大性质得分的年度比较（2012/2013 年）

行业篇

第一章 特种设备制造业社会责任报告综合评价（2013）

第一节 研究背景

本书中特种设备制造业覆盖了航空、航天、兵器、舰船、电子、核等多个行业，产品分为基本产品、配套产品和辅助产品三类产品。其中，基本产品一般为武器、武器系统或独立应用的民用系统。2013 年，我国特种设备制造业中共有 8 家企业公开发布了社会责任报告。在 8 家特种设备制造业企业中，最早发布报告的企业是中国航天科工集团公司，已经连续 5 年发布社会责任报告；报告页码最多的是中国兵器装备集团公司，达到 94 页，页码最少的是中航飞机股份有限公司，只有 15 页。特种设备制造业 8 家样本企业社会责任报告基本信息如表 1-1 所示。

表 1-1 特种设备制造业企业社会责任报告基本信息

序号	企业名称	公司性质	营业收入（万元）	总部所在地	第几份社会责任报告	报告页码
1	中国兵器工业集团公司	国有企业	35100000	北京	4	74
2	中国兵器装备集团公司	国有企业	30264000	北京	3	94
3	中国航空工业集团公司	国有企业	30061000	北京	3	72
4	中国航天科工集团公司	国有企业	13380000	北京	5	72
5	中国电子科技集团公司	国有企业	8391160	北京	3	84
6	中国船舶重工股份有限公司	国有企业	5850100	北京	4	87
7	中航飞机股份有限公司	国有企业	1558779	陕西	2	15
8	中国航天科技集团公司	国有企业	130788	北京	3	90

第二节 评价结果

特种设备制造业 8 家样本企业社会责任报告综合得分及排名如表 1-2 所示。

表 1-2 特种设备制造业企业社会责任报告评价结果

序号	企业名称	创新性	可读性	可比性	平衡性	实质性	完整性	综合得分
1	中国兵器工业集团公司	四星半级	五星级	五星级	五星级	五星级	四星半级	★★★★★
2	中国电子科技集团公司	四星半级	五星级	五星级	四星半级	五星级	四星半级	★★★★★
3	中国兵器装备集团公司	四星级	四星半级	五星级	三星半级	四星半级	四星级	★★★★☆
4	中国航天科技集团公司	四星级	四星半级	三星半级	三星级	四星级	三星半级	★★★★
5	中国航空工业集团公司	四星半级	四星半级	三星级	三星级	四星级	三星半级	★★★★
6	中国航天科工集团公司	二星级	四星级	二星级	三星半级	四星半级	二星级	★★★☆
7	中国船舶重工股份有限公司	三星级	四星级	一星级	一星级	四星级	二星级	★★
8	中航飞机股份有限公司	一星级	一星级	一星级	一星级	二星级	一星级	★

第三节 阶段性特征

一、社会责任报告综合得分为 67.6 分

特种设备制造业社会责任报告综合得分平均值为 67.6 分,达到三星半级水平,处于良好阶段。在我们所选取的 25 个行业中位列第一,行业社会责任报告整体水平较高,接近优秀水平,如图 1-1 所示。

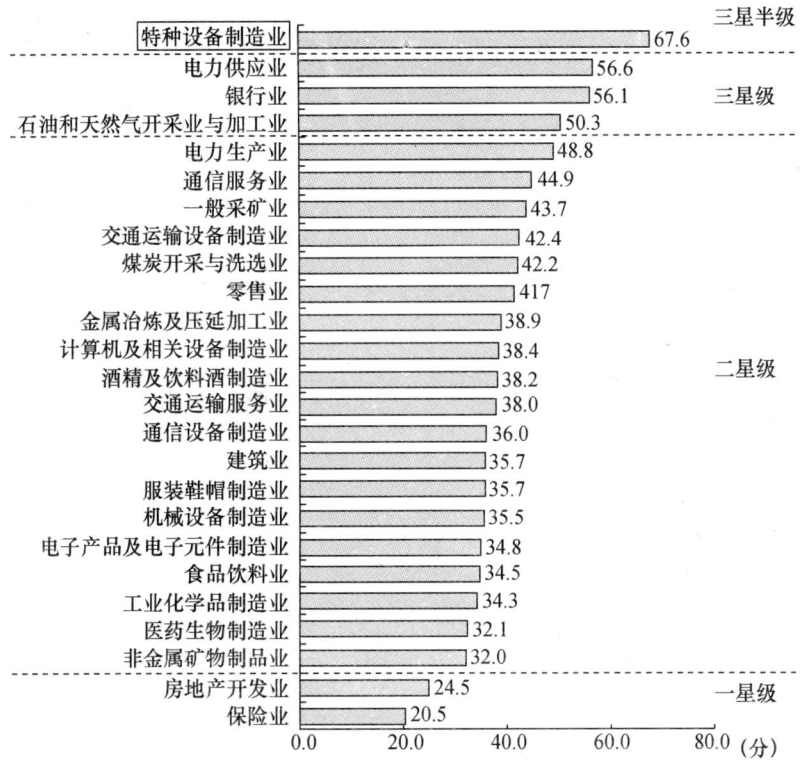

图1-1 不同行业的得分分布

二、行业整体水平较高

特种设备制造业8家样本企业得分差距较大,中国兵器工业集团公司和中国电子科技集团公司两家企业得分最高,均处于五星级水平;中国兵器装备集团公司达到了四星半级水平;中国船舶重工股份有限公司和中航飞机股份有限公司得分在三星级以下,其中中航飞机股份有限公司得分仅有一星级,与同行业内其他企业得分相差较大。样本企业中2家处于五星级水平,1家处于四星半级水平,2家处于四星级水平,1家处于三星半级水平,1家处于二星级水平,1家处于一星级水平,如表1-3所示。

表1-3 特种设备制造业社会责任报告综合得分发展阶段

单位：家

发展阶段	得分区间（分）	数量	企业名称
★★★★★	90~100	2	中国兵器工业集团公司 中国电子科技集团公司
★★★★☆	80~90	1	中国兵器装备集团公司
★★★★	70~80	2	中国航天科技集团公司 中国航空工业集团公司
★★★☆	60~70	1	中国航天科工集团公司
★★	30~50	1	中国船舶重工股份有限公司
★	0~30	1	中航飞机股份有限公司

三、社会责任报告六大性质得分整体较高

特种设备制造业企业社会责任报告六大性质得分整体较高。其中，实质性得分（79.0分）和可读性得分（74.6分）处于四星级水平；创新性得分（63.3分）处于三星半级水平；完整性得分（59.1分）、可比性得分（57.4分）和平衡性得分（53.3分）处于三星级水平。特种设备制造业企业社会责任报告六大性质得分如图1-2所示。

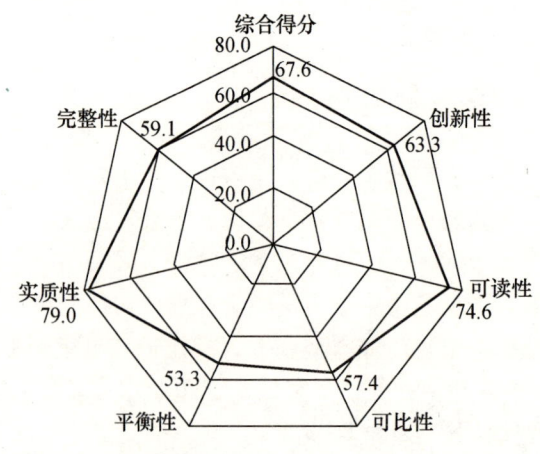

图1-2 特种设备制造业社会责任报告六大性质得分分布

四、社会责任报告篇幅适中

社会责任报告是企业发布社会责任信息的重要平台，适度的报告篇幅是企业与利益相关方实现良性互动的重要条件。特种设备制造业8家发布报告的样本企业中，有4家企业报告篇幅在81页以上，3家企业报告篇幅在61~80页，仅有1家企业报告篇幅低于20页，其社会责任报告篇幅分布如图1-3所示。

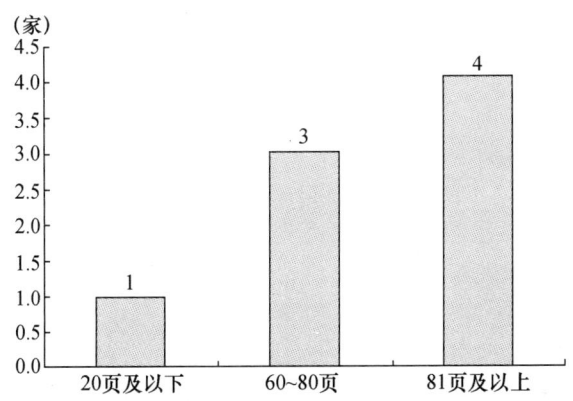

图1-3 特种设备制造业企业社会责任报告篇幅

第二章 通信服务业社会责任报告综合评价（2013）

第一节 研究概述

本书中通信服务业是指通过电缆、光缆、无线电波、光波等传输的通信服务，主要是固定电信业务、移动电信业务和其他电信业务。2013年，通信服务行业共有8家企业发布了2012年度企业社会责任报告，其中国有企业7家，民营企业1家。报告页码最多的是中国电信集团公司，达到86页，最少的是江苏省广电有线信息网络股份有限公司常州分公司，只有2页。行业内最早发布报告的企业是中国移动通信集团公司，已经连续7年发布社会责任报告。通信服务业8份样本企业社会责任报告基本信息如表2-1所示。

表2-1 通信服务业企业社会责任报告基本信息

序号	企业名称	公司性质	营业收入（万元）	总部所在地	第几份社会责任报告	报告页码
1	中国移动通信集团公司	国有企业	61120000	北京	7	64
2	中国电信集团公司	国有企业	30950000	北京	3	86
3	中国联合网络通信集团有限公司	国有企业	25626000	北京	5	73
4	大唐电信科技产业集团	国有企业	618326	北京	3	38
5	中信国安信息产业股份有限公司	国有企业	200900	北京	5	24
6	广州杰赛科技股份有限公司	国有企业	140678	广东	1	19
7	富春通信股份有限公司	民营企业	12555	福建	1	5
8	江苏省广电有线信息网络股份有限公司常州分公司	国有企业	——	江苏	1	2

第二章 通信服务业社会责任报告综合评价（2013）

第二节 评价结果

通信服务业企业社会责任报告综合得分及排名如表2-2所示。

表2-2 通信服务业企业社会责任报告评价结果

序号	企业名称	创新性	可读性	可比性	平衡性	实质性	完整性	综合得分
1	中国电信集团公司	四星半级	四星半级	五星级	四星半级	五星级	四星半级	★★★★★
2	中国移动通信集团公司	四星半级	五星级	五星级	四星级	五星级	四星半级	★★★★★
3	中国联合网络通信集团有限公司	四星半级	四星半级	五星级	四星级	五星级	四星半级	★★★★☆
4	大唐电信科技产业集团	二星级	三星级	一星级	一星级	三星半级	二星级	★★
5	中信国安信息产业股份有限公司	一星级	一星级	二星级	一星级	一星级	一星级	★
6	广州杰赛科技股份有限公司	一星级	二星级	一星级	一星级	一星级	一星级	★
7	富春通信股份有限公司	一星级	一星级	一星级	一星级	一星级	一星级	★
8	江苏省广电有线信息网络股份有限公司常州分公司	一星级	一星级	一星级	一星级	一星级	一星级	★

第三节 阶段性特征

一、社会责任报告综合得分为44.9分

通信服务业社会责任报告综合得分平均值为44.9分，处于发展阶段，即二星级水平，在所评价的25个行业中处于第六位，行业社会责任报告水平较为先进，但较优秀水平存在一定差距，如图2-1所示。

·45·

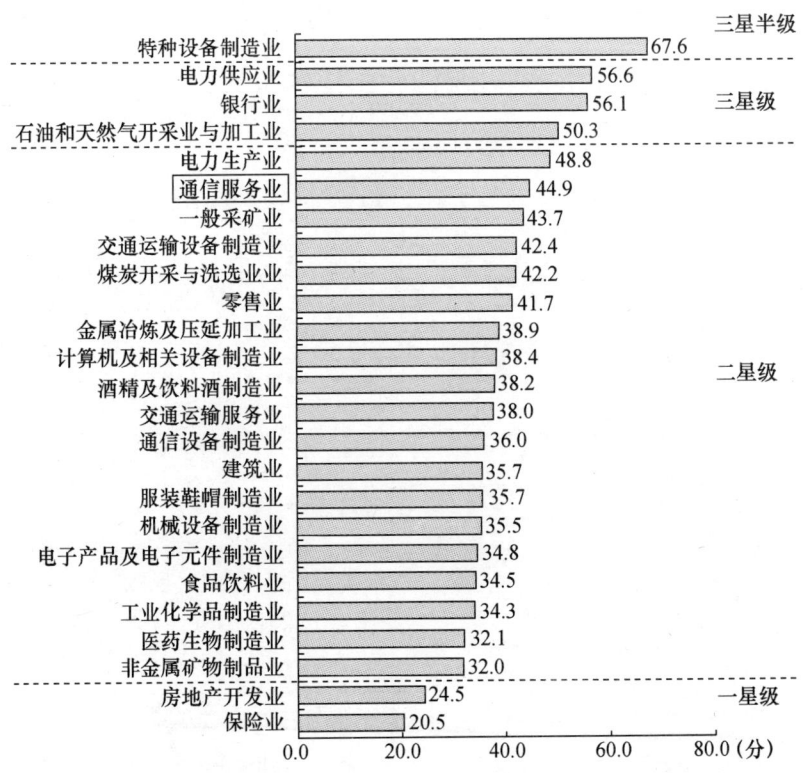

图 2-1 不同行业的得分分布

二、行业内企业社会责任报告综合得分差距较为明显

通信服务业 8 家样本企业得分差距较为明显,中国电信集团公司和中国移动通信集团公司两家企业得分最高,处于卓越阶段,即五星级水平。中国联合网络通信集团有限公司得分也达到领先阶段,即四星半级水平。而行业内得分偏低的中信国安信息产业股份有限公司、广州杰赛科技股份有限公司等四家公司的社会责任报告综合得分仅处于起步阶段,即一星级水平。相对来看,行业内企业社会责任报告综合得分呈现两极分化的样态,三星级、三星半级与四星级报告出现空缺,行业企业之间社会责任报告水平差距较大。样本企业中 2 家处于五星级水平,1 家处于四星半级水平,1 家处于二星级水平,其余 4 家处于一星级水平。如表 2-3 所示。

表2-3 通信服务业社会责任报告综合得分发展阶段

单位：家

发展阶段	得分区间（分）	数量	企业名称
★★★★★	90~100	2	中国电信集团公司 中国移动通信集团公司
★★★★☆	80~90	1	中国联合网络通信集团有限公司
★★	30~50	1	大唐电信科技产业集团
★	0~30	4	中信国安信息产业股份有限公司 广州杰赛科技股份有限公司 富春通信股份有限公司 江苏省广电有线信息网络股份有限公司常州分公司

三、行业内企业社会责任报告六大性质得分较为均衡

通信服务业企业社会责任报告六大性质得分较为均衡，除可读性处于三星级水平外，其他均处于二星级水平；可读性（50.0分）、完整性（46.7分）和实质性（44.6分）得分较高，创新性（42.7分）、可比性（39.7分）和平衡性（37.4分）得分相对较低。企业需提高负面信息披露力度，避免社会责任报告"报喜不报忧"，同时提升报告内容与形式的创新水平。通信服务业企业社会责任报告六大性质得分如图2-2所示。

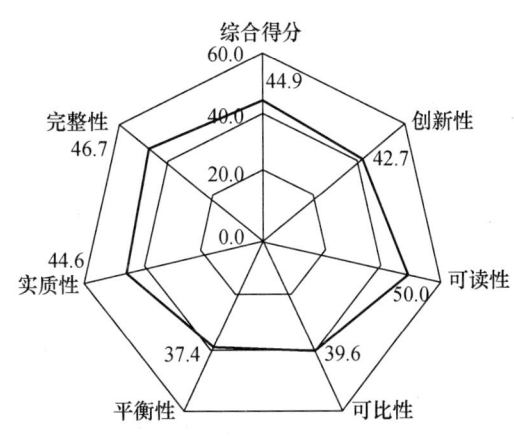

图2-2 通信服务业社会责任报告六大性质得分分布

四、行业内企业社会责任报告篇幅较好

社会责任报告是企业发布社会责任信息的重要平台,适度的报告篇幅是企业与利益相关方实现良性互动的重要条件。通信服务业8家发布报告的样本企业中,平均页码为39页,报告内容较为翔实。其中,中国电信集团公司86页,中国联合网络通信股份有限公司73页,中国移动通信集团公司64页,处于社会责任报告最佳篇幅的浮动范围之内。但是富春通信股份有限公司和江苏省广电有线信息网络股份有限公司常州分公司两家企业责任报告篇幅则在10页以下,未能充分利用报告这个平台披露社会责任信息。通信服务业企业社会责任报告篇幅分布如图2-3所示。

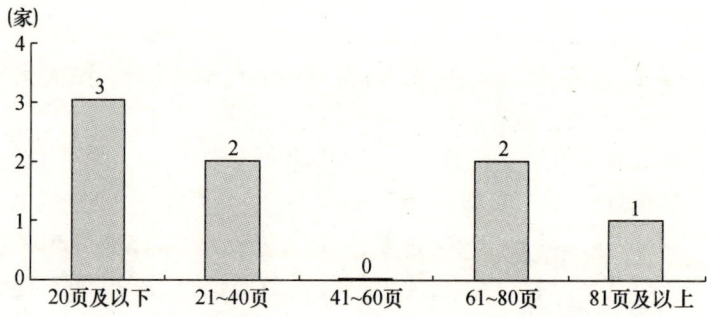

图2-3 通信服务业企业社会责任报告篇幅

第三章 电力供应业社会责任报告综合评价（2013）

第一节 研究概述

本书中电力供应业是指从事利用电网出售给用户电能的输送、分配与供电活动的行业，该行业 15 家发布企业社会责任报告的企业中，均为国有企业（包括中央企业和其他国有企业）。最早发布报告的企业是国家电网公司，已经连续 8 年发布社会责任报告，报告页码最多的是国家电网公司，达到 112 页，最少的是四川西昌电力股份有限公司和四川广安爱众股份有限公司，仅有 19 页。电力供应业 15 家样本企业社会责任报告基本信息如表 3-1 所示。

表 3-1 电力供应业企业社会责任报告基本信息

序号	企业名称	公司性质	营业收入（万元）	总部所在地	第几份社会责任报告	报告页码
1	国家电网公司	国有企业	188550000	北京	8	112
2	中国南方电网公司	国有企业	41920000	广东	6	86
3	国家电网山东电力集团公司	国有企业	18939300	山东	4	72
4	浙江省电力公司	国有企业	18489000	浙江	7	68
5	国家电网江西省电力公司	国有企业	4925700	江西	2	60
6	广州供电局有限公司	国有企业	4201300	广东	2	56
7	陕西省地方电力（集团）有限公司	国有企业	1649000	陕西	3	56
8	广州发展实业控股集团股份有限公司	国有企业	1516447	广东	5	85
9	国家电网黑龙江鹤岗电业局	国有企业	122800	黑龙江	1	46
10	四川广安爱众股份有限公司	国有企业	110246	四川	5	19
11	四川西昌电力股份有限公司	国有企业	62054	四川	2	19

中国企业社会责任报告白皮书（2013）

续表

序号	企业名称	公司性质	营业收入（万元）	总部所在地	第几份社会责任报告	报告页码
12	国家电网宁夏固原供电局	国有企业	45000	宁夏	1	60
13	中国南方电网贵州电网公司	国有企业	——	贵州	4	54
14	深圳供电局有限公司	国有企业	——	广东	1	60
15	国家电网北京市电力公司	国有企业	——	北京	2	60

第二节　评价结果

电力供应业15家样本企业社会责任报告综合得分及排名如表3-2所示。

表3-2　电力供应业企业社会责任报告评价结果

序号	企业名称	创新性	可读性	可比性	平衡性	实质性	完整性	综合得分
1	中国南方电网公司	五星级	五星级	四星半级	五星级	五星级	四星半级	★★★★★
2	国家电网公司	五星级	五星级	五星级	四星级	五星级	四星半级	★★★★★
3	浙江省电力公司	四星半级	四星级	三星级	二星级	四星半级	三星半级	★★★★
4	国家电网山东电力集团公司	二星级	三星半级	二星级	三星半级	四星级	三星半级	★★★☆
5	中国南方电网贵州电网公司	三星级	四星级	二星级	三星级	四星级	三星级	★★★☆
6	国家电网黑龙江鹤岗电业局	三星半级	三星半级	一星级	三星级	三星级	二星级	★★★
7	国家电网江西省电力公司	四星级	四星级	四星半级	二星级	二星级	三星级	★★★
8	广州供电局有限公司	三星半级	四星级	一星级	三星级	三星半级	三星级	★★★
9	深圳供电局有限公司	四星级	四星半级	一星级	二星级	三星级	三星半级	★★★
10	陕西省地方电力（集团）有限公司	四星级	三星级	一星级	二星级	四星级	二星级	★★★
11	国家电网北京市电力公司	二星级	四星级	一星级	一星级	四星级	二星级	★★★
12	国家电网宁夏固原供电局	二星级	四星级	二星级	二星级	二星级	二星级	★★
13	四川西昌电力股份有限公司	一星级	二星级	二星级	三星级	四星级	二星级	★★
14	广州发展实业控股集团股份有限公司	二星级	二星级	二星级	一星级	二星级	一星级	★
15	四川广安爱众股份有限公司	一星级	一星级	一星级	一星级	二星级	一星级	★

第三节 阶段性特征

一、电力供应业社会责任报告综合得分为 56.6 分

电力供应业社会责任报告综合得分平均值为 56.6 分，处于追赶阶段，即三星级水平，在我们所评价的 25 个行业中处于第二位，行业社会责任报告居于上游水平，接近优秀水平，如图 3-1 所示。

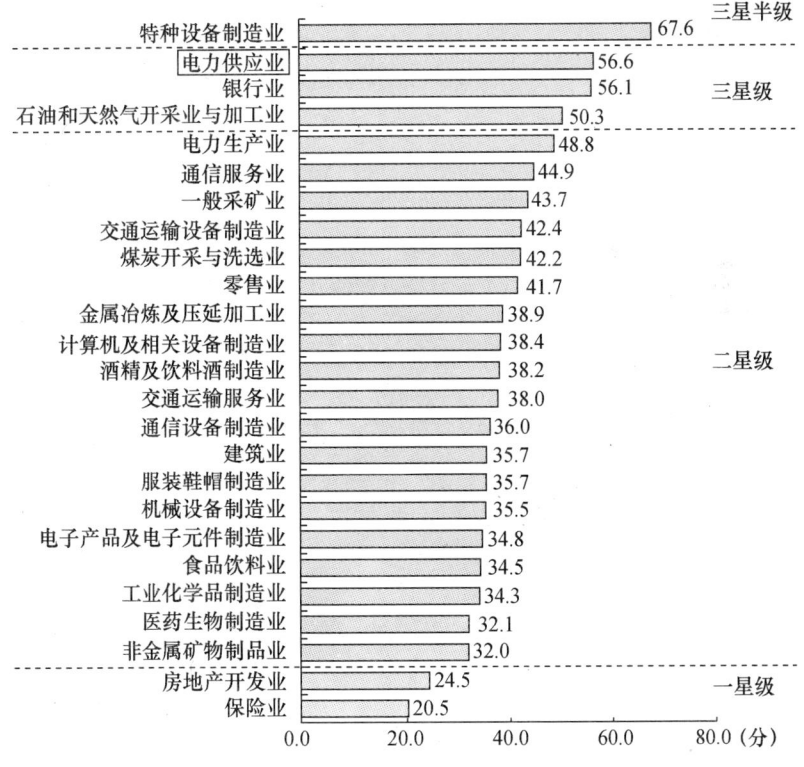

图 3-1　不同行业的得分分布

二、行业内企业社会责任报告综合得分差距较大

电力供应业15家样本企业得分差距较大,中国南方电网公司和国家电网公司得分最高,处于五星级水平,而行业内得分偏低的广州发展实业控股集团股份有限公司和四川广安爱众股份有限公司的社会责任报告综合得分处于一星级水平。相对来看,行业内企业社会责任报告综合得分层次明显,差距较大。样本企业中2家处于五星级水平,1家处于四星级水平,2家处于三星半级水平,6家处于三星级水平,2家处于二星级水平,2家处于一星级水平,如表3-3所示。

表3-3 电力供应业社会责任报告综合得分发展阶段

单位:家

发展阶段	得分区间(分)	数量	企业名称
★★★★★	90~100	2	中国南方电网公司 国家电网公司
★★★★	80~90	1	浙江省电力公司
★★★☆	60~70	2	国家电网山东电力集团公司 中国南方电网贵州电网公司
★★★	50~60	6	国家电网黑龙江鹤岗电业局 国家电网江西省电力公司 广州供电局有限公司 深圳供电局有限公司 陕西省地方电力(集团)有限公司 国家电网北京市电力公司
★★	30~50	2	国家电网宁夏固原供电局 四川西昌电力股份有限公司
★	0~30	2	广州发展实业控股集团股份有限公司 四川广安爱众股份有限公司

三、行业内企业社会责任报告六大性质得分高低不一

电力供应业企业社会责任报告六大性质得分高低不一,其中,可比性得分(36.9分)、平衡性得分(39.2分)与完整性得分(48.5分)较低,均处于二星级水平,创新性得分(56.8分)处于三星级水平,可读性(67.0分)与

实质性得分（68.6 分）较高，均处于三星半级水平。企业社会责任报告逻辑结构较为清晰，运用了丰富多样的表达形式，披露了企业可持续发展的重要相关议题，能够体现企业对利益相关方的重大影响。电力供应业企业社会责任报告六大性质得分如图 3-2 所示。

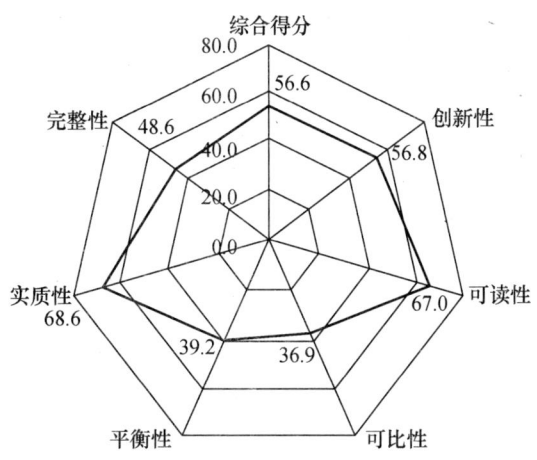

图 3-2 电力供应业社会责任报告六性得分分布

四、行业内企业社会责任报告篇幅适中

社会责任报告是企业发布社会责任信息的重要平台，适度的报告篇幅是企业与利益相关方实现良性互动的重要条件。电力供应业 15 家发布报告的样本企业中，国家电网公司、中国南方电网公司、广州发展实业控股集团股份有限公司三家企业社会责任报告超过 80 页，其社会责任报告篇幅分布如图 3-3 所示。

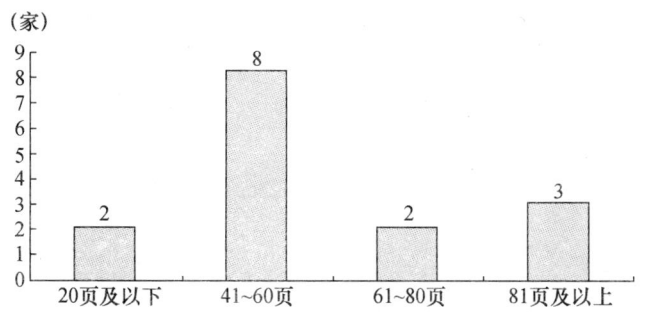

图 3-3 电力供应业企业社会责任报告篇幅

第四章 石油和天然气开采与加工业社会责任报告综合评价（2013）

第一节 研究概述

本书中石油和天然气开采与加工业主要指从事天然原油和天然气开采，以及与石油和天然气开采有关的服务活动行业。在13家石油和天然气开采与加工业企业中，国有企业有10家，民营企业有2家，外资企业有1家。其中，中国海洋石油总公司已经连续8年发布社会责任报告，发布社会责任报告较早；报告页码最多的是中国石油天然气股份有限公司，达到96页，最少的是岳阳兴长石化股份有限公司，仅有6页。石油和天然气开采与加工业13家样本企业社会责任报告基本信息如表4-1所示。

表4-1 石油和天然气开采与加工业企业社会责任报告基本信息

序号	企业名称	公司性质	营业收入（万元）	总部所在地	第几份社会责任报告	报告页码
1	中国石油化工集团公司	国有企业	283060000	北京	6	80
2	中国石油化工股份有限公司	国有企业	278604500	北京	7	42
3	中国石油天然气集团公司	国有企业	268000000	北京	7	60
4	中国石油天然气股份有限公司	国有企业	219530000	北京	7	96
5	中国海洋石油总公司	国有企业	52660000	北京	8	84
6	陕西延长石油（集团）有限责任公司	国有企业	16210000	陕西	2	58
7	中国石化上海石油化工股份有限公司	国有企业	9300830	上海	4	7
8	中海油田服务股份有限公司	国有企业	2262850	北京	5	30
9	广汇能源股份有限公司	民营企业	371500	新疆	2	7
10	山东胜利股份有限公司	国有企业	218666	山东	4	37
11	岳阳兴长石化股份有限公司	国有企业	202570	湖南	5	6
12	中科英华高技术股份有限公司	民营企业	153295	吉林	4	7
13	道达尔中国	外资企业	—	法国	5	32

第四章 石油和天然气开采与加工业社会责任报告综合评价（2013）

第二节 评价结果

石油和天然气开采与加工业 13 家样本企业社会责任报告综合得分及排名如表 4-2 所示。

表 4-2 石油和天然气开采与加工业企业社会责任报告评价结果

序号	企业名称	创新性	可读性	可比性	平衡性	实质性	完整性	综合得分
1	中国石油化工集团公司	五星级	五星级	四星半级	五星级	五星级	四星半级	★★★★★
2	中国石油化工股份有限公司	五星级	五星级	四星半级	五星级	五星级	四星半级	★★★★★
3	中国海洋石油总公司	四星半级	五星级	四星半级	四星半级	四星半级	四星级	★★★★☆
4	中国石油天然气集团公司	二星级	四星级	四星级	三星级	五星级	三星级	★★★★
5	中国石油天然气股份有限公司	二星级	三星半级	三星级	三星级	五星级	三星级	★★★★
6	陕西延长石油（集团）有限责任公司	二星级	四星半级	一星级	三星级	三星半级	二星级	★★★
7	道达尔中国	三星级	三星半级	一星级	三星半级	三星半级	一星级	★★
8	中海油田服务股份有限公司	一星级	二星级	一星级	二星级	二星级	一星级	★★
9	中国石化上海石油化工股份有限公司	一星级	一星级	一星级	三星半级	二星级	二星级	★★
10	山东胜利股份有限公司	二星级	二星级	一星级	一星级	一星级	一星级	★★
11	广汇能源股份有限公司	一星级	一星级	一星级	一星级	二星级	一星级	★
12	中科英华高技术股份有限公司	一星级	一星级	一星级	一星级	一星级	一星级	★
13	岳阳兴长石化股份有限公司	一星级	一星级	一星级	一星级	一星级	一星级	★

第三节 阶段性特征

一、社会责任报告综合得分为 50.3 分

石油和天然气开采与加工业社会责任报告综合得分平均值为 50.3 分，处于追赶阶段，即三星级水平，在我们所评价的 25 个行业中处于上游位置，行业社会责任报告质量较好，但仍待进一步提高，如图 4-1 所示。

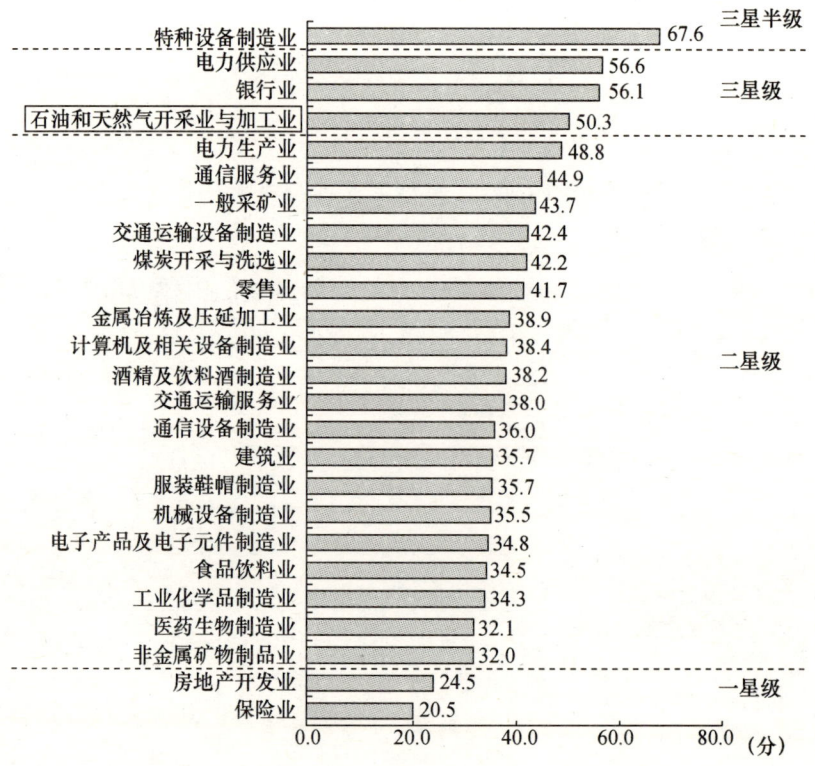

图 4-1 不同行业的得分分布

二、行业内企业社会责任报告综合得分差距较大

石油和天然气开采与加工业 13 家样本企业得分差距较大,中国石油化工集团公司和中国石油化工股份有限公司社会责任报告综合得分均达到 90 分以上,处于五星级最高水平。而在行业内 13 家样本企业中,有 3 家企业得分偏低,处于一星级水平,占行业样本企业的 23.1%。总的来看,行业内企业社会责任报告综合得分差距较大。样本企业中 2 家企业处于五星级水平,1 家处于四星半级水平,2 家处于四星级水平,1 家处于三星级水平,4 家处于二星级水平,3 家企业处于一星级水平,如表 4-3 所示。

第四章 石油和天然气开采与加工业社会责任报告综合评价（2013）

表4-3 石油和天然气开采与加工业社会责任报告综合得分发展阶段

单位：家

发展阶段	得分区间（分）	数量	企业名称
★★★★★	90~100	2	中国石油化工集团公司 中国石油化工股份有限公司
★★★★☆	80~90	1	中国海洋石油总公司
★★★★	70~80	2	中国石油天然气集团公司 中国石油天然气股份有限公司
★★★	50~60	1	陕西延长石油（集团）有限责任公司
★★	30~50	4	道达尔中国 中海油田服务股份有限公司 中国石化上海石油化工股份有限公司 山东胜利股份有限公司
★	0~30	3	广汇能源股份有限公司 中科英华高技术股份有限公司 岳阳兴长石化股份有限公司

三、行业内企业社会责任报告六大性质得分差距较小

石油和天然气开采与加工业社会责任报告六大性质得分差距较小。其中，实质性得分最高，为61.2分，处于三星半级水平。紧接其次的是可读性得分（55.1分）、平衡性得分（47.3分）、完整性得分（43.4分）、创新性得分（41.1分）。行业企业社会责任报告六大性质得分中，可比性得分最低，仅为33.1分，处于二星级水平。行业内企业披露同行业社会责任绩效数据或企业连续数年的社会责任绩效数据较少，不利于利益相关方对企业社会责任实践与绩效进行评价。石油和天然气开采与加工业社会责任报告六大性质得分如图4-2所示。

四、行业内企业发布的社会责任报告篇幅差距较大

社会责任报告是企业发布社会责任信息的重要平台，适度的报告篇幅是企业与利益相关方实现良性互动的重要条件。石油和天然气开采与加工13家发布报告的样本企业中，3家企业报告页数在61页以上，占样本企业报告数

量的23.1%；有4家企业报告在20页及以下，约占样本企业报告数量的30.8%。行业内企业发布的社会责任报告篇幅差距较大，其社会责任报告篇幅分布如图4-3所示。

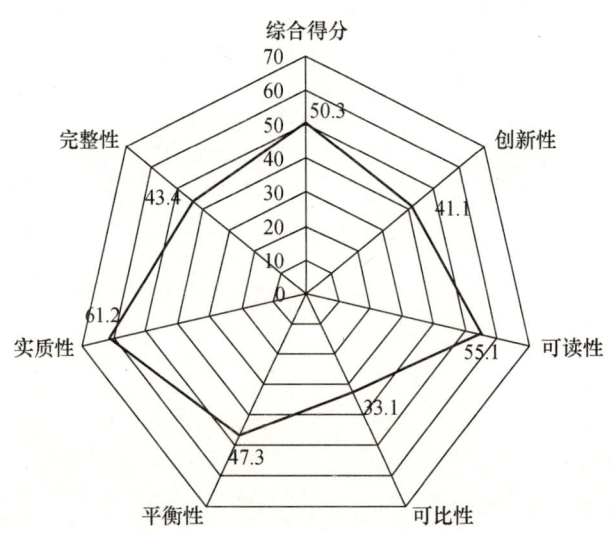

图4-2 石油和天然气开采与加工业社会责任报告六性得分分布

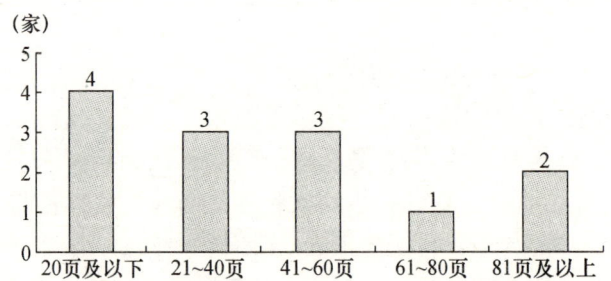

图4-3 石油和天然气开采与加工业企业社会责任报告篇幅

第五章 银行业社会责任报告综合评价(2013)

第一节 研究概述

本书中银行业包括两部分：商业银行和其他银行。商业银行是指国有独资商业银行、股份制银行、城市商业银行、城市信用社、农村信用社等金融机构。其他银行主要指政策性银行。在26家银行业企业中，国有企业有20家，民营企业有2家，外资企业有4家；最早发布报告的企业是上海浦东发展银行股份有限公司，已经连续8年发布社会责任报告；报告页码最多的是兴业银行股份有限公司，达150页，最少的是嘉兴银行股份有限公司，仅有6页。银行业26家样本企业社会责任报告基本信息如表5-1所示。

表5-1 银行业企业社会责任报告基本信息

序号	企业名称	公司性质	营业收入（万元）	总部所在地	第几份社会责任报告	报告页码
1	中国工商银行股份有限公司	国有企业	52970000	北京	6	84
2	中国建设银行股份有限公司	国有企业	46253300	北京	7	52
3	中国农业银行股份有限公司	国有企业	42196400	北京	6	118
4	中国银行股份有限公司	国有企业	36609100	北京	6	74
5	交通银行股份有限公司	国有企业	14733700	上海	6	39
6	招商银行股份有限公司	国有企业	11336700	广东	3	138
7	中国民生银行股份有限公司	民营企业	10311100	北京	5	78
8	中信银行股份有限公司	国有企业	8943500	北京	5	52
9	兴业银行股份有限公司	国有企业	8761900	福建	5	150
10	上海浦东发展银行股份有限公司	国有企业	8300000	上海	8	86

续表

序号	企业名称	公司性质	营业收入（万元）	总部所在地	第几份社会责任报告	报告页码
11	中国光大银行股份有限公司	国有企业	5991600	北京	5	64
12	华夏银行股份有限公司	国有企业	3977700	北京	5	76
13	平安银行股份有限公司	民营企业	3974865	广东	5	70
14	北京银行股份有限公司	国有企业	2781686	北京	6	29
15	上海银行股份有限公司	国有企业	1729000	上海	6	58
16	重庆农村商业银行股份有限公司	国有企业	1365330	重庆	2	72
17	宁波银行股份有限公司	国有企业	1034200	浙江	5	54
18	杭州银行股份有限公司	国有企业	978789	浙江	5	42
19	南京银行股份有限公司	国有企业	911445	江苏	5	24
20	汇丰银行（中国）有限公司	外资企业	899000	中国香港	7	44
21	花旗银行（中国）有限公司	外资企业	462967	美国	6	48
22	东亚银行（中国）有限公司	外资企业	457111	中国香港	5	40
23	永亨银行（中国）有限公司	外资企业	307612	中国香港	5	32
24	青岛农村商业银行股份有限公司	国有企业	—	山东	1	48
25	中国邮政储蓄银行股份有限公司	国有企业	—	北京	1	10
26	嘉兴银行股份有限公司	国有企业	—	浙江	6	6

第二节 评价结果

银行业26家样本企业社会责任报告综合得分及排名如表5-2所示。

表5-2 银行业企业社会责任报告评价结果

序号	企业名称	创新性	可读性	可比性	平衡性	实质性	完整性	综合得分
1	中国民生银行股份有限公司	四星半级	五星级	五星级	三星级	五星级	四星半级	★★★★☆
2	中国建设银行股份有限公司	四星半级	五星级	五星级	三星级	五星级	四星级	★★★★☆

续表

序号	企业名称	创新性	可读性	可比性	平衡性	实质性	完整性	综合得分
3	上海浦东发展银行股份有限公司	三星半级	三星半级	五星级	四星级	五星级	四星级	★★★★☆
4	兴业银行股份有限公司	四星级	四星级	四星半级	三星级	五星级	四星级	★★★★☆
5	中国农业银行股份有限公司	四星级	四星半级	五星级	二星级	五星级	三星半级	★★★★☆
6	中国工商银行股份有限公司	四星级	四星级	四星半级	二星级	四星半级	四星级	★★★★
7	招商银行股份有限公司	四星级	四星半级	三星级	二星级	四星级	三星半级	★★★★
8	中国光大银行股份有限公司	二星级	三星级	五星级	二星级	四星半级	三星半级	★★★★
9	上海银行股份有限公司	二星级	四星级	五星级	二星级	四星级	三星级	★★★★
10	宁波银行股份有限公司	二星级	三星半级	四星半级	二星级	五星级	三星半级	★★★★
11	中信银行股份有限公司	三星半级	四星级	五星级	四星级	三星级	三星级	★★★☆
12	中国银行股份有限公司	三星级	三星半级	三星半级	二星级	四星级	三星级	★★★☆
13	重庆农村商业银行股份有限公司	二星级	四星级	五星级	一星级	四星半级	三星级	★★★☆
14	北京银行股份有限公司	一星级	二星级	五星级	二星级	四星级	三星级	★★★
15	交通银行股份有限公司	一星级	一星级	五星级	三星级	四星级	三星级	★★★
16	华夏银行股份有限公司	四星级	四星半级	二星级	一星级	三星半级	三星级	★★★
17	平安银行股份有限公司	二星级	二星级	三星级	三星级	三星半级	三星级	★★★
18	青岛农村商业银行股份有限公司	一星级	二星级	三星级	三星级	四星级	二星级	★★
19	杭州银行股份有限公司	一星级	二星级	二星级	三星级	四星级	三星级	★★
20	南京银行股份有限公司	一星级	二星级	二星级	一星级	三星半级	二星级	★★
21	汇丰银行（中国）有限公司	三星半级	三星级	一星级	一星级	二星级	一星级	★★
22	中国邮政储蓄银行股份有限公司	一星级	一星级	一星级	一星级	二星级	一星级	★
23	永亨银行（中国）有限公司	一星级	二星级	一星级	二星级	一星级	一星级	★
24	花旗银行（中国）有限公司	三星级	三星级	一星级	一星级	一星级	一星级	★
25	东亚银行（中国）有限公司	二星级	二星级	一星级	二星级	一星级	一星级	★
26	嘉兴银行股份有限公司	一星级	一星级	一星级	一星级	一星级	一星级	★

第三节 阶段性特征

一、银行业社会责任报告综合得分为 56.1 分

银行业社会责任报告综合得分平均值为 56.1 分,处于追赶阶段,即三星级水平,在我们评价的 25 个行业中处于第三名,是社会性责任报告编制水平相对较高的行业,但仍具有提高空间,如图 5-1 所示。

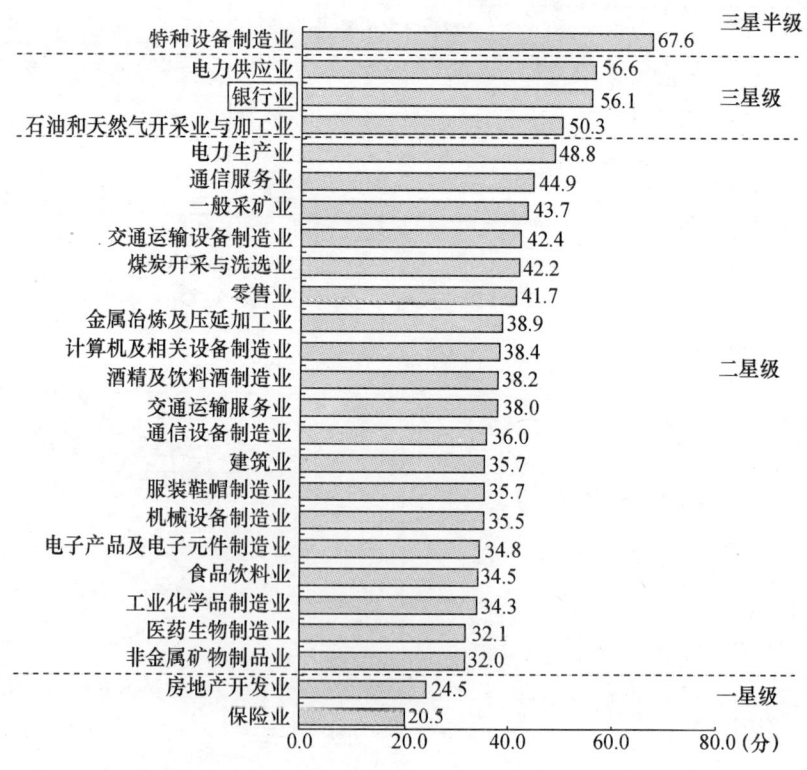

图 5-1 不同行业的得分分布

二、行业内企业社会责任报告综合得分差距较大

银行业26家样本企业得分差距较大。中国民生银行股份有限公司得分最高,处于四星半级水平,而行业内得分最低企业嘉兴银行股份有限公司社会责任报告综合得分处于一星级水平。相对来看,行业内企业社会责任报告综合得分普遍偏低,9家企业处于二星级及以下水平。样本企业中5家处于四星半级水平,5家处于四星级水平,3家处于三星半级水平,4家处于三星级水平,4家处于二星级水平,5家处于一星级水平,如表5-3所示。

表5-3 银行业社会责任报告综合得分发展阶段

单位:家

发展阶段	得分区间(分)	数量	企业名称
★★★★☆	80~90	5	中国民生银行股份有限公司 中国建设银行股份有限公司 上海浦东发展银行股份有限公司 兴业银行股份有限公司 中国农业银行股份有限公司
★★★★	70~80	5	中国工商银行股份有限公司 招商银行股份有限公司 中国光大银行股份有限公司 上海银行股份有限公司 宁波银行股份有限公司
★★★☆	60~70	3	中信银行股份有限公司 中国银行股份有限公司 重庆农村商业银行股份有限公司
★★★	50~60	4	北京银行股份有限公司 交通银行股份有限公司 华夏银行股份有限公司 平安银行股份有限公司
★★	30~50	4	青岛农村商业银行股份有限公司 杭州银行股份有限公司 南京银行股份有限公司 汇丰银行(中国)有限公司

续表

发展阶段	得分区间（分）	数量	企业名称
★	0~30	5	中国邮政储蓄银行股份有限公司 永亨银行（中国）有限公司 花旗银行（中国）有限公司 东亚银行（中国）有限公司 嘉兴银行股份有限公司

三、行业内企业社会责任报告六大性质得分参差不齐

银行业社会责任报告六大性质得分差距较大，其中，实质性得分最高（66.9分），处于三星半级水平。其次是可读性得分（59.6分）、可比性得分（57.1分）与完整性得分（51.1分）较高，均处于三星级水平。创新性得分（48.7分）与平衡性得分（32.1分）相对较低，处于二星级水平。企业较少甚至不披露负面信息，而且在一星级水平企业的报告中较少披露连续三年以上社会责任数据指标，更鲜有提及同行企业社会责任绩效；同时，企业在社会责任报告的内容与形式方面都缺少创新。银行业企业社会责任报告六大性质得分如图5-2所示。

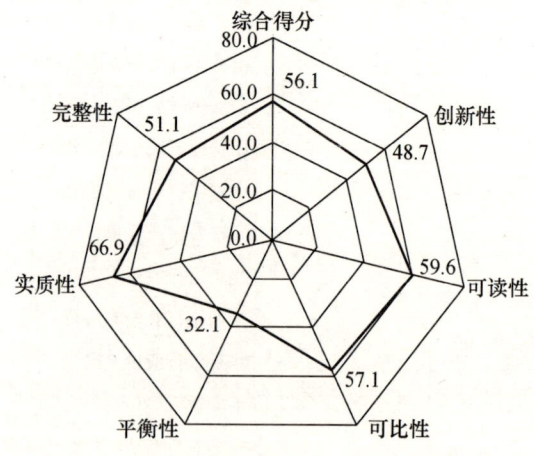

图5-2 银行业社会责任报告六大性质得分分布

四、行业内企业社会责任报告篇幅较短

社会责任报告是企业发布社会责任信息的重要平台，适度的报告篇幅是企业与利益相关方实现良性互动的重要条件。银行业26家样本企业发布的报告中，兴业银行股份有限公司社会责任报告有150页，是篇幅最大的报告；嘉兴银行股份有限公司的报告仅有6页，篇幅最小。篇幅在100页以上的报告有招商银行股份有限公司和中国农业银行股份有限公司企业社会责任报告，分别是138页和118页。其余报告，篇幅在80～100页的有2份，61～80页的有6份，41～60页之间的有8份，21～40页的有5份，其他2份企业社会责任报告都在20页以下。由此可见，有57.7%的企业社会责任报告少于60页，篇幅较小，信息披露量不足，报告质量和篇幅都有待进一步提高。其社会责任报告篇幅分布如图5-3所示。

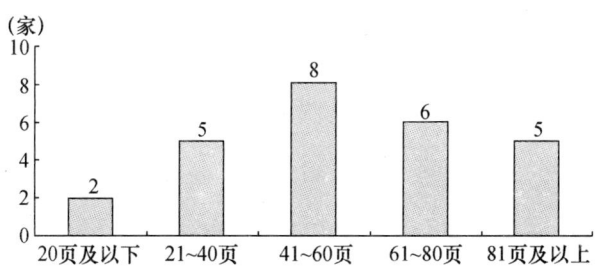

图5-3 银行业企业社会责任报告篇幅

第六章 一般采矿业社会责任报告综合评价(2013)

第一节 研究概述

本书中一般采矿业主要指黑色金属矿采选业、有色金属矿采选业、非金属矿采选业及对地热资源、矿泉水资源以及其他未列明的自然资源的开采活动。在25家一般采矿业样本企业中,有21家国有企业、3家民营企业、1家外资企业;最早开始发布报告的企业是中国铝业公司,已经连续8年发布社会责任报告;报告页码最多的是广东省广晟资产经营有限公司,多达112页,最少的是西藏华泰龙矿业开发有限公司和山东金岭矿业股份有限公司,仅有5页。一般采矿业25家样本企业社会责任报告基本信息如表6-1所示。

表6-1 一般采矿业企业社会责任报告基本信息

序号	企业名称	公司性质	营业收入(万元)	总部所在地	第几份社会责任报告	报告页码
1	中国五矿集团公司	国有企业	32690000	北京	6	94
2	中国铝业公司	国有企业	24490000	北京	8	82
3	中国冶金科工股份有限公司	国有企业	22112000	北京	4	61
4	中国有色矿业集团有限公司	国有企业	15230000	北京	2	70
5	中国中钢集团公司	国有企业	14973700	北京	6	100
6	中国铝业股份有限公司	国有企业	14947900	北京	5	61
7	西部矿业股份有限公司	国有企业	1982922	青海	3	22
8	贵州开磷(集团)有限责任公司	国有企业	1954504	贵州	3	53
9	深圳市中金岭南有色金属股份有限公司	国有企业	1839955	广东	5	20
10	中国有色金属建设股份有限公司	国有企业	1450600	北京	5	10

续表

序号	企业名称	公司性质	营业收入（万元）	总部所在地	第几份社会责任报告	报告页码
11	云南驰宏锌锗股份有限公司	国有企业	1213000	云南	5	10
12	内蒙古包钢稀土（集团）高科技股份有限公司	国有企业	924200	内蒙古	4	36
13	金堆城钼业股份有限公司	国有企业	857388	陕西	4	7
14	洛阳栾川钼业集团股份有限公司	国有企业	571089	河南	1	17
15	湖南辰州矿业股份有限公司	民营企业	472909	湖南	2	11
16	中国黄金国际资源有限公司	国有企业	209700	北京	3	70
17	盛屯矿业集团股份有限公司	民营企业	136942	福建	2	6
18	山东金岭矿业股份有限公司	国有企业	131752	山东	4	5
19	西藏矿业发展股份有限公司	国有企业	51051	西藏	2	9
20	上海创兴资源开发股份有限公司	国有企业	10436	上海	4	5
21	中国黄金集团公司	国有企业	—	北京	3	96
22	广东省广晟资产经营有限公司	国有企业	—	广东	2	112
23	贵州省松桃太丰矿业有限责任公司	民营企业	—	贵州	不详	16
24	贵州锦丰矿业有限公司	外资企业	—	贵州	2	28
25	西藏华泰龙矿业开发有限公司	国有企业	—	西藏	1	5

第二节 评价结果

一般采矿业25家样本企业社会责任报告评价结果如表6-2所示。

表6-2 一般采矿业企业社会责任报告评价结果

序号	企业名称	创新性	可读性	可比性	平衡性	实质性	完整性	综合得分
1	中国铝业公司	四星半级	四星级	五星级	四星半级	五星级	四星半级	★★★★☆
2	中国黄金集团公司	四星级	四星半级	五星级	三星半级	五星级	四星半级	★★★★☆
3	中国五矿集团公司	四星级	四星半级	四星级	三星半级	四星半级	三星半级	★★★★

续表

序号	企业名称	创新性	可读性	可比性	平衡性	实质性	完整性	综合得分
4	中国黄金国际资源有限公司	三星半级	四星半级	五星级	三星级	四星级	三星半级	★★★★
5	中国中钢集团公司	四星级	四星半级	三星半级	三星半级	四星半级	三星半级	★★★★
6	中国铝业股份有限公司	三星级	三星级	二星级	三星级	五星级	四星级	★★★★
7	广东省广晟资产经营有限公司	四星级	四星级	三星半级	三星级	四星级	三星半级	★★★☆
8	中国冶金科工股份有限公司	四星级	三星半级	一星级	三星半级	四星级	三星级	★★★
9	贵州开磷（集团）有限责任公司	二星级	三星级	一星级	四星级	四星级	三星级	★★★
10	中国有色矿业集团有限公司	二星级	四星级	一星级	一星级	三星级	三星级	★★★
11	内蒙古包钢稀土（集团）高科技股份有限公司	二星级	三星半级	一星级	一星级	三星级	一星级	★★
12	贵州省松桃太丰矿业有限责任公司	一星级	二星级	一星级	三星半级	三星半级	一星级	★★
13	深圳市中金岭南有色金属股份有限公司	一星级	一星级	一星级	三星半级	四星级	一星级	★★
14	贵州锦丰矿业有限公司	二星级	三星级	一星级	一星级	三星级	一星级	★★
15	洛阳栾川钼业集团股份有限公司	一星级	一星级	一星级	一星级	三星半级	一星级	★★
16	湖南辰州矿业股份有限公司	一星级	一星级	一星级	一星级	三星级	二星级	★★
17	云南驰宏锌锗股份有限公司	一星级	一星级	一星级	一星级	三星级	一星级	★
18	中国有色金属建设股份有限公司	一星级	一星级	一星级	一星级	二星级	一星级	★
19	西藏矿业发展股份有限公司	一星级	一星级	一星级	一星级	二星级	一星级	★
20	上海创兴资源开发股份有限公司	一星级	一星级	一星级	二星级	二星级	一星级	★

续表

序号	企业名称	创新性	可读性	可比性	平衡性	实质性	完整性	综合得分
21	西部矿业股份有限公司	一星级	二星级	一星级	一星级	一星级	一星级	★
22	盛屯矿业集团股份有限公司	一星级	一星级	一星级	一星级	二星级	一星级	★
23	金堆城钼业股份有限公司	一星级	一星级	一星级	一星级	一星级	一星级	★
24	山东金岭矿业股份有限公司	一星级	一星级	一星级	一星级	一星级	一星级	★
25	西藏华泰龙矿业开发有限公司	一星级	一星级	一星级	一星级	一星级	一星级	★

第三节 阶段性特征

一、社会责任报告综合得分为43.7分

一般采矿业企业社会责任报告综合得分平均值为43.7分，处于发展阶段，即二星级水平，在我们所评价的25个行业中处于中上游位置，社会责任报告水平有待进一步提高。如图6-1所示。

二、行业内企业社会责任报告综合得分差距较大

一般采矿业25家样本企业得分差距较大，中国黄金集团公司和中国铝业公司得分较高，处于四星半级水平。而行业内有9家样本企业得分偏低，企业社会责任报告综合得分处于一星级水平，占行业样本企业总数的36.0%。总的来说，行业内企业社会责任报告综合得分差距较大，多数企业得分较低。样本企业中有2家企业处于四星半级水平，4家企业处于四星级水平，1家处于三星半级水平，3家处于三星级水平，6家处于两星级水平，9家处于一星级水平。如表6-3所示。

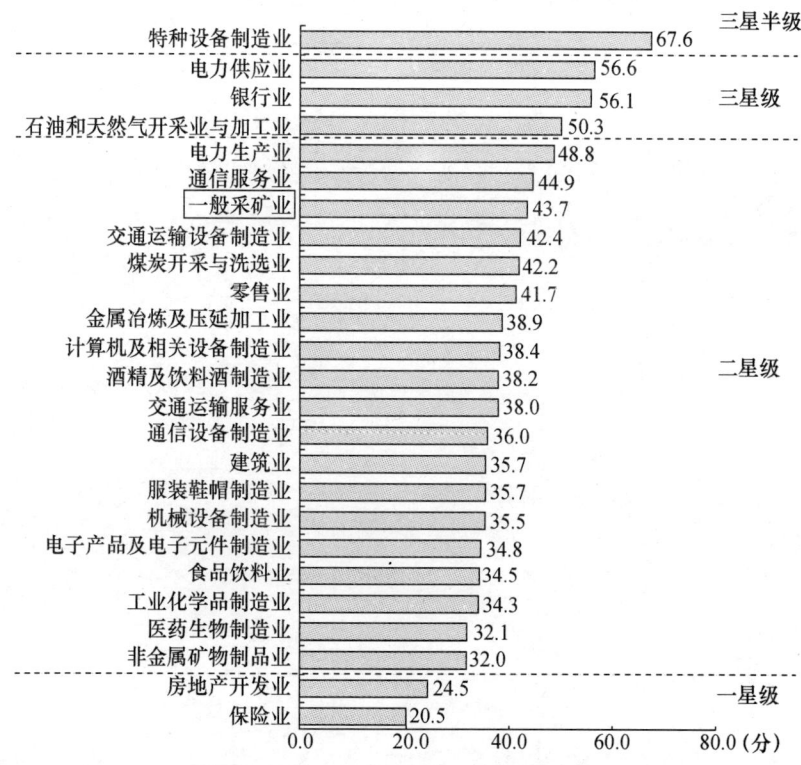

图6-1 不同行业的报告得分分布

表6-3 一般采矿业社会责任报告综合得分发展阶段

单位：家

发展阶段	得分区间（分）	数量	企业名称
★★★★☆	80~90	2	中国铝业公司 中国黄金集团公司
★★★★	70~80	4	中国五矿集团公司 中国黄金国际资源有限公司 中国中钢集团公司 中国铝业股份有限公司
★★★☆	60~70	1	广东省广晟资产经营有限公司
★★★	50~60	3	中国冶金科工股份有限公司 贵州开磷（集团）有限责任公司 中国有色矿业集团有限公司

第六章 一般采矿业社会责任报告综合评价(2013)

续表

发展阶段	得分区间（分）	数量	企业名称
★★	30~50	6	内蒙古包钢稀土（集团）高科技股份有限公司
			贵州省松桃太丰矿业有限责任公司
			深圳市中金岭南有色金属股份有限公司
			贵州锦丰矿业有限公司
			洛阳栾川钼业集团股份有限公司
			湖南辰州矿业股份有限公司
★	0~30	9	云南驰宏锌锗股份有限公司
			中国有色金属建设股份有限公司
			西藏矿业发展股份有限公司
			上海创兴资源开发股份有限公司
			西部矿业股份有限公司
			盛屯矿业集团股份有限公司
			金堆城钼业股份有限公司
			山东金岭矿业股份有限公司
			西藏华泰龙矿业开发有限公司

三、行业内企业社会责任报告六大性质得分中可比性得分最低

一般采矿业企业社会责任报告六大性质得分差距相对较大。其中，实质性得分最高，为57.8分，处于三星级水平。紧接其后的是可读性得分（46.0分）、完整性得分（39.1分）、创新性得分（34.2分）、平衡性得分（32.5分），均处于二星级水平。行业内企业社会责任报告六大性质得分中，可比性得分最低，仅为23.9分，处于一星级水平，行业内企业较少披露同行业社会责任绩效数据或企业连续数年的社会责任绩效数据，不利于利益相关方对企业社会责任实践与绩效进行评价。一般采矿业社会责任报告六大性质得分如图6-2所示。

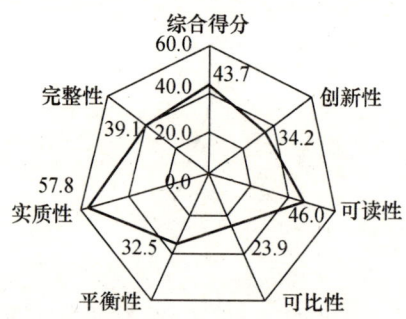

图6-2 一般采矿业社会责任报告六大性质得分分布

四、行业内多数企业社会责任报告篇幅较短

社会责任报告是企业发布社会责任信息的重要平台，适度的报告篇幅是企业与利益相关方实现良性互动的重要条件。一般采矿业25家发布报告的样本企业中，5家企业发布的社会责任报告在81页以上，4家企业报告页数在61~80页，1家企业报告页数在41~60页，3家企业报告页数在21~40页，12家企业报告页码低于20页，行业多数企业社会责任报告篇幅较小。其社会责任报告篇幅具体分布如图6-3所示。

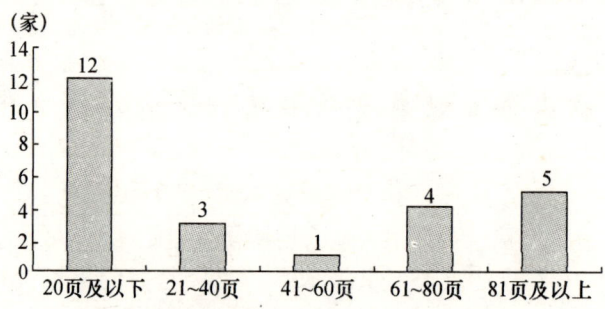

图6-3 一般采矿业企业社会责任报告篇幅

第七章 电力生产业社会责任报告综合评价(2013)

第一节 研究概述

本书中电力生产业按照生产形式,可分为火力发电、水力发电、核力发电和其他能源发电。火力发电指利用煤炭、石油、天然气等燃料燃烧产生的热能,通过火电动力装置转换成电能的生产活动。水力发电通过建立水电站将水能转换成电能的生产活动;核力发电指利用核反应堆中重核裂变所释放出的热能转换成电能的生产活动;其他能源发电指利用风力、地热、太阳能、潮汐能、生物能及其他未列明的发电活动。在37家电力生产业企业中,国有企业有36家,民营企业有1家。最早发布报告的企业是中国华能集团和福建闽东电力股份有限公司,已经连续7年发布社会责任报告,报告页码最多的是华润电力控股有限公司,达到108页,最少的是河南神火煤电股份有限公司,仅有6页。电力生产业37家样本企业社会责任报告基本信息如表7-1所示。

表7-1 电力生产业企业社会责任报告基本信息

序号	企业名称	公司性质	营业收入(万元)	总部所在地	第几份社会责任报告	报告页码
1	华润(集团)有限公司	国有企业	33900000	中国香港	6	63
2	中国华能集团公司	国有企业	27770000	北京	7	86
3	中国神华能源股份有限公司	国有企业	25026000	北京	6	98
4	中国国电集团公司	国有企业	23240000	北京	6	68
5	中国华电集团公司	国有企业	18210000	北京	6	98
6	中国电力投资集团公司	国有企业	17940000	北京	4	92
7	华能国际电力股份有限公司	国有企业	13396666	北京	5	11

续表

序号	企业名称	公司性质	营业收入（万元）	总部所在地	第几份社会责任报告	报告页码
8	国家开发投资公司	国有企业	8240000	北京	5	86
9	大唐国际发电股份有限公司	国有企业	7760000	北京	5	29
10	华电国际电力股份有限公司	国有企业	5949000	北京	5	8
11	国电电力发展股份有限公司	国有企业	5568400	北京	6	23
12	广东省粤电集团有限公司	国有企业	5453200	广东	3	85
13	中国葛洲坝集团股份有限公司	国有企业	5353700	湖北	5	25
14	中国长江三峡集团公司	国有企业	3690000	北京	3	96
15	中国广东核电集团有限公司	国有企业	3491000	广东	2	72
16	广东电力发展股份有限公司	国有企业	2948900	广东	4	41
17	河南神火煤电股份有限公司	国有企业	2798500	河南	5	6
18	中国长江电力股份有限公司	国有企业	2578197	北京	5	50
19	申能股份有限公司	国有企业	2411800	上海	5	9
20	国投电力控股股份有限公司	国有企业	2386701	北京	5	15
21	深圳能源集团股份有限公司	国有企业	1282800	广东	5	14
22	贵州乌江水电开发有限责任公司	国有企业	1193300	贵州	5	92
23	北京京能热电股份有限公司	国有企业	1008158	北京	5	10
24	山西通宝能源股份有限公司	国有企业	605900	山西	5	13
25	华润电力控股有限公司	国有企业	493619	北京	3	108
26	上海外高桥第三发电有限责任公司	国有企业	452915	上海	2	77
27	广西桂东电力股份有限公司	国有企业	418700	广西	5	8
28	广东宝丽华新能源股份有限公司	民营企业	395076	广东	5	16
29	贵州黔源电力股份有限公司	国有企业	177149	贵州	5	31
30	云南文山电力股份有限公司	国有企业	171034	云南	5	31
31	乐山电力股份有限公司	国有企业	145015	四川	5	20
32	福建闽东电力股份有限公司	国有企业	123691	福建	7	9
33	重庆涪陵电力实业股份有限公司	国有企业	111619	重庆	3	8
34	重庆三峡水利电力（集团）股份有限公司	国有企业	94524	重庆	5	9
35	四川西昌电力股份有限公司	国有企业	62054	四川	2	19
36	沈阳金山热电股份有限公司	国有企业	—	辽宁	1	9
37	四川川投能源股份有限公司	国有企业	—	四川	5	12

第二节 评价结果

电力生产业37家样本企业社会责任报告综合得分及排名如表7-2所示。

表7-2 电力生产业企业社会责任报告评价结果

序号	企业名称	创新性	可读性	可比性	平衡性	实质性	完整性	综合得分
1	中国华电集团公司	四星半级	五星级	五星级	四星半级	五星级	四星半级	★★★★★
2	中国华能集团公司	五星级	五星级	四星半级	四星半级	五星级	四星半级	★★★★★
3	华润（集团）有限公司	五星级	四星半级	五星级	五星级	四星半级	四星级	★★★★☆
4	广东省粤电集团有限公司	四星级	四星半级	四星半级	五星级	四星半级	四星半级	★★★★☆
5	中国神华能源股份有限公司	四星半级	四星半级	二星级	三星级	五星级	四星级	★★★★
6	华润电力控股有限公司	三星半级	四星级	五星级	一星级	四星级	四星级	★★★★
7	上海外高桥第三发电有限责任公司	二星级	四星级	三星半级	四星半级	四星级	三星半级	★★★★
8	大唐国际发电股份有限公司	三星级	四星级	四星半级	一星级	四星级	二星级	★★★☆
9	中国广东核电集团有限公司	三星级	四星级	五星级	四星级	三星级	三星级	★★★☆
10	国家开发投资公司	三星级	四星级	五星级	三星级	三星半级	三星级	★★★☆
11	中国长江三峡集团公司	三星级	四星级	三星级	四星级	三星半级	三星半级	★★★☆
12	贵州乌江水电开发有限责任公司	二星级	三星半级	三星级	一星级	四星半级	三星级	★★★☆
13	中国国电集团公司	二星级	四星半级	四星级	三星级	四星级	三星级	★★★☆
14	中国电力投资集团公司	三星半级	四星半级	一星级	一星级	四星半级	三星级	★★★☆
15	中国长江电力股份有限公司	二星级	四星级	一星级	二星级	四星级	三星级	★★★
16	贵州黔源电力股份有限公司	一星级	三星级	三星级	三星半级	三星级	三星级	★★★
17	广东电力发展股份有限公司	三星级	三星半级	二星级	二星级	三星半级	三星级	★★★

续表

序号	企业名称	创新性	可读性	可比性	平衡性	实质性	完整性	综合得分
18	国电电力发展股份有限公司	二星级	二星级	二星级	一星级	四星半级	二星级	★★★
19	国投电力控股股份有限公司	一星级	一星级	一星级	二星级	四星半级	二星级	★★
20	四川西昌电力股份有限公司	一星级	二星级	一星级	三星级	四星级	二星级	★★
21	云南文山电力股份有限公司	一星级	二星级	一星级	一星级	三星半级	二星级	★★
22	重庆三峡水利电力（集团）股份有限公司	一星级	二星级	一星级	一星级	四星级	二星级	★★
23	中国葛洲坝集团股份有限公司	一星级	二星级	一星级	一星级	二星级	二星级	★★
24	深圳能源集团股份有限公司	一星级	一星级	一星级	一星级	三星半级	一星级	★★
25	华电国际电力股份有限公司	一星级	一星级	一星级	一星级	三星半级	一星级	★★
26	华能国际电力股份有限公司	一星级	一星级	一星级	二星级	二星级	二星级	★★
27	广东宝丽华新能源股份有限公司	一星级	一星级	一星级	一星级	三星级	二星级	★★
28	福建闽东电力股份有限公司	一星级	一星级	一星级	一星级	三星半级	一星级	★★
29	广西桂东电力股份有限公司	一星级	一星级	一星级	一星级	三星级	一星级	★
30	沈阳金山热电股份有限公司	一星级	二星级	一星级	一星级	二星级	一星级	★
31	北京京能热电股份有限公司	一星级	一星级	一星级	一星级	二星级	一星级	★
32	山西通宝能源股份有限公司	一星级	一星级	一星级	一星级	二星级	一星级	★
33	重庆涪陵电力实业股份有限公司	一星级	一星级	一星级	一星级	二星级	一星级	★

续表

序号	企业名称	创新性	可读性	可比性	平衡性	实质性	完整性	综合得分
34	申能股份有限公司	一星级	一星级	一星级	一星级	二星级	一星级	★
35	四川川投能源股份有限公司		一星级	一星级	一星级	二星级	一星级	★
36	乐山电力股份有限公司	一星级	一星级	一星级	一星级	一星级	一星级	★
37	河南神火煤电股份有限公司		一星级	一星级	一星级	二星级	一星级	★

第三节 阶段性特征

一、社会责任报告综合得分为 48.8 分

电力生产业社会责任报告综合得分平均值为 48.8 分，处于发展阶段，即二星级水平，在我们所评价的 25 个行业中排第五位，居于中上游水平，如图 7-1 所示。

二、行业内企业社会责任报告综合得分差距较大

电力生产业 37 家样本企业得分差距较大，中国华电集团公司和中国华能集团公司得分最高，处于五星级水平，而河南神火煤电股份有限公司社会责任报告综合得分处于一星级水平。相对来看，行业内企业社会责任报告综合得分高低明显，差距较大。样本企业中 2 家处于五星级水平，2 家处于四星半级水平，3 家处于四星级水平，7 家处于三星半级水平，4 家处于三星级水平，10 家处于二星级水平，9 家处于一星级水平。如表 7-3 所示。

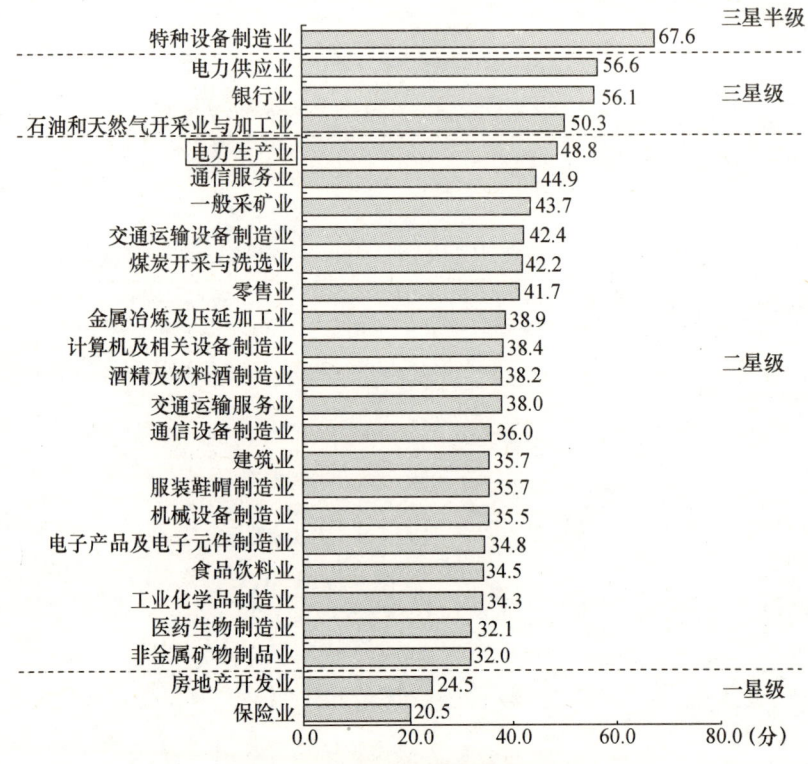

图7-1 不同行业的报告得分分布

表7-3 电力生产业社会责任报告综合得分发展阶段

单位：家

发展阶段	得分区间（分）	数量	企业名称
★★★★★	90~100	2	中国华电集团公司 中国华能集团公司
★★★★☆	80~90	2	华润（集团）有限公司 广东省粤电集团有限公司
★★★★	70~80	3	中国神华能源股份有限公司 华润电力控股有限公司 上海外高桥第三发电有限责任公司
★★★☆	60~70	7	大唐国际发电股份有限公司 中国广东核电集团有限公司 国家开发投资公司 中国长江三峡集团公司 贵州乌江水电开发有限责任公司 中国国电集团公司 中国电力投资集团公司

第七章 电力生产业社会责任报告综合评价（2013）

续表

发展阶段	得分区间（分）	数量	企业名称
★★★	50～60	4	中国长江电力股份有限公司 贵州黔源电力股份有限公司 广东电力发展股份有限公司 国电电力发展股份有限公司
★★	30～50	10	国投电力控股股份有限公司 四川西昌电力股份有限公司 云南文山电力股份有限公司 重庆三峡水利电力（集团）股份有限公司 中国葛洲坝集团股份有限公司 深圳能源集团股份有限公司 华电国际电力股份有限公司 华能国际电力股份有限公司 广东宝丽华新能源股份有限公司 福建闽东电力股份有限公司
★	0～30	9	广西桂东电力股份有限公司 沈阳金山热电股份有限公司 北京京能热电股份有限公司 山西通宝能源股份有限公司 重庆涪陵电力实业股份有限公司 申能股份有限公司 四川川投能源股份有限公司 乐山电力股份有限公司 河南神火煤电股份有限公司

三、行业内企业社会责任报告六大性质得分参差不齐

电力生产业企业社会责任报告六大性质得分差距较大，其中，实质性得分（65.7分）较高，处于三星半级水平，可读性得分（49.5分）、完整性得分（45.1分）、创新性得分（35.6分）、可比性得分（31.0分）、平衡性得分（30.7分）相对较低，处于二星级水平。企业很少披露同行业社会责任绩效数据或企业连续数年的社会责任绩效数据，不利于利益相关方对企业社会责任实践与绩效进行评价。电力生产业企业社会责任报告六大性质得分如图7-2所示。

· 79 ·

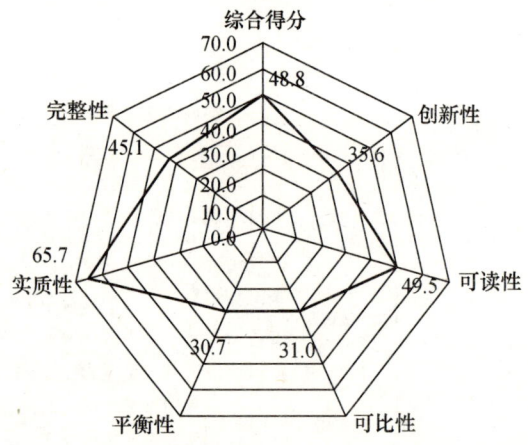

图7-2 电力生产业社会责任报告六大性质得分分布

四、行业内有9家企业报告篇幅超过80页

社会责任报告是企业发布社会责任信息的重要平台，适度的报告篇幅是企业与利益相关方实现良性互动的重要条件。电力生产业37家发布报告的样本企业中，80页以上的报告共有9家，社会责任信息披露比较充分。但是页码不足20页的报告有17家，占据了样本总数的43.24%。电力生产业企业社会责任报告篇幅分布如图7-3所示。

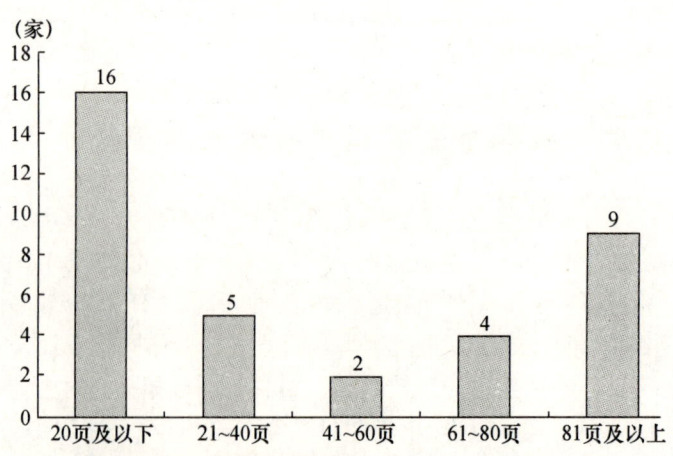

图7-3 电力生产业企业社会责任报告篇幅

第八章 零售业社会责任报告综合评价(2013)

第一节 研究概述

本书中零售业是指百货商店、超级市场、专门零售商店、品牌专卖店、售货摊等主要面向最终消费者（如居民等）的销售活动。包括以互联网、邮政、电话、售货机等方式的销售活动。还包括在同一地点，后面加工生产，前面销售的店铺（如面包房）。谷物、种子、饲料、牲畜、矿产品、生产用原料、化工原料、农用化工产品、机械设备（乘用车、计算机及通信设备除外）等生产资料的销售不作为零售活动。截至2013年10月，零售行业共有20家企业发布2012年度企业社会责任报告，其中国有企业9家，民营企业10家，外资企业1家。报告页码最多的是上海复星医药（集团）股份有限公司，达到108页，最少的是福建东百集团股份有限公司，仅有5页。行业内最早发布报告的企业是西安开元投资集团股份有限公司，已经连续7年发布社会责任报告。零售业20份样本企业社会责任报告基本信息如表8-1所示。

表8-1 零售业企业社会责任报告基本信息

序号	企业名称	公司性质	营业收入（万元）	总部所在地	第几份社会责任报告	报告页码
1	华润（集团）有限公司	国有企业	33900000	中国香港	6	63
2	苏宁云商集团股份有限公司	民营企业	9835700	江苏	5	58
3	华润万家有限公司	国有企业	9410000	香港	2	29
4	永辉超市股份有限公司	民营企业	2468400	福建	3	54
5	广州百货企业集团有限公司	国有企业	2169900	广东	2	76
6	上海豫园旅游商城股份有限公司	民营企业	2029800	上海	3	18

中国企业社会责任报告白皮书（2013）

续表

序号	企业名称	公司性质	营业收入（万元）	总部所在地	第几份社会责任报告	报告页码
7	广东粤海控股有限公司	国有企业	1508400	广东	1	90
8	天虹商场股份有限公司	国有企业	1437701	广东	3	29
9	银座集团股份有限公司	国有企业	1353600	山东	4	7
10	上海申华控股股份有限公司	国有企业	1315500	上海	5	8
11	上海复星医药（集团）股份有限公司	民营企业	734078	上海	5	108
12	金花投资控股集团	民营企业	650000	陕西	1	66
13	吉峰农机连锁股份有限公司	民营企业	579068	四川	3	66
14	上海新世界股份有限公司	民营企业	354782	上海	2	49
15	西安开元投资集团股份有限公司	民营企业	340264	陕西	7	40
16	上海益民商业集团股份有限公司	国有企业	260465	上海	4	54
17	嘉事堂药业股份有限公司	国有企业	255407	北京	2	26
18	福建东百集团股份有限公司	民营企业	206900	福建	5	5
19	京东商城	民营企业	—	北京	1	68
20	家乐福（中国）	外资企业	—	法国	1	20

第二节　评价结果

零售业20家样本企业社会责任报告综合得分及排名如表8-2所示。

表8-2　零售业企业社会责任报告评价结果

序号	企业名称	创新性	可读性	可比性	平衡性	实质性	完整性	综合得分
1	华润（集团）有限公司	五星级	四星半级	五星级	五星级	四星半级	四星级	★★★★☆
2	上海复星医药（集团）股份有限公司	四星级	四星级	五星级	四星半级	四星半级	三星半级	★★★★

续表

序号	企业名称	创新性	可读性	可比性	平衡性	实质性	完整性	综合得分
3	广东粤海控股有限公司	四星级	四星级	四星半级	四星级	四星级	三星半级	★★★★
4	广州百货企业集团有限公司	三星半级	四星级	三星级	四星半级	四星级	四星级	★★★★
5	永辉超市股份有限公司	二星级	三星级	一星级	二星级	四星级	三星半级	★★★
6	华润万家有限公司	二星级	三星半级	四星半级	三星级	三星级	二星级	★★★
7	上海益民商业集团股份有限公司	三星半级	四星半级	三星半级	一星级	三星级	三星级	★★★
8	京东商城	二星级	四星级	一星级	一星级	三星半级	二星级	★★
9	金花投资控股集团	二星级	四星级	一星级	二星级	二星级	二星级	★★
10	苏宁云商集团股份有限公司	三星半级	二星级	一星级	一星级	三星级	三星级	★★
11	上海新世界股份有限公司	三星级	三星级	一星级	一星级	一星级	二星级	★★
12	天虹商场股份有限公司	一星级	二星级	一星级	一星级	二星级	二星级	★★
13	吉峰农机连锁股份有限公司	二星级	三星级	一星级	一星级	一星级	一星级	★
14	西安开元投资集团股份有限公司	一星级	二星级	一星级	一星级	一星级	一星级	★
15	家乐福（中国）	二星级	二星级	一星级	一星级	一星级	一星级	★
16	嘉事堂药业股份有限公司	一星级	二星级	一星级	一星级	一星级	二星级	★
17	上海豫园旅游商城股份有限公司	一星级	一星级	一星级	一星级	一星级	一星级	★
18	银座集团股份有限公司	一星级	一星级	一星级	一星级	二星级	一星级	★
19	上海申华控股股份有限公司	一星级	一星级	一星级	一星级	一星级	一星级	★
20	福建东百集团股份有限公司	一星级	一星级	一星级	一星级	一星级	一星级	★

第三节 阶段性特征

一、社会责任报告综合得分为41.7分

零售业企业社会责任报告综合得分平均值为41.7分，处于发展阶段，即二星级水平，在所评价的25个行业中处于中等位置，行业社会责任报告水平有较大提升空间。如图8-1所示。

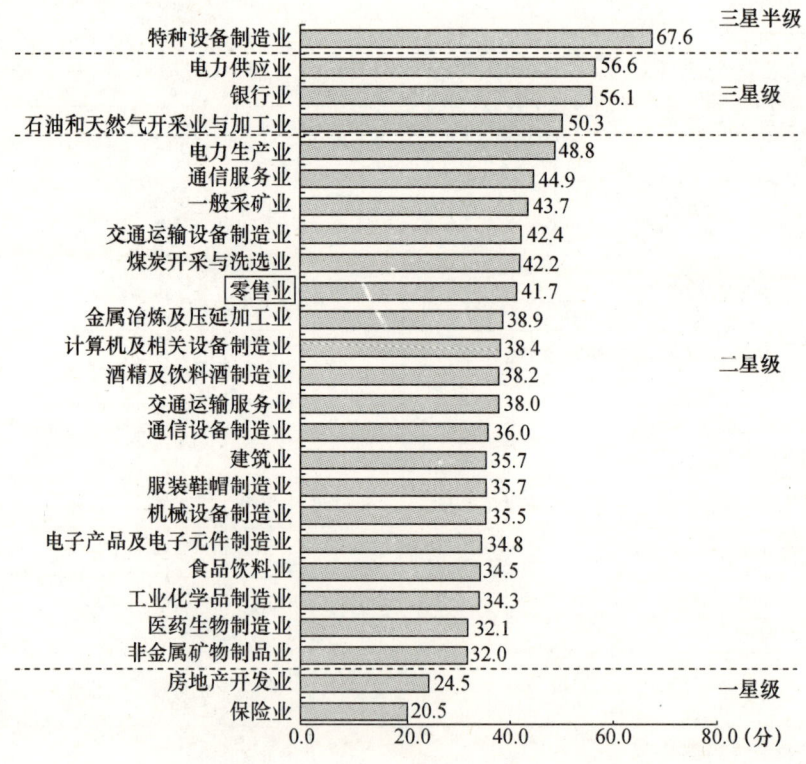

图8-1 不同行业的报告得分分布

二、行业内企业社会责任报告综合得分差距较大

零售业20份样本企业社会责任报告得分差距较大,华润(集团)有限公司得分最高,处于领先阶段,即四星半级水平;而行业内得分偏低的福建东百集团股份有限公司社会责任报告仅有5页,综合得分处于起步阶段,即一星级水平。相对来看,行业内企业社会责任报告综合得分两极分化,差距较大。样本企业中1家处于四星半级水平,3家处于四星级水平,3家处于三星级水平,5家处于二星级水平,8家处于一星级水平。如表8-3所示。

表8-3 零售业社会责任报告综合得分发展阶段

单位:家

发展阶段	得分区间(分)	数量	企业名称
★★★★☆	80~90	1	华润(集团)有限公司
★★★★	70~80	3	上海复星医药(集团)股份有限公司 广东粤海控股有限公司 广州百货企业集团有限公司
★★★	50~60	3	永辉超市股份有限公司 华润万家有限公司 上海益民商业集团股份有限公司
★★	30~50	5	京东商城 金花投资控股集团 苏宁云商集团股份有限公司 上海新世界股份有限公司 天虹商场股份有限公司
★	0~30	8	吉峰农机连锁股份有限公司 西安开元投资集团股份有限公司 家乐福(中国) 嘉事堂药业股份有限公司 上海豫园旅游商城股份有限公司 银座集团股份有限公司 上海申华控股有限公司 福建东百集团股份有限公司

三、行业内企业社会责任报告六大性质得分差距较大

零售业企业社会责任报告六大性质得分差距较大,其中,可读性得分最高(53.0分),处于三星级水平;实质性(44.3分)、完整性(43.3分)、创新性(39.2分)得分较高,均达到二星级水平;可比性(27.6分)和平衡性(22.9分)得分较低,处于一星级水平。企业较少披露连续五年以上社会责任数据指标,更没有将其与同行、同地区企业的社会责任绩效作比较,可比性和平衡性亟待提高。零售业企业社会责任报告六大性质得分如图8-2所示。

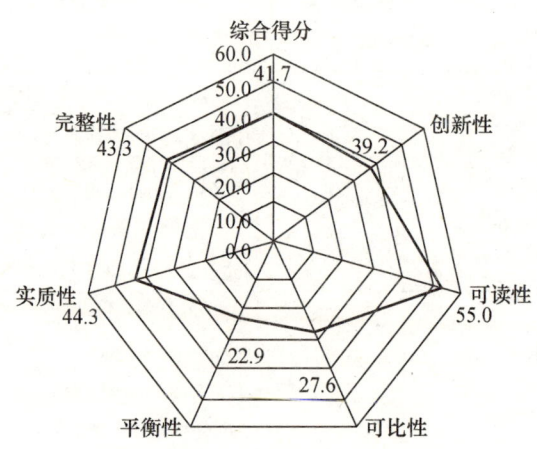

图8-2 零售业社会责任报告六大性质得分分布

四、行业内有2家企业报告篇幅超过80页

社会责任报告是企业发布社会责任信息的重要平台,适度的报告篇幅是企业与利益相关方实现良性互动的重要条件。零售业20家发布报告的样本企业中,80页以上的报告共有2家,社会责任履责信息披露较为充分。但是20页及以下的报告共有5家,占据了样本总数的25%,同时,零售业企业社会责任履责信息披露的形式及重点仍需改进。因此,行业整体社会责任信息披露仍有待提升。零售业企业社会责任报告篇幅分布如图8-3所示。

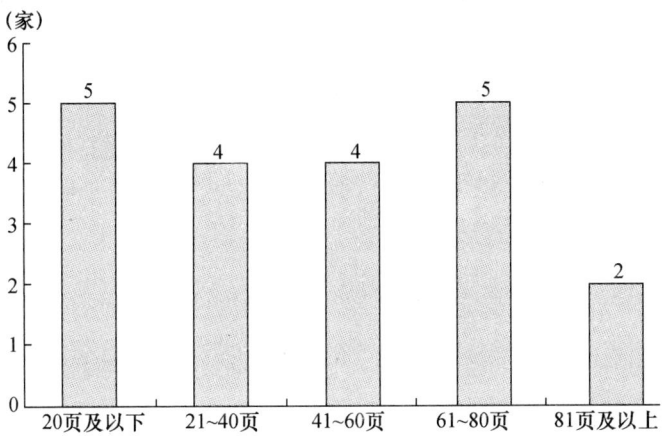

图8-3 零售业企业社会责任报告篇幅

第九章　酒精及饮料酒制造业社会责任报告综合评价(2013)

第一节　研究概述

本书中酒精及饮料酒制造业是指用玉米、小麦、薯类等淀粉质原料或用糖蜜等含糖质原料，经蒸煮、糖化、发酵及蒸馏等工艺制成的酒精产品的生产以及白酒、啤酒、葡萄酒等酒类的生产业。在18家酒精及饮料酒制造业企业中，国有企业有13家，民营企业有5家。最早发布报告的企业是华润（集团）有限公司、福建省燕京惠泉啤酒股份有限公司、泸州老窖股份有限公司，已经连续6年发布社会责任报告。报告页码最多的是宜宾五粮液股份有限公司有限公司，达到89页，最少的是烟台张裕葡萄酿酒股份有限公司，仅有6页。酒精及饮料酒制造业18家样本企业社会责任报告基本信息如表9-1所示。

表9-1　酒精及饮料酒制造业企业社会责任报告基本信息

序号	企业名称	公司性质	营业收入（万元）	总部所在地	第几份社会责任报告	报告页码
1	华润（集团）有限公司	国有企业	33900000	中国香港	6	63
2	宜宾五粮液股份有限公司	国有企业	2703875	四川	5	89
3	青岛啤酒股份有限公司	国有企业	2578200	山东	5	50
4	华润雪花啤酒（中国）有限公司	国有企业	2218423	北京	不详	31
5	江苏洋河酒厂股份有限公司	民营企业	1727000	江苏	4	38
6	北京燕京啤酒股份有限公司	民营企业	1303335	北京	5	16
7	泸州老窖股份有限公司	国有企业	1155635	四川	6	16
8	山西杏花村汾酒厂股份有限公司	国有企业	647876	山西	1	36

续表

序号	企业名称	公司性质	营业收入（万元）	总部所在地	第几份社会责任报告	报告页码
9	烟台张裕葡萄酿酒股份有限公司	民营企业	564353	山东	5	6
10	安徽古井贡酒股份有限公司	国有企业	419706	安徽	1	12
11	四川沱牌舍得酒业股份有限公司	国有企业	195946	四川	5	12
12	新疆伊力特实业股份有限公司	国有企业	176229	新疆	3	19
13	浙江古越龙山绍兴酒股份有限公司	国有企业	142179	浙江	5	11
14	上海金枫酒业股份有限公司	国有企业	95118	上海	5	17
15	福建省燕京惠泉啤酒股份有限公司	国有企业	69059	福建	6	9
16	中国贵州茅台酒厂（集团）有限责任公司	国有企业	—	贵州	5	68
17	劲牌有限公司	民营企业	—	湖北	4	23
18	贵州酒中酒集团	民营企业	—	贵州	不详	17

第二节　评价结果

酒精及饮料酒制造业18家样本企业社会责任报告综合得分及排名如表9-2所示。

表9-2　酒精及饮料酒制造业企业社会责任报告评价结果

序号	企业名称	创新性	可读性	可比性	平衡性	实质性	完整性	综合得分
1	华润（集团）有限公司	五星级	四星半级	五星级	五星级	四星半级	四星级	★★★★☆
2	青岛啤酒股份有限公司	三星半级	三星半级	二星级	三星级	四星级	二星级	★★★☆
3	宜宾五粮液股份有限公司	三星半级	二星级	五星级	一星级	三星级	三星半级	★★★☆
4	中国贵州茅台酒厂（集团）有限责任公司	二星级	三星半级	五星级	二星级	二星级	二星级	★★★
5	华润雪花啤酒（中国）有限公司	三星半级	三星级	三星级	一星级	三星级	二星级	★★

续表

序号	企业名称	创新性	可读性	可比性	平衡性	实质性	完整性	综合得分
6	山西杏花村汾酒厂股份有限公司	三星级	二星级	一星级	一星级	四星级	二星级	★★
7	新疆伊力特实业股份有限公司	一星级	一星级	一星级	一星级	三星半级	一星级	★★
8	北京燕京啤酒股份有限公司	一星级	一星级	一星级	一星级	三星半级	二星级	★★
9	泸州老窖股份有限公司	一星级	一星级	一星级	一星级	三星半级	一星级	★★
10	安徽古井贡酒股份有限公司	一星级	一星级	一星级	一星级	三星级	一星级	★★
11	浙江古越龙山绍兴酒股份有限公司	一星级	一星级	一星级	一星级	三星级	一星级	★
12	上海金枫酒业股份有限公司	一星级	一星级	一星级	一星级	三星级	二星级	★
13	四川沱牌舍得酒业股份有限公司	一星级	一星级	一星级	一星级	三星级	一星级	★
14	劲牌有限公司	一星级	二星级	一星级	一星级	二星级	一星级	★
15	江苏洋河酒厂股份有限公司	一星级	一星级	一星级	一星级	二星级	一星级	★
16	福建省燕京惠泉啤酒股份有限公司	一星级	一星级	一星级	一星级	三星级	一星级	★
17	烟台张裕葡萄酿酒股份有限公司	一星级	一星级	一星级	一星级	二星级	一星级	★
18	贵州酒中酒集团	一星级	二星级	一星级	一星级	一星级	一星级	★

第三节 阶段性特征

一、社会责任报告综合得分为38.2分

酒精及饮料酒制造业社会责任报告综合得分平均值为38.2分，处于发展阶段，即二星级水平，在我们所评价的25个行业中处于中等水平位置，

但综合得分数值不高,行业社会责任报告仍具有较大提高空间(如图9-1所示)。

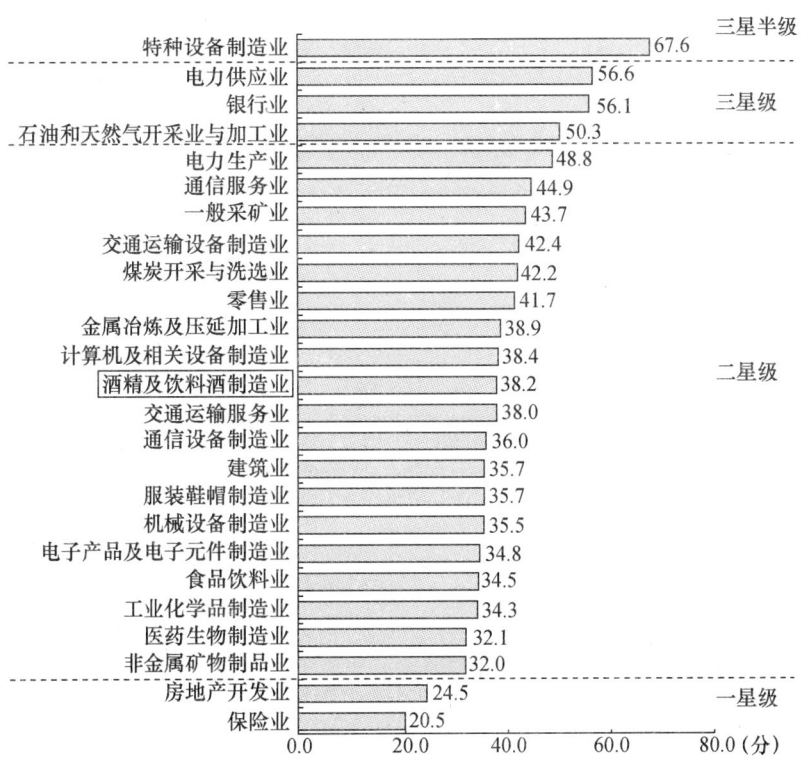

图9-1 不同行业的报告得分分布

二、行业内企业社会责任报告综合得分差距较大

酒精及饮料酒制造业18家样本企业得分差距较大,华润(集团)有限公司得分最高,处于四星半级水平,而行业内得分偏低企业中的贵州酒中酒集团的社会责任报告综合得分处于一星级水平。相对来看,行业内企业社会责任报告综合得分较为分散,分布在各个发展阶段,差距较大。样本企业中1家处于四星半级水平,2家处于三星半级水平,1家处于三星级水平,6家处于二星级水平,8家处于一星级水平,如表9-3所示。

表9-3 酒精及饮料酒制造业社会责任报告综合得分发展阶段

单位：家

发展阶段	得分区间（分）	数量	企业名称
★★★★☆	80~90	1	华润（集团）有限公司
★★★☆	60~70	2	青岛啤酒股份有限公司 宜宾五粮液股份有限公司
★★★	50~60	1	中国贵州茅台酒厂（集团）有限责任公司
★★	30~50	6	华润雪花啤酒（中国）有限公司 山西杏花村汾酒厂股份有限公司 新疆伊力特实业股份有限公司 北京燕京啤酒股份有限公司 泸州老窖股份有限公司 安徽古井贡酒股份有限公司
★	0~30	8	浙江古越龙山绍兴酒股份有限公司 上海金枫酒业股份有限公司 四川沱牌舍得酒业股份有限公司 劲牌有限公司 江苏洋河酒厂股份有限公司 福建省燕京惠泉啤酒股份有限公司 烟台张裕葡萄酿酒股份有限公司 贵州酒中酒集团

三、行业内企业社会责任报告六大性质得分差距较大

酒精及饮料酒制造业企业社会责任报告六大性质得分差距较大，其中，实质性得分（57.8分）处于三星级水平，可读性得分（35.5分）和完整性得分（34.1分）处于二星级水平，创新性得分（29.6分）、可比性得分（24.3分）、平衡性得分（13.6分）相对较低，处于一星级水平。企业社会责任报告实质性得分较高，披露了企业可持续发展的重要相关议题，能够体现企业对利益相关方的重大影响。

酒精及饮料酒制造业企业社会责任报告六大性质得分如图9-2所示。

第九章 酒精及饮料酒制造业社会责任报告综合评价(2013)

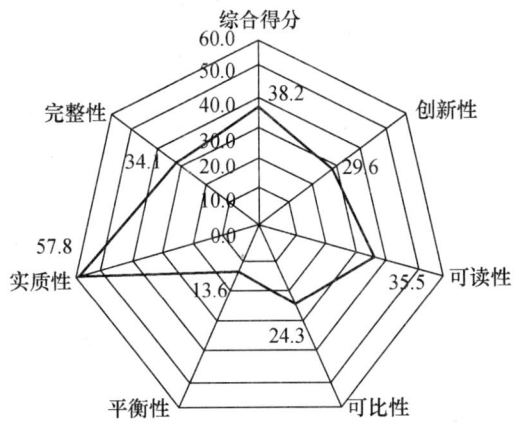

图9-2 酒精及饮料酒制造业社会责任报告六大性质得分分布

四、行业内企业社会责任报告篇幅较小

社会责任报告是企业发布社会责任信息的重要平台,适度的报告篇幅是企业与利益相关方实现良性互动的重要条件。酒精及饮料酒制造业18家发布报告的样本企业中,社会责任报告页码最多的是宜宾五粮液股份有限公司,达89页,10家企业报告页码在20页以下。酒精及饮料酒制造业企业社会责任报告篇幅分布如图9-3所示。

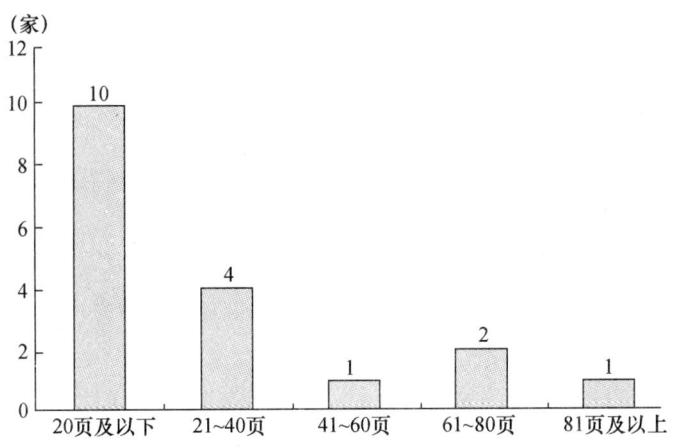

图9-3 酒精及饮料酒制造业企业社会责任报告篇幅

第十章 煤炭开采与洗选业社会责任报告综合评价(2013)

第一节 研究概述

本书中煤炭开采与洗选业是指对各种煤炭的开采、洗选、分级等生产活动,不包括煤制品的生产和煤炭勘探活动。煤炭开采与洗选业主要包括烟煤和无烟煤的开采洗选、褐煤的开采洗选和其他煤炭的开采洗选。在23家煤炭开采与洗选业企业中,国有企业有20家,民营企业有3家。其中,最早发布报告的企业是中国神华能源股份有限公司,已经连续6年发布社会责任报告;报告页码最多的是中国神华能源股份有限公司,达到98页,最少的是河南神火煤电股份有限公司,仅有6页。煤炭开采与洗选业23家样本企业社会责任报告基本信息如表10-1所示(按营业收入从高到低排序)。

表10-1 煤炭开采与洗选业企业社会责任报告基本信息

序号	企业名称	公司性质	营业收入(万元)	总部所在地	第几份社会责任报告	报告页码
1	神华集团有限责任公司	国有企业	33800000	北京	4	86
2	中国神华能源股份有限公司	国有企业	25026000	北京	6	98
3	陕西煤业化工集团有限责任公司	国有企业	12505500	陕西	3	68
4	中国中煤能源集团有限公司	国有企业	11260000	北京	5	96
5	兖矿集团有限公司	国有企业	10029300	山东	2	88
6	中国中煤能源股份有限公司	国有企业	8729167	北京	4	61
7	国家开发投资公司	国有企业	8240000	北京	5	86
8	兖州煤业股份有限公司	国有企业	5967400	山东	5	72

第十章 煤炭开采与洗选业社会责任报告综合评价(2013)

续表

序号	企业名称	公司性质	营业收入（万元）	总部所在地	第几份社会责任报告	报告页码
9	内蒙古伊泰煤炭股份有限公司	民营企业	3246300	内蒙古	5	8
10	山西西山煤电股份有限公司	国有企业	3122878	山西	5	14
11	冀中能源股份有限公司	国有企业	3007240	河北	5	61
12	河南神火煤电股份有限公司	国有企业	2798500	河南	5	6
13	山西潞安环保能源开发股份有限公司	国有企业	2006530	山西	5	58
14	开滦能源化工股份有限公司	国有企业	1909127	河北	5	11
15	上海大屯能源股份有限公司	国有企业	972298	上海	5	14
16	国投新集能源股份有限公司	国有企业	885206	安徽	1	21
17	山西兰花科技创业股份有限公司	国有企业	760000	山西	5	39
18	北京昊华能源股份有限公司	国有企业	693300	北京	2	17
19	内蒙古霍林河露天煤业股份有限公司	国有企业	687011	内蒙古	4	19
20	广汇能源股份有限公司	民营企业	371500	新疆	2	7
21	内蒙古平庄能源股份有限公司	国有企业	359000	内蒙古	2	16
22	太原煤气化股份有限公司	国有企业	331231	山西	5	14
23	贵州双龙实业集团有限公司	民营企业	——	贵州	1	40

第二节 评价结果

煤炭开采与洗选业23家样本企业社会责任报告综合得分及排名如表10-2所示。

表10-2 煤炭开采与洗选业企业社会责任报告评价结果

序号	企业名称	创新性	可读性	可比性	平衡性	实质性	完整性	综合得分
1	神华集团有限责任公司	四星级	四星半级	三星半级	三星半级	五星级	四星半级	★★★★☆
2	中国中煤能源集团有限公司	四星半级	四星半级	四星半级	四星级	四星半级	三星半级	★★★★☆

续表

序号	企业名称	创新性	可读性	可比性	平衡性	实质性	完整性	综合得分
3	中国神华能源股份有限公司	四星半级	四星半级	二星级	三星级	五星级	四星级	★★★★
4	兖矿集团有限公司	三星半级	四星级	三星级	三星级	四星级	二星级	★★★☆
5	国家开发投资公司	三星级	四星级	五星级	三星级	三星半级	三星级	★★★☆
6	陕西煤业化工集团有限责任公司	二星级	四星级	一星级	四星级	三星半级	三星级	★★★☆
7	山西潞安环保能源开发股份有限公司	二星级	二星级	三星级	一星级	四星半级	二星级	★★★
8	兖州煤业股份有限公司	二星级	二星级	五星级	三星半级	四星级	二星级	★★★
9	中国中煤能源股份有限公司	二星级	二星级	一星级	二星级	四星级	三星级	★★★
10	冀中能源股份有限公司	二星级	二星级	一星级	一星级	三星半级	三星级	★★★
11	山西兰花科技创业股份有限公司	三星半级	二星级	一星级	一星级	一星级	二星级	★★
12	国投新集能源股份有限公司	一星级	二星级	二星级	二星级	三星级	二星级	★★
13	北京昊华能源股份有限公司	一星级	二星级	一星级	二星级	二星级	二星级	★★
14	内蒙古霍林河露天煤业股份有限公司	三星级	二星级	一星级	一星级	一星级	一星级	★
15	内蒙古平庄能源股份有限公司	一星级	二星级	一星级	一星级	三星级	二星级	★
16	山西西山煤电股份有限公司	一星级	一星级	一星级	一星级	三星级	二星级	★
17	开滦能源化工股份有限公司	一星级	一星级	一星级	一星级	三星级	一星级	★
18	广汇能源股份有限公司	一星级	一星级	一星级	一星级	二星级	一星级	★
19	内蒙古伊泰煤炭股份有限公司	一星级	一星级	一星级	一星级	二星级	一星级	★
20	太原煤气化股份有限公司	一星级	一星级	一星级	一星级	二星级	一星级	★
21	上海大屯能源股份有限公司	一星级	一星级	二星级	一星级	二星级	一星级	★
22	贵州双龙实业集团有限公司	一星级	一星级	一星级	一星级	二星级	一星级	★
23	河南神火煤电股份有限公司	一星级	一星级	一星级	一星级	二星级	一星级	★

第三节 阶段性特征

一、社会责任报告综合得分为42.2分

煤炭开采与洗选业社会责任报告综合得分平均值为42.2分,处于发展阶段,即二星级水平,在我们所选取的25个行业中处于第九名的位置,行业社会责任报告具有较大提高空间(如图10-1所示)。

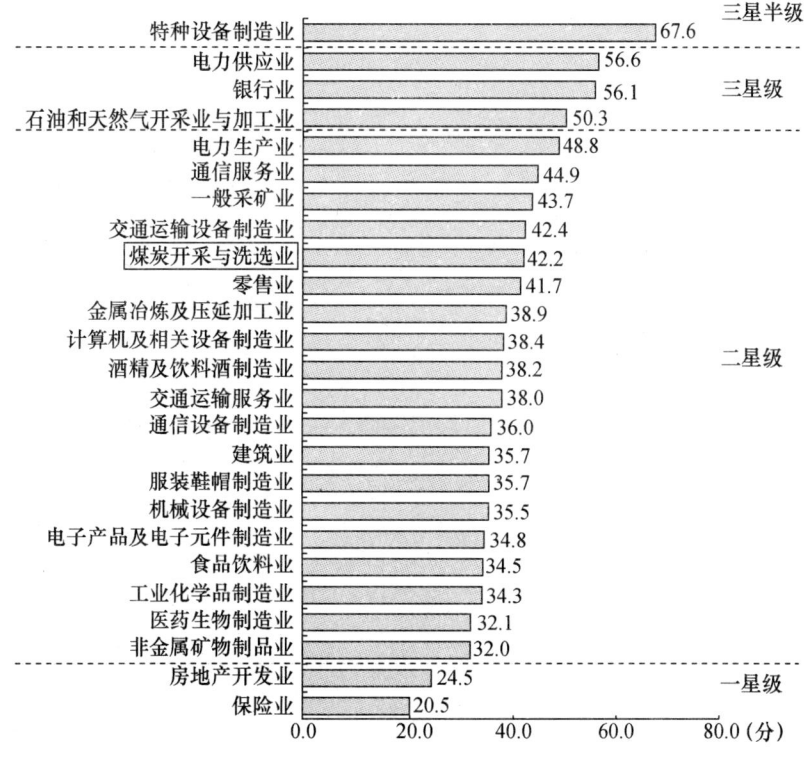

图10-1 不同行业的报告得分分布

二、行业内企业社会责任报告综合得分差距较大

从整体而言,煤炭开采与洗选业 23 家样本企业得分差距较大,样本企业中 2 家处于四星半级水平,1 家处于四星级水平,3 家处于三星半级水平,4 家处于三星级水平,3 家处于二星级水平,10 家处于一星级水平。神华集团有限责任公司得分最高,处于四星半级水平,而行业内得分偏低企业河南神火煤电股份有限公司社会责任报告综合得分处于一星级水平。如表 10-3 所示。

表 10-3 煤炭开采与洗选业社会责任报告综合得分发展阶段

单位:家

发展阶段	得分区间(分)	数量	企业名称
★★★★☆	80~90	2	神华集团有限责任公司 中国中煤能源集团有限公司
★★★★	70~80	1	中国神华能源股份有限公司
★★★☆	60~70	3	兖矿集团有限公司 国家开发投资公司 陕西煤业化工集团有限责任公司
★★★	50~60	4	山西潞安环保能源开发股份有限公司 兖州煤业股份有限公司 中国中煤能源股份有限公司 冀中能源股份有限公司
★★	30~50	3	山西兰花科技创业股份有限公司 国投新集能源股份有限公司 北京昊华能源股份有限公司
★	0~30	10	内蒙古霍林河露天煤业股份有限公司 内蒙古平庄能源股份有限公司 山西西山煤电股份有限公司 开滦能源化工股份有限公司 广汇能源股份有限公司 内蒙古伊泰煤炭股份有限公司 太原煤气化股份有限公司 上海大屯能源股份有限公司 贵州双龙实业集团有限公司 河南神火煤电股份有限公司

三、行业内企业社会责任报告六大性质得分参差不齐

煤炭开采与洗选业企业社会责任报告六大性质得分差距较大,其中,实质性得分(54.4分)和可读性得分(44.9分)相对较高,处于三星级水平;完整性得分(37.7分)与创新性得分(37.7分)不高,均处于二星级水平;而平衡性得分(25.8分)和可比性得分(25.6分)却相对较低,行业内企业较少披露连续三年以上社会责任数据指标,更鲜有提及与同行业的对比,处于一星级水平。煤炭开采与洗选业企业社会责任报告六大性质得分如图10-2所示。

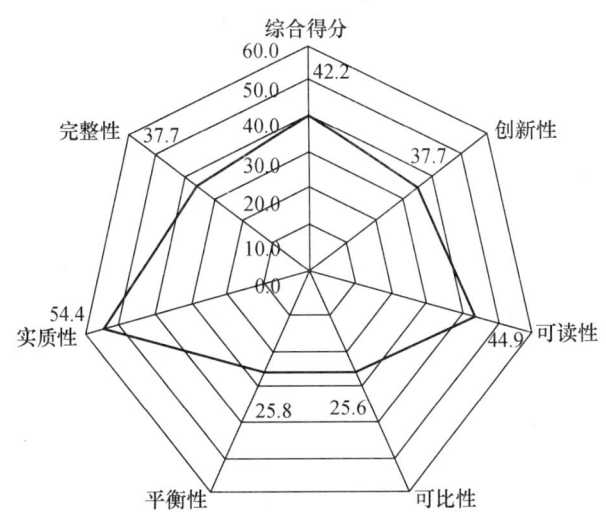

图10-2 煤炭开采与洗选业社会责任报告六大性质得分分布

四、行业内企业社会责任报告篇幅较小

社会责任报告是企业发布社会责任信息的重要平台,适度的报告篇幅是企业与利益相关方实现良性互动的重要条件。煤炭开采与洗选业23家发布报告的样本企业中,报告篇幅参差不齐,中国神华能源股份有限公司社会责任报告有102页,而有近半数的企业社会责任报告页数在20页以下,其社会责任报告篇幅分布如图10-3所示。

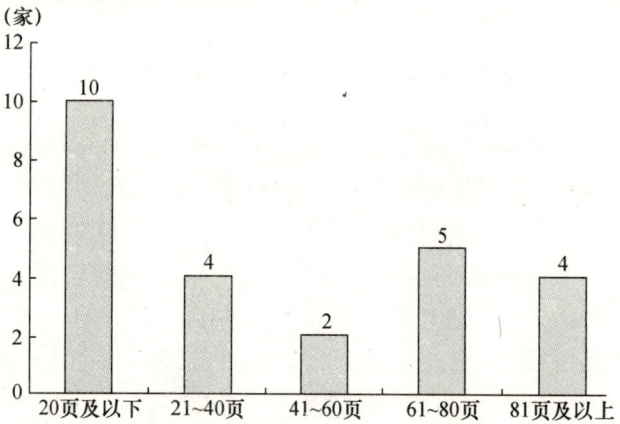

图 10-3 煤炭开采与洗选业企业社会责任报告篇幅

第十一章 通信设备制造业社会责任报告综合评价(2013)

第一节 研究综述

本书中通信设备制造业是指用于工控环境的有线通讯设备和无线通讯设备制造的行业。有线通讯设备主要介绍解决工业现场的串口通讯,专业总线型的通讯,工业以太网的通讯以及各种通讯协议之间的转换设备。无线通讯设备主要是无线 AP、无线网桥、无线网卡、无线避雷器、天线等设备。在 14 家通信设备制造业企业中,国有企业有 9 家,民营企业有 5 家;最早发布报告的是深圳市远望谷信息技术股份有限公司,已经连续 6 年发布社会责任报告;报告页码最多的是华为投资控股有限公司,达到 111 页,最少的是福建星网锐捷通讯股份有限公司,仅有 3 页。通信设备制造业 14 家样本企业社会责任报告基本信息如表 11-1 所示。

表 11-1 通信设备制造业企业社会责任报告基本信息

序号	企业名称	公司性质	营业收入（万元）	总部所在地	第几份社会责任报告	报告页码
1	华为投资控股有限公司	民营企业	22019800	广东	5	111
2	中兴通讯股份有限公司	国有企业	8421936	广东	5	59
3	烽火通信科技股份有限公司	国有企业	818295	湖北	5	24
4	江苏亨通光电股份有限公司	民营企业	780428	江苏	5	9
5	大唐电信科技股份有限公司	国有企业	618326	北京	1	38
6	中航航空电子设备股份有限公司	国有企业	430000	江西	1	7
7	中国东方红卫星股份有限公司	国有企业	426100	北京	5	22

续表

序号	企业名称	公司性质	营业收入（万元）	总部所在地	第几份社会责任报告	报告页码
8	福建星网锐捷通讯股份有限公司	国有企业	278737	福建	3	3
9	武汉光迅科技股份有限公司	国有企业	210366	湖北	4	8
10	安徽四创电子股份有限公司	国有企业	100303	安徽	1	53
11	福建三元达通讯股份有限公司	民营企业	82474	福建	3	8
12	安徽皖通科技股份有限公司	民营企业	66094	安徽	4	13
13	深圳市远望谷信息技术股份有限公司	民营企业	45871	广东	6	47
14	上海贝尔股份有限公司	国有企业	—	上海	5	64

第二节　评价结果

通信设备制造业14家样本企业社会责任报告综合得分及排名如表11-2所示。

表11-2　通信设备制造业企业社会责任报告评价结果

序号	企业名称	创新性	可读性	可比性	平衡性	实质性	完整性	综合得分
1	上海贝尔股份有限公司	二星级	四星半级	一星级	二星级	四星级	四星级	★★★☆
2	华为投资控股有限公司	四星级	四星半级	四星半级	一星级	三星半级	三星级	★★★☆
3	中兴通讯股份有限公司	二星级	三星级	一星级	二星级	四星半级	三星级	★★★
4	大唐电信科技股份有限公司	二星级	二星级	一星级	二星级	四星级	三星级	★★★
5	安徽四创电子股份有限公司	二星级	三星半级	一星级	二星级	二星级	二星级	★★
6	深圳市远望谷信息技术股份有限公司	二星级	三星半级	一星级	二星级	三星级	三星级	★★
7	烽火通信科技股份有限公司	二星级	二星级	一星级	一星级	一星级	一星级	★

第十一章　通信设备制造业社会责任报告综合评价(2013)

续表

序号	企业名称	创新性	可读性	可比性	平衡性	实质性	完整性	综合得分
8	安徽皖通科技股份有限公司	一星级	一星级	一星级	一星级	二星级	二星级	★
9	福建三元达通讯股份有限公司	一星级	一星级	一星级	一星级	二星级	一星级	★
10	武汉光迅科技股份有限公司	一星级	一星级	一星级	一星级	二星级	一星级	★
11	江苏亨通光电股份有限公司	一星级	一星级	一星级	一星级	二星级	一星级	★
12	中国东方红卫星股份有限公司	二星级	二星级	一星级	一星级	一星级	一星级	★
13	中航航空电子设备股份有限公司	一星级	一星级	一星级	一星级	一星级	一星级	★
14	福建星网锐捷通讯股份有限公司	一星级	一星级	一星级	一星级	一星级	一星级	★

第三节　阶段性特征

一、社会责任报告综合得分为36.0分

通信设备制造业社会责任报告综合得分为36.0分,处于发展阶段,即二星级水平,在我们所评价的25个行业中处于中等位置,行业社会责任报告具有较大提高空间（如图11-1所示）。

二、行业内企业社会责任报告综合得分差距较大

通信设备制造业14家样本企业得分差距较大,上海贝尔股份有限公司得分最高,处于三星半水平,而行业内得分偏低企业福建星网锐捷通讯股份有限

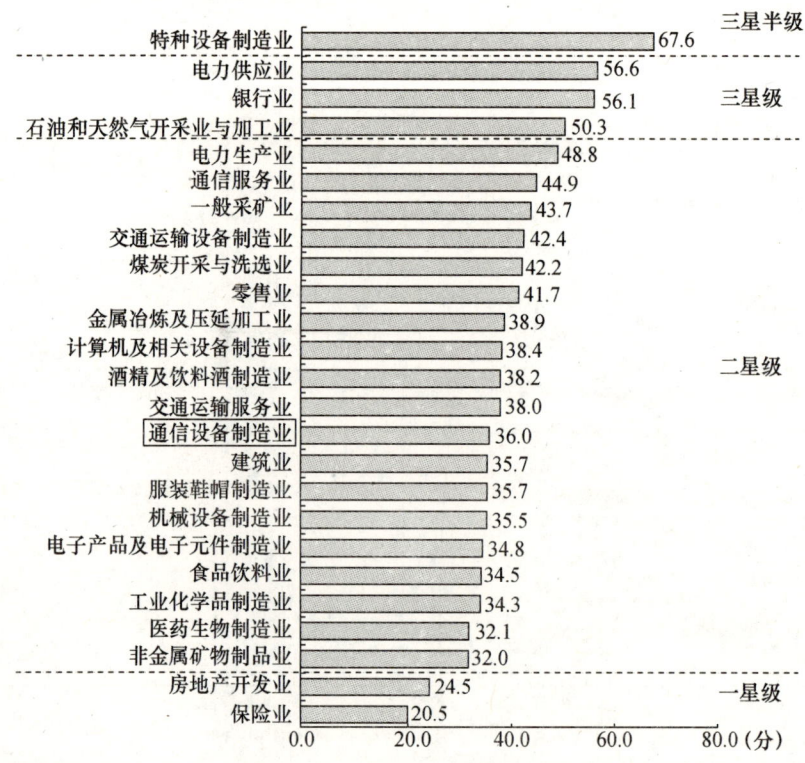

图 11-1 不同行业的报告得分分布

公司社会责任报告综合得分处于一星水平。相对来看，行业内企业社会责任报告综合得分普遍偏低，差距较大。样本企业中 2 家处于三星半水平，2 家处于三星水平，2 家处于二星水平，8 家处于一星级水平（如表 11-3 所示）。

表 11-3 通信设备制造业社会责任报告综合得分发展阶段

单位：家

发展阶段	得分区间（分）	数量	企业名称
★★★☆	60~70	2	上海贝尔股份有限公司 华为投资控股有限公司
★★★	50~60	2	中兴通讯股份有限公司 大唐电信集团
★★	30~50	2	安徽四创电子股份有限公司 深圳市远望谷信息技术股份有限公司

续表

发展阶段	得分区间（分）	数量	企业名称
★	0~30	8	烽火通信科技股份有限公司 安徽皖通科技股份有限公司 福建三元达通讯股份有限公司 武汉光迅科技股份有限公司 江苏亨通光电股份有限公司 中国东方红卫星股份有限公司 中航航空电子设备股份有限公司 福建星网锐捷通讯股份有限公司

三、行业内企业社会责任报告六大性质得分普遍偏低

通信设备制造业企业社会责任报告六大性质得分差距不大，普遍偏低。实质性得分（45.2分）、可读性得分（44.7分）与完整性得分（36.9分）相对较高，处于二星级水平，创新性得分（29.1分）、可比性得分（15.8分）与平衡性得分（12.0分）相对较低，处于一星级水平。企业较少甚至不披露负面信息，同时较少披露连续三年以上社会责任数据指标，更鲜有提及同行企业社会责任绩效。通信设备制造业企业社会责任报告六大性质得分如图11-2所示。

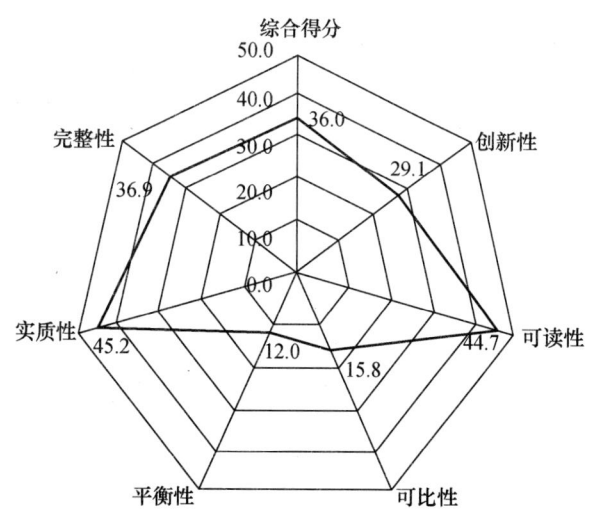

图11-2 通信设备制造业社会责任报告六大性质得分分布

四、行业内企业社会责任报告篇幅较短

社会责任报告是企业发布社会责任信息的重要平台，适度的报告篇幅是企业与利益相关方实现良性互动的重要条件。通信设备制造业 13 家发布报告的样本企业中，只有华为投资控股有限公司社会责任报告在 100 页以上，其余企业报告页码均低于 70 页，20 页以下的报告数量占到了将近一半，其社会责任报告篇幅分布如图 11-3 所示。

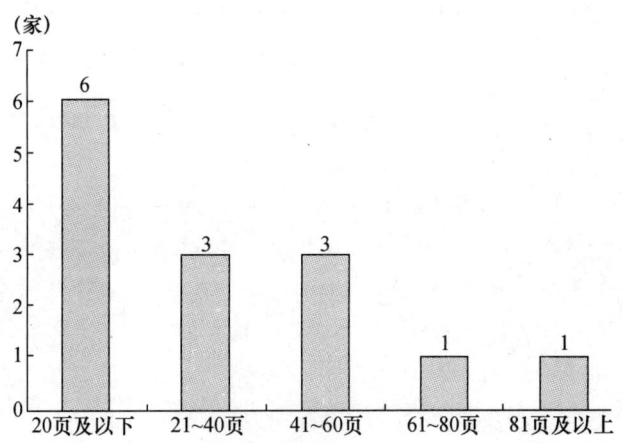

图 11-3　通信设备制造业社会责任报告篇幅

第十二章 金属冶炼及压延加工业社会责任报告综合评价(2013)

第一节 研究概述

本书中的金属冶炼及压延加工业包括黑色金属（钢、铁以及钢铁合金）冶炼及压延加工业和有色金属（包括铜、锡、锑、铝、镁、钛、金等）冶炼及压延加工业。在51家金属冶炼及压延加工业企业中，国有企业有40家，民营企业有10家，外资企业有1家。金属冶炼及压延加工业51家样本企业社会责任报告基本信息如表12-1所示。

表12-1 金属冶炼及压延加工业社会责任报告基本信息

序号	企业名称	公司性质	营业收入（万元）	总部所在地	第几份社会责任报告	报告页码
1	中国五矿集团公司	国有企业	32690000	北京	6	94
2	宝钢集团有限公司	国有企业	28823000	上海	5	104
3	吉林吉恩镍业股份有限公司	国有企业	24956852	吉林	5	8
4	河北钢铁集团有限公司	国有企业	24780000	河北	5	58
5	中国铝业公司	国有企业	24490000	北京	8	82
6	宝山钢铁股份有限公司	国有企业	19151000	上海	8	90
7	金川集团股份有限公司	国有企业	15000000	甘肃	2	86
8	中国铝业股份有限公司	国有企业	14947900	北京	5	61
9	首钢总公司	国有企业	23350000	北京	7	73
10	太原钢铁（集团）有限公司	国有企业	14050000	山西	3	80
11	河北钢铁股份有限公司	国有企业	11163000	河北	5	33

续表

序号	企业名称	公司性质	营业收入（万元）	总部所在地	第几份社会责任报告	报告页码
12	武汉钢铁股份有限公司	国有企业	9157900	湖北	5	23
13	鞍钢股份有限公司	国有企业	7774800	辽宁	5	21
14	铜陵有色金属集团股份有限公司	国有企业	7725877	安徽	6	15
15	山东钢铁股份有限公司	国有企业	7330368	山东	3	20
16	甘肃酒钢集团宏兴钢铁股份有限公司	国有企业	6370000	甘肃	1	8
17	新兴铸管股份有限公司	国有企业	5881632	河北	5	24
18	广东省广新控股集团有限公司	国有企业	5302000	广东	1	42
19	紫金矿业集团股份有限公司	国有企业	4841500	福建	5	33
20	云南铜业股份有限公司	国有企业	4082586	云南	7	31
21	柳州钢铁股份有限公司	国有企业	3727636	广西	1	10
22	南京钢铁股份有限公司	民营企业	3203205	江苏	5	17
23	安阳钢铁股份有限公司	国有企业	2095100	河南	5	23
24	重庆钢铁股份有限公司	国有企业	1845878	重庆	5	11
25	深圳市中金岭南有色金属股份有限公司	国有企业	1839955	广东	5	20
26	福建三钢闽光股份有限公司	民营企业	1828161	福建	6	12
27	云南锡业股份有限公司	国有企业	1626800	云南	6	39
28	攀钢集团钢铁钒钛股份有限公司	国有企业	1560260	四川	5	8
29	山东南山铝业股份有限公司	民营企业	1486960	山东	5	8
30	方大特钢科技股份有限公司	民营企业	1335510	江西	4	5
31	河南豫光金铅股份有限公司	国有企业	1249683	河南	5	8
32	云南驰宏锌锗股份有限公司	国有企业	1213000	云南	5	10
33	河南中孚实业股份有限公司	民营企业	1104224	河南	5	7
34	浙江栋梁新材股份有限公司	民营企业	1097292	浙江	2	10
35	云南铝业股份有限公司	国有企业	1069273	云南	4	44
36	厦门钨业股份有限公司	国有企业	883700	福建	4	10
37	浙江龙盛集团股份有限公司	民营企业	764931	浙江	5	17
38	西宁特殊钢股份有限公司	国有企业	687130	青海	4	13
39	焦作万方铝业股份有限公司	国有企业	612380	河南	5	8

第十二章　金属冶炼及压延加工业社会责任报告综合评价（2013）

续表

序号	企业名称	公司性质	营业收入（万元）	总部所在地	第几份社会责任报告	报告页码
40	四川宏达股份有限公司	民营企业	444002	四川	2	20
41	安徽鑫科新材料股份有限公司	民营企业	392378	安徽	5	8
42	宝鸡钛业股份有限公司	国有企业	233600	陕西	5	11
43	宁夏东方钽业股份有限公司	国有企业	224849	宁夏	6	13
44	中原特钢股份有限公司	国有企业	185432	河南	1	7
45	福建省闽发铝业股份有限公司	民营企业	103205	福建	2	5
46	贵州紫金矿业股份有限公司	国有企业	73910	贵州	2	36
47	北京钢研高纳科技股份有限公司	国有企业	45600	北京	3	11
48	北矿磁材科技股份有限公司	国有企业	27491	北京	5	7
49	马鞍山钢铁股份有限公司	国有企业	7440	安徽	5	5
50	浦项（中国）投资有限公司	外资企业	—	韩国	1	79
51	涟源钢铁集团有限公司	国有企业	—	湖南	2	19

第二节　评价结果

金属冶炼及压延加工业51家样本企业社会责任报告综合得分及排名如表12-2所示。

表12-2　金属冶炼及压延加工业企业社会责任报告评价结果

序号	企业名称	创新性	可读性	可比性	平衡性	实质性	完整性	综合得分
1	中国铝业公司	四星半级	四星级	五星级	四星半级	五星级	四星半级	★★★★☆
2	宝钢集团有限公司	四星半级	五星级	五星级	四星半级	五星级	三星级	★★★★☆
3	太原钢铁（集团）有限公司	三星半级	四星半级	四星级	四星级	五星级	四星半级	★★★★☆
4	中国五矿集团公司	四星级	四星半级	四星级	三星半级	四星半级	三星半级	★★★★
5	宝山钢铁股份有限公司	三星半级	三星级	五星级	四星级	五星级	三星级	★★★★
6	中国铝业股份有限公司	三星级	三星半级	二星级	三星半级	五星级	四星级	★★★★

续表

序号	企业名称	创新性	可读性	可比性	平衡性	实质性	完整性	综合得分
7	河北钢铁集团有限公司	二星级	三星半级	五星级	三星半级	四星半级	三星级	★★★★
8	广东省广新控股集团有限公司	三星半级	四星级	四星半级	三星级	三星级	三星半级	★★★☆
9	首钢总公司	二星级	三星半级	一星级	四星级	五星级	二星级	★★★☆
10	浦项（中国）投资有限公司	二星级	四星级	一星级	二星级	四星级	三星半级	★★★☆
11	金川集团股份有限公司	二星级	三星半级	一星级	一星级	五星级	二星级	★★★
12	紫金矿业集团股份有限公司	一星级	二星级	三星半级	三星级	四星级	二星级	★★★
13	云南铝业股份有限公司	二星级	一星级	四星级	三星级	五星级	二星级	★★★
14	贵州紫金矿业股份有限公司	一星级	三星级	一星级	二星级	四星级	二星级	★★
15	鞍钢股份有限公司	一星级	二星级	二星级	二星级	四星半级	二星级	★★
16	河北钢铁股份有限公司	一星级	二星级	二星级	二星级	三星半级	二星级	★★
17	云南锡业股份有限公司	一星级	二星级	二星级	二星级	三星级	三星级	★★
18	安阳钢铁股份有限公司	一星级	一星级	二星级	二星级	四星级	二星级	★★
19	武汉钢铁股份有限公司	一星级	二星级	二星级	二星级	三星级	二星级	★★
20	云南铜业股份有限公司	一星级	二星级	二星级	一星级	四星半级	二星级	★★
21	南京钢铁股份有限公司	一星级	一星级	二星级	二星级	四星级	二星级	★★
22	深圳市中金岭南有色金属股份有限公司	一星级	一星级	二星级	三星半级	四星级	一星级	★★
23	新兴铸管股份有限公司	一星级	二星级	一星级	二星级	三星半级	一星级	★★
24	宁夏东方钽业股份有限公司	一星级	一星级	一星级	二星级	三星半级	一星级	★★
25	攀钢集团钢铁钒钛股份有限公司	一星级	一星级	一星级	一星级	四星级	一星级	★★
26	山东钢铁股份有限公司	一星级	一星级	一星级	一星级	三星级	一星级	★★
27	柳州钢铁股份有限公司	一星级	二星级	一星级	一星级	三星半级	一星级	★
28	福建三钢闽光股份有限公司	一星级	一星级	一星级	一星级	三星级	一星级	★
29	西宁特殊钢股份有限公司	一星级	一星级	一星级	一星级	三星级	一星级	★

第十二章　金属冶炼及压延加工业社会责任报告综合评价（2013）

续表

序号	企业名称	创新性	可读性	可比性	平衡性	实质性	完整性	综合得分
30	涟源钢铁集团有限公司	一星级	一星级	一星级	二星级	二星级	二星级	★
31	甘肃酒钢集团宏兴钢铁股份有限公司	一星级	一星级	一星级	一星级	三星半级	一星级	★
32	福建省闽发铝业股份有限公司	一星级	一星级	一星级	一星级	三星半级	一星级	★
33	吉林吉恩镍业股份有限公司	一星级	一星级	一星级	一星级	三星级	一星级	★
34	云南驰宏锌锗股份有限公司	一星级	一星级	一星级	一星级	三星级	一星级	★
35	厦门钨业股份有限公司	一星级	一星级	一星级	一星级	三星半级	一星级	★
36	马鞍山钢铁股份有限公司	一星级	一星级	一星级	一星级	三星半级	一星级	★
37	宝鸡钛业股份有限公司	一星级	一星级	一星级	一星级	三星级	一星级	★
38	山东南山铝业股份有限公司	一星级	一星级	一星级	一星级	三星级	一星级	★
39	铜陵有色金属集团股份有限公司	一星级	一星级	一星级	二星级	二星级	一星级	★
40	浙江龙盛集团股份有限公司	一星级	一星级	一星级	一星级	二星级	二星级	★
41	中原特钢股份有限公司	一星级	一星级	一星级	一星级	三星级	一星级	★
42	北京钢研高纳科技股份有限公司	一星级	一星级	一星级	一星级	二星级	一星级	★
43	四川宏达股份有限公司	一星级	二星级	一星级	一星级	一星级	一星级	★
44	方大特钢科技股份有限公司	一星级	一星级	一星级	一星级	三星级	一星级	★
45	浙江栋梁新材股份有限公司	一星级	一星级	一星级	一星级	二星级	一星级	★
46	安徽鑫科新材料股份有限公司	一星级	一星级	一星级	一星级	二星级	一星级	★
47	北矿磁材科技股份有限公司	一星级	一星级	一星级	一星级	二星级	一星级	★

· 111 ·

续表

序号	企业名称	创新性	可读性	可比性	平衡性	实质性	完整性	综合得分
48	焦作万方铝业股份有限公司	一星级	一星级	一星级	一星级	二星级	一星级	★
49	重庆钢铁股份有限公司	一星级	一星级	一星级	一星级	二星级	一星级	★
50	河南豫光金铅股份有限公司	一星级	一星级	一星级	一星级	二星级	一星级	★
51	河南中孚实业股份有限公司	一星级	一星级	一星级	一星级	一星级	一星级	★

第三节 阶段性特征

一、社会责任报告综合得分为38.9分

金属冶炼及压延加工业社会责任报告综合得分平均值为38.9分,处于发展阶段,即二星级水平,在我们所评价的25个行业中处于中游位置,行业社会责任报告具有较大提高空间(如图12-1所示)。

二、行业内企业社会责任报告综合得分差距大

金属冶炼及压延加工业51家样本企业得分差距大,中国铝业公司、宝钢集团有限公司、太原钢铁(集团)有限公司得分较高,处于四星半水平。而行业内有25家样本企业得分偏低,社会责任报告综合得分处于一星级水平,约占行业总样本企业数量的49%。相对来看,行业内多数样本企业社会责任报告综合得分普遍偏低,得分差距大。样本企业中有3家企业处于四星半水平,4家处于四星级水平,3家处于三星半水平,3家处于三星级水平,13家处于二星级水平,25家处于一星级水平(如表12-3所示)。

第十二章　金属冶炼及压延加工业社会责任报告综合评价(2013)

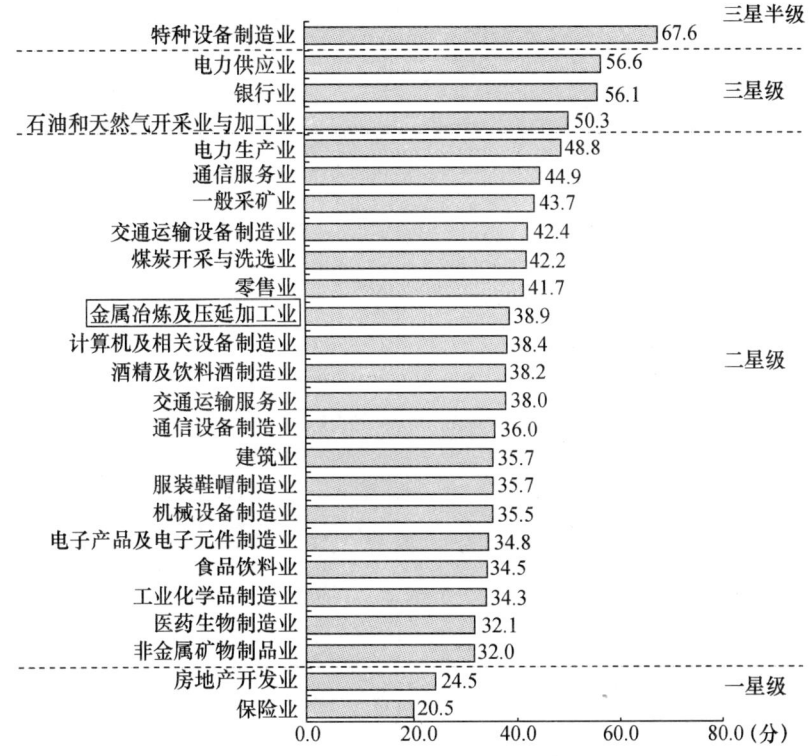

图 12-1　不同行业的报告得分分布

表 12-3　金属冶炼与压延加工业业社会责任报告综合得分发展阶段

单位：家

发展阶段	得分区间（分）	数量	企业名称
★★★★☆	80~90	3	中国铝业公司 宝钢集团有限公司 太原钢铁（集团）有限公司
★★★★	70~80	4	中国五矿集团公司 宝山钢铁股份有限公司 中国铝业股份有限公司 河北钢铁集团有限公司
★★★☆	60~70	3	广东省广新控股集团有限公司 首钢总公司 浦项（中国）投资有限公司
★★★	50~60	3	金川集团股份有限公司 紫金矿业集团股份有限公司 云南铝业股份有限公司

· 113 ·

续表

发展阶段	得分区间（分）	数量	企业名称
★★	30~50	13	贵州紫金矿业股份有限公司 鞍钢股份有限公司 河北钢铁股份有限公司 云南锡业股份有限公司 安阳钢铁股份有限公司 武汉钢铁股份有限公司 云南铜业股份有限公司 南京钢铁股份有限公司 深圳市中金岭南有色金属股份有限公司 新兴铸管股份有限公司 宁夏东方钽业股份有限公司 攀钢集团钢铁钒钛股份有限公司 山东钢铁股份有限公司
★	0~30	25	柳州钢铁股份有限公司 福建三钢闽光股份有限公司 西宁特殊钢股份有限公司 涟源钢铁集团有限公司 甘肃酒钢集团宏兴钢铁股份有限公司 福建省闽发铝业股份有限公司 吉林吉恩镍业股份有限公司 云南驰宏锌锗股份有限公司 厦门钨业股份有限公司 马鞍山钢铁股份有限公司 宝鸡钛业股份有限公司 山东南山铝业股份有限公司 铜陵有色金属集团股份有限公司 浙江龙盛集团股份有限公司 中原特钢股份有限公司 北京钢研高纳科技股份有限公司 四川宏达股份有限公司 方大特钢科技股份有限公司 浙江栋梁新材股份有限公司 安徽鑫科新材料股份有限公司 北矿磁材科技股份有限公司 焦作万方铝业股份有限公司 重庆钢铁股份有限公司 河南豫光金铅股份有限公司 河南中孚实业股份有限公司

三、行业内企业社会责任报告六大性质得分参差不齐

金属冶炼及压延加工业社会责任报告六大性质得分差距较大,其中,实质性得分(60.4分),处于三星半级水平。可读性得分(35.2分)与完整性得分(33.4分),均处于二星级水平。平衡性得分(24.5分)、创新性得分(23.8分)和可比性得分(18.5分)相对较低,处于一星级水平。行业内企业发布的报告缺乏创新性,同时报告披露同行业社会责任绩效数据或企业连续数年的社会责任绩效数据较少,不利于利益相关方对企业社会责任实践与绩效进行评价。金属冶炼及压延加工业企业社会责任报告六大性质得分如图12-2所示。

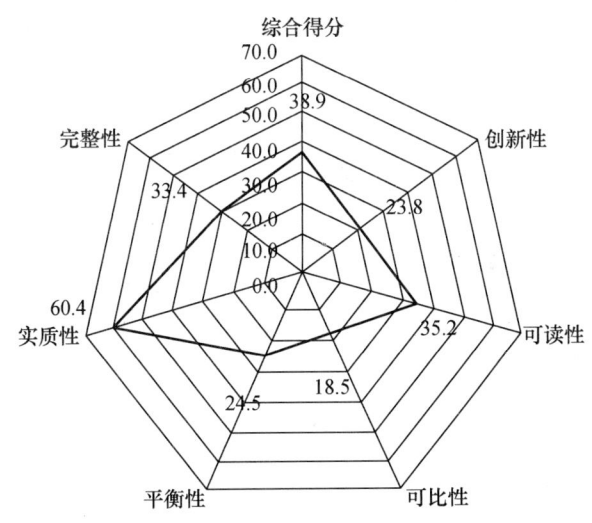

图12-2　金属冶炼及压延加工业社会责任报告六大性质得分分布

四、行业内企业社会责任报告篇幅较小

社会责任报告是企业发布社会责任信息的重要平台,适度的报告篇幅是企业与利益相关方实现良性互动的重要条件。金属冶炼及压延加工业51家发布报告的样本企业中,仅有1家企业,即宝钢集团有限公司社会责任报告在100页以上;30家样本企业社会责任报告在20页以下,占行业样本企业数量59%

左右。其社会责任报告篇幅分布如图12-3所示。

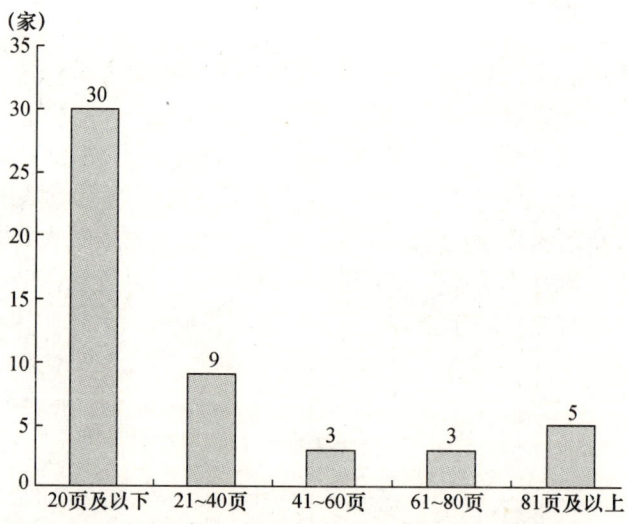

图12-3 金属冶炼及压延加工业企业社会责任报告篇幅

第十三章 食品饮料业社会责任报告综合评价(2013)

第一节 研究概述

本书中食品饮料业是指从事食品和饮料加工生产的行业,主要包括三大类:农副食品加工、食品制造以及饮料制造。其中,农副食品加工指直接以农、林、牧、渔业产品为原料进行的谷物磨制、饲料加工、植物油和制糖加工、屠宰及肉类加工、水产品加工,以及蔬菜、水果和坚果等食品的加工活动;食品制造业包括焙烤食品制造,糖果、巧克力及蜜饯制造,方便食品制造,液体乳及乳制品制造,罐头制造,调味品、发酵制品制造等;饮料制造包括软饮料制造,精制茶加工等。在23家食品饮料企业中,国有企业有11家,民营企业有11家,外资企业有1家;最早发布报告的企业是光明乳业股份有限公司、国投中鲁果汁股份有限公司、河南双汇投资发展股份有限公司、郑州三全食品股份有限公司4家企业,已经连续5年发布社会责任报告;报告页码最多的李锦记(中国)销售有限公司,达到96页,最少的是梅花生物科技集团股份有限公司和郑州三全食品股份有限公司,仅有6页。食品饮料业23家样本企业社会责任报告基本信息如表13-1所示。

表13-1 食品饮料企业社会责任报告基本信息

序号	企业名称	公司性质	营业收入(万元)	总部所在地	第几份社会责任报告	报告页码
1	中粮集团有限公司	国有企业	17280286	北京	4	80
2	光明食品(集团)有限公司	国有企业	9060000	上海	2	87
3	河南双汇投资发展股份有限公司	民营企业	3970000	河南	5	15
4	中国盐业总公司	国有企业	2736500	北京	3	84

续表

序号	企业名称	公司性质	营业收入（万元）	总部所在地	第几份社会责任报告	报告页码
5	光明乳业股份有限公司	国有企业	1377507	上海	5	38
6	梅花生物科技集团股份有限公司	民营企业	746968	河北	1	6
7	中粮屯河股份有限公司	国有企业	380800	新疆	2	9
8	洽洽食品股份有限公司	民营企业	274985	安徽	2	9
9	安琪酵母股份有限公司	国有企业	271400	湖北	2	16
10	郑州三全食品股份有限公司	民营企业	268057	河南	5	6
11	深圳市金新农饲料股份有限公司	民营企业	176875	广东	1	10
12	贵州盐业（集团）有限责任公司	国有企业	166790	贵州	2	47
13	国投中鲁果汁股份有限公司	国有企业	149900	北京	5	37
14	新疆冠农果茸集团股份有限公司	国有企业	107200	新疆	4	9
15	汤臣倍健股份有限公司	民营企业	106669	广东	1	68
16	保龄宝生物股份有限公司	国有企业	97803	山东	2	13
17	好想你枣业股份有限公司	民营企业	89655	河南	2	17
18	上海爱森肉食品有限公司	国有企业	64222	上海	1	42
19	遵义金紫阳食品有限公司	民营企业	32800	贵州	1	35
20	贵州永红食品有限公司	民营企业	—	贵州	2	35
21	李锦记（中国）销售有限公司	外资企业	—	中国香港	2	96
22	福建腾新食品股份有限公司	民营企业	—	福建	1	7
23	贵州和泰茶叶股份有限公司	民营企业	—	贵州	1	40

第二节 评价结果

食品饮料业23家样本企业社会责任报告综合得分及排名如表13-2所示。

表13-2 食品饮料业企业社会责任报告评价结果

序号	企业名称	创新性	可读性	可比性	平衡性	实质性	完整性	综合得分
1	中国盐业总公司	四星半级	四星半级	五星级	四星半级	四星半级	四星半级	★★★★☆
2	中粮集团有限公司	四星级	四星级	四星级	一星级	四星级	二星级	★★★
3	遵义金紫阳食品有限公司	二星级	三星级	五星级	一星级	三星级	二星级	★★★

续表

序号	企业名称	创新性	可读性	可比性	平衡性	实质性	完整性	综合得分
4	贵州盐业（集团）有限责任公司	二星级	三星半级	二星级	二星级	三星级	二星级	★★
5	光明食品（集团）有限公司	二星级	四星级	一星级	一星级	四星级	二星级	★★
6	贵州永红食品有限公司	二星级	二星级	一星级	一星级	四星级	二星级	★★
7	汤臣倍健股份有限公司	三星级	三星半级	一星级	一星级	三星级	二星级	★★
8	上海爱森肉食品有限公司	一星级	三星级	一星级	一星级	三星半级	一星级	★★
9	国投中鲁果汁股份有限公司	一星级	二星级	一星级	一星级	三星半级	二星级	★★
10	保龄宝生物股份有限公司	一星级	一星级	一星级	一星级	四星级	一星级	★★
11	光明乳业股份有限公司	二星级	三星级	一星级	三星半级	二星级	二星级	★★
12	李锦记（中国）销售有限公司	二星级	三星半级	一星级	一星级	二星级	一星级	★★
13	河南双汇投资发展股份有限公司	一星级	一星级	一星级	二星级	三星级	一星级	★★
14	安琪酵母股份有限公司	一星级	一星级	一星级	一星级	三星级	一星级	★
15	新疆冠农果茸集团股份有限公司	一星级	一星级	一星级	一星级	三星级	一星级	★
16	郑州三全食品股份有限公司	一星级	一星级	一星级	一星级	二星级	一星级	★
17	深圳市金新农饲料股份有限公司	一星级	一星级	一星级	一星级	二星级	一星级	★
18	福建腾新食品股份有限公司	一星级	一星级	一星级	一星级	二星级	一星级	★
19	好想你枣业股份有限公司	一星级	一星级	一星级	一星级	二星级	一星级	★
20	中粮屯河股份有限公司	一星级	一星级	一星级	一星级	二星级	一星级	★
21	洽洽食品股份有限公司	一星级	一星级	一星级	一星级	二星级	一星级	★
22	梅花生物科技集团股份有限公司	一星级	一星级	一星级	一星级	一星级	一星级	★
23	贵州和泰茶叶股份有限公司	一星级	一星级	一星级	一星级	一星级	一星级	★

第三节 阶段性特征

一、综合得分为 34.5 分

食品饮料业社会责任报告综合得分平均为 34.5 分,处于发展阶段,即二星级水平,在我们所评价的 25 个行业中处于中间偏下水平位置,行业社会责任报告具有较大提高空间(如图 13-1 所示)。

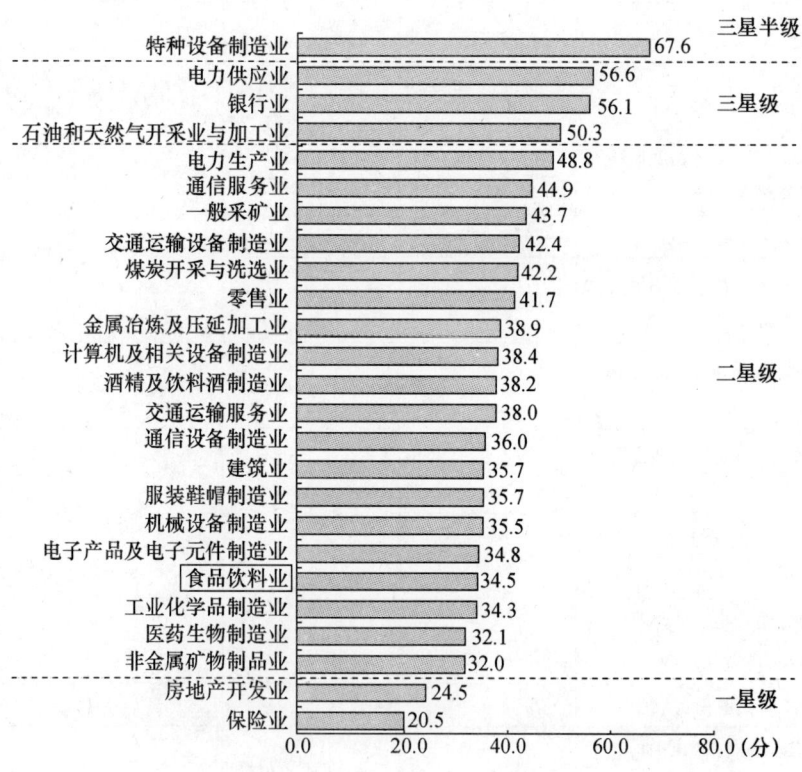

图 13-1 不同行业的报告得分分布

二、行业内企报告综合得分差距较大

食品饮料业23家样本企业得分差距较大,其中中国盐业总公司得分最高,处于四星半级水平,而行业内得分偏低企业中,贵州和泰茶叶股份有限公司等10家企业的社会责任报告综合得分最低,处于一星级水平。相对来看,行业内企业社会责任报告综合得分大部分企业偏低,仅有少数企业较高,存在一定差距。样本企业中1家处于四星半级水平,2家处于三星级水平,10家处于二星级水平,10家处于一星级水平(如表13-3所示)。

表13-3 食品饮料业社会责任报告综合得分发展阶段

单位:家

发展阶段	得分区间(分)	数量	企业名称
★★★★☆	80~90	1	中国盐业总公司
★★★	50~60	2	中粮集团有限公司 遵义金紫阳食品有限公司
★★	30~50	10	贵州盐业(集团)有限责任公司 光明食品(集团)有限公司 贵州永红食品有限公司 汤臣倍健股份有限公司 上海爱森肉食品有限公司 国投中鲁果汁股份有限公司 保龄宝生物股份有限公司 光明乳业股份有限公司 李锦记(中国)销售有限公司 河南双汇投资发展股份有限公司
★	0~30	10	安琪酵母股份有限公司 新疆冠农果茸集团股份有限公司 郑州三全食品股份有限公司 深圳市金新农饲料股份有限公司 福建腾新食品股份有限公司 好想你枣业股份有限公司 中粮屯河股份有限公司 洽洽食品股份有限公司 梅花生物科技集团股份有限公司 贵州和泰茶叶股份有限公司

三、六大性质得分参差不齐

食品饮料业企业社会责任报告六大性质得分差距较大，其中，实质性得分（47.0 分）、可读性得分（40.1 分）与完整性得分（31.3 分）较高，均处于二星级水平，创新性得分（28.0 分）、可比性得分（17.8 分）与平衡性得分（14.2 分）相对较低，处于一星级水平。企业社会责任报告平衡性得分较低，负面信息披露水平不高是导致平衡性得分低的原因，这不利于利益相关方对企业社会责任实践和绩效进行综合评价。

食品饮料业企业社会责任报告六大性质得分如图 13-2 所示。

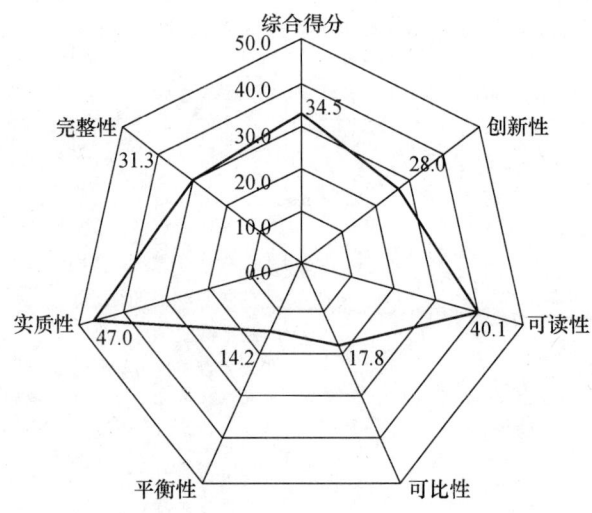

图 13-2　食品饮料业社会责任报告六大性质得分分布

四、行业内企业社会责任报告篇幅较小

社会责任报告是企业发布社会责任信息的重要平台，适度的报告篇幅是企业与利益相关方实现良性互动的重要条件。食品饮料业 23 家发布报告的样本企业中，除李锦记（中国）销售有限公司、光明食品（集团）有限公司等五家公司的社会责任报告在 60 页以上外，其余 18 家企业的报告页码均低于 60 页，其社会责任报告篇幅分布如图 13-3 所示。

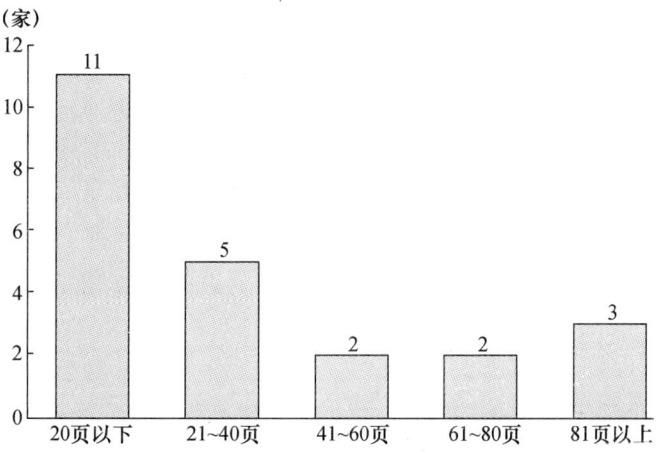

图 13-3 食品饮料业企业社会责任报告篇幅

第十四章 机械设备制造业社会责任报告综合评价(2013)

第一节 研究概述

本研究中机械设备制造业包括普通机械制造业和专用设备制造业。其中，普通机械制造业包括锅炉及原动机制造业，金属加工机械制造业，通用设备制造业，轴承、阀门制造业，其他通用零部件制造业以及铸锻件制造业等；专用设备制造业包括冶金、矿山、机电工业专用设备制造业，石化及其他工业专用设备制造业，轻纺工业专用设备制造业，农、林、牧、渔、水利业机械制造业，医疗器械制造业以及其他专用设备制造业。

在107家机械设备制造业企业中，国有企业有53家，民营企业有42家，外资企业有12家。最早发布报告的企业是无锡威孚高科技集团股份有限公司，该企业已经连续7年发布社会责任报告；中国电力建设集团有限公司、中国机械工业集团有限公司以及中国中钢集团公司的报告页码最多，均超过了100页，较少的是上海航天汽车机电股份有限公司、安徽全柴动力股份有限公司、福建雪人股份有限公司、天广消防股份有限公司和北京金自天正智能控制股份有限公司，页码均少于6页。机械设备制造业107家样本企业社会责任报告基本信息如表14-1所示。

表14-1 机械设备制造业企业社会责任报告基本信息

单位：万元

序号	企业名称	公司性质	营业收入（万元）	总部所在地	第几份社会责任报告	报告页码
1	中国兵器装备集团公司	国有企业	30264000	北京	3	94
2	中国机械工业集团有限公司	国有企业	21392300	北京	3	101

第十四章　机械设备制造业社会责任报告综合评价(2013)

续表

序号	企业名称	公司性质	营业收入（万元）	总部所在地	第几份社会责任报告	报告页码
3	中国电力建设集团有限公司	国有企业	20173400	北京	1	102
4	中国中钢集团公司	国有企业	14973700	北京	6	100
5	兖矿集团有限公司	国有企业	10029300	山东	2	88
6	上海电气集团股份有限公司	国有企业	7707700	上海	5	62
7	中国船舶重工股份有限公司	国有企业	5850100	北京	4	87
8	华域汽车系统股份有限公司	国有企业	5788900	上海	1	21
9	中国国际海运集装箱（集团）股份有限公司	国有企业	5433406	广东	5	80
10	潍柴动力股份有限公司	国有企业	4816539	山东	5	37
11	中联重工科技发展股份有限公司	国有企业	4807117	湖南	5	23
12	中联重科股份有限公司	国有企业	4807117	湖南	5	23
13	中国东方电气集团有限公司	国有企业	4260700	四川	5	92
14	广西玉柴机器集团有限公司	国有企业	4157300	广西	6	63
15	东方电气股份有限公司	国有企业	3807900	四川	5	29
16	中国恒天集团公司	国有企业	3224886	北京	3	72
17	徐工集团工程机械股份有限公司	国有企业	3213245	江苏	5	15
18	中国中材国际工程股份有限公司	国有企业	2123700	北京	5	14
19	上海机电股份有限公司	民营企业	1774300	上海	5	16
20	沈阳机床（集团）有限责任公司	国有企业	1650280	辽宁	5	83
21	天地科技股份有限公司	国有企业	1453500	北京	5	7
22	广西柳工机械股份有限公司	民营企业	1262967	广西	6	51
23	新疆金风科技股份有限公司	民营企业	1132419	新疆	5	9
24	第一拖拉机股份有限公司	国有企业	1122602	河南	1	10
25	山推工程机械股份有限公司	民营企业	1048500	山东	5	32
26	郑州煤矿机械集团股份有限公司	国有企业	1021285	河南	1	7
27	无锡产业发展集团有限公司	国有企业	1020000	江苏	6	8
28	经纬纺织机械股份有限公司	国有企业	867700	北京	5	82
29	万向钱潮股份有限公司	民营企业	833981	浙江	3	8
30	厦门厦工机械股份有限公司	民营企业	814650	福建	1	18
31	西安航空动力股份有限公司	国有企业	710400	陕西	6	26
32	西宁特殊钢股份有限公司	国有企业	687130	青海	4	13

续表

序号	企业名称	公司性质	营业收入（万元）	总部所在地	第几份社会责任报告	报告页码
33	上海海立（集团）股份有限公司	民营企业	677297	上海	5	74
34	西安陕鼓动力股份有限公司	国有企业	604174	北京	3	16
35	国电南瑞科技股份有限公司	国有企业	602800	江苏	1	33
36	安徽合力股份有限公司	国有企业	597572	安徽	5	68
37	中航重机股份有限公司	国有企业	537202	北京	3	8
38	无锡威孚高科技集团股份有限公司	国有企业	501500	江苏	7	12
39	中国第二重型机械集团公司	国有企业	463000	四川	5	80
40	杭州汽轮机股份有限公司	国有企业	457538	浙江	3	17
41	上海三电贝洱汽车空调有限公司	外资企业	434100	上海	2	74
42	深圳市大族激光科技股份有限公司	民营企业	433301	广东	5	26
43	贵州黎阳航空发动机（集团）有限公司	国有企业	420000	贵州	2	40
44	上海柴油机股份有限公司	国有企业	302996	北京	4	10
45	保定天威保变电气股份有限公司	民营企业	282967	河北	3	11
46	中山大洋电机股份有限公司	民营企业	276983	广东	5	35
47	安徽全柴动力股份有限公司	民营企业	271206	安徽	3	5
48	广东科达机电股份有限公司	民营企业	266064	广东	5	6
49	卧龙电气集团股份有限公司	民营企业	250720	浙江	5	19
50	天马轴承集团股份有限公司	民营企业	250411	浙江	5	10
51	长园集团股份有限公司	民营企业	241322	广东	4	13
52	中航光电科技股份有限公司	国有企业	220348	河南	3	14
53	江南嘉捷电梯股份有限公司	民营企业	199200	江苏	4	21
54	杭州前进齿轮箱集团股份有限公司	国有企业	168000	浙江	1	28
55	浙江菲达环保科技股份有限公司	民营企业	167620	浙江	5	8
56	上海置信电气股份有限公司	民营企业	154592	上海	4	7
57	林州重机集团股份有限公司	民营企业	133237	河南	3	15
58	北京金自天正智能控制股份有限公司	国有企业	127538	北京	5	4

第十四章 机械设备制造业社会责任报告综合评价（2013）

续表

序号	企业名称	公司性质	营业收入（万元）	总部所在地	第几份社会责任报告	报告页码
59	深圳市汇川技术股份有限公司	民营企业	119319	广东	2	14
60	青海华鼎实业股份有限公司	民营企业	114000	青海	4	8
61	沈机集团昆明机床股份有限公司	国有企业	108631	云南	4	33
62	上海电力修造总厂有限公司	国有企业	107464	上海	1	70
63	乐普（北京）医疗器械股份有限公司	国有企业	101500	北京	3	21
64	北人印刷机械股份有限公司	民营企业	74825	北京	5	7
65	浙江精功科技股份有限公司	民营企业	73549	浙江	2	17
66	福建龙溪轴承（集团）股份有限公司	国有企业	72641	福建	5	6
67	天津百利特精电气股份有限公司	国有企业	69838	天津	5	17
68	华润万东医疗装备股份有限公司	民营企业	69035	北京	3	31
69	洛阳轴研科技股份有限公司	国有企业	66086	河南	1	16
70	江苏神通阀门股份有限公司	民营企业	44578	江苏	2	12
71	神州学人集团股份有限公司	民营企业	42356	福建	6	9
72	天广消防股份有限公司	民营企业	41976	山东	3	5
73	南方风机股份有限公司	民营企业	34732	广东	3	7
74	江西华伍制动器股份有限公司	民营企业	32121	江西	1	19
75	福建中能电气股份有限公司	民营企业	31497	福建	3	14
76	河南新天科技股份有限公司	民营企业	29145	河南	1	19
77	福建雪人股份有限公司	民营企业	28648	福建	2	5
78	福建海源自动化机械股份有限公司	民营企业	25011	福建	2	7
79	珠海万力达电气股份有限公司	民营企业	15447	广东	4	8
80	无锡范尼韦尔工程股份有限公司	民营企业	14000	江苏	2	24
81	上海新星印刷器材有限公司	民营企业	7774	上海	1	59
82	三一重工股份有限公司	民营企业	4683	北京	5	12
83	斗山infracore（中国）	外资企业	—	韩国	1	84
84	上海电气核电设备有限公司	国有企业	—	上海	1	53
85	上海电气电站设备有限公司上海汽轮机厂	国有企业	—	上海	4	54

·127·

续表

序号	企业名称	公司性质	营业收入（万元）	总部所在地	第几份社会责任报告	报告页码
86	广西柳工集团有限公司	国有企业	—	广西	2	56
87	上海三菱电梯有限公司	民营企业	—	上海	1	56
88	中国第一重型机械集团公司	国有企业	—	黑龙江	1	58
89	宝钢工程技术集团有限公司	国有企业	—	上海	1	90
90	铁姆肯（无锡）轴承有限公司	外资企业	—	美国	1	34
91	伊顿（中国）投资有限公司	外资企业	—	爱尔兰	5	46
92	精密烧结合金（无锡）有限公司	外资企业	—	日本	4	15
93	上海朗脉洁净技术股份有限公司	民营企业	—	上海	1	36
94	贵州詹阳动力重工有限公司	国有企业	—	贵州	2	14
95	尼康电子仪器（中国）有限公司	外资企业	—	日本	4	19
96	康明斯发电机技术（中国）有限公司	外资企业	—	美国	3	14
97	无锡康明斯涡轮增压技术有限公司	外资企业	—	美国	2	15
98	上海航天汽车机电股份有限公司	国有企业	—	上海	4	5
99	阿特拉斯·科普柯（无锡）压缩机有限公司	外资企业	—	瑞典	2	12
100	帝业技凯（无锡）精密工业有限公司	外资企业	—	日本	1	16
101	东芝大连有限公司	外资企业	—	日本	5	22
102	艾默生（中国）	外资企业	—	美国	3	8
103	贵阳高原矿山机械股份有限公司	民营企业	—	贵州	1	13
104	江苏速升自动化装备股份有限公司	民营企业	—	江苏	1	8
105	无锡百纳容器有限公司	民营企业	—	江苏	1	8
106	无锡迈特动力机械有限公司	民营企业	—	江苏	3	8
107	无锡压缩机股份有限公司	民营企业	—	江苏	1	6

第十四章 机械设备制造业社会责任报告综合评价(2013)

第二节 评价结果

机械设备制造业107家样本企业社会责任报告综合得分及排名如表14－2所示。

表14－2 机械设备制造业企业社会责任报告评价结果

序号	企业名称	创新性	可读性	可比性	平衡性	实质性	完整性	综合得分
1	中国兵器装备集团公司	四星级	四星半级	五星级	三星半级	四星半级	四星级	★★★★☆
2	斗山 infracore（中国）	四星级	四星半级	四星半级	三星半级	四星级	四星级	★★★★
3	中国中钢集团公司	四星级	四星半级	三星半级	三星半级	四星级	三星半级	★★★★
4	中国机械工业集团有限公司	三星半级	四星半级	四星级	三星级	四星级	三星半级	★★★★
5	广西玉柴机器集团有限公司	二星级	四星级	三星半级	三星半级	四星半级	二星级	★★★☆
6	中国第二重型机械集团公司	二星级	三星半级	五星级	二星级	四星级	三星级	★★★☆
7	兖矿集团有限公司	二星级	四星级	一星级	四星级	三星半级	三星级	★★★☆
8	安徽合力股份有限公司	二星级	四星级	三星级	二星级	三星半级	四星级	★★★☆
9	上海海立（集团）股份有限公司	三星级	四星级	一星级	一星级	四星级	四星级	★★★☆
10	中国东方电气集团有限公司	二星级	四星级	一星级	一星级	五星级	四星级	★★★☆
11	中国国际海运集装箱（集团）股份有限公司	三星级	三星级	三星级	一星级	四星半级	三星半级	★★★☆
12	中国恒天集团公司	二星级	三星半级	二星级	二星级	四星级	三星级	★★★
13	经纬纺织机械股份有限公司	二星级	四星级	二星级	一星级	四星级	三星级	★★★
14	上海电气核电设备有限公司	二星级	四星级	一星级	三星级	四星半级	二星级	★★★
15	广西柳工机械股份有限公司	二星级	三星半级	一星级	一星级	四星半级	三星级	★★★

续表

序号	企业名称	创新性	可读性	可比性	平衡性	实质性	完整性	综合得分
16	上海电气电站设备有限公司上海汽轮机厂	三星级	三星半级	一星级	二星级	三星半级	二星级	★★★
17	广西柳工集团有限公司	三星级	四星级	一星级	一星级	三星半级	二星级	★★★
18	上海三菱电梯有限公司	三星级	三星半级	二星级	一星级	三星半级	二星级	★★★
19	中国第一重型机械集团公司	二星级	三星半级	一星级	一星级	四星级	二星级	★★★
20	宝钢工程技术集团有限公司	三星级	四星半级	一星级	三星级	三星级	二星级	★★★
21	山推工程机械股份有限公司	一星级	三星级	二星级	二星级	三星半级	二星级	★★★
22	杭州前进齿轮箱集团股份有限公司	一星级	三星级	二星级	一星级	四星级	二星级	★★★
23	中国电力建设集团有限公司	三星级	三星半级	一星级	一星级	三星半级	三星级	★★★
24	铁姆肯（无锡）轴承有限公司	二星级	二星级	一星级	三星级	四星级	二星级	★★★
25	深圳市大族激光科技股份有限公司	一星级	三星半级	一星级	二星级	三星半级	二星级	★★
26	上海三电贝洱汽车空调有限公司	三星级	三星级	一星级	二星级	三星半级	三星级	★★
27	中国船舶重工股份有限公司	三星级	四星级	一星级	一星级	四星级	二星级	★★
28	上海电气集团股份有限公司	二星级	三星半级	一星级	一星级	三星半级	三星级	★★
29	伊顿（中国）投资有限公司	三星级	三星级	一星级	一星级	三星半级	二星级	★★
30	沈阳机床（集团）有限责任公司	二星级	三星半级	一星级	二星级	二星级	三星级	★★
31	华润万东医疗装备股份有限公司	二星级	三星级	一星级	二星级	三星半级	二星级	★★
32	潍柴动力股份有限公司	一星级	三星级	一星级	二星级	三星级	二星级	★★

续表

序号	企业名称	创新性	可读性	可比性	平衡性	实质性	完整性	综合得分
33	东方电气股份有限公司	二星级	三星级	一星级	一星级	三星半级	二星级	★★
34	贵州黎阳航空发动机（集团）有限公司	二星级	三星级	二星级	二星级	二星级	二星级	★★
35	华域汽车系统股份有限公司	一星级	二星级	二星级	二星级	四星级	一星级	★★
36	江南嘉捷电梯股份有限公司	一星级	二星级	一星级	二星级	三星级	二星级	★★
37	上海电力修造总厂有限公司	二星级	三星级	一星级	二星级	三星级	二星级	★★
38	中山大洋电机股份有限公司	一星级	二星级	一星级	二星级	三星半级	二星级	★★
39	上海新星印刷器材有限公司	二星级	三星半级	一星级	二星级	三星半级	二星级	★★
40	精密烧结合金（无锡）有限公司	一星级	二星级	二星级	二星级	四星级	一星级	★★
41	杭州汽轮机股份有限公司	一星级	一星级	一星级	二星级	四星级	二星级	★★
42	国电南瑞科技股份有限公司	二星级	二星级	二星级	一星级	三星级	二星级	★★
43	上海朗脉洁净技术股份有限公司	二星级	三星级	二星级	二星级	三星级	一星级	★★
44	厦门厦工机械股份有限公司	一星级	二星级	二星级	二星级	四星级	二星级	★★
45	中联重工科技发展股份有限公司	一星级	二星级	一星级	一星级	三星半级	二星级	★★
46	西安陕鼓动力股份有限公司	一星级	二星级	一星级	二星级	三星半级	二星级	★★
47	卧龙电气集团股份有限公司	一星级	一星级	一星级	二星级	三星半级	二星级	★★
48	浙江精功科技股份有限公司	一星级	二星级	二星级	二星级	四星级	二星级	★★
49	福建龙溪轴承（集团）股份有限公司	一星级	一星级	一星级	二星级	三星半级	二星级	★★

续表

序号	企业名称	创新性	可读性	可比性	平衡性	实质性	完整性	综合得分
50	中联重科股份有限公司	一星级	一星级	一星级	一星级	三星半级	二星级	★★
51	贵州詹阳动力重工有限公司	一星级	一星级	一星级	二星级	三星级	一星级	★★
52	珠海万力达电气股份有限公司	一星级	一星级	一星级	一星级	三星半级	一星级	★★
53	江苏神通阀门股份有限公司	一星级	一星级	一星级	一星级	三星半级	一星级	★★
54	洛阳轴研科技股份有限公司	一星级	一星级	一星级	一星级	三星半级	一星级	★★
55	无锡威孚高科技集团股份有限公司	一星级	一星级	一星级	一星级	三星级	二星级	★★
56	西安航空动力股份有限公司	一星级	二星级	一星级	一星级	二星级	二星级	★★
57	尼康电子仪器（中国）有限公司	一星级	一星级	一星级	二星级	二星级	二星级	★★
58	康明斯发电机技术（中国）有限公司	一星级	一星级	一星级	二星级	二星级	一星级	★★
59	徐工集团工程机械股份有限公司	一星级	一星级	一星级	一星级	三星级	二星级	★
60	无锡康明斯涡轮增压技术有限公司	一星级	一星级	一星级	一星级	三星级	一星级	★
61	乐普（北京）医疗器械股份有限公司	一星级	一星级	一星级	一星级	三星级	一星级	★
62	天地科技股份有限公司	一星级	一星级	一星级	一星级	三星半级	一星级	★
63	上海柴油机股份有限公司	一星级	一星级	一星级	一星级	三星级	一星级	★
64	浙江菲达环保科技股份有限公司	一星级	一星级	一星级	一星级	三星级	二星级	★
65	长园集团股份有限公司	一星级	一星级	一星级	一星级	三星级	一星级	★
66	沈机集团昆明机床股份有限公司	一星级	二星级	一星级	一星级	二星级	一星级	★
67	西宁特殊钢股份有限公司	一星级	一星级	一星级	一星级	三星级	一星级	★

续表

序号	企业名称	创新性	可读性	可比性	平衡性	实质性	完整性	综合得分
68	三一重工股份有限公司	一星级	一星级	一星级	一星级	三星级	一星级	★
69	河南新天科技股份有限公司	一星级	二星级	一星级	一星级	二星级	一星级	★
70	保定天威保变电气股份有限公司	一星级	一星级	一星级	一星级	三星级	一星级	★
71	无锡范尼韦尔工程有限公司	一星级	二星级	二星级	二星级	二星级	一星级	★
72	中航光电科技股份有限公司	一星级	一星级	一星级	一星级	二星级	二星级	★
73	第一拖拉机股份有限公司	一星级	一星级	一星级	一星级	二星级	一星级	★
74	上海航天汽车机电股份有限公司	一星级	一星级	一星级	一星级	三星级	一星级	★
75	中航重机股份有限公司	一星级	一星级	一星级	一星级	二星级	二星级	★
76	中国中材国际工程股份有限公司	一星级	二星级	一星级	一星级	二星级	一星级	★
77	阿特拉斯·科普柯（无锡）压缩机有限公司	一星级	一星级	一星级	一星级	二星级	一星级	★
78	帝业技凯（无锡）精密工业有限公司	一星级	一星级	一星级	一星级	一星级	一星级	★
79	福建中能电气股份有限公司	一星级	一星级	一星级	一星级	二星级	一星级	★
80	天津百利特精电气股份有限公司	一星级	一星级	一星级	一星级	二星级	一星级	★
81	新疆金风科技股份有限公司	一星级	一星级	一星级	一星级	二星级	一星级	★
82	神州学人集团股份有限公司	一星级	一星级	一星级	一星级	二星级	一星级	★
83	江西华伍制动器股份有限公司	一星级	一星级	一星级	一星级	二星级	一星级	★
84	万向钱潮股份有限公司	一星级	一星级	一星级	一星级	二星级	一星级	★
85	林州重机集团股份有限公司	一星级	一星级	一星级	一星级	二星级	一星级	★

续表

序号	企业名称	创新性	可读性	可比性	平衡性	实质性	完整性	综合得分
86	青海华鼎实业股份有限公司	一星级	一星级	一星级	二星级	一星级	一星级	★
87	东芝大连有限公司	二星级	二星级	一星级	一星级	一星级	一星级	★
88	艾默生（中国）	一星级	一星级	一星级	一星级	一星级	一星级	★
89	郑州煤矿机械集团股份有限公司	一星级	一星级	一星级	一星级	一星级	一星级	★
90	安徽全柴动力股份有限公司	一星级	一星级	一星级	一星级	一星级	一星级	★
91	福建雪人股份有限公司	一星级	一星级	一星级	一星级	一星级	一星级	★
92	北人印刷机械股份有限公司	一星级	一星级	一星级	一星级	一星级	一星级	★
93	贵阳高原矿山机械股份有限公司	一星级	一星级	一星级	一星级	一星级	一星级	★
94	上海机电股份有限公司	一星级	一星级	一星级	一星级	一星级	一星级	★
95	深圳市汇川技术股份有限公司	一星级	一星级	一星级	一星级	一星级	一星级	★
96	江苏速升自动化装备股份有限公司	一星级	一星级	一星级	一星级	一星级	一星级	★
97	南方风机股份有限公司	一星级	一星级	一星级	一星级	一星级	一星级	★
98	上海置信电气股份有限公司	一星级	一星级	一星级	一星级	一星级	一星级	★
99	天马轴承集团股份有限公司	一星级	一星级	一星级	一星级	一星级	一星级	★
100	无锡百纳容器有限公司	一星级	一星级	一星级	一星级	一星级	一星级	★
101	无锡迈特动力机械有限公司	一星级	一星级	一星级	一星级	一星级	一星级	★
102	无锡产业发展集团有限公司	一星级	一星级	一星级	一星级	一星级	一星级	★
103	福建海源自动化机械股份有限公司	一星级	一星级	一星级	一星级	一星级	一星级	★
104	广东科达机电股份有限公司	一星级	一星级	一星级	一星级	一星级	一星级	★
105	天广消防股份有限公司	一星级	一星级	一星级	一星级	一星级	一星级	★
106	无锡压缩机股份有限公司	一星级	一星级	一星级	一星级	一星级	一星级	★
107	北京金自天正智能控制股份有限公司	一星级	一星级	一星级	一星级	一星级	一星级	★

第三节　阶段性特征

一、社会责任报告综合得分为 35.5 分

机械设备制造业社会责任报告综合得分平均值为 35.5 分，处于发展阶段，即二星级水平，在我们所评价的 25 个行业中处于中等偏下位置，行业社会责任报告具有较大提高空间（如图 14-1 所示）。

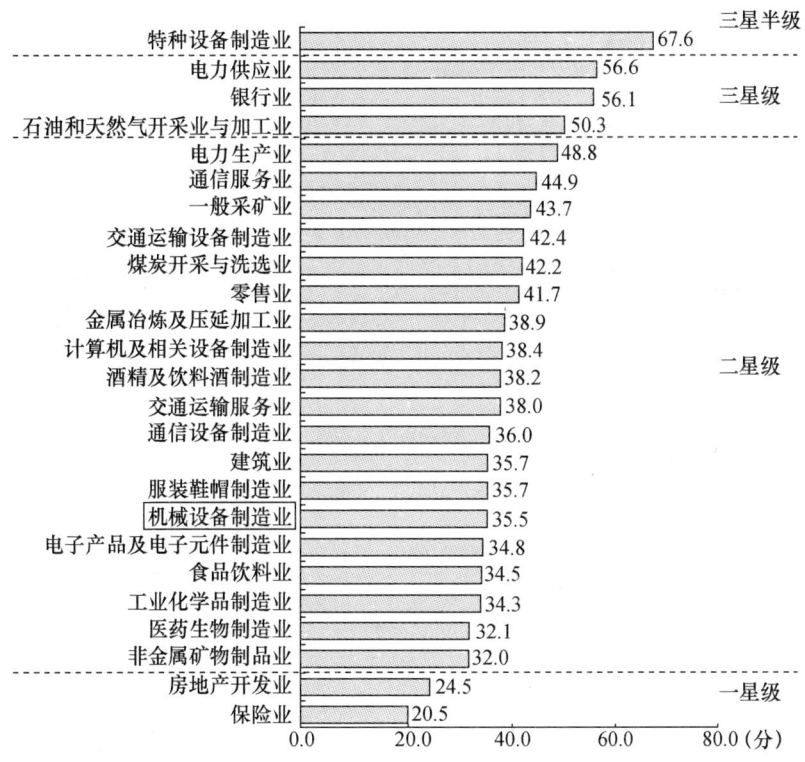

图 14-1　不同行业的报告得分分布

二、行业内企业社会责任报告综合得分差距较大

机械设备制造业 107 家样本企业得分差距较大，中国兵器装备集团公司得分最高，处于四星半级水平，而天广消防股份有限公司、无锡压缩机股份有限公司、北京金自天正智能控制股份有限公司等企业社会责任报告综合得分偏低，处于一星级水平。相对来看，行业内企业社会责任报告综合得分参差不齐，差距较大。样本企业中 1 家处于四星半级水平，3 家处于四星级水平，7 家处于三星半级水平，13 家处于三星级水平，34 家处于二星级水平，49 家处于一星级水平（如表 14－3 所示）。

表 14－3　机械设备制造业社会责任报告综合得分发展阶段

单位：家

发展阶段	得分区间（分）	数量	企业名称
★★★★☆	80~90	1	中国兵器装备集团公司
★★★★	70~80	3	斗山 infracore（中国）
			中国中钢集团公司
			中国机械工业集团有限公司
★★★☆	60~70	7	广西玉柴机器集团有限公司
			中国第二重型机械集团公司
			兖矿集团有限公司
			安徽合力股份有限公司
			上海海立（集团）股份有限公司
			中国东方电气集团有限公司
			中国国际海运集装箱（集团）股份有限公司
★★★	50~60	13	中国恒天集团公司
			经纬纺织机械股份有限公司
			上海电气核电设备有限公司
			广西柳工机械股份有限公司
			上海电气电站设备有限公司上海汽轮机厂
			广西柳工集团有限公司
			上海三菱电梯有限公司
			中国第一重型机械集团公司

续表

发展阶段	得分区间（分）	数量	企业名称
★★★	50~60	13	宝钢工程技术集团有限公司
			山推工程机械股份有限公司
			杭州前进齿轮箱集团股份有限公司
			中国电力建设集团有限公司
			铁姆肯（无锡）轴承有限公司
★★	30~50	34	深圳市大族激光科技股份有限公司
			上海三电贝洱汽车空调有限公司
			中国船舶重工股份有限公司
			上海电气集团股份有限公司
			伊顿（中国）投资有限公司
			沈阳机床（集团）有限责任公司
			华润万东医疗装备股份有限公司
			潍柴动力股份有限公司
			东方电气股份有限公司
			贵州黎阳航空发动机（集团）有限公司
			华域汽车系统股份有限公司
			江南嘉捷电梯股份有限公司
			上海电力修造总厂有限公司
			中山大洋电机股份有限公司
			上海新星印刷器材有限公司
			精密烧结合金（无锡）有限公司
			杭州汽轮机股份有限公司
			国电南瑞科技股份有限公司
			上海朗脉洁净技术股份有限公司
			厦门厦工机械股份有限公司
			中联重工科技发展股份有限公司
			西安陕鼓动力股份有限公司
			卧龙电气集团股份有限公司
			浙江精功科技股份有限公司
			福建龙溪轴承（集团）股份有限公司
			中联重科股份有限公司

续表

发展阶段	得分区间（分）	数量	企业名称
★★	30~50	34	贵州詹阳动力重工有限公司
			珠海万力达电气股份有限公司
			江苏神通阀门股份有限公司
			洛阳轴研科技股份有限公司
			无锡威孚高科技集团股份有限公司
			西安航空动力股份有限公司
			尼康电子仪器（中国）有限公司
			康明斯发电机技术（中国）有限公司
★	0~30	49	徐工集团工程机械股份有限公司
			无锡康明斯涡轮增压技术有限公司
			乐普（北京）医疗器械股份有限公司
			天地科技股份有限公司
			上海柴油机股份有限公司
			浙江菲达环保科技股份有限公司
			长园集团股份有限公司
			沈机集团昆明机床股份有限公司
			西宁特殊钢股份有限公司
			三一重工股份有限公司
			河南新天科技股份有限公司
			保定天威保变电气股份有限公司
			无锡范尼韦尔工程有限公司
			中航光电科技股份有限公司
			第一拖拉机股份有限公司
			上海航天汽车机电股份有限公司
			中航重机股份有限公司
			中国中材国际工程股份有限公司
			阿特拉斯·科普柯（无锡）压缩机有限公司
			帝业技凯（无锡）精密工业有限公司
			福建中能电气股份有限公司
			天津百利特精电气股份有限公司

续表

发展阶段	得分区间（分）	数量	企业名称
★	0~30	49	新疆金风科技股份有限公司
			神州学人集团股份有限公司
			江西华伍制动器股份有限公司
			万向钱潮股份有限公司
			林州重机集团股份有限公司
			青海华鼎实业股份有限公司
			东芝大连有限公司
			艾默生（中国）
			郑州煤矿机械集团股份有限公司
			安徽全柴动力股份有限公司
			福建雪人股份有限公司
			北人印刷机械股份有限公司
			贵阳高原矿山机械股份有限公司
			上海机电股份有限公司
			深圳市汇川技术股份有限公司
			江苏速升自动化装备股份有限公司
			南方风机股份有限公司
			上海置信电气股份有限公司
			天马轴承集团股份有限公司
			无锡百纳容器有限公司
			无锡迈特动力机械有限公司
			无锡产业发展集团有限公司
			福建海源自动化机械股份有限公司
			广东科达机电股份有限公司
			天广消防股份有限公司
			无锡压缩机股份有限公司
			北京金自天正智能控制股份有限公司

三、行业内企业社会责任报告六大性质得分参差不齐

机械设备制造业企业社会责任报告六大性质得分差距较大,水平也普遍不高。其中,实质性(51.9分)得分最高,处于三星级水平;可读性得分(38.0分)与完整性得分(33.2)较高,两者处于二星级水平;创新性得分(24.0分)、平衡性得分(15.2分)与可比性得分(12.2分)相对较低,处于一星级水平。其中平衡性和可比性得分最低,究其原因,主要是机械设备制造业企业较少披露负面信息,同时较少披露连续三年以上社会责任数据指标,更鲜有提及同行企业社会责任绩效。社会责任报告可比性得分较低,不利于利益相关方对企业社会责任实践与绩效进行评价。

中国第二重型机械集团可比性得分为五星级,该企业很好地披露了企业连续数年的社会责任绩效数据,有利于利益相关方对企业社会责任实践与绩效进行评价。具体机械设备制造业企业社会责任报告六大性质得分如图14-2所示。

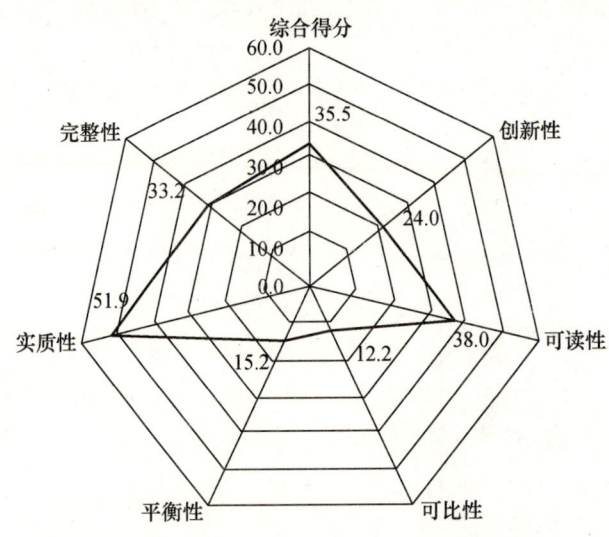

图14-2 机械设备制造业社会责任报告六大性质得分分布

四、行业内企业社会责任报告篇幅较小

社会责任报告是企业发布社会责任信息的重要平台,适度的报告篇幅是企业与利益相关方实现良性互动的重要条件。机械设备制造业107家发布报告的

样本企业中,平均篇幅为31页,其中中国电力建设集团有限公司(102页)、中国机械工业集团有限公司(101页)和中国中钢集团公司(100页)的社会责任报告在100页以上,59家企业报告页码低于20页,具体社会责任报告篇幅分布如图14-3所示。

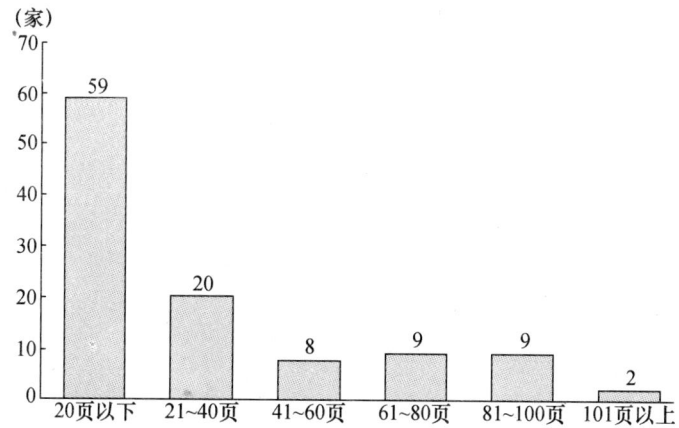

图14-3 机械设备制造业企业社会责任报告篇幅

第十五章　交通运输设备制造业社会责任报告综合评价(2013)

第一节　研究概述

本书中交通运输设备制造业包括铁路运输设备制造业、汽车制造业、摩托车制造业、自行车制造业、电车制造业、船舶制造业以及航空航天器制造业等产业。在35家交通运输设备制造业企业中，国有企业有25家，民营企业有7家，外资企业有3家；最早发布报告的企业是北汽福田汽车股份有限公司，已经连续6年发布社会责任报告；报告页码最多的是北京汽车集团有限公司，达到102页，最少的是安徽江淮汽车股份有限公司，仅有4页。交通运输设备制造业35家样本企业社会责任报告基本信息如表15-1所示。

表15-1　交通运输设备制造业企业社会责任报告基本信息

序号	企业名称	公司性质	营业收入（万元）	总部所在地	第几份社会责任报告	报告页码
1	上海汽车集团股份有限公司	国有企业	48097967	上海	5	66
2	中国第一汽车集团公司	国有企业	40770000	吉林	3	84
3	北京汽车集团有限公司	国有企业	21056943	北京	1	102
4	浙江吉利控股集团有限公司	民营企业	15000000	浙江	1	94
5	中国北车股份有限公司	国有企业	9243100	北京	3	74
6	中国南车股份有限公司	国有企业	9045624	北京	4	18
7	中国船舶重工股份有限公司	国有企业	5850100	北京	4	87
8	中国国际海运集装箱（集团）股份有限公司	国有企业	5433406	广东	5	80

第十五章 交通运输设备制造业社会责任报告综合评价（2013）

续表

序号	企业名称	公司性质	营业收入（万元）	总部所在地	第几份社会责任报告	报告页码
9	长城汽车股份有限公司	民营企业	4315997	河北	2	9
10	北汽福田汽车股份有限公司	国有企业	4097331	北京	6	17
11	厦门海翼集团有限公司	国有企业	4007300	福建	2	24
12	重庆长安汽车股份有限公司	国有企业	2946259	重庆	5	14
13	安徽江淮汽车股份有限公司	国有企业	2911675	安徽	5	4
14	一汽轿车股份有限公司	民营企业	2338490	吉林	4	26
15	郑州宇通客车股份有限公司	民营企业	1976346	河南	5	18
16	东风汽车股份有限公司	国有企业	1769965	湖北	3	19
17	东风本田汽车有限公司	民营企业	1769900	广东	1	82
18	江铃汽车股份有限公司	国有企业	1747471	江西	3	28
19	广州汽车集团股份有限公司	国有企业	1307300	广东	1	48
20	沪东中华造船（集团）有限公司	国有企业	1221299	上海	1	80
21	上海外高桥造船有限公司	国有企业	988800	上海	2	89
22	风神轮胎股份有限公司	国有企业	902297	河南	4	14
23	天津一汽夏利汽车股份有限公司	国有企业	750195	天津	3	10
24	株洲南车时代电气股份有限公司	国有企业	721650	湖南	4	49
25	广州广船国际股份有限公司	国有企业	642400	广东	5	36
26	辽宁曙光汽车集团股份有限公司	民营企业	558422	辽宁	5	9
27	金杯汽车股份有限公司	国有企业	504879	辽宁	1	16
28	航天晨光股份有限公司	国有企业	400303	江苏	4	13
29	毕节市力帆骏马振兴车辆有限公司	民营企业	332600	贵州	1	30
30	晋西车轴股份有限公司	国有企业	273529	山西	5	8
31	内蒙古北方重型汽车股份有限公司	国有企业	255400	内蒙古	4	16
32	戴姆勒·克莱斯勒（中国）投资有限公司	外资企业	—	德国	2	72
33	东风汽车公司	国有企业	—	湖北	5	90
34	丰田汽车（中国）投资有限公司	外资企业	—	日本	5	59
35	宝马汽车中国有限公司	外资企业	—	德国	3	38

第二节 评价结果

交通运输设备制造业35家样本企业社会责任报告综合得分及排名如表15-2所示。

表15-2 交通运输设备制造业企业社会责任报告评价结果

序号	企业名称	创新性	可读性	可比性	平衡性	实质性	完整性	综合得分
1	北京汽车集团有限公司	四星级	三星半级	四星半级	四星半级	四星级	四星级	★★★★
2	东风本田汽车有限公司	四星级	四星半级	三星半级	二星级	四星半级	三星半级	★★★★
3	沪东中华造船（集团）有限公司	二星级	三星半级	五星级	四星级	三星半级	四星半级	★★★★
4	东风汽车公司	三星半级	四星级	二星级	三星级	四星半级	三星半级	★★★★
5	中国北车股份有限公司	三星半级	三星半级	四星级	二星级	四星级	三星半级	★★★☆
6	株洲南车时代电气股份有限公司	二星级	三星级	五星级	三星级	四星级	三星级	★★★☆
7	上海汽车集团股份有限公司	三星半级	四星级	一星级	二星级	四星半级	三星级	★★★☆
8	中国国际海运集装箱（集团）股份有限公司	三星级	三星半级	三星级	一星级	四星半级	三星半级	★★★☆
9	广州汽车集团股份有限公司	三星半级	三星级	二星级	三星级	四星半级	三星半级	★★★☆
10	广州广船国际股份有限公司	一星级	三星半级	五星级	一星级	四星级	三星级	★★★☆
11	上海外高桥造船有限公司	二星级	四星级	一星级	四星半级	三星半级	三星级	★★★
12	中国第一汽车集团公司	二星级	三星级	二星级	一星级	四星级	二星级	★★★
13	浙江吉利控股集团有限公司	三星级	四星级	四星级	一星级	三星级	二星级	★★★
14	戴姆勒·克莱斯勒（中国）投资有限公司	二星级	四星级	五星级	一星级	三星级	三星级	★★★
15	中国船舶重工股份有限公司	三星级	四星级	一星级	一星级	四星级	二星级	★★

第十五章　交通运输设备制造业社会责任报告综合评价(2013)

续表

序号	企业名称	创新性	可读性	可比性	平衡性	实质性	完整性	综合得分
16	丰田汽车（中国）投资有限公司	二星级	四星级	一星级	二星级	三星半级	一星级	★★
17	江铃汽车股份有限公司	二星级	二星级	四星级	一星级	三星级	二星级	★★
18	东风汽车股份有限公司	一星级	三星半级	一星级	三星级	三星半级	一星级	★★
19	郑州宇通客车股份有限公司		一星级	一星级	一星级	四星级		★★
20	中国南车股份有限公司		一星级	一星级	一星级	四星级	二星级	★★
21	北汽福田汽车股份有限公司		一星级	三星级		二星级	二星级	★★
22	一汽轿车股份有限公司		一星级	二星级	一星级	三星级	二星级	★★
23	重庆长安汽车股份有限公司		一星级	一星级	二星级	三星级	一星级	★★
24	宝马汽车中国有限公司	三星级		二星级	二星级			★
25	航天晨光股份有限公司		一星级	一星级		三星级		★
26	长城汽车股份有限公司		一星级			三星级		★
27	内蒙古北方重型汽车股份有限公司		一星级	一星级		二星级		★
28	毕节市力帆骏马振兴车辆有限公司		一星级	一星级		一星级		★
29	风神轮胎股份有限公司		一星级		二星级	一星级		★
30	金杯汽车股份有限公司		一星级			二星级		★
31	晋西车轴股份有限公司					二星级		★
32	辽宁曙光汽车集团股份有限公司		一星级		一星级	一星级		★
33	厦门海翼集团有限公司		一星级	一星级	一星级	一星级		★
34	天津一汽夏利汽车股份有限公司		一星级	一星级	一星级	一星级	一星级	★
35	安徽江淮汽车股份有限公司		一星级	一星级	一星级	一星级	一星级	★

· 145 ·

第三节 阶段性特征

一、社会责任报告综合得分为 42.4 分

交通运输设备制造业社会责任报告综合得分平均值为 42.4 分,处于发展阶段,即二星级水平,在我们所评价的 25 个行业中处于中等偏上位置,行业社会责任报告具有较大提高空间(见图 15-1)。

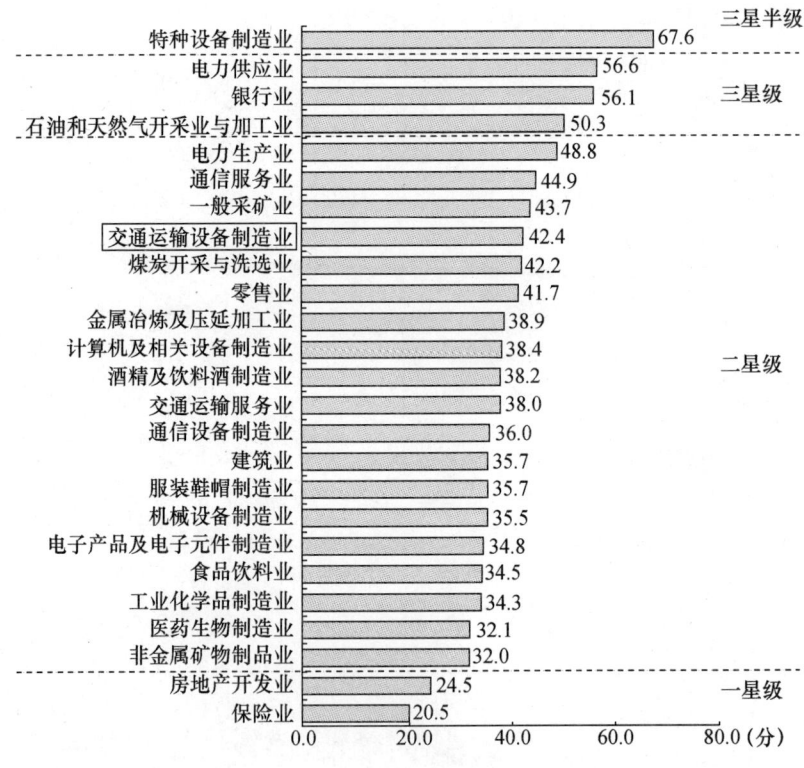

图 15-1 不同行业的报告得分分布

二、行业内企业社会责任报告综合得分差距明显

交通运输设备制造业35家样本企业得分差距明显,总体来看,样本企业中4家处于四星级水平,6家处于三星半级水平,4家处于三星级水平,9家处于二星级水平,12家处于一星级水平。其中,北京汽车集团有限公司、东风本田汽车有限公司、沪东中华造船(集团)有限公司以及东风汽车公司得分最高,处于四星级水平,而行业内得分偏低企业中如天津一汽夏利汽车股份有限公司、安徽江淮汽车股份有限公司等的社会责任报告综合得分处于一星级水平(详见表15-3)。

表15-3 交通运输设备制造业社会责任报告综合得分发展阶段

单位:家

综合得分	得分区间(分)	数量	企业名称
★★★★	70~80	4	北京汽车集团有限公司 东风本田汽车有限公司 沪东中华造船(集团)有限公司 东风汽车公司
★★★☆	60~70	6	中国北车股份有限公司 株洲南车时代电气股份有限公司 上海汽车集团股份有限公司 中国国际海运集装箱(集团)股份有限公司 广州汽车集团股份有限公司 广州广船国际股份有限公司
★★★	50~60	4	上海外高桥造船有限公司 中国第一汽车集团公司 浙江吉利控股集团有限公司 戴姆勒·克莱斯勒(中国)投资有限公司
★★	30~50	9	中国船舶重工股份有限公司 丰田汽车(中国)投资有限公司 江铃汽车股份有限公司 东风汽车股份有限公司 郑州宇通客车股份有限公司

续表

综合得分	得分区间（分）	数量	企业名称
★★	30~50	9	中国南车股份有限公司
			北汽福田汽车股份有限公司
			一汽轿车股份有限公司
			重庆长安汽车股份有限公司
★	0~30	12	宝马汽车中国有限公司
			航天晨光股份有限公司
			长城汽车股份有限公司
			内蒙古北方重型汽车股份有限公司
			毕节市力帆骏马振兴车辆有限公司
			风神轮胎股份有限公司
			金杯汽车股份有限公司
			晋西车轴股份有限公司
			辽宁曙光汽车集团股份有限公司
			厦门海翼集团有限公司
			天津一汽夏利汽车股份有限公司
			安徽江淮汽车股份有限公司

三、行业内企业社会责任报告六大性质得分相差较大

交通运输设备制造业企业社会责任报告六大性质得分差距较大，其中，实质性得分（54.7分）最高，处于三星级水平，较充分地披露了企业可持续发展的重要相关议题，能够体现企业对利益相关方的重大影响。平衡性得分（20.7分）最低，处于一星级水平，此外该行业的可比性分数也相对较低（30.4分），说明企业较少甚至不披露负面信息，同时较少披露连续三年以上社会责任数据指标，更鲜有提及同行企业社会责任绩效，不有利于利益相关方对企业社会责任实践与绩效进行评价。交通运输设备制造业企业社会责任报告六大性质得分参见图15-2。

第十五章 交通运输设备制造业社会责任报告综合评价(2013)

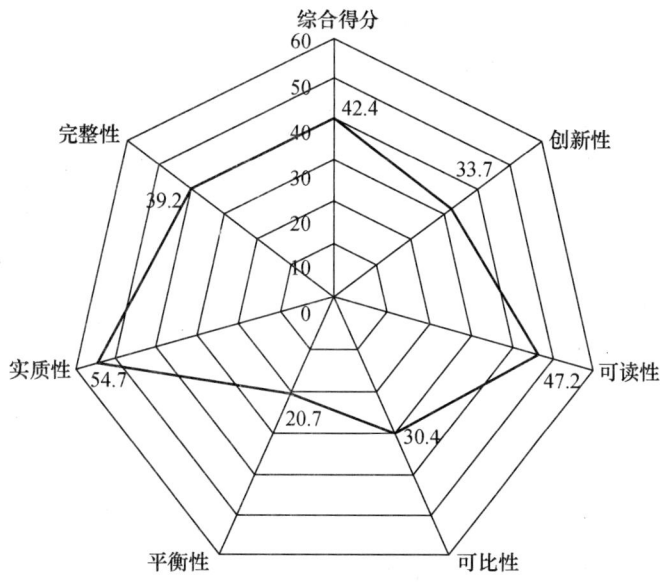

图15-2 交通运输设备制造业社会责任报告六大性质得分分布

四、行业内企业社会责任报告篇幅参差不齐

社会责任报告是企业发布社会责任信息的重要平台,适度的报告篇幅是企业与利益相关方实现良性互动的重要条件。交通运输设备制造业35家发布报告的样本企业中,有7家企业的报告篇幅超过80页,比去年增加了7家,但20页以下的社会责任报告占到总数的40%。交通运输设备制造业企业社会责任报告篇幅分布参见图15-3。

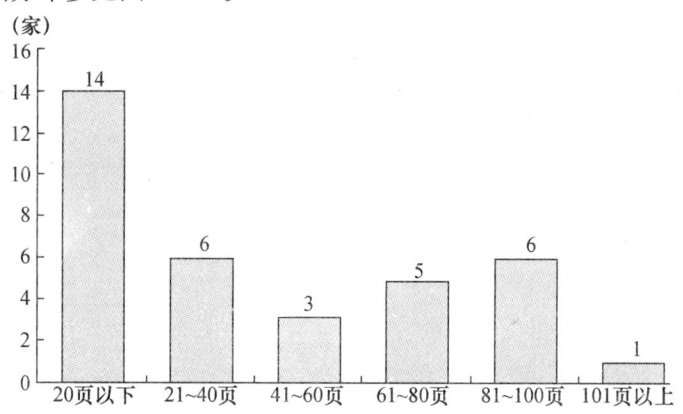

图15-3 交通运输设备制造业企业社会责任报告篇幅

第十六章 保险业社会责任报告综合评价(2013)

第一节 研究概述

本书中保险业包括人身保险业、财产保险业、再保险业和其他保险业。其中,人身保险业务包括人寿保险、健康保险、意外伤害保险等保险业务;财产保险业务包括财产保险、农业保险、责任保险、保证保险、信用保险等以财产或利益为保险标的的各种保险;再保险也称分保,是指保险人在原保险合同的基础上,通过签订分保合同,将其所承保的部分风险和责任向其他保险人进行保险的行为。保险业74家样本企业中,国有企业39家,民营企业19家,外资企业16家。最早发布企业社会责任报告的是中国平安保险(集团)股份有限公司,已连续发布10份企业社会责任报告;报告篇幅最长的是中国太平洋保险(集团)股份有限公司,其报告有77页,篇幅最小的是信利保险(中国)有限公司,仅有1页。保险业74家样本企业社会责任报告基本信息如表16-1所示。

表16-1 保险业企业社会责任报告基本信息

序号	企业名称	公司性质	营业收入(万元)	总部所在地	第几份社会责任报告	报告页码
1	中国人寿保险股份有限公司	国有企业	40537900	北京	6	54
2	中国平安保险(集团)股份有限公司	民营企业	29937200	广东	10	67
3	中国人民财产保险股份有限公司	国有企业	19350000	北京	3	18

第十六章　保险业社会责任报告综合评价(2013)

续表

序号	企业名称	公司性质	营业收入（万元）	总部所在地	第几份社会责任报告	报告页码
4	中国太平洋保险（集团）股份有限公司	国有企业	17145100	上海	5	77
5	泰康人寿保险股份有限公司	民营企业	7541245	北京	3	52
6	中国再保险（集团）股份有限公司	国有企业	6003700	北京	3	21
7	中邮人寿保险股份有限公司	国有企业	1550000	北京	3	19
8	阳光保险集团股份有限公司	国有企业	1439503	北京	3	13
9	合众人寿保险股份有限公司	民营企业	1091262	北京	3	5
10	民生人寿保险股份有限公司	民营企业	1067848	北京	3	39
11	华安财产保险股份有限公司	民营企业	604055	广东	3	25
12	幸福人寿保险股份有限公司	国有企业	570706	北京	2	16
13	中意人寿保险有限公司	国有企业	530081	北京	3	15
14	中美联泰大都会人寿保险有限公司	外资企业	494919	上海	1	16
15	百年人寿保险股份有限公司	国有企业	380338	辽宁	2	16
16	中宏人寿保险有限公司	外资企业	300612	加拿大	3	3
17	安华农业保险股份有限公司	民营企业	240716	吉林	2	33
18	阳光农业相互保险公司	国有企业	221644	黑龙江	不详	14
19	民安财产保险有限公司	国有企业	184886	广东	2	16
20	信达财产保险股份有限公司	民营企业	174631	北京	3	44
21	海康人寿保险有限公司	国有企业	123533	上海	1	5
22	三井住友海上火灾保险（中国）有限公司	外资企业	74584	日本	3	5
23	利宝保险有限公司	外资企业	61796	美国	2	25
24	北大方正人寿保险有限公司	国有企业	59353	上海	2	5
25	中煤财产保险股份有限公司	民营企业	56686	山西	2	18
26	前海人寿保险有限公司	民营企业	31786	广东	1	34
27	泰山财产保险股份有限公司	国有企业	22692	山东	2	26

续表

序号	企业名称	公司性质	营业收入（万元）	总部所在地	第几份社会责任报告	报告页码
28	和谐健康保险股份有限公司	民营企业	21019	四川	3	9
29	君龙人寿保险有限公司	国有企业	17039	福建	3	15
30	国泰财产保险有限责任公司	外资企业	15093	上海	2	13
31	安联财产保险（中国）有限公司	外资企业	13318	德国	3	5
32	丘博保险（中国）有限公司	外资企业	11640	美国	1	2
33	中汇国际保险经纪有限公司	民营企业	8063	北京	1	11
34	日本兴亚财产保险（中国）有限责任公司	外资企业	4581	日本	3	4
35	吉祥人寿保险有限公司	国有企业	4138	湖南	1	19
36	乐爱金财产保险（中国）有限公司	外资企业	3876	韩国	2	2
37	信利保险（中国）有限公司	外资企业	3073	美国	2	1
38	新华人寿保险股份有限公司	国有企业	—	北京	3	44
39	利安人寿保险股份有限公司	民营企业	—	江苏	1	17
40	浙商财产保险股份有限公司	民营企业	—	浙江	3	21
41	华泰保险集团股份有限公司	民营企业	—	北京	2	20
42	爱和谊日生同和财产保险（中国）有限公司	外资企业	—	日本	3	8
43	恒安标准人寿保险有限公司	国有企业	—	天津	3	11
44	天安财产保险股份有限公司	民营企业	—	上海	1	20
45	中国人民健康保险股份有限公司	国有企业	—	北京	3	16
46	中国财产再保险股份有限公司	国有企业	—	北京	不详	14
47	中银保险有限公司	国有企业	—	北京	不详	12
48	中华联合财产保险股份有限公司	国有企业	—	北京	3	11
49	英大泰和人寿保险股份有限公司	国有企业	—	北京	3	18

续表

序号	企业名称	公司性质	营业收入（万元）	总部所在地	第几份社会责任报告	报告页码
50	中新大东方人寿保险有限公司	国有企业	—	重庆	3	8
51	中荷人寿保险有限公司	外资企业	—	辽宁	1	24
52	安诚财产保险股份有限公司	国有企业	—	重庆	1	24
53	安信农业保险股份有限公司	国有企业	—	上海	3	10
54	华夏人寿保险股份有限公司	国有企业	—	天津	2	9
55	光大永明人寿保险有限公司	国有企业	—	天津	3	8
56	长城保险经纪有限公司	民营企业	—	广东	3	9
57	中国大地财产保险股份有限公司	国有企业	—	上海	不详	15
58	农银人寿保险股份有限公司	国有企业	—	北京	1	8
59	中国出口信用保险公司	国有企业	—	北京	3	16
60	生命人寿保险股份有限公司	民营企业	—	广东	3	8
61	都邦财产保险股份有限公司	民营企业	—	北京	3	7
62	渤海财产保险股份有限公司	国有企业	—	天津	3	11
63	华农财产保险股份有限公司	国有企业	—	北京	3	12
64	航联保险经纪有限公司	国有企业	—	北京	1	8
65	复星保德信人寿保险有限公司	民营企业	—	上海	1	6
66	中韩人寿保险有限公司	国有企业	—	浙江	1	8
67	中怡保险经纪公司	国有企业	—	上海	1	3
68	东京海上日动火灾保险（中国）有限公司	外资企业	—	日本	3	9
69	康信保险经纪公司	国有企业	—	北京	1	4
70	中法人寿保险有限公司	国有企业	—	北京	不详	5
71	五洲（北京）保险经纪有限公司	国有企业	—	北京	2	3
72	美亚财产保险有限公司	外资企业	—	美国	3	6
73	信诚人寿保险有限公司	外资企业	—	北京	3	8
74	美国友邦保险有限公司上海分公司	外资企业	—	美国	3	10

第二节 评价结果

保险业 74 家样本企业社会责任报告综合得分及排名如表 16-2 所示。

表 16-2 保险业企业社会责任报告评价结果

序号	企业名称	创新性	可读性	可比性	平衡性	实质性	完整性	综合得分
1	中国太平洋保险（集团）股份有限公司	三星半级	四星级	五星级	二星级	四星半级	三星半级	★★★★
2	中国平安保险（集团）股份有限公司	三星半级	二星级	五星级	三星级	四星半级	四星级	★★★★
3	中国人寿保险股份有限公司	二星级	二星级	五星级	一星级	四星半级	三星半级	★★★☆
4	新华人寿保险股份有限公司	二星级	三星级	一星级	一星级	四星半级	二星级	★★★
5	泰康人寿保险股份有限公司	二星级	三星级	一星级	一星级	三星半级	二星级	★★
6	前海人寿保险有限公司	二星级	二星级	一星级	一星级	三星级	二星级	★★
7	民生人寿保险股份有限公司	一星级	二星级	一星级	一星级	三星半级	二星级	★★
8	信达财产保险股份有限公司	一星级	三星级	一星级	一星级	二星级	二星级	★★
9	吉祥人寿保险有限公司	一星级	二星级	一星级	一星级	三星级	一星级	★★
10	利安人寿保险股份有限公司	一星级	二星级	一星级	一星级	三星半级	一星级	★★
11	利宝保险有限公司	二星级	三星级	一星级	一星级	二星级	一星级	★★
12	浙商财产保险股份有限公司	一星级	二星级	一星级	一星级	二星级	一星级	★
13	中邮人寿保险股份有限公司	一星级	二星级	一星级	一星级	二星级	一星级	★
14	幸福人寿保险股份有限公司	一星级	一星级	一星级	一星级	二星级	一星级	★

续表

序号	企业名称	创新性	可读性	可比性	平衡性	实质性	完整性	综合得分
15	君龙人寿保险有限公司	一星级	一星级	一星级	二星级	三星级	一星级	★
16	华泰保险集团股份有限公司	一星级	二星级	一星级	一星级	二星级	一星级	★
17	爱和谊日生同和财产保险（中国）有限公司	二星级	二星级	一星级	一星级	二星级	一星级	★
18	恒安标准人寿保险有限公司	一星级	一星级	一星级	一星级	三星级	一星级	★
19	安华农业保险股份有限公司	一星级	二星级	一星级	一星级	二星级	一星级	★
20	中意人寿保险有限公司	一星级	二星级	一星级	一星级	二星级	一星级	★
21	天安财产保险股份有限公司	一星级	二星级	一星级	一星级	二星级	一星级	★
22	泰山财产保险股份有限公司	一星级	一星级	一星级	一星级	二星级	一星级	★
23	中国人民健康保险股份有限公司	一星级	二星级	一星级	一星级	二星级	一星级	★
24	中国财产再保险股份有限公司	一星级	一星级	一星级	一星级	二星级	一星级	★
25	中银保险有限公司	一星级	一星级	一星级	一星级	二星级	一星级	★
26	百年人寿保险股份有限公司	一星级	一星级	一星级	一星级	二星级	一星级	★
27	中华联合财产保险股份有限公司	一星级	一星级	一星级	一星级	二星级	一星级	★
28	国泰财产保险有限责任公司	一星级	二星级	一星级	一星级	二星级	一星级	★
29	民安财产保险有限公司	一星级	一星级	一星级	一星级	二星级	一星级	★
30	英大泰和人寿保险股份有限公司	一星级	二星级	一星级	一星级	二星级	一星级	★
31	中新大东方人寿保险有限公司	一星级	一星级	一星级	一星级	二星级	一星级	★
32	中国人民财产保险股份有限公司	一星级	一星级	一星级	一星级	二星级	一星级	★

续表

序号	企业名称	创新性	可读性	可比性	平衡性	实质性	完整性	综合得分
33	中荷人寿保险有限公司	一星级	二星级	一星级	一星级	一星级	一星级	★
34	安诚财产保险股份有限公司	一星级	二星级	一星级	一星级	一星级	一星级	★
35	安信农业保险股份有限公司	一星级	一星级	一星级	一星级	二星级	一星级	★
36	中汇国际保险经纪有限公司	一星级	一星级	一星级	二星级	二星级	一星级	★
37	华夏人寿保险股份有限公司	一星级	二星级	一星级	二星级	一星级	一星级	★
38	中美联泰大都会人寿保险有限公司	一星级	二星级	一星级	一星级	一星级	一星级	★
39	光大永明人寿保险有限公司	一星级	一星级	一星级	二星级	一星级	一星级	★
40	长城保险经纪有限公司	一星级	一星级	一星级	一星级	一星级	一星级	★
41	中国大地财产保险股份有限公司	一星级	二星级	一星级	一星级	一星级	一星级	★
42	农银人寿保险股份有限公司	一星级	一星级	一星级	二星级	二星级	一星级	★
43	中国出口信用保险公司	一星级	二星级	一星级	一星级	一星级	一星级	★
44	生命人寿保险股份有限公司	一星级	一星级	一星级	一星级	一星级	一星级	★
45	中煤财产保险股份有限公司	一星级	一星级	一星级	一星级	一星级	一星级	★
46	阳光农业相互保险公司	一星级	一星级	一星级	一星级	一星级	一星级	★
47	中国再保险（集团）股份有限公司	一星级	二星级	一星级	一星级	一星级	一星级	★
48	阳光保险集团股份有限公司	一星级	一星级	一星级	一星级	一星级	一星级	★
49	都邦财产保险股份有限公司	一星级	一星级	一星级	一星级	一星级	一星级	★
50	和谐健康保险股份有限公司	一星级	一星级	一星级	一星级	一星级	一星级	★

第十六章　保险业社会责任报告综合评价(2013)

续表

序号	企业名称	创新性	可读性	可比性	平衡性	实质性	完整性	综合得分
51	渤海财产保险股份有限公司	一星级	一星级	一星级	一星级	一星级	一星级	★
52	华农财产保险股份有限公司	一星级	一星级	一星级	一星级	一星级	一星级	★
53	航联保险经纪有限公司	一星级	一星级	一星级	一星级	一星级	一星级	★
54	华安财产保险股份有限公司	一星级	一星级	一星级	二星级	一星级	一星级	★
55	复星保德信人寿保险有限公司	一星级	一星级	一星级	一星级	一星级	一星级	★
56	中韩人寿保险有限公司	一星级	一星级	一星级	一星级	一星级	一星级	★
57	中怡保险经纪公司	一星级	一星级	一星级	一星级	一星级	一星级	★
58	东京海上日动火灾保险（中国）有限公司	一星级	二星级	一星级	一星级	一星级	一星级	★
59	合众人寿保险股份有限公司	一星级	一星级	一星级	一星级	一星级	一星级	★
60	海康人寿保险有限公司	一星级	一星级	一星级	一星级	一星级	一星级	★
61	三井住友海上火灾保险（中国）有限公司	一星级	一星级	一星级	一星级	一星级	一星级	★
62	北大方正人寿保险有限公司	一星级	一星级	一星级	一星级	一星级	一星级	★
63	安联财产保险（中国）有限公司	一星级	一星级	一星级	一星级	一星级	一星级	★
64	日本兴亚财产保险（中国）有限责任公司	一星级	一星级	一星级	一星级	一星级	一星级	★
65	康信保险经纪公司	一星级	一星级	一星级	一星级	一星级	一星级	★
66	中法人寿保险有限公司	一星级	一星级	一星级	一星级	一星级	一星级	★
67	中宏人寿保险有限公司	一星级	一星级	一星级	一星级	一星级	一星级	★
68	五洲（北京）保险经纪有限公司	一星级	一星级	一星级	一星级	一星级	一星级	★
69	美亚财产保险有限公司	一星级	一星级	一星级	一星级	一星级	一星级	★
70	信诚人寿保险有限公司	一星级	一星级	一星级	一星级	一星级	一星级	★

续表

序号	企业名称	创新性	可读性	可比性	平衡性	实质性	完整性	综合得分
71	美国友邦保险有限公司上海分公司	一星级	一星级	一星级	一星级	一星级	一星级	★
72	丘博保险（中国）有限公司	一星级	一星级	一星级	一星级	一星级	一星级	★
73	乐爱金财产保险（中国）有限公司	一星级	一星级	一星级	一星级	一星级	一星级	★
74	信利保险（中国）有限公司	一星级	一星级	一星级	一星级	一星级	一星级	★

第三节　阶段性特征

一、保险业社会责任报告综合得分为 20.5 分

保险业社会责任报告综合得分平均值为 20.5 分，处于起步阶段，即一星级水平，在我们所评价的 25 个行业中处于第 25 名，社会性责任报告水平较低，具有较大提高空间（见图 16-1）。

二、行业内企业社会责任报告综合得分差距较大

保险业 74 家样本企业得分差距较大，两极分化明显。中国太平洋保险（集团）股份有限公司得分最高，处于四星级水平，而企信利保险（中国）有限公司报告得分最低，处于一星级水平。相对来看，行业内企业社会责任报告综合得分普遍偏低，绝大部分企业社会责任报告处于二星级及以下水平。样本企业中 2 家处于四星级水平，1 家处于三星半级水平，1 家处于三星级水平，7 家处于二星级水平，其余 63 家均处于一星级水平（见表 16-3）。

第十六章 保险业社会责任报告综合评价(2013)

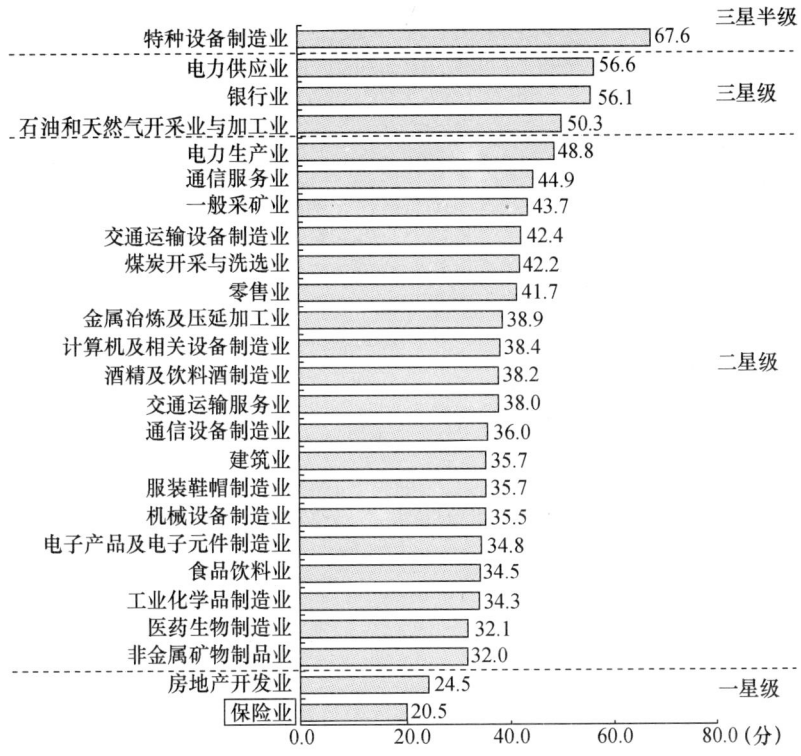

图 16-1 不同行业的报告得分分布

表 16-3 保险业社会责任报告综合得分发展阶段

单位：家

发展阶段	得分区间（分）	数量	企业名称
★★★★	70~80	2	中国太平洋保险（集团）股份有限公司 中国平安保险（集团）股份有限公司
★★★☆	60~70	1	中国人寿保险股份有限公司
★★★	50~60	1	新华人寿保险股份有限公司
★★	30~50	7	泰康人寿保险股份有限公司 前海人寿保险有限公司 民生人寿保险股份有限公司 信达财产保险股份有限公司 吉祥人寿保险有限公司 利安人寿保险股份有限公司 利宝保险有限公司

续表

发展阶段	得分区间（分）	数量	企业名称
★	0~30	63	浙商财产保险股份有限公司 中邮人寿保险股份有限公司 幸福人寿保险股份有限公司 君龙人寿保险有限公司 华泰保险集团股份有限公司 爱和谊日生同和财产保险（中国）有限公司 恒安标准人寿保险有限公司 安华农业保险股份有限公司 中意人寿保险有限公司 天安财产保险股份有限公司 泰山财产保险股份有限公司 中国人民健康保险股份有限公司 中国财产再保险股份有限公司 中银保险有限公司 百年人寿保险股份有限公司 中华联合财产保险股份有限公司 国泰财产保险有限责任公司 民安财产保险有限公司 英大泰和人寿保险股份有限公司 中新大东方人寿保险有限公司 中国人民财产保险股份有限公司 中荷人寿保险有限公司 安诚财产保险股份有限公司 安信农业保险股份有限公司 中汇国际保险经纪有限公司 华夏人寿保险股份有限公司 中美联泰大都会人寿保险有限公司 光大永明人寿保险有限公司 长城保险经纪有限公司 中国大地财产保险股份有限公司 农银人寿保险股份有限公司 中国出口信用保险公司 生命人寿保险股份有限公司 中煤财产保险股份有限公司 阳光农业相互保险公司 中国再保险（集团）股份有限公司

续表

发展阶段	得分区间（分）	数量	企业名称
★	0~30	63	阳光保险集团股份有限公司 都邦财产保险股份有限公司 和谐健康保险股份有限公司 渤海财产保险股份有限公司 华农财产保险股份有限公司 航联保险经纪有限公司 华安财产保险股份有限公司 复星保德信人寿保险有限公司 中韩人寿保险有限公司 中怡保险经纪公司 东京海上日动火灾保险（中国）有限公司 合众人寿保险股份有限公司 海康人寿保险有限公司 三井住友海上火灾保险（中国）有限公司 北大方正人寿保险有限公司 安联财产保险（中国）有限公司 日本兴亚财产保险（中国）有限责任公司 康信保险经纪公司 中法人寿保险有限公司 中宏人寿保险有限公司 五洲（北京）保险经纪有限公司 美亚财产保险有限公司 信诚人寿保险有限公司 美国友邦保险有限公司上海分公司 丘博保险（中国）有限公司 乐爱金财产保险（中国）有限公司 信利保险（中国）有限公司

三、行业内企业社会责任报告六大性质得分普遍偏低

保险业企业社会责任报告六大性质得分普遍偏低，其中，实质性得分（29.7分）、可读性得分（26.1分）相对较高，但仍然处于一星级水平，完整性得分（17.4分）、创新性得分（15.7分）、平衡性得分（7.0分）与可

比性得分（5.5分）相对较低，处于一星级水平的低分段。企业较少甚至不披露负面信息，而且在一星级水平企业的报告中较少披露连续三年以上社会责任数据指标，更鲜有提及同行企业社会责任绩效；同时，企业在社会责任报告的内容与形式方面都缺少创新。保险业企业社会责任报告六大性质得分参见图16-2。

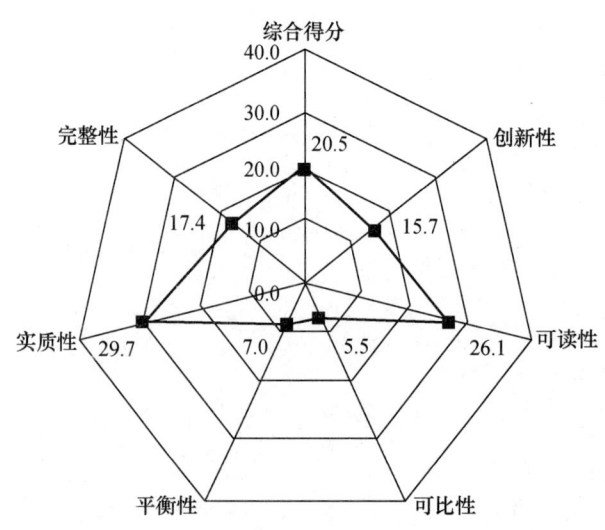

图16-2 保险业社会责任报告六大性质得分分布

四、行业内企业社会责任报告篇幅较小

社会责任报告是企业发布社会责任信息的重要平台，适度的报告篇幅是企业与利益相关方实现良性互动的重要条件。保险业74家样本企业发布的报告普遍篇幅较小，都在80页以内，社会责任信息披露不足，报告质量和篇幅都有待进一步提高。其中，中国太平洋保险（集团）股份有限公司社会责任报告篇幅最大，有77页；中国平安保险（集团）股份有限公司发布的报告67页；还有少数几个企业的报告在30~60页，其余报告篇幅大多在20页以下，信利保险（中国）有限公司社会责任报告篇幅最小，仅有1页。具体社会责任报告篇幅分布参见图16-3。

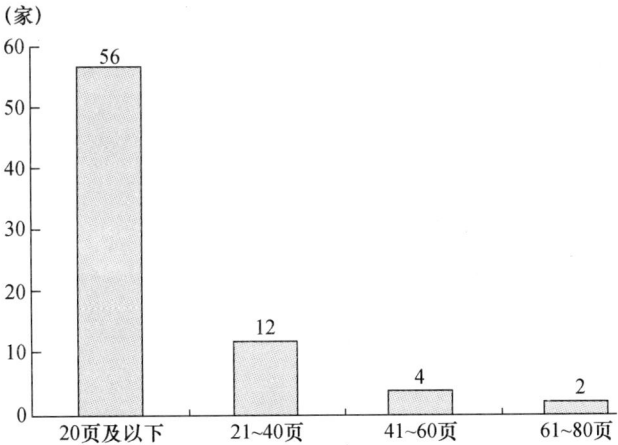

图16-3 保险业企业社会责任报告篇幅

第十七章 计算机及相关设备制造业社会责任报告综合评价(2013)

第一节 研究概述

本书中计算机及相关设备制造业包括电子计算机整机制造、电子计算机网络设备制造和电子计算机外部设备制造等行业。在12家计算机及相关设备制造业企业中，国有企业有2家，民营企业有4家，外资企业有6家；最早发布报告的企业是福建新大陆电脑股份有限公司和富士施乐（中国）有限公司，已经连续6年发布社会责任报告；报告页码最多的是联想集团，达到86页，最少的是同方股份有限公司，仅有7页。计算机及相关设备制造业12家样本企业社会责任报告基本信息如表17-1所示。

表17-1 计算机及相关设备制造业企业社会责任报告基本信息

序号	企业名称	公司性质	营业收入（万元）	总部所在地	第几份社会责任报告	报告页码
1	联想集团	民营企业	18390000	北京	4	86
2	华硕电脑股份有限公司	外资企业	8952267	中国台湾	5	62
3	中国长城计算机深圳股份有限公司	民营企业	7975200	广东	3	12
4	同方股份有限公司	国有企业	2234300	北京	5	7
5	仁宝电脑工业股份有限公司	外资企业	1237678	中国台湾	4	56
6	方正科技集团股份有限公司	国有企业	555500	上海	5	8
7	福建新大陆电脑股份有限公司	民营企业	134565	福建	6	11

第十七章 计算机及相关设备制造业社会责任报告综合评价(2013)

续表

序号	企业名称	公司性质	营业收入（万元）	总部所在地	第几份社会责任报告	报告页码
8	苏州安洁科技股份有限公司	民营企业	61628	江苏	1	17
9	富士施乐（中国）有限公司	外资企业	—	日本	6	76
10	上海富士施乐有限公司	外资企业	—	上海	2	52
11	NEC（中国）有限公司	外资企业	—	日本	5	24
12	希捷国际科技（无锡）有限公司	外资企业	—	美国	3	11

第二节 评价结果

计算机及相关设备制造业12家样本企业社会责任报告综合得分及排名如表17-2所示。

表17-2 计算机及相关设备制造业企业社会责任报告评价结果

序号	企业名称	创新性	可读性	可比性	平衡性	实质性	完整性	综合得分
1	联想集团	四星级	四星半级	三星级	一星级	四星半级	三星半级	★★★★
2	华硕电脑股份有限公司	三星半级	三星半级	二星级	三星级	四星级	三星级	★★★☆
3	富士施乐（中国）有限公司	三星级	四星级级	三星半级	一星级	四星半级	三星级	★★★☆
4	上海富士施乐有限公司	三星级	三星半级	一星级	一星级	四星级	二星级	★★★
5	仁宝电脑工业股份有限公司	二星级	三星半级	一星级	一星级	三星级	三星级	★★
6	苏州安洁科技股份有限公司	一星级	二星级	一星级	一星级	三星级	二星级	★★
7	中国长城计算机深圳股份有限公司	一星级	一星级	一星级	一星级	三星级	二星级	★★

续表

序号	企业名称	创新性	可读性	可比性	平衡性	实质性	完整性	综合得分
8	福建新大陆电脑股份有限公司	一星级	一星级	一星级	一星级	三星级	一星级	★
9	方正科技集团股份有限公司	一星级	一星级	一星级	一星级	二星级	一星级	★
10	NEC（中国）有限公司	二星级	三星级	一星级	一星级	一星级	一星级	★
11	同方股份有限公司	一星级	一星级	一星级	一星级	一星级	一星级	★
12	希捷国际科技（无锡）有限公司	一星级	一星级	一星级	一星级	一星级	一星级	★

第三节　阶段性特征

一、社会责任报告综合得分为38.4分

计算机及相关设备制造业社会责任报告综合得分平均值为38.4分，处于发展阶段，即二星级水平，在我们所评价的25个行业中处于中游水平，行业社会责任报告具有较大提高空间（见图17-1）。

二、行业内企业社会责任报告综合得分差距较大

计算机及相关设备制造业12家样本企业得分差距较大，联想集团有限公司得分最高，处于四星级水平，行业内企业社会责任报告综合得分处于一星级水平的企业有5家。相对来看，行业内企业社会责任报告综合得分分布较为不均，差距较大。样本企业中1家处于四星级水平，2家处于三星半级水平，1家处于三星级水平，3家处于二星级水平，5家处于一星级水平（见表17-3）。

第十七章 计算机及相关设备制造业社会责任报告综合评价（2013）

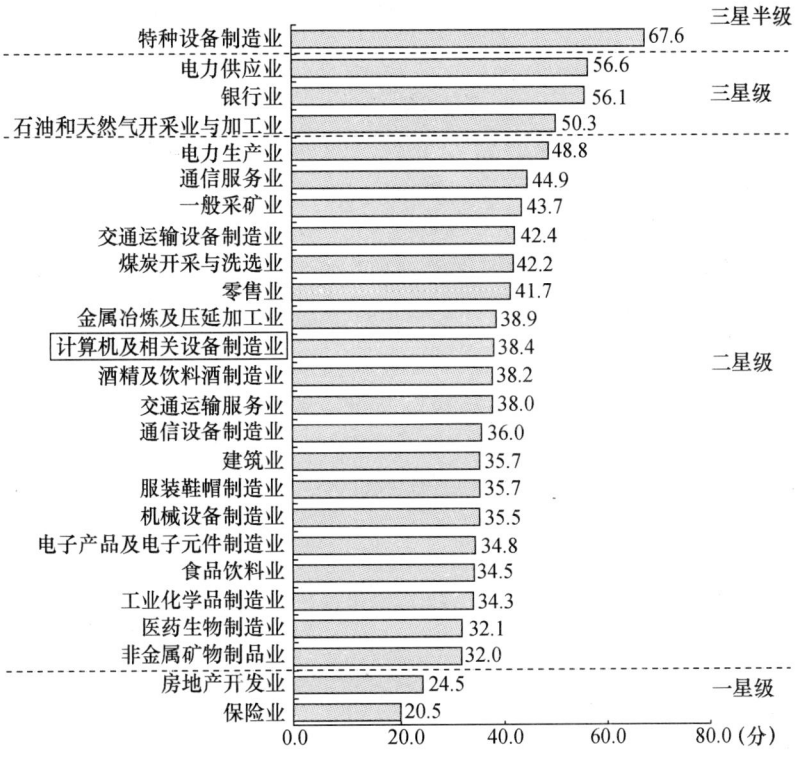

图 17-1 不同行业的报告得分分布

表 17-3 计算机及相关设备制造业社会责任报告综合得分发展阶段

单位：家

发展阶段	得分区间（分）	数量	企业名称
★★★★	70~80	1	联想集团有限公司
★★★☆	60~70	2	华硕电脑股份有限公司 富士施乐（中国）有限公司
★★★	50~60	1	上海富士施乐有限公司
★★	30~50	3	仁宝电脑工业股份有限公司 苏州安洁科技股份有限公司 中国长城计算机深圳股份有限公司
★	0~30	5	福建新大陆电脑股份有限公司 方正科技集团股份有限公司 NEC（中国）有限公司 同方股份有限公司 希捷国际科技（无锡）有限公司

三、行业内企业社会责任报告六大性质得分参差不齐

计算机及相关设备制造业企业社会责任报告六大性质得分差距较大,其中,实质性得分(53.7分)最高,处于三星级水平,可读性得分(45.8分)、完整性得分(36.1分)和创新性得分(33.5分)较高,均处于二星级水平,可比性得分(18.6分)和平衡性得分(6.3分)相对较低,处于一星级水平,说明基本没有披露同行业社会责任绩效数据或企业连续数年的社会责任绩效数据,不利于利益相关方对企业社会责任实践与绩效进行评价。计算机及相关设备制造业企业社会责任报告六大性质得分参见图17-2。

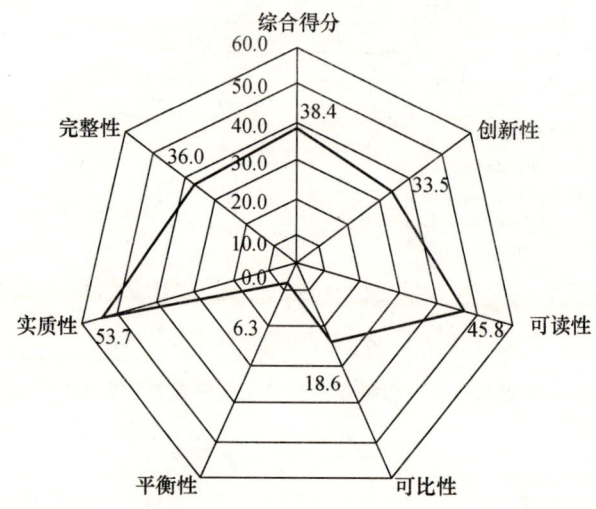

图17-2 计算机及相关设备制造业社会责任报告六大性质得分分布

四、行业内企业社会责任报告篇幅较小

社会责任报告是企业发布社会责任信息的重要平台,适度的报告篇幅是企业与利益相关方实现良性互动的重要条件。计算机及相关设备制造业12家发布报告的样本企业中,有5个企业的社会责任报告篇幅超过50页,而其他7家企业的社会责任报告均小于30页,其社会责任报告篇幅分布参见图17-3。

第十七章 计算机及相关设备制造业社会责任报告综合评价(2013)

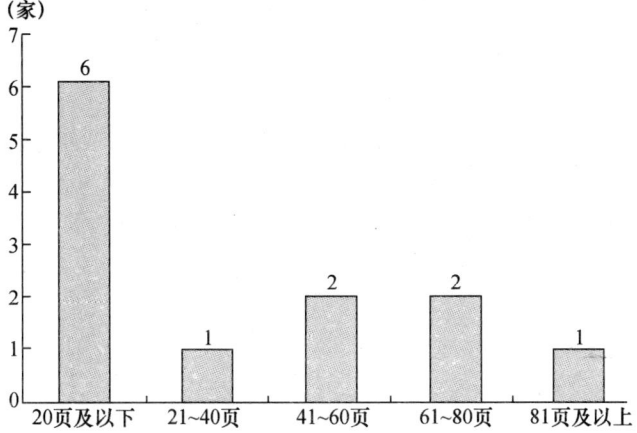

图 17-3 计算机及相关设备制造业企业社会责任报告篇幅

第十八章 交通运输服务业社会责任报告综合评价(2013)

第一节 研究概述

本研究中的交通运输服务业是服务业的重要组成部分,包括铁路运输业、道路运输业、城市公共交通业、水上运输业、航空运输业、寄递服务六大领域,涉及客运和物流两大类别。其中,铁路运输业包括铁路旅客运输、铁路货物运输、铁路运输辅助活动;道路运输业包括公路旅客运输、道路货物运输、道路运输辅助活动;城市公共交通业包括公共电汽车客运、轨道交通、出租车客运、城市轮渡、其他城市公共交通;水上运输业包括水上旅客运输、水上货物运输、水上运输辅助活动;航空运输业包括航空客货运输、通用航空服务、航空运输辅助活动;以及寄递服务。截至2013年10月31日,交通运输服务行业共有52家企业发布2012年度企业社会责任报告。其中,国有企业47家,民营企业4家,外资企业1家;报告页码最多的是中国远洋运输(集团)总公司,达到220页,最少的是中海(海南)海盛船务股份有限公司,仅有4页;行业内最早发布报告的企业也是中国远洋运输(集团)总公司,已经连续8年发布社会责任报告。交通运输服务业52家样本企业社会责任报告基本信息如表18-1所示。

表18-1 交通运输服务业企业社会责任报告基本信息

序号	企业名称	公司性质	营业收入(万元)	总部所在地	第几份社会责任报告	报告页码
1	中国远洋运输(集团)总公司	国有企业	18130387	北京	8	220
2	中国南方航空股份有限公司	国有企业	10148300	广东	6	83

第十八章 交通运输服务业社会责任报告综合评价(2013)

续表

序号	企业名称	公司性质	营业收入（万元）	总部所在地	第几份社会责任报告	报告页码
3	中国国际航空股份有限公司	国有企业	9984100	北京	5	78
4	厦门建发股份有限公司	国有企业	9116700	福建	5	13
5	中国东方航空股份有限公司	国有企业	8556925	上海	5	75
6	中国远洋控股股份有限公司	国有企业	7205680	北京	5	202
7	中国海运（集团）总公司	国有企业	6940000	上海	2	92
8	招商局集团有限公司	国有企业	6469100	中国香港	5	90
9	广州白云国际机场股份有限公司	国有企业	4673315	广东	5	6
10	大秦铁路股份有限公司	国有企业	4596000	山西	5	9
11	中海集装箱运输股份有限公司	国有企业	3258126	上海	5	13
12	广东省交通集团有限公司	国有企业	2980000	广东	2	72
13	上海国际港务（集团）股份有限公司	国有企业	2838100	上海	5	107
14	中储发展股份有限公司	国有企业	2678098	北京	4	13
15	厦门航空有限公司	国有企业	1645000	福建	2	66
16	广深铁路股份有限公司	国有企业	1509200	广东	5	34
17	朔黄铁路发展有限责任公司	国有企业	1373735	河北	1	75
18	天津港股份有限公司	国有企业	1349335	天津	5	84
19	中海发展股份有限公司	国有企业	1115665	上海	5	11
20	江苏宁沪高速公路股份有限公司	国有企业	779594	江苏	4	18
21	中远航运股份有限公司	国有企业	630478	广东	5	30
22	广东省机场管理集团有限公司	国有企业	558247	广东	2	84
23	山东高速股份有限公司	国有企业	522500	山东	5	17
24	日照港股份有限公司	国有企业	479887	山东	5	26
25	大连港股份有限公司	国有企业	464456	辽宁	3	11
26	无锡市交通产业集团有限公司	国有企业	412400	江苏	6	8
27	中铁铁龙集装箱物流股份有限公司	国有企业	411401	辽宁	5	6
28	河南中原高速公路股份有限公司	国有企业	397089	河南	5	8

续表

序号	企业名称	公司性质	营业收入（万元）	总部所在地	第几份社会责任报告	报告页码
29	唐山港集团股份有限公司	国有企业	395103	河北	1	45
30	中外运空运发展股份有限公司	国有企业	394651	北京	5	65
31	上海大众公用事业（集团）股份有限公司	民营企业	366604	上海	5	11
32	江西赣粤高速公路股份有限公司	国有企业	355800	江西	5	17
33	广东省航运集团有限公司	国有企业	349002	广东	1	78
34	营口港务股份有限公司	国有企业	344200	北京	5	8
35	深圳高速公路股份有限公司	民营企业	313462	广东	5	47
36	大众交通（集团）股份有限公司	民营企业	291297	上海	5	10
37	福建发展高速公路股份有限公司	国有企业	242543	福建	6	9
38	广东省铁路建设投资集团有限公司	国有企业	225000	广东	1	76
39	安徽皖通高速公路股份有限公司	国有企业	222251	安徽	4	10
40	江西长运股份有限公司	国有企业	216671	江西	5	14
41	江苏连云港港口股份有限公司	国有企业	161521	江苏	5	7
42	上海强生出租汽车有限公司	国有企业	132000	上海	2	48
43	锦州港股份有限公司	民营企业	116869	辽宁	2	14
44	宁波海运股份有限公司	国有企业	102234	浙江	5	7
45	中海（海南）海盛船务股份有限公司	国有企业	101738	海南	5	4
46	贵阳市公共交通（集团）有限公司	国有企业	80326	贵州	3	48
47	吉林高速公路股份有限公司	国有企业	76208	吉林	3	16
48	黑龙江交通发展股份有限公司	国有企业	41500	黑龙江	3	9
49	深圳市盐田港股份有限公司	国有企业	31647	广东	5	8
50	中国商用飞机有限责任公司	国有企业	—	上海	2	78

第十八章 交通运输服务业社会责任报告综合评价(2013)

续表

序号	企业名称	公司性质	营业收入（万元）	总部所在地	第几份社会责任报告	报告页码
51	香港国际机场	外资企业	—	中国香港	1	36
52	无锡苏南国际机场集团有限公司	国有企业	—	江苏	2	6

第二节 评价结果

交通运输服务业52家样本企业社会责任报告综合得分及排名如表18-2所示。

表18-2 交通运输服务业企业社会责任报告评价结果

序号	企业名称	创新性	可读性	可比性	平衡性	实质性	完整性	综合得分
1	中国远洋运输（集团）总公司	四星半级	四星半级	五星级	四星半级	五星级	四星半级	★★★★☆
2	中国东方航空股份有限公司	三星半级	四星级	四星半级	三星半级	四星半级	四星级	★★★★
3	中国国际航空股份有限公司	三星半级	四星级	三星级	三星半级	四星半级	三星半级	★★★★
4	中国远洋控股股份有限公司	四星级	四星半级	五星级	四星级	三星半级	四星级	★★★★
5	朔黄铁路发展有限责任公司	四星级	四星级	四星级	二星级	四星级	三星半级	★★★★
6	广东省交通集团有限公司	三星半级	四星半级	二星级	三星半级	四星级	三星半级	★★★☆
7	广东省航运集团有限公司	三星级	三星半级	四星半级	四星半级	四星级	三星半级	★★★☆
8	广东省铁路建设投资集团有限公司	三星半级	四星级	三星半级	二星级	四星级	三星半级	★★★☆

续表

序号	企业名称	创新性	可读性	可比性	平衡性	实质性	完整性	综合得分
9	广东省机场管理集团有限公司	三星级	三星半级	四星级	四星半级	三星半级	三星半级	★★★☆
10	上海国际港务（集团）股份有限公司	三星半级	三星半级	五星级	三星级	三星级	三星半级	★★★☆
11	中国南方航空股份有限公司	三星半级	二星级	一星级	四星级	五星级	三星级	★★★☆
12	中国海运（集团）总公司	三星级	四星半级	三星级	三星半级	三星级	三星级	★★★☆
13	深圳高速公路股份有限公司	二星级	三星级	四星半级	三星半级	三星级	三星级	★★★
14	招商局集团有限公司	三星半级	四星级	五星级	一星级	二星级	三星级	★★★
15	上海强生出租汽车有限公司	二星级	三星级	一星级	三星半级	三星半级	二星级	★★★
16	中外运空运发展股份有限公司	三星级	三星半级	二星级	三星半级	三星级	二星级	★★★
17	唐山港集团股份有限公司	二星级	三星半级	二星级	一星级	三星级	二星级	★★
18	贵阳市公共交通（集团）有限公司	二星级	三星级	二星级	二星级	三星级	二星级	★★
19	中国商用飞机有限责任公司	二星级	三星半级	一星级	三星级	二星级	二星级	★★
20	香港国际机场	二星级	二星级	一星级	一星级	三星级	一星级	★★
21	厦门航空有限公司	二星级	三星半级	一星级	一星级	一星级	二星级	★★
22	天津港股份有限公司	二星级	三星级	一星级	二星级	二星级	二星级	★★
23	山东高速股份有限公司	一星级	一星级	二星级	一星级	三星半级	二星级	★★
24	江西长运股份有限公司	一星级	一星级	一星级	三星级	三星级	二星级	★★
25	中海发展股份有限公司	一星级	一星级	一星级	一星级	三星级	二星级	★★
26	河南中原高速公路股份有限公司	一星级	一星级	一星级	一星级	三星半级	一星级	★★
27	日照港股份有限公司	一星级	一星级	一星级	一星级	二星级	二星级	★
28	大连港股份有限公司	一星级	一星级	一星级	一星级	三星半级	一星级	★

第十八章 交通运输服务业社会责任报告综合评价(2013)

续表

序号	企业名称	创新性	可读性	可比性	平衡性	实质性	完整性	综合得分
29	中储发展股份有限公司	一星级	一星级	一星级	一星级	三星级	二星级	★
30	广深铁路股份有限公司	一星级	二星级	一星级	一星级	二星级	二星级	★
31	厦门建发股份有限公司	一星级	二星级	一星级	一星级	二星级	二星级	★
32	中远航运股份有限公司	二星级	二星级	三星级	二星级	一星级	二星级	★
33	吉林高速公路股份有限公司		一星级	一星级	一星级	二星级	一星级	★
34	锦州港股份有限公司		一星级	一星级	一星级	二星级	一星级	★
35	大秦铁路股份有限公司		一星级	二星级	一星级	一星级	一星级	★
36	江苏宁沪高速公路股份有限公司		一星级	一星级	一星级	二星级	二星级	★
37	无锡市交通产业集团有限公司		一星级	一星级	一星级	三星级	一星级	★
38	上海大众公用事业（集团）股份有限公司			一星级	一星级	二星级	一星级	★
39	江苏连云港港口股份有限公司		一星级	一星级	一星级	二星级	一星级	★
40	江西赣粤高速公路股份有限公司		一星级	一星级	一星级	一星级	一星级	★
41	黑龙江交通发展股份有限公司		一星级	一星级	一星级	一星级	一星级	★
42	大众交通（集团）股份有限公司		一星级	一星级	一星级	二星级	一星级	★
43	广州白云国际机场股份有限公司		一星级	一星级	一星级	一星级	一星级	★
44	宁波海运股份有限公司		一星级	一星级	一星级	一星级	一星级	★
45	深圳市盐田港股份有限公司		一星级	一星级	一星级	一星级	一星级	★
46	中海集装箱运输股份有限公司		一星级	一星级	一星级	一星级	一星级	★
47	安徽皖通高速公路股份有限公司		一星级	一星级	一星级	一星级	一星级	★

续表

序号	企业名称	创新性	可读性	可比性	平衡性	实质性	完整性	综合得分
48	无锡苏南国际机场集团有限公司	一星级	一星级	一星级	一星级	一星级	一星级	★
49	营口港务股份有限公司	一星级	一星级	一星级	一星级	一星级	一星级	★
50	福建发展高速公路股份有限公司	一星级	一星级	一星级	一星级	一星级	一星级	★
51	中海（海南）海盛船务股份有限公司	一星级	一星级	一星级	一星级	一星级	一星级	★
52	中铁铁龙集装箱物流股份有限公司	一星级	一星级	一星级	一星级	一星级	一星级	★

第三节 阶段性特征

一、社会责任报告综合得分为 38.0 分

交通运输服务业企业社会责任报告综合得分平均值为 38.0 分，处于发展阶段，即二星级水平，在所评价的 25 个行业中处于中等水平，社会责任报告整体质量及行业间相对水平都有很大提升空间（见图 18-1）。

二、行业内企业社会责任报告综合得分差距较大

交通运输服务业 52 家样本企业社会责任报告得分差距较大，中国远洋运输（集团）总公司得分最高，处于领先阶段，即四星半水平；与此同时仍有 26 家公司社会责任报告综合得分在 30 分以下，处于起步阶段，即一星级水平，占到样本总数的 50%。相对来看，行业内企业社会责任报告综合得分普遍偏低，且差距较大。样本企业中 1 家处于四星半级水平，4 家处于四星级水平，7 家处于三星半级水平，4 家处于三星级水平，10 家处于二星级水平，26 家处于一星级水平（见表 18-3）。

第十八章 交通运输服务业社会责任报告综合评价（2013）

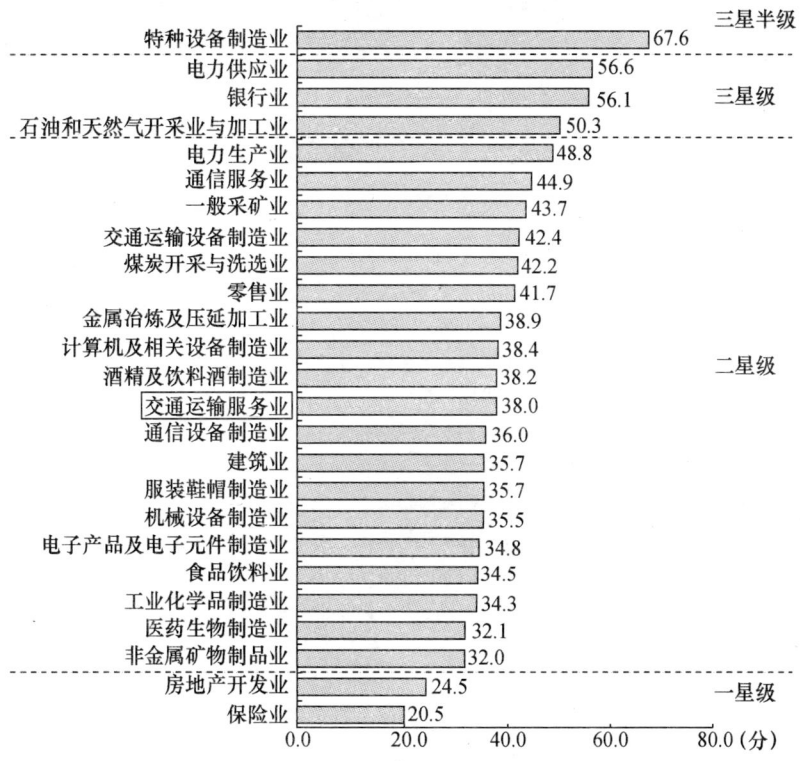

图 18-1 不同行业的报告得分分布

表 18-3 交通运输服务业社会责任报告综合得分发展阶段

单位：家

发展阶段	得分区间（分）	数量	企业名称
★★★★☆	80~90	1	中国远洋运输（集团）总公司
★★★★	70~80	4	中国东方航空股份有限公司 中国国际航空股份有限公司 中国远洋控股股份有限公司 朔黄铁路发展有限责任公司
★★★☆	60~70	7	广东省交通集团有限公司 广东省航运集团有限公司 广东省铁路建设投资集团有限公司 广东省机场管理集团有限公司 上海国际港务（集团）股份有限公司 中国南方航空股份有限公司 中国海运（集团）总公司

续表

发展阶段	得分区间（分）	数量	企业名称
★★★	50~60	4	深圳高速公路股份有限公司 招商局集团有限公司 上海强生出租汽车有限公司 中外运空运发展股份有限公司
★★	30~50	10	唐山港集团股份有限公司 贵阳市公共交通（集团）有限公司 中国商用飞机有限责任公司 香港国际机场 厦门航空有限公司 天津港股份有限公司 山东高速股份有限公司 江西长运股份有限公司 中海发展股份有限公司 河南中原高速公路股份有限公司
★	0~30	26	日照港股份有限公司 大连港股份有限公司 中储发展股份有限公司 广深铁路股份有限公司 厦门建发股份有限公司 中远航运股份有限公司 吉林高速公路股份有限公司 锦州港股份有限公司 大秦铁路股份有限公司 江苏宁沪高速公路股份有限公司 无锡市交通产业集团有限公司 上海大众公用事业（集团）股份有限公司 江苏连云港港口股份有限公司 江西赣粤高速公路股份有限公司 黑龙江交通发展股份有限公司 大众交通（集团）股份有限公司 广州白云国际机场股份有限公司 宁波海运股份有限公司 深圳市盐田港股份有限公司 中海集装箱运输股份有限公司 安徽皖通高速公路股份有限公司

续表

发展阶段	得分区间（分）	数量	企业名称
★	0~30	26	无锡苏南国际机场集团有限公司 营口港务股份有限公司 福建发展高速公路股份有限公司 中海（海南）海盛船务股份有限公司 中铁铁龙集装箱物流股份有限公司

三、行业内企业社会责任报告六大性质得分参差不齐

交通运输服务业企业社会责任报告六大性质得分差距较大，实质性（44.5 分）、可读性（42.3 分）、完整性（37.9 分）与创新性（30.2 分）得分较高，均处于二星级水平；可比性（26.5 分）与平衡性（25.2 分）得分较低，处于一星级水平。其中，实质性和可读性得分相对较高，超过 40 分；平衡性得分最低，仅仅 25.2 分，企业社会责任报告中鲜有披露企业负面信息使得平衡性较低，同时，报告也较少披露连续三年以上社会责任数据指标，更没有将其与同行、同地区企业的社会责任绩效作比较，可比性得分较低。交通运输服务业企业社会责任报告六大性质得分参见图 18-2。

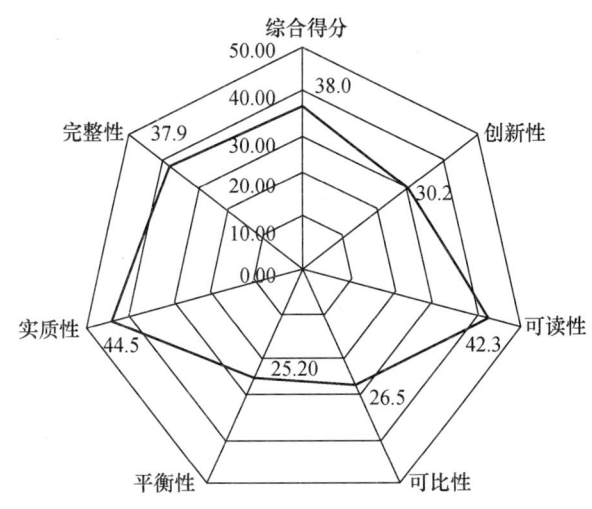

图 18-2 交通运输服务业社会责任报告六大性质得分分布

四、行业内企业社会责任报告篇幅较小

社会责任报告是企业发布社会责任信息的重要平台，适度的报告篇幅是企业与利益相关方实现良性互动的重要条件。交通运输服务业 52 份样本报告中，篇幅呈现较为明显的两级分化。60 页以上的报告达到 17 家，更有三家企业的报告超过 100 页，充分翔实地披露了相关企业在责任管理、经济、社会和环境方面的社会责任履责信息。同时，20 页以下的报告多达 27 家，社会责任信息披露十分匮乏。交通运输服务业企业社会责任报告篇幅分布参见图 18 -3。

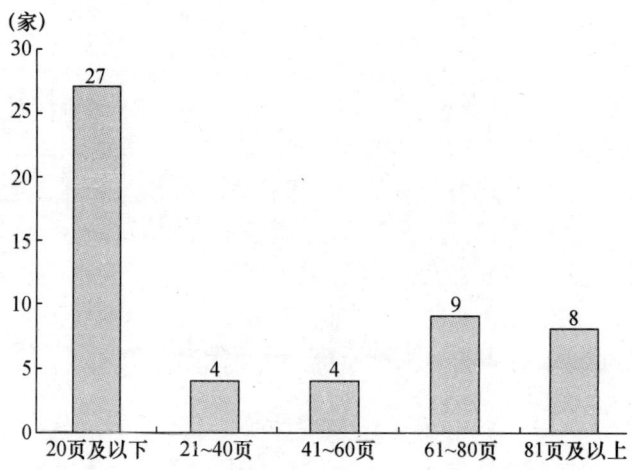

图 18 -3　交通运输服务业企业社会责任报告篇幅

第十九章 非金属矿物制品业社会责任报告综合评价(2013)

第一节 研究概述

本书中非金属矿物制品业包括水泥制造业、水泥制品和石棉水泥制品业，砖瓦、石灰和轻质建筑材料制造业，玻璃及玻璃制品业，陶瓷制品业，耐火材料制品业，石墨及碳素制品业、矿物纤维及制品业以及砂轮、油石、砂布、砂纸、金刚砂等磨具、磨料的制造，晶体材料的生产等。在30家非金属矿物制品业企业中，国有企业有18家，民营企业有9家，外资企业有3家；最早发布报告的企业有4家，分别是华新水泥股份有限公司、广东塔牌集团股份有限公司、福建冠福现代家用股份有限公司和福建福晶科技股份有限公司，均已经连续6年发布社会责任报告；报告页码最多的是中国建筑材料集团有限公司，达到104页，最少的是河南同力水泥股份有限公司，仅有5页。非金属矿物制品业30家样本企业社会责任报告基本信息如表19-1所示。

表19-1 非金属矿物制品业企业社会责任报告基本信息

序号	企业名称	公司性质	营业收入（万元）	总部所在地	第几份社会责任报告	报告页码
1	中国建筑材料集团有限公司	国有企业	18403486	北京	4	104
2	安徽海螺水泥股份有限公司	国有企业	4576620	安徽	5	26
3	北京金隅股份有限公司	国有企业	3405400	北京	3	79
4	唐山冀东水泥股份有限公司	国有企业	1461334	河北	5	10
5	华新水泥股份有限公司	外资企业	1252053	瑞士	6	52

续表

序号	企业名称	公司性质	营业收入（万元）	总部所在地	第几份社会责任报告	报告页码
6	吉林亚泰（集团）股份有限公司	国有企业	1162527	吉林	5	9
7	福耀玻璃工业集团股份有限公司	民营企业	1024700	福建	5	13
8	新疆天山水泥股份有限公司	国有企业	769918	新疆	2	15
9	中国南玻集团股份有限公司	国有企业	699400	广东	5	8
10	中国玻纤股份有限公司	民营企业	510308	北京	4	18
11	北京中科三环高技术股份有限公司	国有企业	493385	北京	2	10
12	河南同力水泥股份有限公司	国有企业	412031	河南	2	5
13	北京东方雨虹防水技术股份有限公司	民营企业	297857	北京	5	34
14	中材科技股份有限公司	国有企业	280325	北京	4	11
15	株洲旗滨集团股份有限公司	民营企业	268454	湖南	1	8
16	广东海印集团股份有限公司	民营企业	209280	广东	3	15
17	北方光电股份有限公司	国有企业	188705	湖北	2	11
18	浙江尖峰集团股份有限公司	国有企业	164910	浙江	1	7
19	福建水泥股份有限公司	国有企业	161881	福建	5	11
20	广东塔牌集团股份有限公司	民营企业	112569	广东	6	12
21	上海斯米克建筑陶瓷股份有限公司	外资企业	88454	上海	4	22
22	河南新大新材料股份有限公司	国有企业	86794	河南	3	19
23	福建冠福现代家用股份有限公司	民营企业	69595	福建	6	16
24	洛阳玻璃股份有限公司	国有企业	55369	河南	5	7
25	郑州华晶金刚石股份有限公司	民营企业	55054	河南	1	7
26	福建福晶科技股份有限公司	国有企业	18257	福建	6	7
27	河南四方达超硬材料股份有限公司	民营企业	13167	河南	1	7
28	安徽海螺集团有限责任公司	国有企业	502	安徽	2	50

第十九章 非金属矿物制品业社会责任报告综合评价(2013)

续表

序号	企业名称	公司性质	营业收入（万元）	总部所在地	第几份社会责任报告	报告页码
29	翁福（集团）有限责任公司	国有企业	—	贵州	2	34
30	雅玛可精密塑胶（无锡）有限公司	外资企业	—	日本	2	13

第二节　评价结果

非金属矿物制品业30家样本企业社会责任报告综合得分及排名如表19-2所示。

表19-2　非金属矿物制品业企业社会责任报告评价结果

序号	企业名称	创新性	可读性	可比性	平衡性	实质性	完整性	综合得分
1	中国建筑材料集团有限公司	四星级	五星级	五星级	四星级	五星级	五星级	★★★★★
2	安徽海螺集团有限责任公司	二星级	三星级	一星级	二星级	三星半级	二星级	★★★
3	华新水泥股份有限公司	三星级	三星半级	二星级	二星级	三星级	二星级	★★
4	翁福（集团）有限责任公司	二星级	二星级	一星级	二星级	四星级	二星级	★★
5	北京金隅股份有限公司	二星级	二星级	一星级	一星级	四星级	二星级	★★
6	北京东方雨虹防水技术股份有限公司	一星级	二星级	一星级	二星级	四星级	三星级	★★
7	河南新大新材料股份有限公司	一星级	一星级	一星级	一星级	四星半级	一星级	★★
8	新疆天山水泥股份有限公司	一星级	一星级	一星级	一星级	四星级	一星级	★★
9	北方光电股份有限公司	一星级	一星级	一星级	二星级	三星半级	一星级	★★

续表

序号	企业名称	创新性	可读性	可比性	平衡性	实质性	完整性	综合得分
10	中国玻纤股份有限公司	一星级	一星级	一星级	一星级	三星半级	二星级	★★
11	中材科技股份有限公司	一星级	一星级	一星级	一星级	四星级	一星级	★★
12	上海斯米克建筑陶瓷股份有限公司	一星级	二星级	一星级	一星级	二星级	二星级	★
13	中国南玻集团股份有限公司	一星级	一星级	一星级	一星级	三星半级	一星级	★
14	安徽海螺水泥股份有限公司	二星级	二星级	一星级	一星级	二星级	一星级	★
15	福建水泥股份有限公司	一星级	一星级	一星级	一星级	三星半级	一星级	★
16	洛阳玻璃股份有限公司	一星级	一星级	一星级	二星级	二星级	一星级	★
17	唐山冀东水泥股份有限公司	一星级	一星级	一星级	一星级	三星级	一星级	★
18	福建冠福现代家用股份有限公司	一星级	一星级	一星级	一星级	二星级	一星级	★
19	株洲旗滨集团股份有限公司	一星级	一星级	一星级	一星级	三星级	一星级	★
20	广东塔牌集团股份有限公司	一星级	一星级	一星级	一星级	三星级	一星级	★
21	广东海印集团股份有限公司	一星级	一星级	一星级	一星级	二星级	二星级	★
22	河南同力水泥股份有限公司	一星级	一星级	一星级	一星级	三星级	一星级	★
23	北京中科三环高技术股份有限公司	一星级	一星级	一星级	一星级	二星级	一星级	★
24	雅玛可精密塑胶（无锡）有限公司	一星级	一星级	一星级	一星级	二星级	一星级	★
25	河南四方达超硬材料股份有限公司	一星级	一星级	一星级	一星级	二星级	一星级	★
26	福耀玻璃工业集团股份有限公司	一星级	一星级	一星级	一星级	二星级	一星级	★

第十九章 非金属矿物制品业社会责任报告综合评价(2013)

续表

序号	企业名称	创新性	可读性	可比性	平衡性	实质性	完整性	综合得分
27	吉林亚泰(集团)股份有限公司	一星级	一星级	一星级	一星级	一星级	一星级	★
28	浙江尖峰集团股份有限公司	一星级	一星级	一星级	一星级	二星级	一星级	★
29	福建福晶科技股份有限公司	一星级	一星级	一星级	一星级	二星级	一星级	★
30	郑州华晶金刚石股份有限公司	一星级	一星级	一星级	一星级	二星级	一星级	★

第三节 阶段性特征

一、社会责任报告综合得分为32.0分

非金属矿物制品业社会责任报告综合得分平均值为32.0分，处于发展阶段，即二星级水平，在我们所评价的25个行业中处于下游水平，行业社会责任报告具有较大提高空间（见图19-1）。

二、行业内企业社会责任报告综合得分差距较大

非金属矿物制品业30家样本企业得分差距较大，中国建筑材料集团有限公司得分最高，处于五星级水平，而行业内得分偏低企业如上海斯米克建筑陶瓷股份有限公司社会责任报告综合得分处于一星级水平。相对来看，行业内企业社会责任报告综合得分普遍偏低，差距较大。样本企业中1家处于五星级水平，1家处于三星级水平，9家处于二星级水平，19家处于一星级水平（见表19-3）。

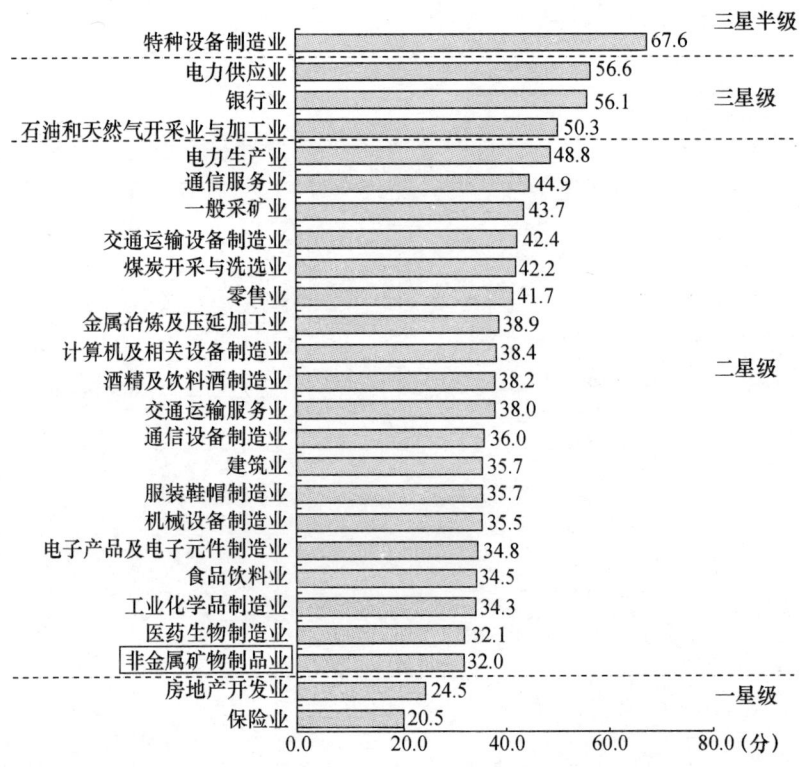

图 19-1 不同行业的报告得分分布

表 19-3 非金属矿物制品业社会责任报告综合得分发展阶段

单位：家

发展阶段	得分区间（分）	数量	企业名称
★★★★★	90~100	1	中国建筑材料集团有限公司
★★★	50~60	1	安徽海螺集团有限责任公司
★★	30~50	9	华新水泥股份有限公司 翁福（集团）有限责任公司 北京金隅股份有限公司 北京东方雨虹防水技术股份有限公司 河南新大新材料股份有限公司 新疆天山水泥股份有限公司 北方光电股份有限公司 中国玻纤股份有限公司 中材科技股份有限公司

第十九章 非金属矿物制品业社会责任报告综合评价(2013)

续表

发展阶段	得分区间（分）	数量	企业名称
★	0~30	19	上海斯米克建筑陶瓷股份有限公司 中国南玻集团股份有限公司 安徽海螺水泥股份有限公司 福建水泥股份有限公司 洛阳玻璃股份有限公司 唐山冀东水泥股份有限公司 福建冠福现代家用股份有限公司 株洲旗滨集团股份有限公司 广东塔牌集团股份有限公司 广东海印集团股份有限公司 河南同力水泥股份有限公司 北京中科三环高技术股份有限公司 雅玛可精密塑胶（无锡）有限公司 河南四方达超硬材料股份有限公司 福耀玻璃工业集团股份有限公司 吉林亚泰（集团）股份有限公司 浙江尖峰集团股份有限公司 福建福晶科技股份有限公司 郑州华晶金刚石股份有限公司

三、行业内企业社会责任报告六大性质得分参差不齐

非金属矿物制品业企业社会责任报告六大性质得分差距较大，其中，实质性得分（56.0 分）较高，处于三星级水平，可读性得分（28.4 分）、完整性得分（27.3 分）、平衡性得分（10.9 分）与可比性得分（6.7 分）相对较低，处于一星级水平。中国建筑材料集团有限公司的实质性得分达到五星级水平，披露了企业可持续发展的重要相关议题，体现了企业对利益相关方的重大影响。中国建筑材料集团有限公司的可比性得分也达到了五星级水平，披露了企业连续数年的社会责任绩效数据，有利于利益相关方对企业社会责任实践与绩效进行评价。其他企业均较少披露连续三年以上社会责任数据指标。非金属矿物制品业企业社会责任报告六大性质得分参见图 19-2。

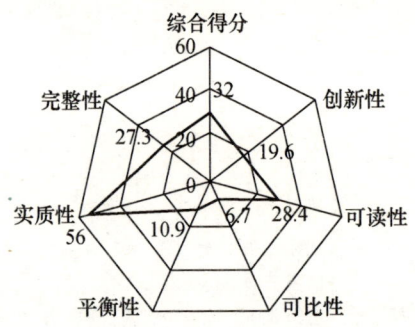

图 19-2 非金属矿物制品业社会责任报告六大性质得分分布

四、行业内企业社会责任报告篇幅普遍较短

社会责任报告是企业发布社会责任信息的重要平台，适度的报告篇幅是企业与利益相关方实现良性互动的重要条件。非金属矿物制品业 30 家发布报告的样本企业中，除中国建筑材料集团有限公司社会责任报告达到 104 页以外，其余企业报告页码均低于 80 页，其中有 22 家企业的报告页数少于 20 页，报告披露信息较少。其社会责任报告篇幅分布参见图 19-3。

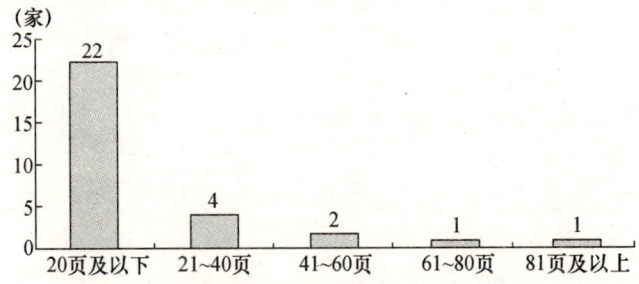

图 19-3 非金属矿物制品业企业社会责任报告篇幅

第二十章　建筑业社会责任报告综合评价(2013)

第一节　研究概述

本书中建筑业是专门从事土木工程、房屋建设和设备安装以及工程勘察设计工作的生产部门。其产品是各种工厂、矿井、铁路、桥梁、港口、道路、管线、住宅以及公共设施的建筑物、构筑物和设施。建筑业是第二产业的重要组成部分，包括房屋和土木工程建筑业、建筑安装业、建筑装饰业和其他建筑业三大领域，涉及建筑物的建造施工、装饰和建筑物内设备安装三大环节。在39家建筑业企业中，国有企业有33家，民营企业有6家；其中较早发布报告的企业有3家，分别是中国交通建设股份有限公司、中国武夷实业股份有限公司和宏润建设集团股份有限公司，均已连续6年发布社会责任报告；报告页码最多的是中国建筑股份有限公司，达到112页；报告篇幅最短的是宁波联合集团股份有限公司，仅有3页。建筑业39家样本企业社会责任报告基本信息如表20-1所示。

表20-1　建筑业社会责任报告基本信息

序号	企业名称	公司性质	营业收入（万元）	总部所在地	第几份社会责任报告	报告页码
1	中国建筑股份有限公司	国有企业	57151584	北京	4	112
2	中国铁建股份有限公司	国有企业	48431300	北京	5	48
3	中国中铁股份有限公司	国有企业	48399000	北京	5	57
4	中国交通建设股份有限公司	国有企业	29622700	北京	6	86
5	中国冶金科工股份有限公司	国有企业	22112000	北京	4	61

续表

序号	企业名称	公司性质	营业收入（万元）	总部所在地	第几份社会责任报告	报告页码
6	中国电力建设集团有限公司	国有企业	20173400	北京	1	102
7	中国有色矿业集团有限公司	国有企业	15230000	北京	2	70
8	中国水利水电建设股份有限公司	国有企业	12703700	北京	2	16
9	上海建工集团股份有限公司	国有企业	9315363	上海	5	6
10	中铁二局股份有限公司	国有企业	6661100	四川	5	25
11	广东省交通集团有限公司	国有企业	2980000	广东	2	72
12	广东省建筑工程集团有限公司	国有企业	2401100	广东	1	86
13	中国有色金属建设股份有限公司	国有企业	1450600	北京	5	10
14	苏州金螳螂建筑装饰股份有限公司	民营企业	1394200	江苏	3	13
15	海洋石油工程股份有限公司	国有企业	1238304	天津	5	5
16	上海建工七建集团有限公司	国有企业	1148300	上海	4	54
17	中工国际工程股份有限公司	国有企业	1015443	北京	1	19
18	宏润建设集团股份有限公司	民营企业	683000	上海	6	6
19	山东高速路桥集团股份有限公司	国有企业	655400	山东	1	22
20	安徽水利开发股份有限公司	国有企业	649000	安徽	2	6
21	广东省水电集团有限公司	国有企业	483800	广东	1	68
22	黑牡丹（集团）股份有限公司	国有企业	367700	江苏	5	10
23	棕榈园林股份有限公司	民营企业	319299	广东	3	38
24	宁波联合集团股份有限公司	民营企业	302393	广东	5	3
25	中国武夷实业股份有限公司	国有企业	236087	福建	6	11
26	广东省铁路建设投资集团有限公司	国有企业	225000	广东	1	76
27	南京高科股份有限公司	国有企业	216346	江苏	4	10
28	广州普邦园林股份有限公司	民营企业	185081	广东	1	20
29	北方国际合作股份有限公司	国有企业	166036	北京	1	17
30	上海浦东路桥建设股份有限公司	国有企业	120812	上海	5	60

续表

序号	企业名称	公司性质	营业收入（万元）	总部所在地	第几份社会责任报告	报告页码
31	中体产业集团股份有限公司	国有企业	104944	北京	5	7
32	北京空港科技园区股份有限公司	国有企业	82984	北京	5	9
33	七冶建设（集团）有限责任公司	国有企业	13314	贵州	2	47
34	上海绿地建设（集团）有限公司	国有企业	—	上海	3	41
35	上海建工一建集团有限公司	国有企业	—	上海	1	36
36	贵州高速公路开发总公司	国有企业	—	贵州	2	41
37	贵州建工集团有限公司	国有企业	—	贵州	3	32
38	上海环宇消防工程有限公司	民营企业	—	上海	1	36
39	无锡城市发展集团有限公司	国有企业	—	江苏	5	7

第二节 评价结果

建筑业39家样本企业社会责任报告综合得分及排名如表20-2所示。

表20-2 建筑业社会责任报告评价结果

页码	企业名称	创新性	可读性	可比性	平衡性	实质性	完整性	综合得分
1	中国建筑股份有限公司	五星级	五星级	四星半级	四星级	五星级	四星半级	★★★★★
2	中国交通建设股份有限公司	四星级	四星半级	二星级	三星级	四星级	四星级	★★★★
3	广东省建筑工程集团有限公司	四星级	四星级	四星半级	三星级	四星级	三星半级	★★★★
4	广东省水电集团有限公司	三星半级	四星级	四星级	三星级	四星级	三星半级	★★★★
5	广东省交通集团有限公司	三星半级	四星半级	二星级	三星级	四星级	三星半级	★★★☆
6	上海建工七建集团有限公司	三星级	三星半级	五星级	四星级	三星级	二星级	★★★☆

续表

页码	企业名称	创新性	可读性	可比性	平衡性	实质性	完整性	综合得分
7	广东省铁路建设投资集团有限公司	三星半级	四星级	三星半级	二星级	四星级	三星半级	★★★☆
8	上海浦东路桥建设股份有限公司	三星级	四星半级	四星半级	二星级	四星级	三星级	★★★☆
9	中国冶金科工股份有限公司	四星级	三星半级	一星级	三星半级	四星级	三星级	★★★
10	中国电力建设集团有限公司	三星级	三星半级	一星级	一星级	三星半级	三星级	★★★
11	中国有色矿业集团有限公司	二星级	四星级	一星级	一星级	三星级	三星级	★★★
12	中国铁建股份有限公司	一星级	二星级	一星级	一星级	三星级	二星级	★★
13	中国中铁股份有限公司	三星级	二星级	二星级	一星级	三星半级	二星级	★★
14	中铁二局股份有限公司	一星级	二星级	二星级	一星级	三星级	二星级	★★
15	山东高速路桥集团股份有限公司	一星级	二星级	一星级	一星级	二星级	二星级	★★
16	七冶建设（集团）有限责任公司	二星级	三星级	一星级	三星半级	一星级	二星级	★★
17	上海绿地建设（集团）有限公司	二星级	二星级	一星级	一星级	三星半级	三星级	★★
18	上海建工一建集团有限公司	一星级	一星级	二星级	二星级	一星级	一星级	★★
19	贵州高速公路开发总公司	二星级	三星级	一星级	一星级	二星级	一星级	★★
20	中国水利水电建设股份有限公司	一星级	一星级	一星级	一星级	二星级	一星级	★
21	上海建工集团股份有限公司	一星级	一星级	一星级	一星级	一星级	一星级	★
22	中国有色金属建设股份有限公司	一星级	一星级	一星级	一星级	二星级	一星级	★
23	苏州金螳螂建筑装饰股份有限公司	一星级	一星级	一星级	一星级	二星级	一星级	★

续表

页码	企业名称	创新性	可读性	可比性	平衡性	实质性	完整性	综合得分
24	海洋石油工程股份有限公司	一星级	一星级	一星级	二星级	一星级	一星级	★
25	中工国际工程股份有限公司	一星级	一星级	一星级	一星级	二星级	一星级	★
26	宏润建设集团股份有限公司	一星级	一星级	一星级	一星级	一星级	一星级	★
27	安徽水利开发股份有限公司	一星级	一星级	一星级	一星级	二星级	一星级	★
28	黑牡丹（集团）股份有限公司	一星级	一星级	一星级	一星级	一星级	一星级	★
29	棕榈园林股份有限公司	一星级	三星半级	一星级	一星级	一星级	一星级	★
30	宁波联合集团股份有限公司	一星级	一星级	一星级	一星级	一星级	一星级	★
31	中国武夷实业股份有限公司	一星级	二星级	一星级	一星级	二星级	一星级	★
32	南京高科股份有限公司	一星级	一星级	一星级	一星级	一星级	一星级	★
33	广州普邦园林股份有限公司	一星级	二星级	一星级	一星级	一星级	一星级	★
34	北方国际合作股份有限公司	一星级	二星级	一星级	一星级	一星级	一星级	★
35	中体产业集团股份有限公司	一星级	一星级	一星级	一星级	一星级	一星级	★
36	北京空港科技园区股份有限公司	一星级	一星级	一星级	一星级	一星级	一星级	★
37	贵州建工集团有限公司	一星级	二星级	一星级	二星级	一星级	一星级	★
38	上海环宇消防工程有限公司	二星级	二星级	二星级	二星级	二星级	一星级	★
39	无锡城市发展集团有限公司	一星级	一星级	一星级	一星级	一星级	一星级	★

第三节 阶段性特征

一、建筑业社会责任报告综合得分为35.7分

建筑业社会责任报告综合得分平均值为35.7分，处于发展阶段，即二星级水平，在我们所评价的25个行业中处于下游，行业社会责任报告具有较大提高空间（如图20-1所示）。

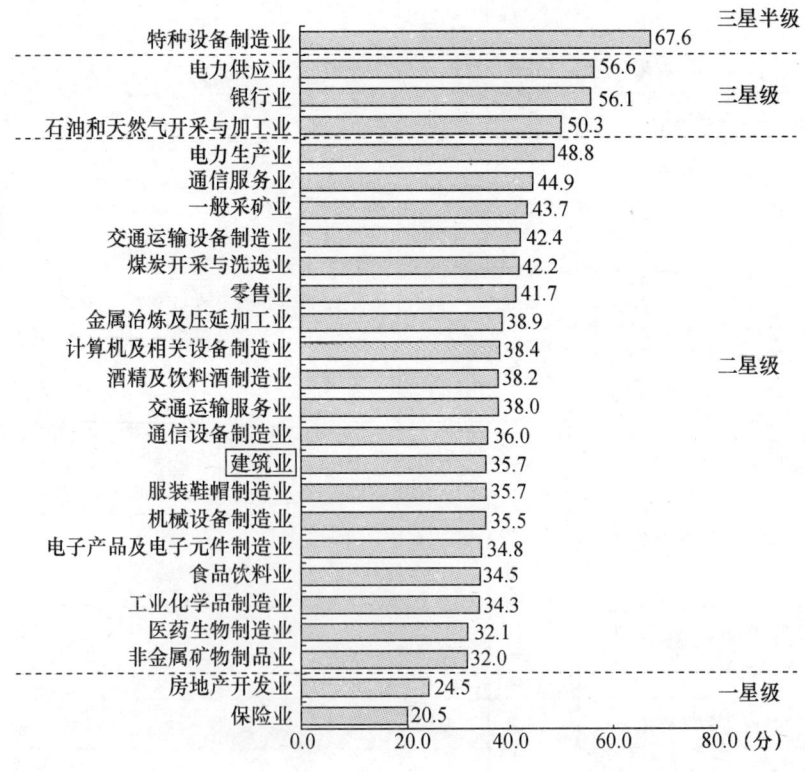

图20-1 不同行业的报告得分分布

二、行业内企业社会责任报告综合得分差距很大

建筑业39家样本企业得分差距很大，中国建筑股份有限公司的企业社会责任报告得分最高，处于五星级水平，而行业内得分偏低企业如中国水利水电建设股份有限公司的责任报告综合得分仅处于一星级水平。总的来看，行业内企业社会责任报告综合得分跨度较大，差距明显。样本企业中1家处于五星级水平，3家处于四星级水平，4家处于三星半级水平，3家处于三星级水平，8家处于两星级水平，20家处于一星级水平。如表20-3所示。

表20-3 建筑业社会责任报告综合得分发展阶段

单位：家

发展阶段	得分区间（分）	数量	企业名称
★★★★★	90~100	1	中国建筑股份有限公司
★★★★	70~80	3	中国交通建设股份有限公司 广东省建筑工程集团有限公司 广东省水电集团有限公司
★★★☆	60~70	4	广东省交通集团有限公司 上海建工七建集团有限公司 广东省铁路建设投资集团有限公司 上海浦东路桥建设股份有限公司
★★★	50~60	3	中国冶金科工股份有限公司 中国电力建设集团有限公司 中国有色矿业集团有限公司
★★	30~50	8	中国铁建股份有限公司 中国中铁股份有限公司 中铁二局股份有限公司 山东高速路桥集团股份有限公司 七冶建设（集团）有限责任公司 上海绿地建设（集团）有限公司 上海建工一建集团有限公司 贵州高速公路开发总公司

续表

发展阶段	得分区间（分）	数量	企业名称
★	0~30	20	中国水利水电建设股份有限公司 上海建工集团股份有限公司 中国有色金属建设股份有限公司 苏州金螳螂建筑装饰股份有限公司 海洋石油工程股份有限公司 中工国际工程股份有限公司 宏润建设集团股份有限公司 安徽水利开发股份有限公司 黑牡丹（集团）股份有限公司 棕榈园林股份有限公司 宁波联合集团股份有限公司 中国武夷实业股份有限公司 南京高科股份有限公司 广州普邦园林股份有限公司 北方国际合作股份有限公司 中体产业集团股份有限公司 北京空港科技园区股份有限公司 贵州建工集团有限公司 上海环宇消防工程有限公司 无锡城市发展集团有限公司

三、行业内企业社会责任报告六大性质得分差距不大

建筑业社会责任报告六大性质得分差距不大，其中，可读性得分（43.8分）、完整性得分（36.8分）、实质性得分（41.4分）、创新性得分（31.8分）较高，均处于二星级水平，平衡性得分（20.8分）、可比性得分（17.2分）相对较低，均处于一星级水平。企业较少甚至不披露负面信息，同时较少披露连续三年以上社会责任数据指标，更鲜有提及同行企业社会责任绩效。建筑业社会责任报告六大性质得分如图20-2所示。

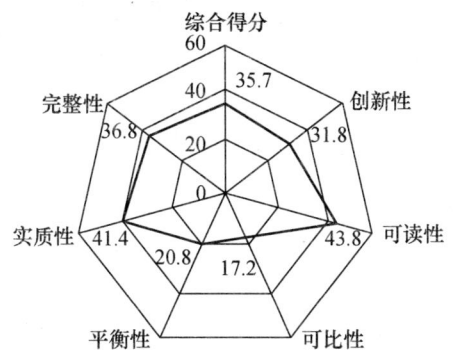

图 20-2 建筑业社会责任报告六大性质得分分布

四、行业内企业社会责任报告篇幅较小

社会责任报告是企业发布社会责任信息的重要平台，适度的报告篇幅是企业与利益相关方实现良性互动的重要条件，体现了企业承担社会责任的诚意和努力程度。建筑业 39 家发布报告的样本企业中，除中国建筑股份有限公司、中国电力建设集团有限公司、广东省建筑工程集团有限公司和中国交通建设股份有限公司这 4 家企业社会责任报告在 80 页以上外，其余企业报告页码均低于 80 页，其中有 17 家企业报告篇幅在 20 页及以下。其社会责任报告篇幅分布如图 20-3 所示。

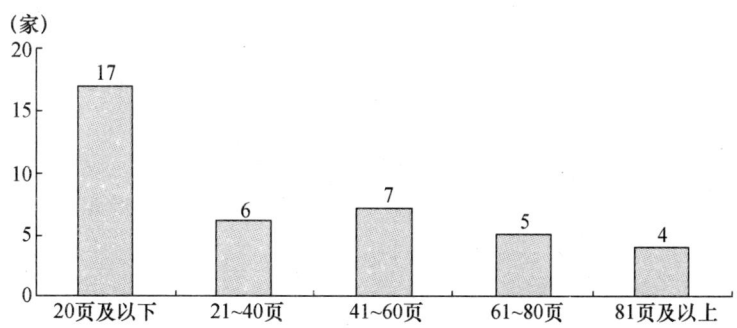

图 20-3 建筑业社会责任报告篇幅

第二十一章 电子产品及电子元器件制造业社会责任报告综合评价(2013)

第一节 研究概述

本书中电子产品及电子元器件制造业包括电子元件及组件制造和印制电路板制造。印制电路板制造指在绝缘板上通过常规或非常规的印刷工艺,使导电元件、触点或电感器件、电阻器和电容器等其他印刷元件组成的电路及专用元件的制造。电子产品制造包括雷达及无线导航制造、电子元器件制造、通讯产品制造、电子设计加工、广播、电视设备制造、金融电子制造、数控设备制造、商业电子制造、仪器、仪表制造和电线电缆制造。在64家电子产品及电子元器件制造业企业中,国有企业有19家,民营企业有23家,外资企业有22家;最早发布报告的企业是东芝集团(中国),已经连续9年发布社会责任报告;报告页码最多的是光宝科技股份有限公司,达到151页,最少的是宝胜科技创新股份有限公司,仅有4页。电子产品及电子元器件制造业64家样本企业社会责任报告基本信息如表21-1所示。

表21-1 电子产品及电子元器件制造业企业社会责任报告基本信息

序号	企业名称	公司性质	营业收入（万元）	总部所在地	第几份社会责任报告	报告页码
1	富士康科技集团	外资企业	65580448	中国台湾	5	74
2	中国电子信息产业集团有限公司	国有企业	18303000	北京	3	78
3	中国三星	外资企业	16060600	韩国	1	84
4	凤凰光学股份有限公司	国有企业	13601409	江西	5	7

第二十一章 电子产品及电子元器件制造业社会责任报告综合评价(2013)

续表

序号	企业名称	公司性质	营业收入（万元）	总部所在地	第几份社会责任报告	报告页码
5	上海普天邮通科技股份有限公司	国有企业	12659170	上海	2	5
6	中国松下	外资企业	7840000	日本	1	82
7	夏普中国投资有限公司	外资企业	7108300	日本	5	60
8	英特尔（中国）有限公司	外资企业	4965300	美国	4	98
9	京东方科技集团股份有限公司	国有企业	2577000	北京	4	50
10	光宝科技股份有限公司	外资企业	2473523	中国台湾	7	151
11	特变电工股份有限公司	民营企业	2032500	新疆	5	26
12	深圳长城开发科技股份有限公司	国有企业	1639952	广东	3	17
13	环旭电子股份有限公司	外资企业	1333500	上海	4	95
14	浙江正泰电器股份有限公司	民营企业	1070300	浙江	4	35
15	宝胜科技创新股份有限公司	国有企业	856947	江苏	5	4
16	歌尔声学股份有限公司	民营企业	725321	山东	2	5
17	杭州海康威视数字技术股份有限公司	国有企业	721379	浙江	1	22
18	大唐电信科技产业集团	国有企业	618326	北京	3	38
19	广东生益科技股份有限公司	国有企业	609295	广东	5	14
20	天马微电子股份有限公司	国有企业	433354	广东	1	58
21	大恒新纪元科技股份有限公司	民营企业	382947	北京	4	22
22	福建南平太阳电缆股份有限公司	民营企业	378600	福建	4	8
23	株洲时代新材料科技股份有限公司	国有企业	371900	湖南	5	11
24	航天时代电子技术股份有限公司	国有企业	371400	湖北	5	7
25	青岛汉缆股份有限公司	民营企业	367463	山东	2	16
26	浙江大华技术股份有限公司	民营企业	350000	浙江	2	15
27	横店集团东磁股份有限公司	民营企业	291029	浙江	6	12
28	无锡世成晶电柔性线路板有限公司	外资企业	289100	中国香港	1	14

续表

序号	企业名称	公司性质	营业收入（万元）	总部所在地	第几份社会责任报告	报告页码
29	福建福日电子股份有限公司	国有企业	272330	福建	1	8
30	南京熊猫电子股份有限公司	国有企业	243004	江苏	5	6
31	新疆众和股份有限公司	民营企业	224980	新疆	3	21
32	上海华虹NEC电子有限公司	国有企业	222007	上海	2	77
33	利达光电股份有限公司	国有企业	188705	河南	1	12
34	华映科技（集团）股份有限公司	民营企业	182239	福建	4	9
35	中科英华高技术股份有限公司	民营企业	153295	吉林	4	7
36	深圳市科陆电子科技股份有限公司	民营企业	140397	广东	4	19
37	杭州士兰微电子股份有限公司	民营企业	134902	浙江	5	5
38	深圳莱宝高科技股份有限公司	国有企业	121006	广东	3	8
39	吉林华微电子股份有限公司	民营企业	105507	吉林	5	11
40	河南通达电缆股份有限公司	民营企业	91515	河南	2	7
41	上海新时达电气股份有限公司	民营企业	84048	上海	2	23
42	苏州固锝电子股份有限公司	民营企业	80890	江苏	1	34
43	上海贝岭股份有限公司	国有企业	67693	上海	5	15
44	神州学人集团有限公司	民营企业	42356	福建	6	9
45	有研半导体材料股份有限公司	国有企业	40900	北京	5	5
46	福建实达集团股份有限公司	民营企业	13500	福建	5	5
47	上海三思电子工程有限公司	民营企业	—	上海	1	56
48	佳能（中国）有限公司	外资企业	—	日本	4	68
49	东芝集团（中国）	外资企业	—	日本	9	60
50	住化电子材料科技（无锡）有限公司	外资企业	—	日本	3	27
51	无锡夏普电子元器件有限公司	外资企业	—	日本	3	16
52	国民技术股份有限公司	民营企业	—	广东	2	19
53	奥林巴斯（中国）有限公司	外资企业	—	日本	2	25
54	爱普科斯科技（无锡）有限公司	外资企业	—	德国	4	17

第二十一章 电子产品及电子元器件制造业社会责任报告综合评价(2013)

续表

序号	企业名称	公司性质	营业收入（万元）	总部所在地	第几份社会责任报告	报告页码
55	无锡阿尔卑斯电子有限公司	外资企业	—	江苏	3	12
56	河南汉威电子股份有限公司	民营企业	—	河南	1	19
57	无锡日立麦克赛尔有限公司	外资企业	—	日本	3	11
58	爱普生拓优科梦水晶元器件（无锡）有限公司	外资企业	—	日本	4	18
59	东芝半导体（无锡）有限公司	外资企业	—	日本	3	14
60	无锡广濑拓展电子有限公司	外资企业	—	日本	2	6
61	无锡村田电子有限公司	外资企业	—	日本	3	10
62	无锡宏仁电子材料科技有限公司	民营企业	—	江苏	2	7
63	无锡相川铁龙电子有限公司	外资企业	—	日本	3	8
64	东芝大连有限公司	外资企业	—	日本	5	22

第二节 评价结果

电子产品及电子元器件制造业64家样本企业社会责任报告综合得分及排名如表21-2所示。

表21-2 电子产品及电子元器件制造业企业社会责任报告评价结果

序号	企业名称	创新性	可读性	可比性	平衡性	实质性	完整性	综合得分
1	中国三星	四星级	四星半级	四星半级	四星半级	四星半级	四星半级	★★★★☆
2	中国电子信息产业集团有限公司	四星级	四星半级	五星级	四星级	四星级	四星级	★★★★☆
3	中国松下	四星级	三星半级	五星级	四星级	四星级	四星级	★★★★
4	英特尔（中国）有限公司	五星级	四星级	五星级	二星级	四星级	三星半级	★★★★
5	光宝科技股份有限公司	二星级	四星级	五星级	二星级	四星半级	三星半级	★★★★

·201·

续表

序号	企业名称	创新性	可读性	可比性	平衡性	实质性	完整性	综合得分
6	佳能（中国）有限公司	四星级	四星半级	五星级	三星级	四星级	三星半级	★★★★
7	夏普中国投资有限公司	三星级	四星级	五星级	四星级	四星级	三星级	★★★★
8	京东方科技集团股份有限公司	三星半级	四星级	二星级	一星级	四星级	三星半级	★★★
9	东芝集团（中国）	三星半级	四星级	一星级	三星半级	三星半级	三星级	★★★
10	上海三思电子工程有限公司	三星级	三星级	一星级	四星级	三星半级	二星级	★★★
11	环旭电子股份有限公司	二星级	三星半级	一星级	二星级	三星级	三星级	★★★
12	天马微电子股份有限公司	三星半级	四星级	一星级	一星级	三星级	三星级	★★
13	大唐电信科技产业集团	二星级	三星级	一星级	一星级	三星半级	二星级	★★
14	富士康科技集团	二星级	三星半级	一星级	一星级	三星半级	二星级	★★
15	上海华虹 NEC 电子有限公司	二星级	三星半级	一星级	一星级	三星级	三星级	★★
16	浙江正泰电器股份有限公司	二星级	三星半级	一星级	一星级	三星半级	二星级	★★
17	杭州海康威视数字技术股份有限公司	一星级	二星级	一星级	一星级	四星级	二星级	★★
18	特变电工股份有限公司	一星级	二星级	一星级	一星级	三星半级	二星级	★★
19	青岛汉缆股份有限公司	一星级	一星级	一星级	一星级	四星级	二星级	★★
20	苏州固锝电子股份有限公司	二星级	一星级	一星级	一星级	三星半级	二星级	★★
21	上海贝岭股份有限公司	一星级	二星级	一星级	三星级	二星级	二星级	★★
22	深圳市科陆电子科技股份有限公司	一星级	二星级	一星级	一星级	三星级	二星级	★★
23	上海新时达电气股份有限公司	一星级	二星级	一星级	一星级	二星级	二星级	★★
24	佳化电子材料科技（无锡）有限公司	一星级	二星级	一星级	二星级	二星级	二星级	★★
25	无锡夏普电子元器件有限公司	一星级	二星级	一星级	二星级	二星级	二星级	★★

续表

序号	企业名称	创新性	可读性	可比性	平衡性	实质性	完整性	综合得分
26	新疆众和股份有限公司	一星级	三星级	一星级	一星级	二星级	一星级	★★
27	福建南平太阳电缆股份有限公司	一星级	一星级	一星级	一星级	三星级	二星级	★★
28	航天时代电子技术股份有限公司	一星级	一星级	一星级	一星级	三星半级	一星级	★★
29	浙江大华技术股份有限公司	一星级	一星级	二星级	一星级	二星级	二星级	★★
30	广东生益科技股份有限公司	一星级	一星级	一星级	一星级	三星级	二星级	★★
31	奥林巴斯（中国）有限公司	一星级	一星级	一星级	一星级	三星级	一星级	★★
32	国民技术股份有限公司	一星级	二星级	一星级	一星级	二星级	一星级	★
33	爱普科斯科技（无锡）有限公司	一星级	一星级	一星级	三星级	二星级	二星级	★
34	无锡世成晶电柔性线路板有限公司	一星级	一星级	一星级	二星级	二星级	一星级	★
35	无锡阿尔卑斯电子有限公司	一星级	二星级	一星级	二星级	二星级	二星级	★
36	大恒新纪元科技股份有限公司	一星级	二星级	一星级	一星级	二星级	一星级	★
37	歌尔声学股份有限公司	一星级	一星级	一星级	一星级	三星级	一星级	★
38	利达光电股份有限公司	一星级	一星级	一星级	一星级	二星级	二星级	★
39	河南汉威电子股份有限公司	一星级	二星级	一星级	一星级	二星级	一星级	★
40	深圳长城开发科技股份有限公司	一星级	二星级	一星级	一星级	二星级	一星级	★
41	株洲时代新材料科技股份有限公司	一星级	一星级	一星级	一星级	二星级	一星级	★
42	无锡日立麦克赛尔有限公司	一星级	一星级	一星级	一星级	二星级	一星级	★
43	爱普生拓优科梦水晶元器件（无锡）有限公司	一星级	一星级	一星级	二星级	一星级	二星级	★

续表

序号	企业名称	创新性	可读性	可比性	平衡性	实质性	完整性	综合得分
44	东芝半导体（无锡）有限公司	一星级	一星级	一星级	三星半级	一星级	一星级	★
45	无锡广濑拓展电子有限公司	一星级	一星级	一星级	二星级	二星级	一星级	★
46	无锡村田电子有限公司	一星级	一星级	一星级	二星级	一星级	一星级	★
47	深圳莱宝高科技股份有限公司	一星级	一星级	一星级	一星级	二星级	二星级	★
48	无锡宏仁电子材料科技有限公司	一星级	一星级	一星级	一星级	二星级	一星级	★
49	神州学人集团股份有限公司	一星级	一星级	一星级	一星级	二星级	一星级	★
50	横店集团东磁股份有限公司	一星级	一星级	一星级	一星级	二星级	一星级	★
51	凤凰光学股份有限公司	一星级	一星级	一星级	一星级	二星级	一星级	★
52	上海普天邮通科技股份有限公司	一星级	一星级	一星级	一星级	二星级	一星级	★
53	杭州士兰微电子股份有限公司	一星级	一星级	一星级	一星级	二星级	一星级	★
54	无锡相川铁龙电子有限公司	一星级	一星级	一星级	二星级	一星级	一星级	★
55	吉林华微电子股份有限公司	一星级	一星级	一星级	一星级	一星级	一星级	★
56	华映科技（集团）股份有限公司	一星级	一星级	一星级	一星级	一星级	一星级	★
57	东芝大连有限公司	二星级	二星级	一星级	一星级	一星级	一星级	★
58	河南通达电缆股份有限公司	一星级	一星级	一星级	一星级	二星级	一星级	★
59	福建实达集团股份有限公司	一星级	一星级	一星级	一星级	二星级	一星级	★
60	福建福日电子股份有限公司	一星级	一星级	一星级	一星级	一星级	一星级	★

续表

序号	企业名称	创新性	可读性	可比性	平衡性	实质性	完整性	综合得分
61	有研半导体材料股份有限公司	一星级	一星级	一星级	一星级	一星级	一星级	★
62	中科英华高技术股份有限公司	一星级	一星级	一星级	一星级	一星级	一星级	★
63	南京熊猫电子股份有限公司	一星级	一星级	一星级	一星级	一星级	一星级	★
64	宝胜科技创新股份有限公司	一星级	一星级	一星级	一星级	一星级	一星级	★

第三节 阶段性特征

一、社会责任报告综合得分为34.8分

电子产品及电子元器件制造业社会责任报告综合得分平均值为34.8分，处于发展阶段，即二星级水平，在我们所评价的25个行业中处于第19位，属于下游水平，行业社会责任报告具有较大提高空间。如图21-1所示。

二、行业内企业社会责任报告综合得分差距较大，33家企业报告得分处于一星级水平

电子产品及电子元器件制造业64家样本企业得分差距较大，中国三星和中国电子信息产业集团有限公司得分最高，处于四星半级水平，而行业内有33家企业的社会责任报告综合得分处于一星级水平。相对来看，行业内企业社会责任报告综合得分分布不均，差距较大。样本企业中2家处于四星半级水平，5家处于四星级水平，4家处于三星级水平，20家处于二星级水平，33家处于一星级水平（如表21-3所示）。

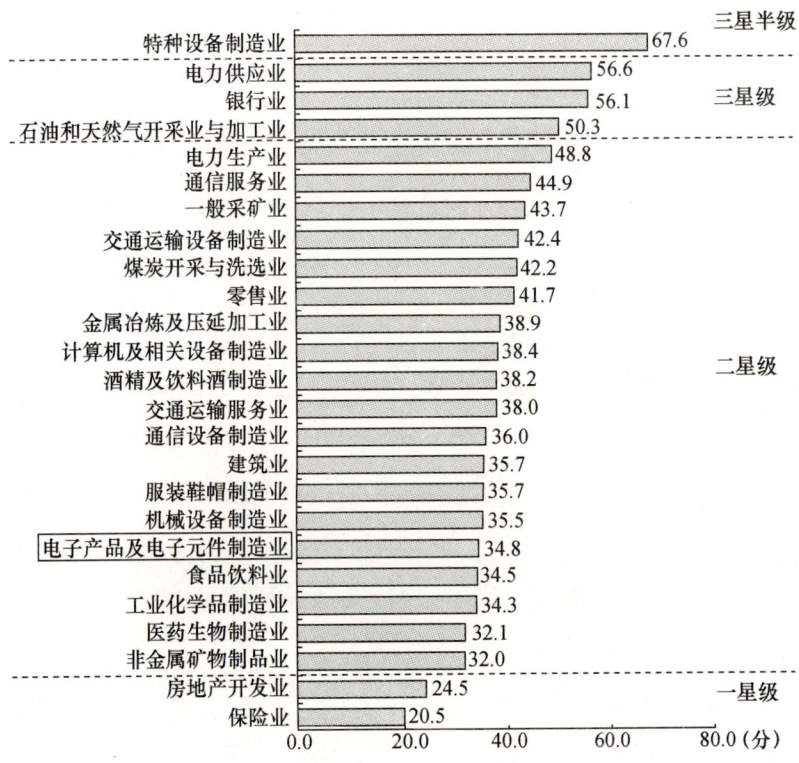

图 21-1 不同行业的报告得分分布

表 21-3 电子产品及电子元器件制造业社会责任报告综合得分发展阶段

单位：家

发展阶段	得分区间（分）	数量	企业名称
★★★★☆	80~90	2	中国三星 中国电子信息产业集团有限公司
★★★★	70~80	5	中国松下 英特尔（中国）有限公司 光宝科技股份有限公司 佳能（中国）有限公司 夏普中国投资有限公司
★★★	50~60	4	京东方科技集团股份有限公司 东芝集团（中国） 上海三思电子工程有限公司 环旭电子股份有限公司

续表

发展阶段	得分区间（分）	数量	企业名称
★★	30~50	20	天马微电子股份有限公司 大唐电信科技产业集团 富士康科技集团 上海华虹NEC电子有限公司 浙江正泰电器股份有限公司 杭州海康威视数字技术股份有限公司 特变电工股份有限公司 青岛汉缆股份有限公司 苏州固锝电子股份有限公司 上海贝岭股份有限公司 深圳市科陆电子科技股份有限公司 上海新时达电气股份有限公司 住化电子材料科技（无锡）有限公司 无锡夏普电子元器件有限公司 新疆众和股份有限公司 福建南平太阳电缆股份有限公司 航天时代电子技术股份有限公司 浙江大华技术股份有限公司 广东生益科技股份有限公司 奥林巴斯（中国）有限公司
★	0~30	33	国民技术股份有限公司 爱普科斯科技（无锡）有限公司 无锡世成晶电柔性线路板有限公司 无锡阿尔卑斯电子有限公司 大恒新纪元科技股份有限公司 歌尔声学股份有限公司 利达光电股份有限公司 河南汉威电子股份有限公司 深圳长城开发科技股份有限公司 株洲时代新材料科技股份有限公司 无锡日立麦克赛尔有限公司 爱普生拓优科梦水晶元器件（无锡）有限公司 东芝半导体（无锡）有限公司 无锡广濑拓展电子有限公司 无锡村田电子有限公司 深圳莱宝高科技股份有限公司

续表

发展阶段	得分区间（分）	数量	企业名称
★	0~30	33	无锡宏仁电子材料科技有限公司 神州学人集团股份有限公司 横店集团东磁股份有限公司 凤凰光学股份有限公司 杭州士兰微电子股份有限公司 上海普天邮通科技股份有限公司 无锡相川铁龙电子有限公司 吉林华微电子股份有限公司 华映科技（集团）股份有限公司 东芝大连有限公司 河南通达电缆股份有限公司 福建实达集团股份有限公司 福建福日电子股份有限公司 有研半导体材料股份有限公司 中科英华高技术股份有限公司 南京熊猫电子股份有限公司 宝胜科技创新股份有限公司

三、行业内企业社会责任报告六大性质得分参差不齐

电子产品及电子元器件制造业企业社会责任报告六大性质得分差距较大，其中，实质性得分（46.3分）最高，完整性得分（35.1分）、可读性得分（37.1分）较高，三者均处于二星级水平，而创新性得分（24.2）、平衡性得分（19.4分）、可比性得分（15.5分）相对较低，处于一星级水平，可比性得分（15.5分）最低，基本没有披露同行业社会责任绩效数据或企业连续数年的社会责任绩效数据，不利于利益相关方对企业社会责任实践与绩效进行评价。电子产品及电子元器件制造业企业社会责任报告六大性质得分如图21-2所示。

四、行业内企业社会责任报告篇幅较小

社会责任报告是企业发布社会责任信息的重要平台，适度的报告篇幅是企业与利益相关方实现良性互动的重要条件。电子产品及电子元器件制造业64

第二十一章 电子产品及电子元器件制造业社会责任报告综合评价(2013)

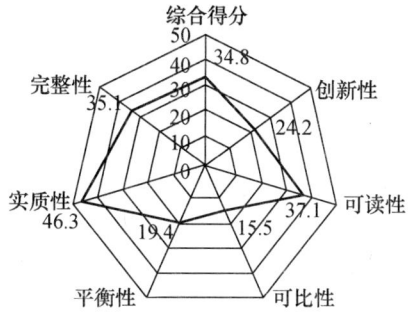

图 21-2 电子产品及电子元器件制造业社会责任报告六大性质得分分布

家发布报告的样本企业中,除光宝科技股份有限公司等 5 家企业社会责任报告在 80 页以上外,其余企业报告页码均低于 80 页;39 家企业报告页码少于 20 页。其社会责任报告篇幅分布如图 21-3 所示。

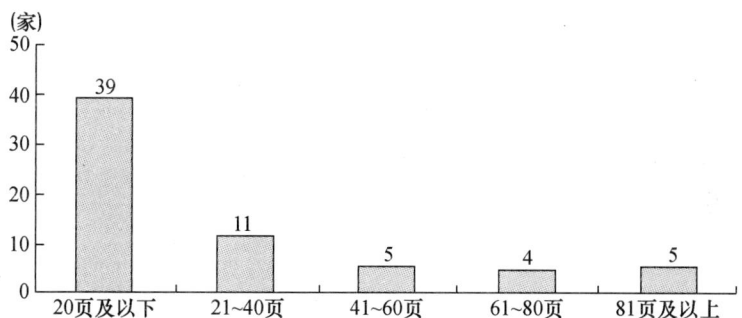

图 21-3 电子产品及电子元器件制造业企业社会责任报告篇幅

第二十二章 医药生物制造业社会责任报告综合评价(2013)

第一节 研究概述

本书中医药生物制造业包括五大类：化学药品原药制造业、化学药品制剂制造业、中药材及中成药加工业、动物药品制造业以及生物制品业。其中，化学药品原药制造业指生产供医药制剂厂进一步加工制剂的药品原药的行业；动物药品制造业包括动物用化学药品制造、动物用抗生素中草药制造、生物制品制造、饲料药物制造、添加剂制造、促生长剂及水产养殖用药物制造等；生物制品业包括疫苗、菌苗、类毒素苗、抗毒素、血液制品、诊断用品等的生产。

在发布企业社会责任报告的60家医药生物制造业样本企业中，国有企业有26家，民营企业有26家，外资企业有8家；最早发布企业社会责任报告的企业有1家，是云南白药集团股份有限公司，已经连续7年发布社会责任报告；报告篇幅最长的企业是无限极（中国）有限公司，达到156页；篇幅最短企业是亚宝药业集团股份有限公司，仅有4页。医药生物制造业60家样本企业社会责任报告基本信息统计结果如表22－1所示。

表22－1 医药生物制造业企业社会责任报告基本信息

序号	企业名称	公司性质	营业收入（万元）	总部所在地	第几份社会责任报告	报告页码
1	中国医药集团总公司	国有企业	16523700	北京	2	86
2	国药控股股份有限公司	国有企业	13578684	上海	4	92
3	上海医药集团股份有限公司	民营企业	6807812	北京	4	6

第二十二章　医药生物制造业社会责任报告综合评价(2013)

续表

序号	企业名称	公司性质	营业收入（万元）	总部所在地	第几份社会责任报告	报告页码
4	国药集团一致药业股份有限公司	民营企业	1801176	广东	6	50
5	云南白药集团股份有限公司	民营企业	1368700	云南	7	48
6	广东康美药业股份有限公司	国有企业	1116515	广东	2	43
7	中国医药保健品股份有限公司	外资企业	990136	北京	5	18
8	天津天士力制药股份有限公司	国有企业	930146	天津	5	8
9	国药集团药业股份有限公司	国有企业	859200	北京	5	16
10	广州药业股份有限公司	国有企业	822906	广东	5	15
11	北京同仁堂股份有限公司	民营企业	750403	北京	5	5
12	梅花生物科技集团股份有限公司	国有企业	746968	河北	1	6
13	上海复星医药（集团）股份有限公司	国有企业	734078	上海	5	108
14	华润双鹤药业股份有限公司	国有企业	691300	北京	5	24
15	华润三九医药股份有限公司	外资企业	689110	广东	4	37
16	金花投资控股集团	民营企业	650000	陕西	1	66
17	四川科伦药业股份有限公司	国有企业	588528	四川	4	45
18	浙江海正药业股份有限公司	外资企业	580177	浙江	5	50
19	天津中新药业集团股份有限公司	民营企业	513000	天津	5	14
20	山东瑞康医药股份有限公司	民营企业	462224	山东	1	6
21	哈药集团三精制药股份有限公司	外资企业	406839	黑龙江	5	53
22	中国宝安集团股份有限公司	国有企业	402459	广东	5	15
23	江中药业股份有限公司	民营企业	319000	江西	5	7
24	中牧实业股份有限公司	国有企业	310899	北京	5	5
25	山东东阿阿胶股份有限公司	民营企业	305607	山东	5	12
26	昆明制药集团股份有限公司	国有企业	301602	云南	2	7
27	上海现代制药股份有限公司	民营企业	200689	上海	2	96
28	广西梧州中恒集团股份有限公司	民营企业	194600	广西	5	7

·211·

续表

序号	企业名称	公司性质	营业收入（万元）	总部所在地	第几份社会责任报告	报告页码
29	浙江尖峰集团股份有限公司	国有企业	164910	浙江	1	7
30	天津天药药业股份有限公司	国有企业	164253	天津	5	10
31	马应龙药业集团股份有限公司	外资企业	154200	湖北	5	24
32	北京天坛生物制品股份有限公司	外资企业	150235	北京	5	22
33	吉林敖东药业集团股份有限公司	外资企业	144546	吉林	5	8
34	亚宝药业集团股份有限公司	国有企业	126700	山西	5	4
35	漳州片仔癀药业股份有限公司	国有企业	117115	福建	5	12
36	上海凯宝药业股份有限公司	国有企业	110200	上海	1	24
37	北京双鹭药业股份有限公司	民营企业	100702	北京	1	18
38	华兰生物工程股份有限公司	民营企业	97246	河南	4	9
39	西藏奇正藏药股份有限公司	民营企业	93400	西藏	4	58
40	天茂实业集团股份有限公司	民营企业	77974	湖北	5	8
41	华仁药业股份有限公司	民营企业	56203	山东	3	9
42	杰能科（中国）生物工程有限公司	民营企业	49250	美国	3	14
43	贵州信邦制药股份有限公司	外资企业	44757	贵州	2	42
44	浙江佐力药业股份有限公司	民营企业	34376	浙江	2	29
45	北京北陆药业股份有限公司	国有企业	27398	北京	4	23
46	上海中信国健药业股份有限公司	国有企业	—	上海	1	41
47	常州四药制药有限公司	国有企业	—	江苏	3	72
48	上海和黄药业	国有企业	—	上海	2	67
49	重庆医药（集团）股份有限公司	国有企业	—	重庆	4	52
50	赛诺菲中国	国有企业	—	上海	1	56
51	帝斯曼中国	民营企业	—	荷兰	6	52
52	无限极（中国）有限公司	民营企业	—	香港	6	156
53	阿斯利康制药有限公司	民营企业	—	英国	4	10

第二十二章 医药生物制造业社会责任报告综合评价(2013)

续表

序号	企业名称	公司性质	营业收入（万元）	总部所在地	第几份社会责任报告	报告页码
54	云南白药集团无锡药业有限公司	国有企业	—	江苏	3	21
55	天狮集团有限公司	民营企业	—	天津	3	108
56	纽迪希亚制药（无锡）有限公司	民营企业	—	荷兰	1	7
57	诺维信（中国）生物技术公司	国有企业	—	丹麦	5	20
58	贵州同济堂制药有限公司	民营企业	—	贵州	2	28
59	贵州威门药业股份有限公司	民营企业	—	贵州	1	20
60	扬子江药业集团有限公司	民营企业	—	江苏	1	5

第二节 评价结果

医药生物制造业60家样本企业社会责任报告综合得分及排名如表22-2所示。

表22-2 医药生物制造业企业社会责任报告评价结果

序号	企业名称	可读性	可比性	平衡性	实质性	完整性	综合得分
1	上海复星医药（集团）股份有限公司	四星级	五星级	四星半级	四星半级	三星半级	★★★★
2	中国医药集团总公司	四星半级	五星级	二星级	四星半级	四星级	★★★★
3	上海现代制药股份有限公司	三星半级	五星级	三星级	四星级	三星半级	★★★☆
4	上海中信国健药业股份有限公司	三星级	一星级	一星级	五星级	三星级	★★★
5	西藏奇正藏药股份有限公司	四星半级	一星级	一星级	四星级	三星级	★★★
6	常州四药制药有限公司	三星半级	二星级	二星级	三星级	二星级	★★★
7	上海和黄药业	四星级	一星级	四星级	三星级	二星级	★★★
8	重庆医药（集团）股份有限公司	三星半级	一星级	一星级	二星级	二星级	★★

· 213 ·

续表

序号	企业名称	可读性	可比性	平衡性	实质性	完整性	综合得分
9	赛诺菲中国	四星级	一星级	一星级	三星半级	二星级	★★
10	国药控股股份有限公司	四星级	一星级	一星级	二星级	三星级	★★
11	云南白药集团股份有限公司	三星半级	一星级	二星级	三星半级	二星级	★★
12	哈药集团三精制药股份有限公司	三星半级	一星级	一星级	三星级	二星级	★★
13	华润三九医药股份有限公司	二星级	二星级	四星级	三星级	二星级	★★
14	金花投资控股集团	四星级	一星级	一星级	二星级	二星级	★★
15	国药集团一致药业股份有限公司	三星半级	一星级	一星级	二星级	二星级	★★
16	浙江海正药业股份有限公司	三星级	一星级	二星级	三星级	二星级	★★
17	帝斯曼中国	三星半级	三星级	一星级	一星级	一星级	★★
18	马应龙药业集团股份有限公司	三星级	一星级	一星级	三星半级	二星级	★★
19	北京天坛生物制品股份有限公司	二星级	一星级	一星级	四星级	二星级	★★
20	无限极（中国）有限公司	三星半级	一星级	一星级	二星级	二星级	★★
21	贵州信邦制药股份有限公司	三星级	一星级	一星级	三星级	一星级	★★
22	阿斯利康制药有限公司	一星级	一星级	一星级	三星半级	二星级	★★
23	云南白药集团无锡药业有限公司	三星半级	一星级	一星级	三星级	一星级	★★
24	天狮集团有限公司	四星级	一星级	一星级	二星级	二星级	★★
25	漳州片仔癀药业股份有限公司	一星级	一星级	四星级	三星半级	二星级	★★
26	四川科伦药业股份有限公司	二星级	二星级	二星级	二星级	二星级	★★
27	广州药业股份有限公司	一星级	一星级	一星级	三星半级	二星级	★★
28	北京双鹭药业股份有限公司	一星级	一星级	一星级	三星级	二星级	★★
29	北京北陆药业股份有限公司	二星级	一星级	一星级	三星级	二星级	★★
30	华润双鹤药业股份有限公司	二星级	一星级	一星级	二星级	二星级	★
31	山东东阿阿胶股份有限公司	一星级	一星级	一星级	三星级	二星级	★
32	纽迪希亚制药（无锡）有限公司	一星级	一星级	一星级	二星级	一星级	★
33	诺维信（中国）生物技术公司	二星级	四星级	一星级	一星级	一星级	★
34	贵州同济堂制药有限公司	二星级	一星级	一星级	二星级	一星级	★

续表

序号	企业名称	可读性	可比性	平衡性	实质性	完整性	综合得分
35	国药集团药业股份有限公司	一星级	一星级	一星级	二星级	二星级	★
36	中国医药保健品股份有限公司	二星级	一星级	一星级	二星级	一星级	★
37	上海医药集团股份有限公司	一星级	一星级	一星级	三星级	一星级	★
38	上海凯宝药业股份有限公司	二星级	一星级	二星级	一星级	一星级	★
39	广东康美药业股份有限公司	二星级	一星级	一星级	一星级	一星级	★
40	吉林敖东药业集团股份有限公司	一星级	一星级	一星级	二星级	一星级	★
41	浙江佐力药业股份有限公司	二星级	一星级	一星级	一星级	二星级	★
42	华兰生物工程股份有限公司	一星级	一星级	一星级	二星级	一星级	★
43	贵州威门药业股份有限公司	二星级	一星级	二星级	二星级	一星级	★
44	杰能科（中国）生物工程有限公司	一星级	一星级	一星级	二星级	一星级	★
45	华仁药业股份有限公司	一星级	一星级	一星级	二星级	一星级	★
46	江中药业股份有限公司	一星级	一星级	一星级	一星级	一星级	★
47	天津天药药业股份有限公司	一星级	一星级	一星级	二星级	一星级	★
48	天津中新药业集团股份有限公司	一星级	一星级	一星级	二星级	一星级	★
49	中牧实业股份有限公司	一星级	一星级	一星级	一星级	一星级	★
50	北京同仁堂股份有限公司	一星级	一星级	一星级	二星级	一星级	★
51	浙江尖峰集团股份有限公司	一星级	一星级	一星级	二星级	一星级	★
52	中国宝安集团股份有限公司	一星级	一星级	一星级	一星级	一星级	★
53	天茂实业集团股份有限公司	一星级	一星级	一星级	一星级	一星级	★
54	昆明制药集团股份有限公司	一星级	一星级	一星级	一星级	一星级	★
55	天津天士力制药股份有限公司	一星级	一星级	一星级	一星级	一星级	★
56	梅花生物科技集团股份有限公司	一星级	一星级	二星级	一星级	一星级	★
57	山东瑞康医药股份有限公司	一星级	一星级	一星级	一星级	一星级	★
58	广西梧州中恒集团股份有限公司	一星级	一星级	一星级	一星级	一星级	★
59	亚宝药业集团股份有限公司	一星级	一星级	一星级	一星级	一星级	★
60	扬子江药业集团有限公司	一星级	一星级	一星级	一星级	一星级	★

第三节　阶段性特征

一、医药生物制造业社会责任报告综合得分为32.1分

医药生物制造业社会责任报告综合得分平均值为32.1分，处于发展阶段，即二星级水平，在我们所评价的25个行业中处于第22位，属下游水平。由此可见，本行业企业社会责任报告水平亟待提高。如图22-1所示。

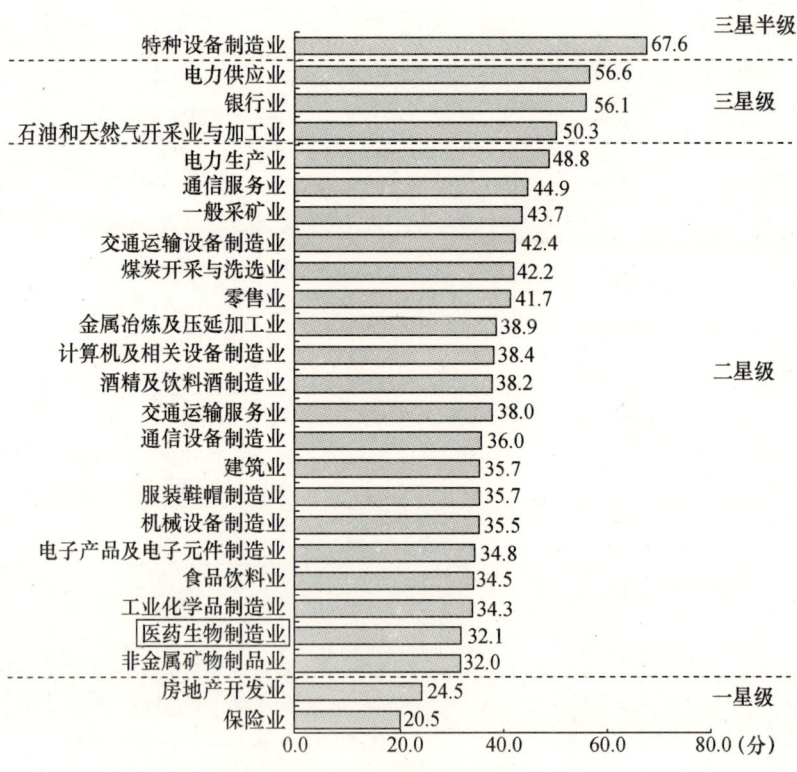

图22-1　不同行业的报告得分分布

二、行业内企业社会责任报告综合得分参差不齐

医药生物制造业 60 家样本企业的企业社会责任报告得分分值跨度很大,上海复星医药(集团)股份有限公司和中国医药集团总公司的企业社会责任报告综合得分最高,处于四星级水平;而行业内得分偏低的企业如山东瑞康医药股份有限公司、广西梧州中恒集团股份有限公司、亚宝药业集团股份有限公司和扬子江药业集团有限公司等社会责任报告综合得分仅处于一星级水平。综合比较,行业内企业社会责任报告综合得分参差不齐,相互之间差距很大,最大分差达到 68 分。样本企业中 2 家处于四星级水平,分别是上海复星医药(集团)股份有限公司和中国医药集团总公司;1 家处于三星半级水平,是上海现代制药股份有限公司;4 家处于三星级水平,为上海和黄药业、上海中信国健药业股份有限公司、西藏奇正藏药股份有限公司和常州四药制药有限公司;22 家处于二星级水平;31 家处于一星级水平(如表 22-3 所示)。

表 22-3　医药生物制造业社会责任报告综合得分发展阶段

单位:家

发展阶段	得分区间(分)	数量	企业名称
★★★★	70~80	2	上海复星医药(集团)股份有限公司 中国医药集团总公司
★★★☆	60~70	1	上海现代制药股份有限公司
★★★	50~60	4	上海和黄药业 上海中信国健药业股份有限公司 西藏奇正藏药股份有限公司 常州四药制药有限公司
★★	30~50	22	重庆医药(集团)股份有限公司 赛诺菲中国 国药控股股份有限公司 云南白药集团股份有限公司 哈药集团三精制药股份有限公司 华润三九医药股份有限公司 金花投资控股集团 国药集团一致药业股份有限公司 浙江海正药业股份有限公司 帝斯曼中国马应龙药业集团股份有限公司 北京天坛生物制品股份有限公司

续表

发展阶段	得分区间（分）	数量	企业名称
★★	30~50	22	无限极（中国）有限公司 贵州信邦制药股份有限公司 阿斯利康制药有限公司 云南白药集团无锡药业有限公司 天狮集团有限公司 漳州片仔癀药业股份有限公司 四川科伦药业股份有限公司 广州药业股份有限公司 北京双鹭药业股份有限公司 北京北陆药业股份有限公司
★	0~30	31	华润双鹤药业股份有限公司 山东东阿阿胶股份有限公司 纽迪希亚制药（无锡）有限公司 诺维信（中国）生物技术公司 贵州同济堂制药有限公司 国药集团药业股份有限公司 中国医药保健品股份有限公司 上海医药集团股份有限公司 上海凯宝药业股份有限公司 广东康美药业股份有限公司 吉林敖东药业集团股份有限公司 浙江佐力药业股份有限公司 华兰生物工程股份有限公司 贵州威门药业股份有限公司 杰能科（中国）生物工程有限公司 华仁药业股份有限公司 江中药业股份有限公司 天津天药药业股份有限公司 天津中新药业集团股份有限公司 中牧实业股份有限公司 北京同仁堂股份有限公司 浙江尖峰集团股份有限公司 中国宝安集团股份有限公司 天茂实业集团股份有限公司 昆明制药集团股份有限公司 天津天士力制药股份有限公司 梅花生物科技集团股份有限公司

续表

发展阶段	得分区间（分）	数量	企业名称
★	0~30	31	山东瑞康医药股份有限公司 广西梧州中恒集团股份有限公司 亚宝药业集团股份有限公司 扬子江药业集团有限公司

三、行业内企业社会责任报告六大性质得分普遍偏低

医药生物制造业企业社会责任报告六大性质得分差距不大，水平普遍偏低，分别为可读性40.2分、平衡性12.8分、实质性41.1分、完整性31.0分、创新性26.1分、可比性14.1分。其中，可读性、实质性、完整性得分较高，均处于二星级水平，平衡性、创新性、可比性得分相对较低，处于一星级水平。可比性得分较低原因是企业较少甚至不披露负面信息，同时较少披露连续三年以上社会责任数据指标，更鲜有提及同行企业社会责任绩效。医药生物制造业企业社会责任报告六大性质得分如图22-2所示。

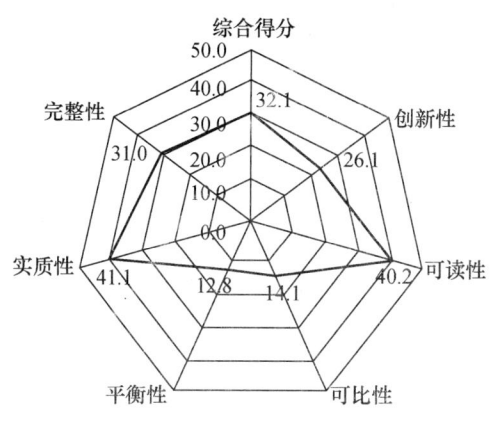

图22-2 医药生物制造业社会责任报告六大性质得分分布

四、行业内企业社会责任报告普遍篇幅较短

社会责任报告是企业发布社会责任信息的重要平台，适度的报告篇幅是企

业与利益相关方实现良性互动的重要条件，也体现了一家企业履行社会责任的决心和诚意。医药生物制造业 60 家发布报告的样本企业中，除无限极（中国）有限公司和中国农业发展集团有限公司两家企业的社会责任报告在 100 页以上之外，其余企业报告页码均低于 100 页，其中有 30 家的报告页数在 20 页及以下，可以说这些报告披露信息较少，无法起到与利益相关方进行沟通的作用，更无法由此总结经验以更好地履行社会责任。其社会责任报告篇幅分布如图 22-3 所示。

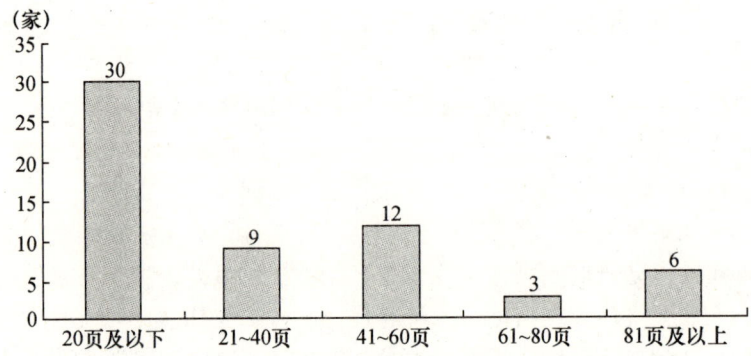

图 22-3　医药生物制造业企业社会责任报告篇幅

第二十三章 工业化学品制造业社会责任报告综合评价(2013)

第一节 研究概述

本书中工业化学品制造业包括基础化学原料制造、肥料制造、农药制造、涂料油墨颜料制造、合成材料制造、专用化学品制造等。在64家工业化学品制造业企业中，国有企业有31家，民营企业有26家，外资企业有7家。最早发布报告的企业是中化国际（控股）股份有限公司、宁夏英力特化工股份有限公司、帝斯曼中国，已经连续6年发布社会责任报告，报告页码最多的是兖矿集团有限公司，达到88页，最少的是中国石化仪征化纤股份有限公司、烟台万华聚氨酯股份有限公司、湖北凯乐科技股份有限公司、南京化纤股份有限公司和贵州红星发展股份有限公司，均仅有5页。工业化学品制造业64家样本企业社会责任报告基本信息如表23-1所示。

表23-1 工业化学品制造业企业社会责任报告基本信息

序号	企业名称	公司性质	营业收入（万元）	总部所在地	第几份社会责任报告	报告页码
1	中国化工集团公司	国有企业	20170000	北京	3	58
2	陕西煤业化工集团有限责任公司	国有企业	12505500	陕西	3	68
3	兖矿集团有限公司	国有企业	10029300	山东	2	88
4	中化国际（控股）股份有限公司	国有企业	5444816	上海	6	28
5	辽宁华锦通达化工股份有限公司	国有企业	3600870	辽宁	5	28
6	中国盐业总公司	国有企业	2736500	北京	3	84
7	湖北宜化化工股份有限公司	国有企业	1931761	湖北	5	10

续表

序号	企业名称	公司性质	营业收入（万元）	总部所在地	第几份社会责任报告	报告页码
8	中国石化仪征化纤股份有限公司	国有企业	1698792	江苏	5	5
9	烟台万华聚氨酯股份有限公司	国有企业	1594213	山东	5	5
10	唐山三友化工股份有限公司	国有企业	1048409	河北	5	20
11	山东金正大生态工程股份有限公司	民营企业	1025400	山东	2	55
12	云南云天化股份有限公司	国有企业	989304	云南	5	30
13	湖北兴发化工集团股份有限公司	国有企业	961204	湖北	3	8
14	青海盐湖工业股份有限公司	国有企业	827081	青海	2	13
15	浙江巨化股份有限公司	国有企业	788154	浙江	3	31
16	中粮生物化学（安徽）股份有限公司	国有企业	773037	安徽	5	47
17	浙江龙盛集团股份有限公司	民营企业	764931	浙江	5	17
18	山西兰花科技创业股份有限公司	国有企业	760000	山西	5	39
19	云南云维股份有限公司	国有企业	713900	云南	3	26
20	新疆中泰化学股份有限公司	国有企业	711289	新疆	4	39
21	云南煤业能源股份有限公司	国有企业	657700	云南	5	48
22	上海氯碱化工股份有限公司	国有企业	639697	上海	2	81
23	浙江新安化工集团股份有限公司	民营企业	611101	浙江	5	9
24	浙江新和成股份有限公司	民营企业	363142	浙江	5	6
25	贵州赤天化股份有限公司	国有企业	350416	贵州	3	36
26	安徽三星化工有限责任公司	国有企业	314000	安徽	1	72
27	南通江山农药化工股份有限公司	国有企业	300800	江苏	5	17
28	联化科技股份有限公司	民营企业	295536	浙江	2	22
29	安徽皖维高新材料股份有限公司	民营企业	287915	安徽	5	15
30	柳州化工股份有限公司	国有企业	281900	广西	4	7
31	宁夏英力特化工股份有限公司	国有企业	272068	宁夏	6	13
32	永高股份有限公司	民营企业	251428	浙江	2	10
33	湖北凯乐科技股份有限公司	民营企业	248373	湖北	5	5
34	江苏扬农化工股份有限公司	国有企业	221866	江苏	5	7
35	浙江伟星新型建材股份有限公司	民营企业	185573	浙江	5	18

续表

序号	企业名称	公司性质	营业收入（万元）	总部所在地	第几份社会责任报告	报告页码
36	浙江伟星实业发展股份有限公司	民营企业	185573	浙江	5	18
37	河南佰利联化学股份有限公司	民营企业	180381	河南	1	29
38	南京红宝丽股份有限公司	民营企业	165500	江苏	4	14
39	四川北方硝化棉股份有限公司	国有企业	155000	四川	5	9
40	南京化纤股份有限公司	国有企业	151921	江苏	5	5
41	贵州红星发展股份有限公司	国有企业	115624	贵州	4	5
42	广东德美精细化工股份有限公司	民营企业	110621	广东	5	27
43	安徽华星化工股份有限公司	民营企业	94266	安徽	2	33
44	天茂实业集团股份有限公司	民营企业	77974	湖北	5	8
45	福建青松股份有限公司	民营企业	55462	福建	3	9
46	无锡宝通带业股份有限公司	民营企业	55301	北京	4	18
47	福建纳川管材科技股份有限公司	民营企业	39669	福建	2	7
48	成都硅宝科技股份有限公司	民营企业	37204	四川	3	12
49	福建元力活性炭股份有限公司	民营企业	33987	福建	3	8
50	上海新星印刷器材有限公司	民营企业	7774	上海	1	59
51	LG化学（中国）投资有限公司	外资企业	—	韩国	1	64
52	巴斯夫大中华区	外资企业	—	德国	5	52
53	上海中南建筑材料有限公司	国有企业	—	上海	2	46
54	立邦中国	外资企业	—	新加坡	3	86
55	帝斯曼中国	外资企业	—	荷兰	6	52
56	浙江华峰氨纶股份有限公司	民营企业	—	浙江	5	50
57	贵州西洋肥业有限公司	民营企业	—	贵州	1	24
58	贵州赤天化集团有限责任公司	国有企业	—	贵州	1	36
59	贵州川恒化工有限责任公司	民营企业	—	贵州	2	44
60	上海环宇消防工程有限公司	民营企业	—	上海	1	36
61	朗盛（无锡）化工有限公司	外资企业	—	德国	3	14
62	富士胶片精细化学（无锡）有限公司	外资企业	—	日本	4	8
63	贵州双龙实业集团有限公司	民营企业	—	贵州	1	40
64	锐科（无锡）科技有限公司	外资企业	—	美国	4	10

第二节 评价结果

工业化学品制造业 64 家样本企业社会责任报告综合得分及排名如表 23 - 2 所示。

表 23 - 2　工业化学品制造业企业社会责任报告评价结果

序号	企业名称	创新性	可读性	可比性	平衡性	实质性	完整性	综合得分
1	中国盐业总公司	四星半级	四星半级	五星级	四星半级	四星半级	四星半级	★★★★☆
2	LG化学（中国）投资有限公司	四星级	四星级	五星级	二星级	三星级	三星半级	★★★★
3	兖矿集团有限公司	二星级	四星级	一星级	四星级	三星级	三星级	★★★☆
4	巴斯夫大中华区	三星级	三星级	五星级	四星级	四星半级	二星级	★★★☆
5	陕西煤业化工集团有限责任公司	三星半级	四星级	三星级	三星半级	四星级	二星级	★★★☆
6	中国化工集团公司	二星级	四星半级	二星级	三星半级	四星级	二星级	★★★☆
7	上海氯碱化工股份有限公司	三星级	三星级	一星级	三星半级	五星级	二星级	★★★
8	安徽三星化工有限责任公司	二星级	二星级	五星级	四星级	三星级	三星级	★★★
9	上海中南建筑材料有限公司	二星级	三星半级	二星级	二星级	三星级	二星级	★★★
10	新疆中泰化学股份有限公司	二星级	二星级	一星级	一星级	四星半级	二星级	★★★
11	立邦中国	三星级	四星半级	一星级	二星级	四星半级	二星级	★★★
12	唐山三友化工股份有限公司	一星级	四星半级	一星级	一星级	四星级	二星级	★★
13	云南云天化股份有限公司	三星级	三星级	一星级	二星级	三星级	二星级	★★
14	中粮生物化学（安徽）股份有限公司	二星级	二星级	一星级	一星级	四星级	二星级	★★

第二十三章　工业化学品制造业社会责任报告综合评价(2013)

续表

序号	企业名称	创新性	可读性	可比性	平衡性	实质性	完整性	综合得分
15	山东金正大生态工程股份有限公司	二星级	二星级	二星级	一星级	三星级	二星级	★★
16	上海新星印刷器材有限公司	二星级	三星半级	一星级	一星级	三星级	二星级	★★
17	帝斯曼中国	二星级	三星半级	三星级	四星级	一星级	一星级	★★
18	浙江巨化股份有限公司	二星级	三星级	一星级	二星级	三星级	二星级	★★
19	浙江华峰氨纶股份有限公司	一星级	二星级	一星级	一星级	三星级	二星级	★★
20	安徽华星化工股份有限公司	一星级	二星级	一星级	一星级	四星级	二星级	★★
21	云南煤业能源股份有限公司	二星级	二星级	一星级	三星半级	二星级	二星级	★★
22	河南佰利联化学股份有限公司	一星级	二星级	一星级	一星级	四星级	二星级	★★
23	南通江山农药化工股份有限公司	一星级	一星级	一星级	一星级	四星半级	二星级	★★
24	广东德美精细化工股份有限公司	一星级	二星级	一星级	一星级	三星级	二星级	★★
25	无锡宝通带业股份有限公司	一星级	二星级	一星级	二星级	三星级	二星级	★★
26	云南云维股份有限公司	一星级	一星级	一星级	二星级	三星级	二星级	★★
27	贵州西洋肥业有限公司	一星级	二星级	一星级	一星级	三星级	二星级	★★
28	浙江新安化工集团股份有限公司	一星级	一星级	一星级	一星级	四星半级	一星级	★★
29	山西兰花科技创业股份有限公司	三星半级	四星级	一星级	一星级	一星级	二星级	★★
30	联化科技股份有限公司	一星级	二星级	一星级	一星级	三星级	二星级	★★

续表

序号	企业名称	创新性	可读性	可比性	平衡性	实质性	完整性	综合得分
31	贵州赤天化集团有限责任公司	二星级	三星级	一星级	一星级	二星级	一星级	★★
32	贵州赤天化股份有限公司	一星级	二星级	一星级	二星级	二星级	一星级	★★
33	宁夏英力特化工股份有限公司	一星级	一星级	一星级	一星级	三星级	一星级	★★
34	南京红宝丽股份有限公司	一星级	一星级	一星级	一星级	三星级	一星级	★★
35	贵州川恒化工有限责任公司	一星级	二星级	一星级	一星级	二星级	一星级	★
36	江苏扬农化工股份有限公司	一星级	二星级	一星级	一星级	三星级	一星级	★
37	安徽皖维高新材料股份有限公司	一星级	二星级	一星级	一星级	二星级	一星级	★
38	上海环宇消防工程有限公司	二星级	二星级	一星级	一星级	二星级	一星级	★
39	中国石化仪征化纤股份有限公司	一星级	一星级	一星级	一星级	三星级	一星级	★
40	朗盛（无锡）化工有限公司	一星级	一星级	一星级	一星级	二星级	一星级	★
41	富士胶片精细化学（无锡）有限公司	一星级	一星级	一星级	二星级	二星级	一星级	★
42	南京化纤股份有限公司	一星级	一星级	一星级	一星级	三星级	一星级	★
43	福建元力活性炭股份有限公司	一星级	一星级	一星级	一星级	三星级	一星级	★
44	柳州化工股份有限公司	一星级	二星级	一星级	一星级	二星级	一星级	★
45	浙江伟星新型建材股份有限公司	一星级	二星级	一星级	一星级	一星级	一星级	★

续表

序号	企业名称	创新性	可读性	可比性	平衡性	实质性	完整性	综合得分
46	浙江龙盛集团股份有限公司	一星级	一星级	一星级	一星级	二星级	二星级	★
47	辽宁华锦通达化工股份有限公司	一星级	二星级	一星级	一星级	二星级	一星级	★
48	永高股份有限公司	一星级	一星级	一星级	一星级	二星级	一星级	★
49	湖北宜化化工股份有限公司	一星级	一星级	一星级	一星级	二星级	一星级	★
50	浙江新和成股份有限公司	一星级	一星级	一星级	一星级	二星级	一星级	★
51	湖北兴发化工集团股份有限公司	一星级	一星级	一星级	一星级	二星级	一星级	★
52	浙江伟星实业发展股份有限公司	一星级	二星级	一星级	一星级	一星级	一星级	★
53	福建青松股份有限公司	一星级	一星级	一星级	一星级	二星级	一星级	★
54	四川北方硝化棉股份有限公司	一星级	一星级	一星级	一星级	二星级	一星级	★
55	青海盐湖工业股份有限公司	一星级	一星级	一星级	一星级	二星级	一星级	★
56	贵州红星发展股份有限公司	一星级	一星级	一星级	一星级	二星级	一星级	★
57	贵州双龙实业集团有限公司	三星级	二星级	一星级	一星级	一星级	一星级	★
58	成都硅宝科技股份有限公司	一星级	一星级	一星级	一星级	一星级	一星级	★
59	天茂实业集团股份有限公司	一星级	一星级	一星级	一星级	一星级	一星级	★
60	烟台万华聚氨酯股份有限公司	一星级	一星级	一星级	一星级	二星级	一星级	★
61	锐科（无锡）科技有限公司	一星级	一星级	一星级	一星级	一星级	一星级	★

续表

序号	企业名称	创新性	可读性	可比性	平衡性	实质性	完整性	综合得分
62	湖北凯乐科技股份有限公司	一星级	一星级	一星级	一星级	一星级	一星级	★
63	中化国际（控股）股份有限公司	一星级	一星级	一星级	一星级	一星级	一星级	★
64	福建纳川管材科技股份有限公司	一星级	一星级	一星级	一星级	一星级	一星级	★

第三节　阶段性特征

一、社会责任报告综合得分为 34.3 分

工业化学品制造业社会责任报告综合得分平均值为 34.3 分，处于发展阶段，即二星级水平，在我们所评价的 25 个行业中处于下游水平，行业社会责任报告具有较大提高空间。如图 23-1 所示。

二、行业内企业社会责任报告综合得分差距较大

工业化学品制造业 64 家样本企业得分差距较大，中国盐业总公司得分最高，处于四星半级水平，而行业内得分偏低企业中化国际（控股）股份有限公司和福建纳川管材科技股份有限公司社会责任报告综合得分处于一星级水平。相对来看，行业内企业社会责任报告综合得分普遍偏低，差距较大。样本企业中 1 家处于四星半级水平，1 家处于四星级水平，4 家处于三星级水平，5 家处于三星级水平，23 家处于二星级水平，30 家处于一星级水平（如表 23-3 所示）。

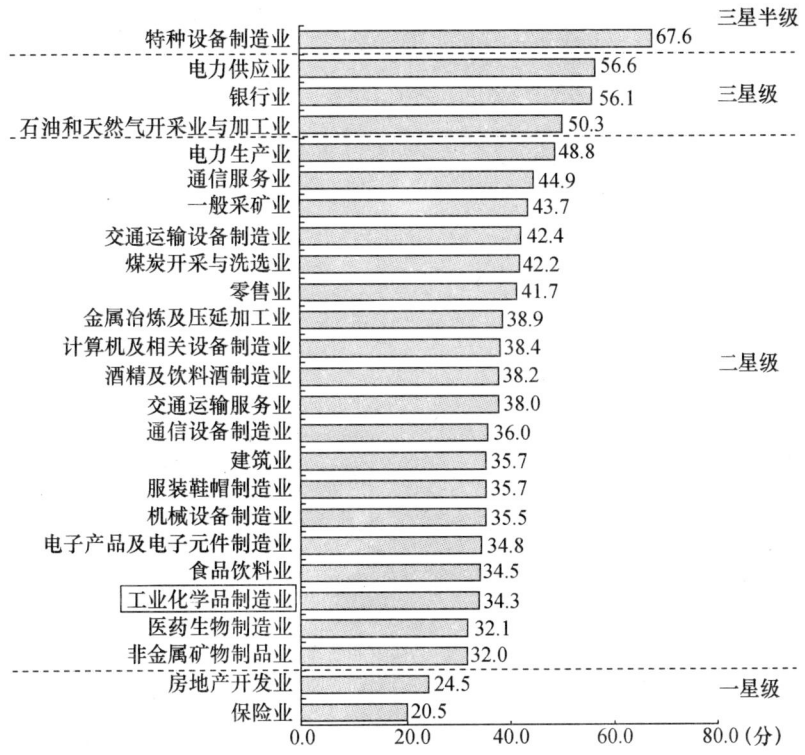

图 23-1 不同行业的报告得分分布

表 23-3 工业化学品制造业社会责任报告综合得分发展阶段

单位：家

发展阶段	得分区间（分）	数量	企业名称
★★★★☆	80~90	1	中国盐业总公司
★★★★	70~80	1	LG化学（中国）投资有限公司
★★★☆	60~70	4	兖矿集团有限公司 巴斯夫大中华区 陕西煤业化工集团有限责任公司 中国化工集团公司
★★★	50~60	5	上海氯碱化工股份有限公司 安徽三星化工有限责任公司 上海中南建筑材料有限公司 新疆中泰化学股份有限公司 立邦中国

续表

发展阶段	得分区间（分）	数量	企业名称
★★	30~50	23	唐山三友化工股份有限公司 云南云天化股份有限公司 中粮生物化学（安徽）股份有限公司 山东金正大生态工程股份有限公司 上海新星印刷器材有限公司 帝斯曼中国 浙江巨化股份有限公司 浙江华峰氨纶股份有限公司 安徽华星化工股份有限公司 云南煤业能源股份有限公司 河南佰利联化学股份有限公司 南通江山农药化工股份有限公司 广东德美精细化工股份有限公司 无锡宝通带业股份有限公司 云南云维股份有限公司 贵州西洋肥业有限公司 浙江新安化工集团股份有限公司 山西兰花科技创业股份有限公司 联化科技股份有限公司 贵州赤天化集团有限责任公司 贵州赤天化股份有限公司 宁夏英力特化工股份有限公司 南京红宝丽股份有限公司
★	0~30	30	贵州川恒化工有限责任公司 江苏扬农化工股份有限公司 安徽皖维高新材料股份有限公司 上海环宇消防工程有限公司 中国石化仪征化纤股份有限公司 朗盛（无锡）化工有限公司 富士胶片精细化学（无锡）有限公司 南京化纤股份有限公司 福建元力活性炭股份有限公司 柳州化工股份有限公司 浙江伟星新型建材股份有限公司 浙江龙盛集团股份有限公司

续表

发展阶段	得分区间（分）	数量	企业名称
★	0~30	30	辽宁华锦通达化工股份有限公司 永高股份有限公司 湖北宜化化工股份有限公司 浙江新和成股份有限公司 湖北兴发化工集团股份有限公司 浙江伟星实业发展股份有限公司 福建青松股份有限公司 四川北方硝化棉股份有限公司 青海盐湖工业股份有限公司 贵州红星发展股份有限公司 贵州双龙实业集团股份有限公司 成都硅宝科技股份有限公司 天茂实业集团股份有限公司 烟台万华聚氨酯股份有限公司 锐科（无锡）科技有限公司 湖北凯乐科技股份有限公司 中化国际（控股）股份有限公司 福建纳川管材科技股份有限公司

三、行业内企业社会责任报告六大性质得分参差不齐

工业化学品制造业企业社会责任报告六大性质得分差距较大，其中，实质性得分（47.6分）、可读性得分（39.5分）、完整性得分（31.1分）处于二星级水平，创新性得分（26.0分）、平衡性得分（16.2分）、可比性得分（13.3分）相对较低，处于一星级水平。中国盐业总公司的平衡性达到了84.5分，客观披露了企业在报告期内的负面信息。工业化学品制造业企业在可比性方面的得分除安徽三星化工有限责任公司、巴斯夫大中华区、中国盐业总公司和LG化学（中国）投资有限公司的得分较高以外，其余企业得分均在60分以下，较少披露连续三年以上社会责任数据指标。工业化学品制造业企业社会责任报告六大性质得分如图23-2所示。

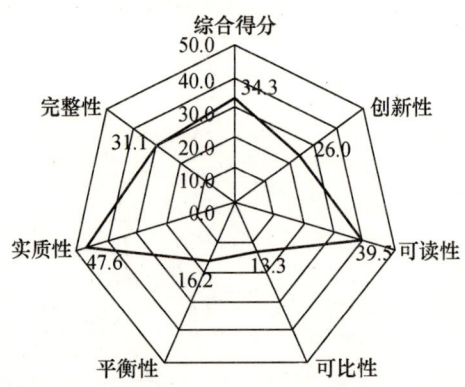

图23-2 工业化学品制造业社会责任报告六大性质得分分布

四、行业内企业社会责任报告篇幅普遍较短

社会责任报告是企业发布社会责任信息的重要平台,适度的报告篇幅是企业与利益相关方实现良性互动的重要条件。工业化学品制造业64家发布报告中,有31家企业的报告低于20页,其社会责任报告篇幅分布如图23-3所示。

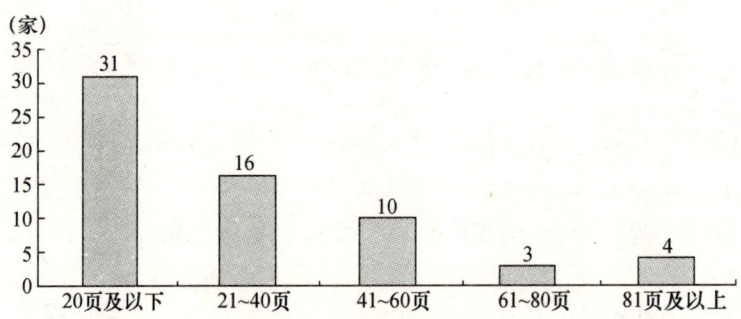

图23-3 工业化学品制造业企业社会责任报告篇幅

第二十四章 服装鞋帽制造业社会责任报告综合评价（2013）

第一节 研究概述

本书中服装鞋帽制造业包括纺织服装制造业、纺织面料鞋制造业和制帽业。在发布了企业社会责任报告的16家服装鞋帽制造业企业中，国有企业有1家，民营企业有12家，外资企业有3家。其中最早发布企业社会责任报告的是福建七匹狼实业股份有限公司，已经连续6年发布社会责任报告。报告篇幅最长的是广东省丝绸纺织集团有限公司，达到92页；篇幅最短的是浙江报喜鸟服饰股份有限公司，仅有5页。服装鞋帽制造业16家样本企业社会责任报告基本信息如表24-1所示。

表24-1 服装鞋帽制造业企业社会责任报告基本信息

序号	企业名称	公司性质	营业收入（万元）	总部所在地	第几份社会责任报告	报告页码
1	广东省丝绸纺织集团有限公司	国有企业	3644000	广东	1	92
2	雅戈尔集团股份有限公司	民营企业	1073250	浙江	4	19
3	上海美特斯邦威服饰股份有限公司	民营企业	950000	上海	5	7
4	浙江森马服饰股份有限公司	民营企业	706300	浙江	1	68
5	宁波杉杉股份有限公司	民营企业	375590	浙江	5	12
6	福建七匹狼实业股份有限公司	民营企业	347699	福建	6	7
7	九牧王股份有限公司	外资企业	260056	中国香港	2	18
8	浙江报喜鸟服饰股份有限公司	民营企业	225355	浙江	5	5
9	浙江步森服饰股份有限公司	民营企业	65343	浙江	2	9
10	山东天雁服饰股份有限公司	民营企业	50173	山东	1	90

续表

序号	企业名称	公司性质	营业收入（万元）	总部所在地	第几份社会责任报告	报告页码
11	恒源祥（集团）有限公司	民营企业	34606	上海	3	66
12	泰亚鞋业股份有限公司	外资企业	33928	中国香港	3	7
13	大进制衣厂（惠州）有限公司	外资企业	16953	中国香港	5	60
14	北京爱慕内衣有限公司	民营企业	—	北京	1	76
15	兴业皮革科技股份有限公司	民营企业	—	福建	不详	9
16	广州卡奴迪路服饰股份有限公司	民营企业	—	广东	不详	17

第二节　评价结果

服装鞋帽制造业 16 家样本企业社会责任报告综合得分及排名如表 24-2 所示。

表 24-2　服装鞋帽制造业企业社会责任报告评价结果

序号	企业名称	创新性	可读性	可比性	平衡性	实质性	完整性	综合得分
1	广东省丝绸纺织集团有限公司	三星半级	四星级	五星级	三星级	四星级	四星级	★★★★
2	山东天雁服饰股份有限公司	三星级	三星半级	二星级	二星级	三星半级	三星级	★★★
3	大进制衣厂（惠州）有限公司	二星级	三星半级	二星级	三星级	三星级	三星级	★★★
4	恒源祥（集团）有限公司	二星级	三星半级	一星级	二星级	三星半级	二星级	★★★
5	浙江森马服饰股份有限公司	二星级	四星半级	一星级	一星级	二星级	三星级	★★
6	北京爱慕内衣有限公司	二星级	三星半级	一星级	一星级	二星级	二星级	★★
7	浙江步森服饰股份有限公司	一星级	一星级	一星级	一星级	三星级	二星级	★★
8	宁波杉杉股份有限公司	一星级	一星级	一星级	一星级	三星级	一星级	★★
9	泰亚鞋业股份有限公司	一星级	一星级	一星级	一星级	三星半级	一星级	★★
10	雅戈尔集团股份有限公司	一星级	二星级	一星级	一星级	二星级	一星级	★
11	九牧王股份有限公司	一星级	二星级	一星级	一星级	二星级	一星级	★
12	浙江报喜鸟服饰股份有限公司	一星级	一星级	一星级	一星级	二星级	一星级	★
13	兴业皮革科技股份有限公司	一星级	一星级	一星级	一星级	一星级	一星级	★
14	广州卡奴迪路服饰股份有限公司	一星级	一星级	一星级	一星级	一星级	一星级	★
15	上海美特斯邦威服饰股份有限公司	一星级	一星级	一星级	一星级	一星级	一星级	★
16	福建七匹狼实业股份有限公司	一星级	一星级	一星级	一星级	一星级	一星级	★

第三节　阶段性特征

一、社会责任报告综合得分平均值为35.7分

服装鞋帽制造业社会责任报告综合得分平均值为35.7分，处于发展阶段，即二星级水平，在我们所评价的25个行业中处于第17位，水平相对较低。由此可见，本行业社会责任报告水平具有较大提高空间，如图24-1所示。

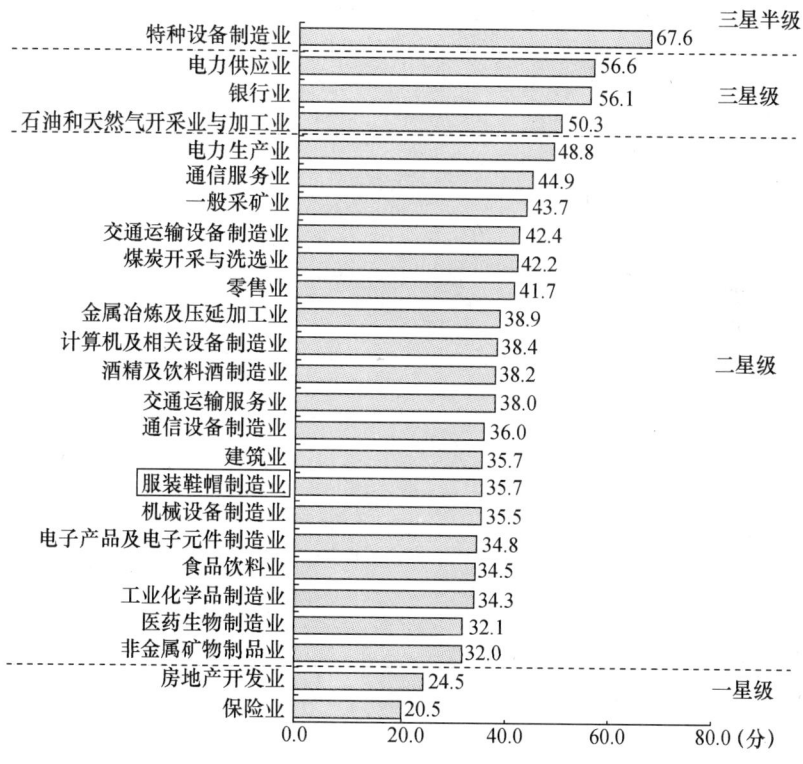

图24-1　不同行业的报告得分分布

二、行业内企业社会责任报告综合得分差距明显

服装鞋帽制造业 16 家样本企业得分差距明显,其中,广东省丝绸纺织集团有限公司的企业社会责任报告综合得分最高,处于四星级水平,而行业内得分偏低的企业如福建七匹狼实业股份有限公司,其社会责任报告综合得分处于一星级水平。相对来看,服装鞋帽制造业企业社会责任报告综合得分普遍偏低,相互之间差距明显。样本企业中 1 家处于四星级水平,3 家处于三星级水平,5 家处于二星级水平,7 家处于一星级水平。如表 24-3 所示。

表 24-3 服装鞋帽制造业企业社会责任报告综合得分发展阶段

单位:家

发展阶段	得分区间(分)	数量	企业名称
★★★★	70~80	1	广东省丝绸纺织集团有限公司
★★★	50~60	3	山东天雁服饰股份有限公司 大进制衣厂(惠州)有限公司 恒源祥(集团)有限公司
★★	30~50	5	浙江森马服饰股份有限公司 北京爱慕内衣有限公司 浙江步森服饰股份有限公司 宁波杉杉股份有限公司 泰亚鞋业股份有限公司
★	0~30	7	雅戈尔集团股份有限公司 九牧王股份有限公司 浙江报喜鸟服饰股份有限公司 兴业皮革科技股份有限公司 广州卡奴迪路服饰股份有限公司 上海美特斯邦威服饰股份有限公司 福建七匹狼实业股份有限公司

三、行业内企业社会责任报告六大性质得分参差不齐

服装鞋帽制造业企业社会责任报告六大性质得分差距较大。其中,实质性得分(47.7分)、可读性得分(41.4分)、完整性得分(35.0分)相对较高,处于二星级水平,创新性得分(26.2分)、可比性得分(15.7分)、平衡性得分(14.4分)相对较低,处于一星级水平。其中平衡性得分最低,分析其原因主要是服装鞋帽制造业企业较少甚至完全不披露负面信息,披露连续三年以上社会责任数据指标的报告也是寥寥无几,更不用说同行企业社会责任绩效,这不利于利益相关方对企业社会责任实践与绩效进行评价。服装鞋帽制造业企业社会责任报告六大性质得分如图24-2所示。

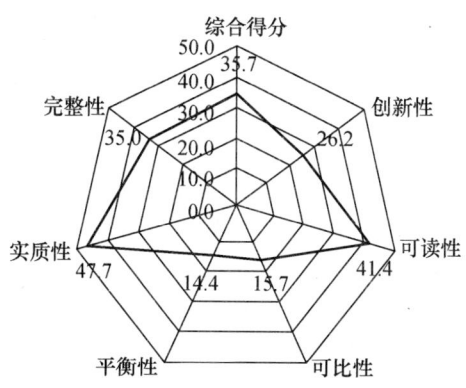

图24-2 服装鞋帽制造业社会责任报告六大性质得分分布

四、行业内企业社会责任报告篇幅较短

社会责任报告是企业发布社会责任信息的主要平台,适中的报告篇幅体现了企业与利益相关方实现良性互动的诚意,决定着披露的企业社会责任信息充分与否。在服装鞋帽制造业16家发布报告的样本企业中,仅广东省丝绸纺织集团有限公司和山东天雁服饰股份有限公司的社会责任报告在80页(不含)以上;10家样本企业报告在20页(含)以下,占行业样本数量60%以上。本行业样本企业社会责任报告篇幅分布如图24-3所示。

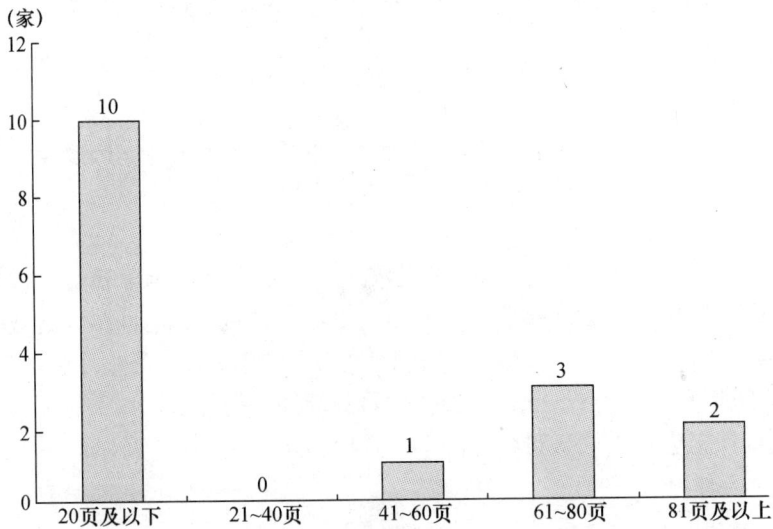

图24-3 服装鞋帽制造业企业社会责任报告篇幅

第二十五章 房地产开发业社会责任报告综合评价（2013）

第一节 研究概述

本书中房地产开发业是指从事房地产基础设施建设、房屋建设，并转让房地产开发项目或者销售、出租商品房的活动行业。在78家房地产开发业企业中，国有企业有44家，民营企业有32家，外资企业有2家；最早发布报告的企业是希慎兴业和阳光城集团股份有限公司，已经连续7年发布社会责任报告；报告页码最多的是远洋地产控股有限公司和广东粤海控股有限公司，达到90页，页码最少的是方兴地产（中国）有限公司，报告仅有3页。房地产开发业78家样本企业社会责任报告基本信息如表25-1所示。

表25-1 房地产开发业企业社会责任报告基本信息

序号	企业名称	公司性质	营业收入（万元）	总部所在地	第几份社会责任报告	报告页码
1	中国冶金科工股份有限公司	国有企业	22112000	北京	4	61
2	大连万达集团股份有限公司	民营企业	14170000	辽宁	4	24
3	中国海外发展有限公司	国有企业	14105742	中国香港	1	84
4	中国水利水电建设股份有限公司	国有企业	12703700	北京	2	16
5	万科企业股份有限公司	国有企业	10323000	广东	6	81
6	中国保利集团公司	国有企业	9888000	北京	2	80
7	保利房地产（集团）股份有限公司	国有企业	6890000	广东	5	60
8	浙江物产中大元通集团有限公司	国有企业	3979100	浙江	4	31
9	金地（集团）股份有限公司	国有企业	3286336	广东	5	8

续表

序号	企业名称	公司性质	营业收入（万元）	总部所在地	第几份社会责任报告	报告页码
10	远洋地产控股有限公司	国有企业	2865800	北京	3	90
11	招商局地产控股股份有限公司	国有企业	2529700	广东	5	84
12	宁波富邦控股集团有限公司	民营企业	2264100	浙江	1	4
13	金融街控股股份有限公司	国有企业	1723387	北京	5	26
14	广东粤海控股有限公司	国有企业	1508400	广东	1	90
15	江苏新城地产股份有限公司	民营企业	1430000	江苏	2	64
16	方兴地产（中国）有限公司	国有企业	1350010	广东	2	3
17	荣盛房地产发展股份有限公司	民营企业	1341500	河北	2	73
18	北京首都开发股份有限公司	国有企业	1267600	北京	2	12
19	吉林亚泰（集团）股份有限公司	国有企业	1162527	吉林	5	9
20	新湖中宝股份有限公司	民营企业	990866	浙江	4	6
21	希慎兴业	外资企业	819931	中国香港	7	24
22	越秀地产股份有分公司	国有企业	812000	广东	3	13
23	中粮地产（集团）股份有限公司	国有企业	794489	广东	5	39
24	浙江龙盛集团股份有限公司	民营企业	764931	浙江	5	17
25	宏润建设集团股份有限公司	民营企业	683000	上海	6	6
26	杭州滨江房产集团股份有限公司	民营企业	641112	浙江	5	23
27	冠城大通股份有限公司	民营企业	625600	福建	6	12
28	天津泰达股份有限公司	国有企业	595254	天津	4	12
29	北京北辰实业股份有限公司	国有企业	574000	北京	5	18
30	阳光城集团股份有限公司	民营企业	545235	福建	7	14
31	上海城投控股股份有限公司	国有企业	503800	上海	5	37
32	福建三木集团股份有限公司	国有企业	467000	福建	6	10
33	珠海华发实业股份有限公司	国有企业	454733	广东	5	7
34	泛海建设集团股份有限公司	民营企业	444540	北京	5	55
35	苏宁环球股份有限公司	民营企业	440613	吉林	5	7
36	北京万通地产股份有限公司	民营企业	407053	北京	5	7
37	中国宝安集团股份有限公司	民营企业	402459	广东	5	15
38	信达地产股份有限公司	民营企业	400700	北京	4	32
39	鲁商置业股份有限公司	国有企业	367382	山东	2	6

第二十五章 房地产开发业社会责任报告综合评价（2013）

续表

序号	企业名称	公司性质	营业收入（万元）	总部所在地	第几份社会责任报告	报告页码
40	上海实业发展股份有限公司	民营企业	367000	上海	5	26
41	中天城投集团股份有限公司	民营企业	355425	贵州	2	18
42	银亿房地产股份有限公司	民营企业	354906	浙江	2	12
43	天津市房地产发展（集团）股份有限公司	国有企业	321314	天津	5	7
44	华远地产股份有限公司	国有企业	307954	北京	4	9
45	深圳市振业（集团）股份有限公司	国有企业	307625	广东	6	14
46	苏州新区高新技术产业股份有限公司	国有企业	277100	江苏	5	8
47	福建漳州发展股份有限公司	国有企业	272448	福建	6	19
48	南京栖霞建设股份有限公司	国有企业	264956	江苏	6	12
49	上海益民商业集团股份有限公司	国有企业	260465	上海	4	54
50	泰禾集团股份有限公司	民营企业	260281	福建	2	9
51	中国武夷实业股份有限公司	国有企业	236087	福建	6	11
52	上海张江高科技园区开发股份有限公司	国有企业	226507	上海	4	12
53	南京高科股份有限公司	国有企业	216346	江苏	4	10
54	上海中建东孚投资发展有限公司	国有企业	198501	上海	1	63
55	广西梧州中恒集团股份有限公司	民营企业	194600	广西	5	7
56	名流置业集团股份有限公司	民营企业	177237	湖北	5	15
57	无锡市太湖新城发展集团有限公司	国有企业	162900	江苏	2	4
58	珠海格力房产有限公司	国有企业	162367	广东	2	8
59	浙江广厦股份有限公司	民营企业	152025	浙江	1	12
60	北京电子城投资开发股份有限公司	国有企业	139867	北京	5	7
61	上海金桥出口加工区开发股份有限公司	国有企业	112223	上海	2	81
62	华丽家族股份有限公司	民营企业	109536	上海	5	8
63	北京空港科技园区股份有限公司	国有企业	82984	北京	5	9
64	卧龙地产集团股份有限公司	民营企业	76717	浙江	5	6
65	浙江东日股份有限公司	国有企业	30809	浙江	5	18
66	上海爱建股份有限公司	民营企业	28781	上海	5	6
67	福建实达集团股份有限公司	民营企业	13700	福建	5	5
68	上海市天宸股份有限公司	民营企业	5332	上海	5	4
69	北京城建投资发展股份有限公司	国有企业	67	北京	5	23

续表

序号	企业名称	公司性质	营业收入（万元）	总部所在地	第几份社会责任报告	报告页码
70	宇宏地产有限公司	民营企业	—	广东	1	9
71	无锡中南置业投资有限公司	外资企业	—	江苏	1	16
72	凯德集团（中国）	民营企业	—	新加坡	不详	8
73	碧桂园控股有限公司	民营企业	—	广东	4	5
74	佛山一秀地产顾问有限公司	民营企业	—	广东	1	5
75	世光创建实业有限公司	民营企业	—	广东	1	5
76	广州珠江实业公司	国有企业	—	广东	3	7
77	无锡星洲工业园区开发股份有限公司	国有企业	—	江苏	1	11
78	无锡城市发展集团有限公司	国有企业	—	江苏	5	7

第二节 评价结果

房地产开发业78家样本企业社会责任报告综合得分及排名如表25－2所示。

表25－2 房地产开发业企业社会责任报告评价结果

序号	企业名称	创新性	可读性	可比性	平衡性	实质性	完整性	综合得分
1	远洋地产控股有限公司	四星级	五星级	四星半级	五星级	四星级	四星级	★★★★
2	中国保利集团公司	四星级	四星半级	四星级	三星级	四星级	四星级	★★★★
3	广东粤海控股有限公司	四星级	四星级	四星级	四星级	四星级	三星半级	★★★★
4	万科企业股份有限公司	二星级	四星级	四星半级	四星级	四星级	三星级	★★★★
5	招商局地产控股股份有限公司	三星级	四星级	二星级	一星级	四星级	三星半级	★★★☆
6	上海中建东孚投资发展有限公司	二星级	三星半级	一星级	二星级	四星半级	三星级	★★★☆
7	中国冶金科工股份有限公司	四星级	三星级	三星级	三星级	四星级	三星级	★★★
8	上海益民商业集团股份有限公司	三星半级	四星半级	三星级	一星级	三星级	三星级	★★★
9	江苏新城地产股份有限公司	二星级	三星级	二星级	二星级	三星级	三星半级	★★
10	荣盛房地产发展股份有限公司	二星级	四星级	一星级	二星级	二星级	二星级	★★

第二十五章 房地产开发业社会责任报告综合评价（2013）

续表

序号	企业名称	创新性	可读性	可比性	平衡性	实质性	完整性	综合得分
11	中国海外发展有限公司	三星级	三星半级	二星级	二星级	二星级	二星级	★★
12	上海金桥出口加工区开发股份有限公司	二星级	四星级	四星半级	二星级	一星级	二星级	★★
13	泛海建设集团股份有限公司	二星级	三星级	一星级	一星级	三星级	二星级	★★
14	保利房地产（集团）股份有限公司	三星半级	三星半级	二星级	一星级	二星级	二星级	★★
15	中粮地产（集团）股份有限公司	二星级	三星半级	一星级	二星级	二星级	二星级	★★
16	越秀地产股份有分公司	一星级	二星级	一星级	二星级	二星级	二星级	★★
17	信达地产股份有限公司	一星级	二星级	一星级	二星级	二星级	三星级	★★
18	希慎兴业	二星级	二星级	二星级	三星级	二星级	二星级	★★
19	上海城投控股股份有限公司	一星级	二星级	一星级	二星级	二星级	二星级	★★
20	浙江物产中大元通集团股份有限公司	二星级	二星级	二星级	二星级	二星级	二星级	★★
21	中国武夷实业股份有限公司	一星级	二星级	一星级	二星级	二星级	二星级	★
22	杭州滨江房产集团股份有限公司	二星级	二星级	一星级	二星级	二星级	二星级	★
23	金融街控股股份有限公司	一星级	二星级	一星级	二星级	二星级	二星级	★
24	中国水利水电建设股份有限公司	一星级	二星级	一星级	二星级	二星级	二星级	★
25	中天城投集团股份有限公司	一星级	二星级	一星级	二星级	二星级	二星级	★
26	福建三木集团股份有限公司	一星级	二星级	一星级	二星级	二星级	二星级	★
27	北京北辰实业股份有限公司	一星级	二星级	一星级	二星级	二星级	二星级	★
28	上海实业发展股份有限公司	二星级	二星级	一星级	二星级	二星级	二星级	★
29	浙江龙盛集团股份有限公司	一星级	二星级	一星级	二星级	二星级	二星级	★
30	阳光城集团股份有限公司	一星级	二星级	一星级	二星级	二星级	二星级	★
31	天津市房地产发展（集团）股份有限公司	一星级	二星级	一星级	二星级	二星级	一星级	★
32	宇宏地产有限公司	一星级	一星级	一星级	二星级	二星级	一星级	★
33	浙江东日股份有限公司	一星级	二星级	一星级	二星级	二星级	一星级	★
34	吉林亚泰（集团）股份有限公司	一星级	一星级	一星级	一星级	一星级	一星级	★
35	北京城建投资发展股份有限公司	一星级	一星级	一星级	一星级	一星级	一星级	★

续表

序号	企业名称	创新性	可读性	可比性	平衡性	实质性	完整性	综合得分
36	名流置业集团股份有限公司	一星级	一星级	一星级	一星级	一星级	二星级	★
37	苏宁环球股份有限公司	一星级	一星级	一星级	一星级	二星级	一星级	★
38	中国宝安集团股份有限公司	一星级	一星级	一星级	一星级	一星级	一星级	★
39	福建漳州发展股份有限公司	一星级	一星级	一星级	一星级	一星级	一星级	★
40	华丽家族股份有限公司	一星级	一星级	一星级	一星级	二星级	一星级	★
41	冠城大通股份有限公司	一星级	二星级	一星级	一星级	一星级	一星级	★
42	福建实达集团股份有限公司	一星级	一星级	一星级	一星级	二星级	一星级	★
43	宏润建设集团股份有限公司	一星级	一星级	一星级	一星级	一星级	一星级	★
44	泰禾集团股份有限公司	一星级	一星级	一星级	一星级	一星级	一星级	★
45	南京栖霞建设股份有限公司	一星级	一星级	一星级	一星级	一星级	一星级	★
46	华远地产股份有限公司	一星级	一星级	一星级	一星级	一星级	一星级	★
47	深圳市振业（集团）股份有限公司	一星级	一星级	一星级	一星级	一星级	一星级	★
48	浙江广厦股份有限公司	一星级	二星级	一星级	一星级	一星级	一星级	★
49	卧龙地产集团股份有限公司	一星级	一星级	一星级	一星级	一星级	一星级	★
50	珠海格力房产股份有限公司	一星级	一星级	一星级	一星级	一星级	一星级	★
51	大连万达集团股份有限公司	一星级	二星级	一星级	一星级	一星级	一星级	★
52	北京空港科技园区股份有限公司	一星级	一星级	一星级	一星级	一星级	一星级	★
53	天津泰达股份有限公司	一星级	一星级	一星级	一星级	一星级	二星级	★
54	无锡中南置业投资有限公司	一星级	一星级	一星级	一星级	一星级	一星级	★
55	北京首都开发股份有限公司	一星级	一星级	一星级	一星级	一星级	一星级	★
56	凯德集团（中国）	一星级	一星级	一星级	一星级	一星级	一星级	★
57	上海张江高科技园区开发股份有限公司	一星级	二星级	一星级	一星级	一星级	一星级	★
58	苏州新区高新技术产业股份有限公司	一星级	一星级	一星级	一星级	一星级	一星级	★
59	广州珠江实业公司	一星级	一星级	一星级	一星级	一星级	一星级	★
60	南京高科股份有限公司	一星级	一星级	一星级	一星级	一星级	一星级	★
61	新湖中宝股份有限公司	一星级	一星级	一星级	一星级	一星级	一星级	★
62	无锡星洲工业园区开发股份有限公司	一星级	一星级	一星级	一星级	一星级	一星级	★

续表

序号	企业名称	创新性	可读性	可比性	平衡性	实质性	完整性	综合得分
63	鲁商置业股份有限公司	一星级	一星级	一星级	一星级	一星级	一星级	★
64	无锡城市发展集团有限公司	一星级	一星级	一星级	一星级	一星级	一星级	★
65	银亿房地产股份有限公司	一星级	一星级	一星级	一星级	一星级	一星级	★
66	广西梧州中恒集团股份有限公司	一星级	一星级	一星级	一星级	一星级	一星级	★
67	宁波富邦控股集团有限公司	一星级	一星级	一星级	一星级	一星级	一星级	★
68	碧桂园控股有限公司	一星级	一星级	一星级	一星级	一星级	一星级	★
69	佛山一秀地产顾问有限公司	一星级	一星级	一星级	一星级	一星级	一星级	★
70	上海市天宸股份有限公司	一星级	一星级	一星级	一星级	一星级	一星级	★
71	世光创建实业有限公司	一星级	一星级	一星级	一星级	一星级	一星级	★
72	珠海华发实业股份有限公司	一星级	一星级	一星级	一星级	一星级	一星级	★
73	北京万通地产股份有限公司	一星级	一星级	一星级	一星级	一星级	一星级	★
74	北京电子城投资开发股份有限公司	一星级	一星级	一星级	一星级	一星级	一星级	★
75	金地（集团）股份有限公司	一星级	一星级	一星级	一星级	一星级	一星级	★
76	无锡市太湖新城发展集团有限公司	一星级	一星级	一星级	一星级	一星级	一星级	★
77	上海爱建股份有限公司	一星级	一星级	一星级	一星级	一星级	一星级	★
78	方兴地产（中国）有限公司	一星级	一星级	一星级	一星级	一星级	一星级	★

第三节　阶段性特征

一、房地产开发业社会责任报告综合得分为24.5分

房地产开发业社会责任报告综合得分平均值为24.5分，处于起步阶段，即一星级水平，在我们所选取的25个行业中处于倒数第2名，即24位，房地产行业需高度重视提升社会责任报告质量如图25-1所示。

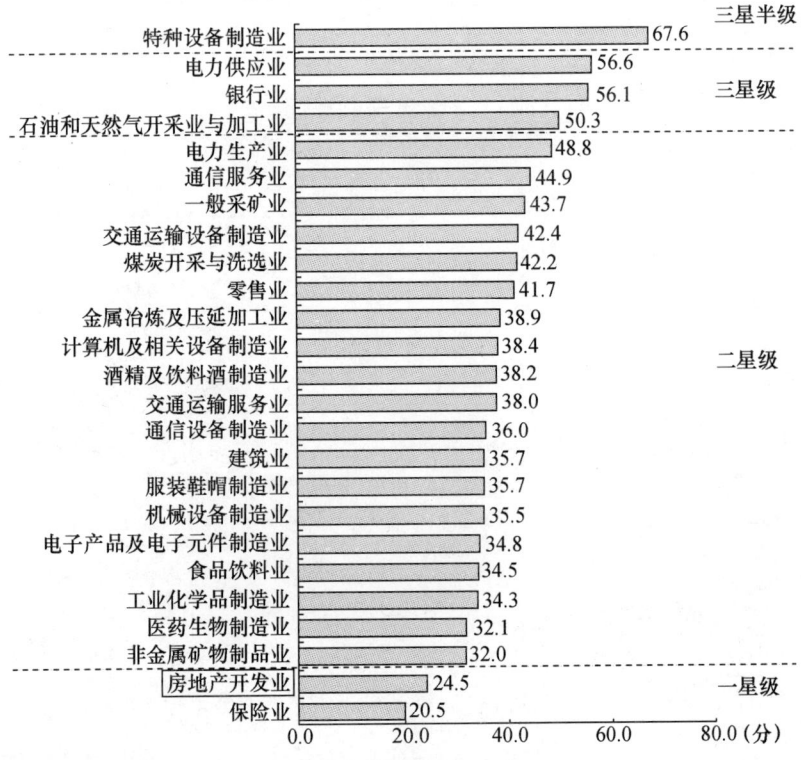

图 25-1 不同行业的报告得分分布

二、行业社会责任报告整体水平非常低,综合得分差距较大

房地产开发业 78 家样本企业得分差距较大,远洋地产控股有限公司、中国保利集团公司、广东粤海控股有限公司、万科企业股份有限公司得分最高,处于四星级水平,而行业内得分偏低企业如方兴地产(中国)有限公司社会责任报告综合得分处于一星级水平。相对来看,行业内企业社会责任报告综合得分普遍偏低,差距较大。样本企业中 4 家处于四星级水平,2 家处于三星半级水平,2 家处于三星级水平,12 家处于二星级水平,58 家处于一星级水平,如表 25-3 所示。

表25-3 房地产开发业企业社会责任报告综合得分发展阶段

单位：家

发展阶段	得分区间（分）	数量	企业名称
★★★★	70~80	4	远洋地产控股有限公司 中国保利集团公司 广东粤海控股有限公司 万科企业股份有限公司
★★★☆	60~70	2	招商局地产控股股份有限公司 上海中建东孚投资发展有限公司
★★★	50~60	2	中国冶金科工股份有限公司 上海益民商业集团股份有限公司
★★	30~50	12	江苏新城地产股份有限公司 荣盛房地产发展股份有限公司 中国海外发展有限公司 上海金桥出口加工区开发股份有限公司 泛海建设集团股份有限公司 保利房地产（集团）股份有限公司 中粮地产（集团）股份有限公司 越秀地产股份有分公司 信达地产股份有限公司 希慎兴业 上海城投控股股份有限公司 浙江物产中大元通集团股份有限公司
★	0~30	58	中国武夷实业股份有限公司 杭州滨江房产集团股份有限公司 金融街控股股份有限公司 中国水利水电建设股份有限公司 中天城投集团股份有限公司 福建三木集团股份有限公司 北京北辰实业股份有限公司 上海实业发展股份有限公司 浙江龙盛集团股份有限公司 阳光城集团股份有限公司 天津市房地产发展（集团）股份有限公司 宇宏地产有限公司 浙江东日股份有限公司 吉林亚泰（集团）股份有限公司 北京城建投资发展股份有限公司

续表

发展阶段	得分区间（分）	数量	企业名称
★	0~30	58	名流置业集团股份有限公司
			苏宁环球股份有限公司
			中国宝安集团股份有限公司
			福建漳州发展股份有限公司
			华丽家族股份有限公司
			冠城大通股份有限公司
			福建实达集团股份有限公司
			宏润建设集团股份有限公司
			泰禾集团股份有限公司
			南京栖霞建设股份有限公司
			华远地产股份有限公司
			深圳市振业（集团）股份有限公司
			浙江广厦股份有限公司
			卧龙地产集团股份有限公司
			珠海格力房产有限公司
			大连万达集团股份有限公司
			北京空港科技园区股份有限公司
			天津泰达股份有限公司
			无锡中南置业投资有限公司
			北京首都开发股份有限公司
			凯德集团（中国）
			上海张江高科技园区开发股份有限公司
			苏州新区高新技术产业股份有限公司
			广州珠江实业公司
			南京高科股份有限公司
			新湖中宝股份有限公司
			无锡星洲工业园区开发股份有限公司
			鲁商置业股份有限公司
			无锡城市发展集团有限公司
			银亿房地产股份有限公司
			广西梧州中恒集团股份有限公司
			宁波富邦控股集团有限公司
			碧桂园控股有限公司
			佛山—秀地产顾问有限公司
			上海市天宸股份有限公司
			世光创建实业有限公司
			珠海华发实业股份有限公司

续表

发展阶段	得分区间（分）	数量	企业名称
★	0~30	58	北京万通地产股份有限公司 北京电子城投资开发股份有限公司 金地（集团）股份有限公司 无锡市太湖新城发展集团有限公司 上海爱建股份有限公司 方兴地产（中国）有限公司

三、社会责任报告六大性质得分差别不大

房地产开发业企业社会责任报告六大性质得分差距不大。其中，可读性得分（33.5分）相对较高，处于二星级水平，其余的五大性质平均得分均处于一星级水平。报告在完整性、实质性、平衡性、可比性、可读性和创新性方面均有较大提升空间。房地产开发业企业社会责任报告六大性质得分如图25-2所示。

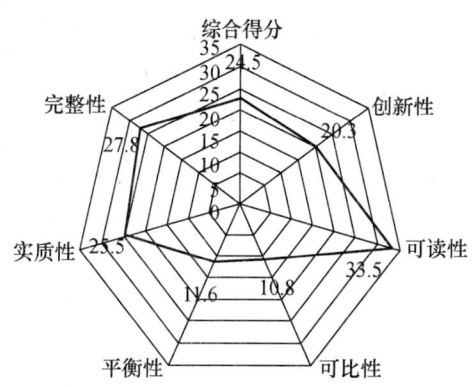

图25-2 房地产开发业社会责任报告六大性质得分分布

四、行业内企业社会责任报告篇幅较短

社会责任报告是企业发布社会责任信息的重要平台，适度的报告篇幅是企业与利益相关方实现良性互动的重要条件。房地产开发业78家发布报告的样

本企业中，仅远洋地产控股有限公司和广东粤海控股有限公司的社会责任报告达到 90 页；54 家企业的报告在 20 页及以下。其社会责任报告篇幅分布如图 25-3 所示。

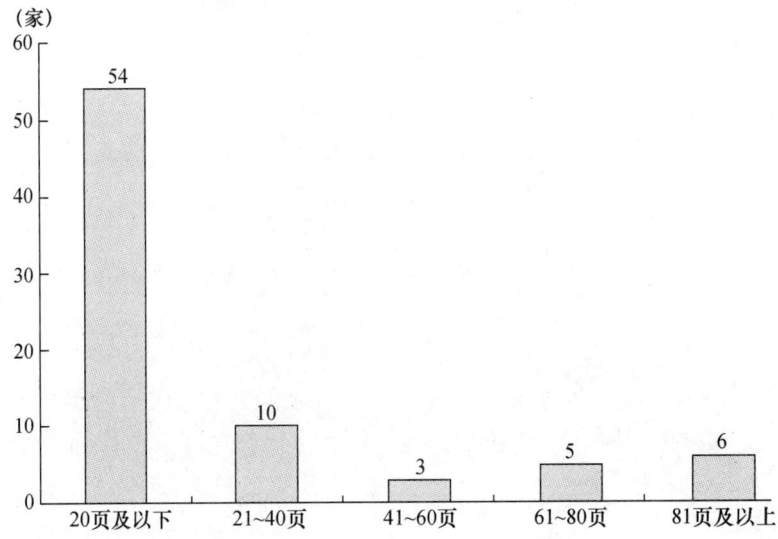

图 25-3　房地产开发业企业社会责任报告篇幅

评级篇

第二十六章　中国企业社会责任报告评级报告概述

为进一步推动、规范我国企业社会责任报告编制工作，2010年3月，中国社会科学院经济学部企业和社会责任研究中心在各界专家的支持下，依据《中国企业社会责任报告编制指南》，制定并发布了我国第一份社会责任报告评价标准——《中国企业社会责任报告评级标准》。该中心邀请了我国社会责任研究者、企业社会责任实践者以及各行业专家共同组成的"中国企业社会责任报告评级专家委员会"，负责对企业社会责任报告进行评级。

中国社会科学院经济学部企业社会责任研究中心秉承"科学、公正、合理、开放"的原则，希望通过报告评级与社会各界共同推动我国企业社会责任的发展。

截至2013年10月底，中国企业社会责任报告评级专家委员会对中国南方电网公司2012年企业社会责任报告、中国建筑材料集团有限公司2012年社会责任报告、中国华电集团公司2012年社会责任报告、中国石油化工集团公司2012年社会责任报告、中国石油化工股份有限公司2012年可持续发展进展报告以及中国兵器工业集团公司2012年社会责任报告、中国电信集团公司2012年社会责任报告等57家企业社会责任报告进行了评级，评级专家小组对报告做出了客观、公正的评级，得到企业的认可。

2013年评级企业较2012年增加14家（增幅32.6%），较2011年增加35家（增幅159%），呈逐年上升趋势，如图26-1所示。

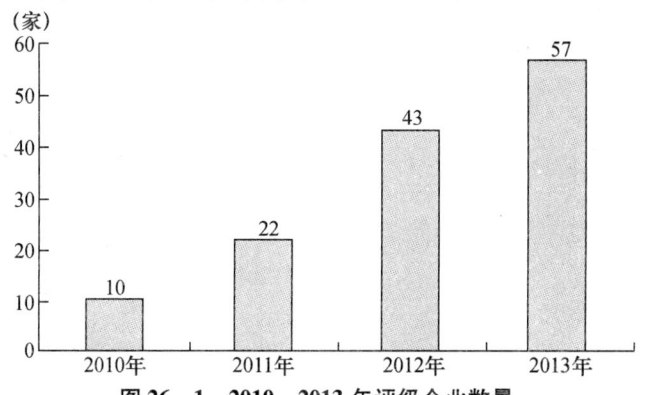

图26-1　2010~2013年评级企业数量

第二十七章 评级结果

2013年企业社会责任报告评级结果如表27-1所示。

表27-1 2013年评级企业名单及评级结果

序号	企业名称	评级星级
1	中国南方电网公司	★★★★★
2	中国建筑材料集团有限公司	★★★★★
3	中国华电集团公司	★★★★★
4	中国石油化工集团公司	★★★★★
5	中国石油化工股份有限公司	★★★★★
6	中国兵器工业集团公司	★★★★★
7	中国电信集团公司	★★★★★
8	中国建筑股份有限公司	★★★★★
9	中国华能集团公司	★★★★★
10	中国电子科技集团公司	★★★★★
11	中国铝业公司	★★★★☆
12	华润（集团）有限公司	★★★★☆
13	中国联合网络通信集团有限公司	★★★★☆
14	广东省粤电集团有限公司	★★★★☆
15	中国民生银行股份有限公司	★★★★☆
16	中国三星	★★★★☆
17	中国黄金集团公司	★★★★☆
18	中国海洋石油总公司	★★★★☆
19	中国盐业总公司	★★★★☆
20	太原钢铁（集团）有限公司	★★★★☆
21	神华集团有限责任公司	★★★★☆
22	中国兵器装备集团公司	★★★★☆

续表

序号	企业名称	评级星级
23	国家核电技术公司	★★★★☆
24	广东省广业资产经营有限公司	★★★★☆
25	远洋地产控股有限公司	★★★★☆
26	中国中煤能源集团有限公司	★★★★☆
27	中国储备棉总公司	★★★★☆
28	中国电子信息产业集团有限公司	★★★★☆
29	斗山 infracore（中国）	★★★★
30	中国松下	★★★★
31	中国东方航空股份有限公司	★★★★
32	中国医药集团总公司	★★★★
33	北京汽车集团有限公司	★★★★
34	中国黄金国际资源有限公司	★★★★
35	广东省丝绸纺织集团有限公司	★★★★
36	中国中钢集团公司	★★★★
37	佳能（中国）有限公司	★★★★
38	中国节能环保集团	★★★★
39	中国保利集团公司	★★★★
40	广东物资集团公司	★★★★
41	中国机械工业集团有限公司	★★★★
42	广东省建筑工程集团有限公司	★★★★
43	中国航天科技集团公司	★★★★
44	广东粤海控股有限公司	★★★★
45	中国交通建设股份有限公司	★★★★
46	广州百货企业集团有限公司	★★★★
47	LG 化学（中国）投资有限公司	★★★★
48	朔黄铁路发展有限责任公司	★★★★
49	广东省水电集团有限公司	★★★★
50	中国航空工业集团公司	★★★★
51	浙江省电力公司	★★★★
52	广东省交通集团有限公司	★★★☆
53	广东省航运集团有限公司	★★★☆

续表

序号	企业名称	评级星级
54	广东省广新控股集团有限公司	★★★☆
55	广东省广晟资产经营有限公司	★★★☆
56	广东省铁路建设投资集团有限公司	★★★☆
57	广东省机场管理集团有限公司	★★★☆

表27-2 2010~2012年中国企业社会责任报告评级企业名单

2012年申请报告评级企业名单（43家）	
中国电信集团公司	中国兵器工业集团公司
中国南方电网公司	中国石油化工股份有限公司
中国石油化工集团公司	中国华能集团公司
中国黄金行业协会	中国兵器装备集团公司
中国电子科技集团公司	中国诚通控股集团有限公司
鞍钢集团公司	中国民生银行
华润（集团）有限公司	中国黄金集团公司
中国电子信息产业集团有限公司	中国建筑材料有限公司
广百集团有限公司	武汉钢铁集团公司
神华集团有限责任公司	中国机械工业集团有限公司
中国华电集团公司	中国建筑股份有限公司
远洋地产	中国铝业公司
中国建筑设计研究院	新兴际华集团有限公司
哈尔滨电机厂有限责任公司	中国节能环保集团公司
中国农业发展集团有限公司	中国北方工业公司
中国储备棉管理总公司	中国盐业总公司
中国黄金国际资源有限公司	中国中钢集团
中国医药集团总公司	广东粤电集团有限公司
广百股份有限公司	国家核电技术公司
马钢集团	中国航天科技集团公司
中煤集团	哈尔滨电气集团公司
佳能（中国）有限公司	

续表

2011年申请报告评级企业名单（22家）	
中国南方电网有限责任公司	中国兵器装备集团公司
中国电信集团公司	中国盐业总公司
中国华能集团公司	中国建筑材料集团有限公司
中国石油化工集团公司	中国民生银行股份有限公司
中国石油化工股份有限公司	中国大唐集团公司
中国黄金集团公司	中国中钢集团公司
远洋地产控股有限公司	中国电子信息产业集团有限公司
中国电子科技集团公司	中国储备棉管理总公司
鞍钢集团公司	中国华电集团公司
哈尔滨电气集团公司	中国黄金国际资源股份有限公司
国家核电技术公司	中国医药集团总公司
2010年申请报告评级企业名单（10家）	
中国石化集团公司	中国大唐集团公司
中国石化股份公司	中国中钢集团公司
中国民生银行股份有限公司	中国南方电网有限责任公司
中国华能集团公司	马钢集团
中国华电集团公司	鞍山钢铁集团公司

第二十八章 评级报告展示（五星级）

一、《中国南方电网企业社会责任报告2012》评级报告

中国社会科学院经济学部企业社会责任研究中心（以下简称"中心"）受中国南方电网有限公司委托，从中国企业社会责任报告评级专家委员会中抽选专家组成评级小组，对《中国南方电网企业社会责任报告2012》（以下简称《报告》）进行评级。

一、评级依据

中国社会科学院经济学部企业社会责任研究中心、中国企业联合会、中国石油与化学工业联合会、中国轻工业联合会、中德贸易可持续发展与企业行为规范项目、《WTO经济导刊》、中国企业公民委员会联合发布的《中国企业社会责任报告编写指南（CASS‐CSR 2.0）》，以及《中国企业社会责任报告评级标准（2013）》。

二、评级结论

完整性（★★★★☆）

《报告》从"责任管理"、"电力供应"、"绿色环保"、"经济绩效"及"社会和谐"等方面，系统披露了电力供应业核心指标的86.01%，具有很好的完整性。

实质性（★★★★★）

《报告》涵盖了"保障电力供应"、"保障农村及边远地区用电"、"综合停电管理的制度措施"、"设备管理"、"提高电力输送效率"及"绿色供电的制度及措施"等电力供应业关键性议题，叙述详细，论证充分，实质性表现卓越。

平衡性（★★★★★）

《报告》披露了"电力安全事故和设备事故"、"重大电网事故"及"员工流失率"等负面指标信息，并对"深圳'4·10'停电事件"的原因、处理及预防措施做了详尽的介绍，平衡性表现卓越。

可比性（★★★★☆）

《报告》披露了34个关键绩效指标连续5年以上的历史数据，同时披露了"电网稳定运行"、"客户满意度"等多项指标的同行业数据，具有较强的可比性。

可读性（★★★★★）

《报告》框架合理，逻辑清楚；语言流畅，案例典型；采用了数据表、流程图等多种表达方式，生动形象；排版设计美观，显著提升了阅读性，可读性表现卓越。

创新性（★★★★★）

《报告》开辟责任专题，呈现国内外电力行业的现状与难点，回顾企业十年责任成效，探讨自身发展与突破，视角宏观，分析独到，长维度展现了企业的可持续发展能力；同时，积极向读者传播环保理念、环保知识，拓展了《报告》的功能，具有很好的创新性。

综合评级（★★★★★）

经评级小组评价，《中国南方电网企业社会责任报告2012》为五星级，是一份卓越的企业社会责任报告。

三、改进建议

增加行业关键绩效指标的信息披露，进一步提高报告的完整性。

评级小组

组长：中国社会科学院经济学部企业社会责任研究中心主任　钟宏武

成员：中国电机工程协会能源系统专委会副主任　沙亦强

　　　国家电监会电力可靠性管理中心主任　米建华

评级专家委员会副主席　　　　　　　评级小组组长
中心常务副理事长　　　　　　　　　中心主任

二、《中国建筑材料集团有限公司 2012 年社会责任报告》评级报告

中国社会科学院经济学部企业社会责任研究中心（以下简称"中心"）受中国建筑材料集团有限公司委托，从中国企业社会责任报告评级专家委员会中抽选专家组成评级小组，对《中国建筑材料集团有限公司 2012 年社会责任报告》（以下简称《报告》）进行评级。

一、评级依据

中国社会科学院经济学部企业社会责任研究中心、中国企业联合会、中国石油与化学工业联合会、中国轻工业联合会、中德贸易可持续发展与企业行为规范项目、《WTO 经济导刊》、中国企业公民委员会联合发布的《中国企业社会责任报告编写指南（CASS – CSR 2.0）》，以及《中国企业社会责任报告评级标准（2013）》。

二、评级结论

完整性（★★★★★）

《报告》系统披露了"责任管理"、"市场绩效"、"科技创新"、"节能环保"、"员工关爱"、"企业公民"等方面的关键指标，涵盖了非金属矿物制品业核心指标的 96.03%，完整性表现卓越。

实质性（★★★★★）

《报告》披露了"产品质量管理"、"产品创新"、"职业健康管理"、"安全生产"、"环保设备和技术的研发与应用"、"减少'三废'排放"等实质性议题，且叙述详细充分，具有很好的实质性。

平衡性（★★★★）

《报告》披露了"职业病发病次数"、"可记录的千人事故率"、"死亡责任事故"及"员工流失率"等负面数据信息，平衡性表现良好。

可比性（★★★★★）

《报告》披露了 46 个关键绩效指标连续 3 年以上的历史数据，具有很好的纵向可比性；对 2009～2012 年"水泥产量"进行了同行业比较，具有一定的横向可比性。综上，总体可比性表现卓越。

可读性（★★★★☆）

《报告》主体框架清晰，案例叙述详尽；图片、图表及流程图等表达方式

多样，排版设计较精美，并对专业术语进行了解释，可读性表现优秀。

创新性（★★★★）

《报告》在每章以标签形式凸显关键数据，突出了企业社会责任绩效，有助于利益相关方沟通和交流，创新性表现良好。

综合评级（★★★★★）

经评级小组评价，《中国建筑材料集团有限公司2012年社会责任报告》为五星级，是一份卓越的企业社会责任报告。

三、改进建议

增加对负面数据、信息及矫正预防措施的披露，提高报告的平衡性。

评级小组

组长：中国社会科学院经济学部企业社会责任研究中心主任　钟宏武

成员：《WTO经济导刊》副社长　殷格非

　　　北方工业大学经济管理学院副教授　魏秀丽

评级专家委员会副主席　　　　　　　　　　评级小组组长
中心常务副理事长　　　　　　　　　　　　中心主任

三、《中国华电集团公司社会责任报告 2012》评级报告

中国社会科学院经济学部企业社会责任研究中心（以下简称"中心"）受中国华电集团公司委托，从中国企业社会责任报告评级专家委员会中抽选专家组成评级小组，对《中国华电集团公司社会责任报告 2012》（以下简称《报告》）进行评级。

一、评级依据

中国社会科学院经济学部企业社会责任研究中心、中国企业联合会、中国石油与化学工业联合会、中国轻工业联合会、中德贸易可持续发展与企业行为规范项目、《WTO 经济导刊》、中国企业公民委员会联合发布的《中国企业社会责任报告编写指南（CASS－CSR 2.0）》，以及《中国企业社会责任报告评级标准（2013）》。

二、评级结论

完整性（★★★★☆）

《报告》从"我们的理念"、"我们的行动"、"我们的绩效"等角度系统披露了企业在"责任管理"、"市场责任"、"环境责任"、"社会责任"等方面的责任实践内容，覆盖了电力生产业核心指标的 87.41%，具有很好的完整性。

实质性（★★★★★）

《报告》涵盖了"保障电力供应"、"安全生产"、"发展绿色电力"、"节约资源能源"、"发展循环经济"及"减少'三废'排放"等电力生产业关键性议题，叙述详细，论证充分，实质性表现卓越。

平衡性（★★★★☆）

《报告》披露了"设备/人身事故发生数"、"员工伤亡人数"、"非计划停运次数"等负面数据指标信息，并对人身伤亡事故应对措施做了简要介绍，具有较好的平衡性。

可比性（★★★★★）

《报告》披露了 61 个关键绩效指标连续 3 年的历史数据，同时披露了多项公司与同行业在环境绩效、责任管理等方面的横向比较数据，具有较强的可比性。

可读性（★★★★★）

《报告》结构合理，逻辑清楚；语言流畅，结合典型案例叙述，采用了数据表、流程图等表达方式；在设计上，不同责任主题采用不同色彩，辨识度高，可读性表现优秀。

创新性（★★★★☆）

《报告》突破传统框架，从"理念"、"行动"与"绩效"的角度阐述企业社会责任实践，逻辑性强；运用多重专题式案例，立体展现企业在社会责任方面的具体实践，具有很好的创新性。

综合评级（★★★★★）

综合以上六项评价指标，《中国华电集团公司社会责任报告2012》为五星级，是一份卓越的企业社会责任报告。

三、改进建议

1. 增加对负面信息的经过、应对及预防措施等信息的披露，提高报告的平衡性。

2. 进一步对配图进行优化，增加匹配度，提高报告的可读性。

评级小组

组长：中国企业联合会雇主部主任、全球契约中国网络秘书处执行主任 程多生

成员：中国电力企业联合会秘书长　王志轩
　　　北京工商大学经济系副教授　郭毅

评级专家委员会副主席　　　　　　　评级小组组长
中心常务副理事长　　　　　　　　　评价专家委员会委员

四、《中国石油化工集团公司社会责任报告2012》评级报告

中国社会科学院经济学部企业社会责任研究中心（以下简称"中心"）受中国石油化工集团公司委托，从中国企业社会责任报告评级专家委员会中抽选专家组成评级小组，对《中国石油化工集团公司社会责任报告2012》（以下简称《报告》）进行评级。

一、评级依据

中国社会科学院经济学部企业社会责任研究中心、中国企业联合会、中国石油与化学工业联合会、中国轻工业联合会、中德贸易可持续发展与企业行为规范项目、《WTO经济导刊》、中国企业公民委员会联合发布的《中国企业社会责任报告编写指南（CASS-CSR 2.0）》，以及《中国企业社会责任报告评级标准（2013）》。

二、评级结论

完整性（★★★★☆）

《报告》系统披露了"持续保障能源"、"提供优质服务"、"安全稳定运营"、"绿色低碳发展"、"打造幸福石化"、"竭诚回报社会"等方面的关键内容，覆盖了石油天然气开采与加工业核心指标的84.56%，具有很好的完整性。

实质性（★★★★★）

《报告》涵盖了"责任管理"、"产品质量"、"职业健康"、"循环经济"、"可持续能源"、"应对气候变化"等石油天然气开采与加工业的关键性议题，叙述详细充分，在实质性方面表现优秀。

平衡性（★★★★★）

《报告》披露了"上报事故数"、"千人事故死亡率"、"死亡人数"、"职业病新诊断病例"等负面指标信息，并对"齐鲁石化含油污水事件"和"聚丙烯颗粒漏撒事件"的经过及应对措施进行专题报道，具有很好的平衡性。

可比性（★★★★☆）

《报告》披露了37个关键绩效指标连续3年的历史数据，纵向可比性表现较好。

可读性（★★★★★）

《报告》结构清晰，逻辑清楚，篇幅适中；语言流畅，采用了数据表、流程图等表达方式，结合案例、专题叙述，并对专业词汇进行了解释，可读性表现优秀。

创新性（★★★★★）

《报告》每篇增加责任专题案例，既增加了报告的内容充实性，又提高了读者的阅读体验；同时，对企业负面信息进行专题报道，开创了中国企业负面信息报道的先例，具有很好的创新性。

综合评级（★★★★★）

经评级小组评价，《中国石油化工集团公司社会责任报告2012》为五星级，是一份卓越的企业社会责任报告。

三、改进建议

1. 增加与行业可比数据的披露，提高报告的横向可比性。
2. 增加对行业扩展指标的信息披露，进一步提升报告的完整性。

评级小组

组长：中国社会科学院经济学部企业社会责任研究中心主任　钟宏武

成员：中国标准化研究院研究员、ISO社会责任特别工作组秘书长　陈元桥
　　　北方工业大学经济管理学院副教授　魏秀丽

评级专家委员会副主席
中心常务副理事长

评级小组组长
中心主任

五、《中国石化 2012 年可持续发展进展报告》评级报告

中国社会科学院经济学部企业社会责任研究中心（以下简称"中心"）受中国石油化工股份有限公司委托，从中国企业社会责任报告评级专家委员会中抽选专家组成评级小组，对《中国石化 2012 年可持续发展进展报告》（以下简称《报告》）进行评级。

一、评级依据

中国社会科学院经济学部企业社会责任研究中心、中国企业联合会、中国石油与化学工业联合会、中国轻工业联合会、中德贸易可持续发展与企业行为规范项目、《WTO 经济导刊》、中国企业公民委员会联合发布的《中国企业社会责任报告编写指南（CASS－CSR 2.0）》，以及《中国企业社会责任报告评级标准（2013）》。

二、评级结论

完整性（★★★★☆）

《报告》系统披露了"推进绿色经营"、"开展清洁生产"、"提升客户服务品质"、"搭建员工成长平台"等方面的关键内容，覆盖了石油和天然气开采与加工业核心指标的 82.88%，具有较好的完整性。

实质性（★★★★★）

《报告》涵盖了"责任管理"、"产品质量"、"职业健康"、"循环经济"、"可持续能源"、"应对气候变化"等行业关键性议题且叙述较充分，在实质性方面表现优秀。

平衡性（★★★★★）

《报告》披露了"职业病诊断病例"、"千人事故死亡率"、"上报事故数"、"死亡人数"等指标信息，"积极应对聚丙烯颗粒漏撒事件"专题对事件经过、事后处理等进行了详细的叙述，具有很好的平衡性。

可比性（★★★★☆）

《报告》披露了 35 个关键绩效指标连续 3 年的历史数据，同时披露了公司股票与上证指数和恒生指数的横向比较，可比性表现优秀。

可读性（★★★★★）

《报告》框架清晰，篇幅适宜；语言简洁流畅，表达方式丰富，案例充实

生动；配图精致优美，设计典雅朴实，可读性表现优秀。

创新性（★★★★★）

《报告》是中国第一本可持续发展进程报告，在公司连续6年发布可持续发展报告的基础上，突出2012年可持续发展管理以及实践的年度进展，提升了报告的时效性和可读性，是中国企业社会、环境信息披露的最新趋势，具有很好的创新性。

综合评级（★★★★★）

经评级小组评价，《中国石化2012年可持续发展进展报告》为五星级，是一份卓越的企业社会责任报告。

三、改进建议

增加披露行业核心指标，进一步提高报告的完整性。

评级小组

组长：全球契约中国网络秘书处执行主任、中国企业联合会雇主部副主任　程多生

成员：中国企业公民委员会专职副会长兼总干事　刘卫华

　　　北方工业大学经济管理学院副教授　魏秀丽

评级专家委员会副主席　　　　　　　　评级小组组长
中心常务副理事长　　　　　　　　　　评级专家委员会委员

六、《中国兵器工业集团公司 2012 年企业社会责任报告》评级报告

中国社会科学院经济学部企业社会责任研究中心（以下简称"中心"）受中国兵器工业集团公司委托，从中国企业社会责任报告评级专家委员会中抽选专家组成评级小组，对《中国兵器工业集团公司 2012 年企业社会责任报告》（以下简称《报告》）进行评级。

一、评级依据

中国社会科学院经济学部企业社会责任研究中心、中国企业联合会、中国石油与化学工业联合会、中国轻工业联合会、中德贸易可持续发展与企业行为规范项目、《WTO 经济导刊》、中国企业公民委员会联合发布的《中国企业社会责任报告编写指南（CASS－CSR 2.0）》，以及《中国企业社会责任报告评级标准（2013）》。

二、评级结论

完整性（★★★★☆）

《报告》系统披露了"心系和平"、"共创价值"、"致力和谐"、"践行绿色"、"关于我们"等方面的关键内容，覆盖了特种设备制造业核心指标的 83%，具有很好的完整性。

实质性（★★★★★）

《报告》涵盖了"产品质量管理"、"产品科技创新"、"安全生产"等实质性议题，叙述充分全面，在实质性方面表现很好。

平衡性（★★★★★）

《报告》披露了"员工流失率"、"不符合环保要求的'问题产品'"，并对哈一集团安全事故经过、原因、预防措施做了详细披露和总结，具有很好的平衡性。

可比性（★★★★★）

《报告》披露了 44 个关键绩效指标连续 3 年的历史数据，并披露了企业社会责任工作在行业中的横向比较数据，可比性表现很好。

可读性（★★★★★）

《报告》框架清晰，篇幅适宜；语言简洁流畅，结合大量案例，配图精美，表达方式丰富多样，并对专业词汇进行了解释，可读性表现优秀。

创新性（★★★★☆）

《报告》重点阐述"心系和平"责任议题，突出企业的国防使命，通过制定"12358"责任管理推进战略，明确企业社会责任管理推进路径，具有较好的创新性。

综合评级（★★★★★）

经评级小组评价，《中国兵器工业集团公司2012年企业社会责任报告》为五星级，是一份卓越的企业社会责任报告。

三、改进建议

增加对行业核心指标的披露，提高报告的完整性。

评级小组

组长：中国社会科学院经济学部企业社会责任研究中心主任　钟宏武

成员：新华网副总裁　魏紫川

中国企业联合会雇主部副主任　程多生

评级专家委员会副主席　　　　　　　　评级小组组长
中心常务副理事长　　　　　　　　　　中心主任

七、《中国电信集团公司 2012 年社会责任报告》评级报告

中国社会科学院经济学部企业社会责任研究中心（以下简称"中心"）受中国电信集团公司委托，从中国企业社会责任报告评级专家委员会中抽选专家组成评级小组，对《中国电信集团公司 2012 年社会责任报告》（以下简称《报告》）进行评级。

一、评级依据

中国社会科学院经济学部企业社会责任研究中心、中国企业联合会、中国石油与化学工业联合会、中国轻工业联合会、中德贸易可持续发展与企业行为规范项目、《WTO 经济导刊》、中国企业公民委员会联合发布的《中国企业社会责任报告编写指南（CASS – CSR 2.0）》，以及《中国企业社会责任报告评级标准（2013）》。

二、评级结论

完整性（★★★★☆）

《报告》从"本质责任"、"客户责任"、"员工责任"、"环境责任"及"公益责任"等方面，系统披露了通信服务业核心指标的 86.29%，具有很好的完整性。

实质性（★★★★★）

《报告》涵盖了"确保通信质量"、"产品服务创新"、"资费透明"、"保障应急通信"及"缩小数字鸿沟"等行业关键性议题，叙述详细充分，回应了利益相关方的期望和诉求，实质性表现卓越。

平衡性（★★★★☆）

《报告》披露了公司"千人责任重伤率"、"通信掉话率"及"员工因公伤亡人数"等负面数据，并简述了公司积极应对被"3·15"晚会曝光的"垃圾短信"现象，平衡性表现良好。

可比性（★★★★★）

《报告》披露了公司 58 个关键绩效指标连续 3 年的历史数据，可比性表现卓越。

可读性（★★★★☆）

《报告》框架清晰，语言流畅，设计风格清新典雅，结构图、流程图、图

片等表达方式丰富多样，显著提升了阅读性，可读性表现优秀。

创新性（★★★★☆）

《报告》以责任议题为导向，在详细阐述核心责任模型的同时，又在每个板块加入了议题责任模型，凸显了企业的关键责任议题，便于相关方沟通和交流，具有较好的创新性。

综合评级（★★★★★）

经评级小组评价，《中国电信集团公司2012年社会责任报告》为五星级，是一份卓越的企业社会责任报告。

三、改进建议

1. 增加对负面事件的原因、经过、预防应对措施的叙述，进一步提高报告的平衡性。

2. 增加对行业可比定量数据的披露，提高报告的横向可比性。

评级小组

组长：中国社会科学院经济学部企业社会责任研究中心主任　钟宏武

成员：北方工业大学经济管理学院副教授　魏秀丽

全球契约中国网络执行副主任　韩斌

评级专家委员会副主席　　　　　　　　评级小组组长
中心常务副理事长　　　　　　　　　　中心主任

八、《中国建筑股份有限公司可持续发展 & 社会责任报告2012》评级报告

中国社会科学院经济学部企业社会责任研究中心（以下简称"中心"）受中国建筑股份有限公司委托，从中国企业社会责任报告评级专家委员会中抽选专家组成评级小组，对《中国建筑股份有限公司2012可持续发展 & 社会责任报告2012》（以下简称《报告》）进行评级。

一、评级依据

中国社会科学院经济学部企业社会责任研究中心、中国企业联合会、中国石油与化学工业联合会、中国轻工业联合会、中德贸易可持续发展与企业行为规范项目、《WTO经济导刊》、中国企业公民委员会联合发布的《中国企业社会责任报告编写指南（CASS－CSR 2.0）》，以及《中国企业社会责任报告评级标准（2013）》。

二、评级结论

完整性（★★★★☆）

《报告》从"价值"、"品质"、"生态"、"成长"、"共赢"、"创新"及"和谐"等方面，系统披露了建筑业核心指标的88.28%，具有很好的完整性。

实质性（★★★★★）

《报告》涵盖了"建筑质量管理"、"产品创新"、"农民工权益保护"、"承包商管理制度与措施"、"安全生产"及"绿色建材使用"等建筑业关键议题，叙述详细充分，实质性表现卓越。

平衡性（★★★★）

《报告》披露了"员工流失率"、"较大及以上生产安全事故"、"亿元产值死亡率"等负面信息，并对安全生产方面的预防措施做了简要叙述，平衡性表现较好。

可比性（★★★★☆）

《报告》披露了公司多个关键绩效指标连续3年的历史数据，纵向可比性表现良好；同时披露了"当年新签建筑业合同额"、"房屋施工面积"及"房屋竣工面积"等多个同行业横向比较数据，可比性表现优秀。

可读性（★★★★★）

《报告》结构清晰，逻辑清楚；表述流畅，设计风格切合行业特色，并采

用数据表、流程图等多种表达方式；语言为中英文对照，适应了海内外读者人群和企业海外发展的需求，可读性表现卓越。

创新性（★★★★★）

《报告》以"拓展幸福空间"为核心，构建了利益相关方模型的七重空间，既符合企业责任实践，又凸显建筑行业的特点，空间感强，做到了内容与形式良好结合，具有很好的创新性。

综合评级（★★★★★）

经评级小组评价，《中国建筑股份有限公司可持续发展＆社会责任报告2012》为五星级，是一份卓越的企业社会责任报告。

三、改进建议

1. 增加负面信息的披露及对负面事件预防应对措施的叙述，提高报告的平衡性。

2. 增加对关键绩效指标连续多年数据的披露，提高报告的纵向可比性。

评级小组

组长：中国社会科学院经济学部企业社会责任研究中心主任　钟宏武

成员：北方工业大学经济管理学院副教授　魏秀丽

　　　《证券时报》中国上市公司社会责任研究中心秘书长　张旺

评级专家委员会副主席 中心常务副理事长	评级小组组长 中心主任

九、《中国华能集团公司 2012 年可持续发展报告》评级报告

中国社会科学院经济学部企业社会责任研究中心（以下简称"中心"）受中国华能集团公司委托，从中国企业社会责任报告评级专家委员会中抽选专家组成评级小组，对《中国华能集团公司 2012 年可持续发展报告》（以下简称《报告》）进行评级。

一、评级依据

中国社会科学院经济学部企业社会责任研究中心、中国企业联合会、中国石油与化学工业联合会、中国轻工业联合会、中德贸易可持续发展与企业行为规范项目、《WTO 经济导刊》、中国企业公民委员会联合发布的《中国企业社会责任报告编写指南（CASS-CSR 2.0）》，以及《中国企业社会责任报告评级标准（2013）》。

二、评级结论

完整性（★★★★☆）

《报告》以发展为核心，从"管理"、"安全"、"优化"、"绿色"、"健康"、"创新"及"和谐"七大角度系统披露了电力生产业核心指标的 82%，具有较好的完整性。

实质性（★★★★★）

《报告》涵盖了"保障电力供应"、"安全生产"、"发展绿色电力"、"节约资源能源"、"发展循环经济"及"减少'三废'排放"等行业关键性议题，且叙述充分详细，实质性表现卓越。

平衡性（★★★★☆）

《报告》披露了"一般设备事故"、"人身伤亡事故"、"一类障碍"及"非计划停运次数"等负面数据信息，开设"警钟与反思"专栏，对人身伤亡事故原因及预防做出分析，具有很好的平衡性。

可比性（★★★★☆）

《报告》披露了 35 个关键绩效指标连续多年的历史数据，具有较好的纵向可比性；同时披露了多项在电力产业发展方面的横向比较数据，可比性表现优秀。

第二十八章　评级报告展示（五星级）

可读性（★★★★★）

《报告》框架清晰，篇幅适中；语言简洁，结构图、流程图等表达方式丰富，设计精美，书签式排版便于阅读，同时对专业词汇进行了解释。总体来看，可读性表现卓越。

创新性（★★★★★）

《报告》在内容上以战略强化管理，由责任提升管理，使责任管理全面融入企业战略管理体系中；在形式上，各章开篇以大事记形式，集中反映企业当期社会责任实践，时效性强，便于和读者沟通，具有很好的创新性。

综合评级（★★★★★）

综合以上六项评价指标，《中国华能集团公司2012年可持续发展报告》为五星级，是一份卓越的企业社会责任报告。

三、改进建议

增加行业核心指标信息的披露，提高报告的完整性。

评级小组

组长：中国社会科学院经济学部企业社会责任研究中心主任　钟宏武

成员：中国电力企业联合会秘书长　王志轩

　　　中山大学岭南学院副院长　陈宏辉

评级专家委员会副主席　　　　　　　　　评级小组组长
中心常务副理事长　　　　　　　　　　　中心主任

十、《中国电子科技集团公司 2012 年企业社会责任报告》评级报告

中国社会科学院经济学部企业社会责任研究中心（以下简称"中心"）受中国电子科技集团公司委托，从中国企业社会责任报告评级专家委员会中抽选专家组成评级小组，对《中国电子科技集团公司 2012 年企业社会责任报告》（以下简称《报告》）进行评级。

一、评级依据

中国社会科学院经济学部企业社会责任研究中心、中国企业联合会、中国石油与化学工业联合会、中国轻工业联合会、中德贸易可持续发展与企业行为规范项目、《WTO 经济导刊》、中国企业公民委员会联合发布的《中国企业社会责任报告编写指南（CASS－CSR 2.0）》，以及《中国企业社会责任报告评级标准（2013）》。

二、评级结论

完整性（★★★★☆）

《报告》从"核心责任"、"市场绩效"、"环境绩效"、"社会绩效"及"责任管理"等方面，系统披露了所在行业核心指标的 82.26%，完整性表现优秀。

实质性（★★★★★）

《报告》披露了"贯彻宏观政策"、"产品科技创新"、"职业健康安全管理"、"确保信息安全"、"安全生产"、"节约资源能源"等行业关键性议题，叙述充分全面，实质性表现卓越。

平衡性（★★★★☆）

《报告》对"员工伤亡事故"的过程及处理措施做出较详细的阐述，同时对"重大环境事故"、"重大质量事故"及"纪检监察"等相关负面指标进行了披露，平衡性表现领先。

可比性（★★★★★）

《报告》披露了 57 个关键绩效指标连续 3 年的历史数据，同时对"2012 年减排指标"进行了业内横向对比，可比性表现卓越。

可读性（★★★★★）

《报告》框架清晰，逻辑清楚，语言简练，案例丰富；加入了较多设计元

素，采用图片、数据表、流程图等多种表达方式；并对专业词汇予以解释，显著提升了报告的阅读性，可读性表现卓越。

创新性（★★★★☆）

《报告》以"我们的责任观"开篇，提纲挈领；"责任专题"充分突出了企业的核心责任；同时以对话形式反映了公司领导对社会责任的观点，有较好的创新性表现。

综合评级（★★★★★）

经评级小组评价，《中国电子科技集团公司2012年企业社会责任报告》为五星级，是一份卓越的企业社会责任报告。

三、改进建议

增加行业核心指标的披露，进一步提高报告的完整性。

评级小组

组长：中国社会科学院经济学部企业社会责任研究中心主任　钟宏武

成员：中山大学岭南学院副院长　陈宏辉

中国企业联合会全球契约推进办公室主任　韩斌

评级专家委员会副主席　　　　　　　　评级小组组长
中心常务副理事长　　　　　　　　　　中心主任

第二十九章　评级报告展示
（四星半级）

十一、《中国铝业公司 2012 年社会责任报告》评级报告

中国社会科学院经济学部企业社会责任研究中心（以下简称"中心"）受中国铝业公司委托，从中国企业社会责任报告评级专家委员会中抽选专家组成评级小组，对《中国铝业公司 2012 年社会责任报告》（以下简称《报告》）进行评级。

一、评级依据

中国社会科学院经济学部企业社会责任研究中心、中国企业联合会、中国石油与化学工业联合会、中国轻工业联合会、中德贸易可持续发展与企业行为规范项目、《WTO 经济导刊》、中国企业公民委员会联合发布的《中国企业社会责任报告编写指南（CASS–CSR 2.0）》，以及《中国企业社会责任报告评级标准（2013）》。

二、评级结论

完整性（★★★★☆）

《报告》从"公司概况"、"责任管理"、"责任绩效"、"责任实践"及"责任计划"等角度系统披露了企业的责任信息，覆盖了一般采矿业和金属冶炼与加工业核心指标的 88.97%，具有很好的完整性。

实质性（★★★★★）

《报告》涵盖了"安全生产"、"员工职业健康管理"、"环保技术、设备研发及应用"、"节约土地资源"、"尾矿处理"等所在行业关键性议题，叙述详细充分，实质性表现卓越。

平衡性（★★★★☆）

《报告》披露了"千人负伤率"、"十万人死亡率"、"人身伤亡事故（起）"、"员工流失率"等负面数据指标信息，并对"员工伤亡情况"的处理及预防措施做了简要介绍，平衡性表现优秀。

可比性（★★★★★）

《报告》披露了39个关键绩效指标连续3年以上的历史数据，纵向可比性表现较好；同时披露了企业"铝业综合实力"等行业横向比较数据，可比性表现卓越。

可读性（★★★★）

《报告》篇幅适中，结构清晰；案例典型，流程图、图表等表达方式较丰富，并对专业词汇进行了解释，可读性表现良好。

创新性（★★★★☆）

《报告》以"责任管理"、"责任绩效"、"责任实践"及"责任计划"为主框架，全面融入企业七大责任议题，分层次、立体式展现了企业社会责任内容及战略构想，具有较强的创新性。

综合评级（★★★★☆）

综合以上六项评价指标，《中国铝业公司2012年社会责任报告》为四星半级，是一份领先的企业社会责任报告。

三、改进建议

增加报告表达形式的设计元素和逻辑性，提高报告的可读性。

评级小组

组长：中国社会科学院经济学部企业社会责任研究中心主任　钟宏武

成员：上海证券交易所高级经理　杨金忠

北京工商大学副教授　郭毅

评级专家委员会副主席　　　　　　　　　　评级小组组长
中心常务副理事长　　　　　　　　　　　　中心主任

十二、《华润（集团）有限公司社会责任报告2012》评级报告

中国社会科学院经济学部企业社会责任研究中心（以下简称"中心"）受华润（集团）有限公司委托，从中国企业社会责任报告评级专家委员会中抽选专家组成评级小组，对《华润（集团）有限公司社会责任报告2012》（以下简称《报告》）进行评级。

一、评级依据

中国社会科学院经济学部企业社会责任研究中心、中国企业联合会、中国石油与化学工业联合会、中国轻工业联合会、中德贸易可持续发展与企业行为规范项目、《WTO经济导刊》、中国企业公民委员会联合发布的《中国企业社会责任报告编写指南（CASS－CSR 2.0）》，以及《中国企业社会责任报告评级标准（2013）》。

二、评级结论

完整性（★★★★）

《报告》以主报告和分报告的形式，从"客户"、"员工"、"出资人"、"合作伙伴"、"环境"、"社会"等相关方角度，系统披露了所在行业核心指标的78%，具有较好的完整性。

实质性（★★★★☆）

《报告》披露了所在行业"产品质量管理"、"保障食品安全"、"安全生产"、"责任采购"、"发展绿色电力"等关键性社会责任议题，叙述充分、全面，具有很好的实质性。

平衡性（★★★★★）

《报告》披露了"千人死亡率"、"千人负伤率"、"工伤事故发生数"等负面数据，并对"华润苍南电厂项目违规事件"、"海南万宁石梅湾'毁林'事件"的相关原因及处理改进措施进行了较详细的披露，平衡性表现卓越。

可比性（★★★★★）

《报告》披露了公司50个关键绩效指标连续多年的历史数据，并披露"华润雪花总销量"在中国市场的占有情况，可比性表现卓越。

可读性（★★★★☆）

《报告》结构合理，篇幅适中；语言流畅，案例叙述详细全面；流程图、

图表等表达方式丰富,设计精美,可读性表现优秀。

创新性(★★★★★)

《报告》通过连环画的形式介绍"走进华润世界",形式新颖,易于利益相关方理解;在形式上,通过"集团报告"和"重点企业报告"两种方式呈现,具有很好的创新性。

综合评级(★★★★☆)

经评级小组评价,《华润(集团)有限公司社会责任报告2012》为四星半级,是一份领先的企业社会责任报告。

三、改进建议

增加行业核心指标及关键性议题的披露,进一步提高报告的完整性。

评级小组

组长:新华网副总裁　魏紫川

成员:中国企业公民委员会副会长　刘卫华

北方工业大学经济管理学院副教授　魏秀丽

评级专家委员会副主席　　　　　评级小组组长
中心常务副理事长　　　　　　　中心副理事长

十三、《中国联合网络通信集团有限公司 2012 年社会责任报告》评级报告

中国社会科学院经济学部企业社会责任研究中心（以下简称"中心"）受中国联合网络通信集团有限公司委托，从中国企业社会责任报告评级专家委员会中抽选专家组成评级小组，对《中国联合网络通信集团有限公司 2012 年社会责任报告》（以下简称《报告》）进行评级。

一、评级依据

中国社会科学院经济学部企业社会责任研究中心、中国企业联合会、中国石油与化学工业联合会、中国轻工业联合会、中德贸易可持续发展与企业行为规范项目、《WTO 经济导刊》、中国企业公民委员会联合发布的《中国企业社会责任报告编写指南（CASS–CSR 2.0）》，以及《中国企业社会责任报告评级标准（2013）》。

二、评级结论

完整性（★★★★☆）

《报告》系统披露了"企业管控"、"优质网络"、"信息惠普"、"共建和谐"、"生态文明"等方面的主要内容，覆盖了通信服务业核心指标的 83.6%，具有较好的完整性。

实质性（★★★★★）

《报告》对"确保通信质量"、"应对客户投诉"、"保障应急通信"、"缩小数字鸿沟"、"基站设施共建共享的措施"等多个通信服务业的关键性议题进行阐述，实质性表现优秀。

平衡性（★★★★）

《报告》披露了"应对客户投诉"、"应对反垄断调查"等问题以及企业的应对处理办法，具有一定的平衡性。

可比性（★★★★★）

《报告》披露了 49 个关键绩效指标连续 3 年的历史数据，能够较为清晰地比较企业的发展变化，可比性表现优秀。

可读性（★★★★☆）

《报告》结构框架明确，逻辑清楚；语言简洁流畅，结合案例叙述；采用大量数据表、流程图等表达方式，通俗易懂，可读性较好。

创新性（★★★★☆）

《报告》以"做信息生活的创新服务领导者"为引领，结合企业发展战略，对社会关注、企业重视的议题进行了详细的阐述；同时，每一篇章用不同色块区分，记忆度较高，具有较高的创新性。

综合评级（★★★★☆）

经评级小组评价，《中国联合网络通信集团有限公司2012年社会责任报告》为四星半级，是一份领先的企业社会责任报告。

三、改进建议

1. 增加同行业对比数据信息披露，提高报告的横向可比性。
2. 增加用户关切的敏感热点内容，提高报告的平衡性。

评级小组

组长：新华网副总裁　魏紫川

成员：中国标准化研究院研究员、ISO社会责任特别工作组秘书长　陈元桥

　　　北方工业大学经济管理学院副教授　魏秀丽

评级专家委员会副主席	评级小组组长
中心常务副理事长	中心副理事长

十四、《广东省粤电集团有限公司企业社会责任报告2012》评级报告

中国社会科学院经济学部企业社会责任研究中心(以下简称"中心")受广东省粤电集团有限公司委托,从中国企业社会责任报告评级专家委员会中抽选专家组成评级小组,对《广东省粤电集团有限公司企业社会责任报告2012》(以下简称《报告》)进行评级。

一、评级依据

中国社会科学院经济学部企业社会责任研究中心、中国企业联合会、中国石油与化学工业联合会、中国轻工业联合会、中德贸易可持续发展与企业行为规范项目、《WTO经济导刊》、中国企业公民委员会联合发布的《中国企业社会责任报告编写指南(CASS-CSR 2.0)》,以及《中国企业社会责任报告评级标准(2013)》。

二、评级结论

完整性(★★★★☆)

《报告》从"安全粤电"、"卓越粤电"、"绿色粤电"、"和谐粤电"等方面,系统地披露了电力生产业核心指标的85.93%,完整性表现优秀。

实质性(★★★★☆)

《报告》披露了"贯彻宏观政策"、"安全生产"、"发展绿色电力"、"节约资源能源"、"发展循环经济"等电力生产业实质性议题,叙述充分,具有较好的实质性。

平衡性(★★★★★)

《报告》披露了"人身伤亡事故"和"重大设备事故"等负面数据信息,对"石碑山风电场"、"系统电厂火灾事故"的原因及后续处理措施做出简要表述,平衡性表现卓越。

可比性(★★★★☆)

《报告》披露了33个关键绩效指标连续5年的历史数据,并对"清洁能源及可再生能源占比"等指标进行了全国性及行业内比较,可比性表现较好。

可读性(★★★★☆)

《报告》框架清晰,篇幅适中,色彩丰富,设计清新,图表、图片等表达方式多样,并对专业词汇进行解释,可读性表现优秀。

创新性（★★★★）

《报告》总结了公司十余年发展和责任历程，并以"减亏扭亏，突围经营困局"、"综合升级改造，助力'美丽广东'"等责任专题突出了企业社会责任当期实践重点，创新性表现良好。

综合评级（★★★★☆）

经评级小组评价，《广东省粤电集团有限公司社会责任报告2012》为四星半级，是一份领先的企业社会责任报告。

三、改进建议

增加行业关键绩效指标历史数据的披露，进一步提高报告的纵向可比性。

评级小组

组长：中国社会科学院经济学部企业社会责任研究中心主任　钟宏武

成员：国家电监会电力可靠性管理中心主任　米建华

　　　广东省国资委综合法规处副处长　杨文

评级专家委员会副主席　　　　　　　　　评级小组组长
中心常务副理事长　　　　　　　　　　　中心主任

十五、《中国民生银行 2012 年社会责任报告》评级报告

中国社会科学院经济学部企业社会责任研究中心(以下简称"中心")受中国民生银行股份有限公司委托,从中国企业社会责任报告评级专家委员会中抽选专家组成评级小组,对《中国民生银行 2012 年社会责任报告》(以下简称《报告》)进行评级。

一、评级依据

中国社会科学院经济学部企业社会责任研究中心、中国企业联合会、中国石油与化学工业联合会、中国轻工业联合会、中德贸易可持续发展与企业行为规范项目、《WTO 经济导刊》、中国企业公民委员会联合发布的《中国企业社会责任报告编写指南(CASS – CSR 2.0)》,以及《中国企业社会责任报告评级标准(2013)》。

二、评级结论

完整性(★★★★☆)

《报告》从"完善责任治理"、"打造最佳银行"、"致力金融普惠"、"关爱员工成长"、"助力美丽中国"、"倾力回报社会"等方面,系统披露了银行业核心指标的 80.98%,完整性表现领先。

实质性(★★★★★)

《报告》涵盖了"金融产品多样化"、"产品服务创新"、"中小企业信贷"、"反洗钱"、"IT 灾备"、"绿色信贷"等银行业关键性议题,叙述详细,具有很好的实质性。

平衡性(★★★)

《报告》披露了公司在"不良贷款率"、"应对客户投诉"等方面的负面信息,具有一定的平衡性。

可比性(★★★★★)

《报告》披露了 41 个关键绩效指标连续多年的历史数据,且披露规范、易比较,纵向可比性表现卓越。

可读性(★★★★★)

《报告》框架合理,篇幅适中;语言简洁流畅,案例阐述完整,采用流程图、数据表等表达方式,设计排版较好,并对专业词汇进行了解释,可读性表

现卓越。

创新性（★★★★☆）

《报告》紧紧围绕"服务大众、情系民生"的责任理念，通过7大核心议题全面叙述公司的社会责任实践，并对"小微信贷"进行专题报道，凸显了"服务实体经济、致力金融普惠"的责任主题，具有很好的创新性。

综合评级（★★★★☆）

经评级小组评价，《中国民生银行2012年社会责任报告》为四星半级，是一份领先的企业社会责任报告。

三、改进建议

1. 增加负面信息的披露及对负面事件的描述，提高报告的平衡性。
2. 增加与行业可比数据的披露，提高报告的横向可比性。

评级小组

组长：新华网副总裁　魏紫川

成员：上海证券交易所高级经理　杨金忠
　　　中国标准化研究院研究员、ISO社会责任特别工作组秘书长　陈元桥

评级专家委员会副主席 中心常务副理事长	评级小组组长 中心副理事长

十六、《中国三星社会责任报告 2012》评级报告

中国社会科学院经济学部企业社会责任研究中心（以下简称"中心"）受中国三星公司委托，从中国企业社会责任报告评级专家委员会中抽选专家组成评级小组，对《2012 中国三星社会责任报告》（以下简称《报告》）进行评级。

一、评级依据

中国社会科学院经济学部企业社会责任研究中心、中国企业联合会、中国石油与化学工业联合会、中国轻工业联合会、中德贸易可持续发展与企业行为规范项目、《WTO 经济导刊》、中国企业公民委员会联合发布的《中国企业社会责任报告编写指南（CASS‑CSR 2.0）》，以及《中国企业社会责任报告评级标准（2013）》。

二、评级结论

完整性（★★★★☆）

《报告》从"责任推进"、"人才第一"、"客户满足"、"追求共赢"及"绿色发展"等角度，系统披露了公司在责任管理、市场责任、社会责任以及环境责任等方面的履责绩效，覆盖了电子产品及电子元器件制造业核心指标的 83.72%，完整性表现领先。

实质性（★★★★☆）

《报告》涵盖了"提供优质产品"、"创新在中国"、"职业健康"、"安全生产"、"绿色环保产品研发"及"产品回收政策"等实质性议题，实质性表现领先。

平衡性（★★★★☆）

《报告》披露了"全国生产工厂工伤事故率"、"工伤事故发生数"、"工伤人数"等指标；同时对供应商审查中发现的违法、违规问题及应对措施进行了详细描述，平衡性表现领先。

可比性（★★★★☆）

《报告》披露了 32 个关键绩效指标连续多年的历史数据，具有较好的纵向可比性。

可读性（★★★★☆）

《报告》层次结构分明，篇幅适宜；语言简洁流畅，采用了数据表、图片等表达方式，设计精美，可读性表现领先。

创新性（★★★★）

《报告》作为中国三星首份企业社会责任报告，在"2012年中国三星社会责任活动成果"专题中集中展现了企业的社会责任工作成效，并利用"三星绿色经营发展史"的形式突出了企业在绿色环保领域内所做出的突出贡献，具有较好的创新性。

综合评级（★★★★☆）

经评级小组评价，《中国三星社会责任报告2012》为四星半级，是一份领先的企业社会责任报告。

三、改进建议

1. 增加对同行业关键绩效指标数据的披露力度，提高报告的横向可比性。

2. 扩大对所属行业社会责任核心指标披露的覆盖面，进一步提高报告的完整性。

评级小组

组长：中国社会科学院经济学部企业社会责任研究中心主任　钟宏武

成员：中国标准化研究院研究员、ISO社会责任特别工作组秘书长　陈元桥

北方工业大学经济管理学院副教授　魏秀丽

评级专家委员会副主席	评级小组组长
中心常务副理事长	中心主任

十七、《中国黄金集团公司社会责任报告 2012》评级报告

中国社会科学院经济学部企业社会责任研究中心（以下简称"中心"）受中国黄金集团公司委托，从中国企业社会责任报告评级专家委员会中抽选专家组成评级小组，对《中国黄金集团公司社会责任报告 2012》（以下简称《报告》）进行评级。

一、评级依据

中国社会科学院经济学部企业社会责任研究中心、中国企业联合会、中国石油与化学工业联合会、中国轻工业联合会、中德贸易可持续发展与企业行为规范项目、《WTO 经济导刊》、中国企业公民委员会联合发布的《中国企业社会责任报告编写指南（CASS-CSR 2.0）》，以及《中国企业社会责任报告评级标准（2013）》。

二、评级结论

完整性（★★★★☆）

《报告》从"价值黄金"、"环保节能"、"安全健康"、"和谐共赢"等角度，披露了一般采矿业核心指标的 85.29%，完整性表现优秀。

实质性（★★★★★）

《报告》详细叙述了一般采矿业在"贯彻宏观政策"、"职业健康管理"、"安全生产"、"资源储备"及"矿区保育、尾矿处理和矿区生态保护"等关键性性议题，叙述充分，具有很好的实质性表现。

平衡性（★★★☆）

《报告》披露了"安全生产事故数"、"工亡人数"和"员工流失率"等负面数据信息，平衡性表现一般。

可比性（★★★★★）

《报告》披露了 43 个关键绩效指标连续 3 年以上的历史数据，并对黄金产量等方面的数据进行横向比较，可比性表现卓越。

可读性（★★★★☆）

《报告》结构清晰，逻辑清楚，篇幅适中；语言简洁流畅，案例叙述详尽；数据表、流程图等表达方式丰富，设计美观并体现行业特色，可读性表现较好。

创新性（★★★★）

《报告》以公司社会责任模型为主线，全面阐述了经济、社会、环境方面的责任实践，责任议题突出，有助于利益相关方了解企业履责重点，具有良好的创新性。

综合评级（★★★★☆）

经评级小组评价，《中国黄金集团公司社会责任报告2012》为四星半级，是一份领先的企业社会责任报告。

三、改进建议

增加企业负面数据的披露和负面事件的分析，提高报告的平衡性。

评级小组

组长：中国社会科学院经济学部企业社会责任研究中心主任　钟宏武

成员：全球契约中国网络执行副主任　韩斌

　　　中国社会科学院经济学部企业社会责任研究中心理事　高宝玉

评级专家委员会副主席　　　　　　　　　评级小组组长
中心常务副理事长　　　　　　　　　　　中心主任

中国企业社会责任报告白皮书（2013）

十八、《2012年中国海洋石油总公司可持续发展报告》评级报告

中国社会科学院经济学部企业社会责任研究中心（以下简称"中心"）受中国海洋石油总公司委托，从中国企业社会责任报告评级专家委员会中抽选专家组成评级小组，对《2012年中国海洋石油总公司可持续发展报告》（以下简称《报告》）进行评级。

一、评级依据

中国社会科学院经济学部企业社会责任研究中心、中国企业联合会、中国石油与化学工业联合会、中国轻工业联合会、中德贸易可持续发展与企业行为规范项目、《WTO经济导刊》、中国企业公民委员会联合发布的《中国企业社会责任报告编写指南（CASS-CSR 2.0)》，以及《中国企业社会责任报告评级标准（2013）》。

二、评级结论

完整性（★★★★）

《报告》系统披露了"能源供应"、"OHSE责任"、"员工责任"、"社会责任"等方面的关键内容，覆盖了石油和天然气开采与加工业核心指标的72.84%，具有一定的完整性。

实质性（★★★★☆）

《报告》涵盖了"产品质量"、"全力保障能源供应"、"职业健康"、"循环经济"、"应对气候变化"等石油和天然气开采与加工业的关键性议题，在实质性方面表现优秀。

平衡性（★★★★☆）

《报告》披露了"安全生产可记录事件（故）"、"直接承包商事故"、"交通事故"等负面信息，并对"惠州炼化分公司2011年'7·11'火灾事故"整改方案进行了简要描述，具有较好的平衡性。

可比性（★★★★☆）

《报告》披露了38个关键绩效指标连续5年的历史数据，可比性表现较好。

可读性（★★★★★）

《报告》结构层次分明，篇幅适宜；语言简洁流畅，采用了数据表、流程

图等表达方式，结合案例叙述，并对专业术语进行了解释，可读性表现优秀。

创新性（★★★★☆）

《报告》的"可持续发展模型"融合企业发展战略，以专题的形式表述企业的本质责任，"30周年专题"展现了企业可持续的绩效，"深水专题"回应了年度重大事件，具有较好的创新性。

综合评级（★★★★☆）

经评级小组评价，《2012年中国海洋石油总公司可持续发展报告》为四星半级，是一份领先的企业社会责任报告。

三、改进建议

1. 披露更多的行业核心指标，进一步提高报告的完整性。
2. 增加企业海外社会责任实践的信息披露，提升报告对外传播的有效性。

评级小组

组长：中国社会科学院经济学部企业社会责任研究中心主任　钟宏武

成员：全球契约中国网络秘书处执行主任　程多生

中国标准化研究院研究员、ISO社会责任特别工作组秘书长　陈元桥

评级专家委员会副主席　　　　　　　　评级小组组长
中心常务副理事长　　　　　　　　　　中心主任

十九、《中国盐业总公司社会责任报告2012》评级报告

中国社会科学院经济学部企业社会责任研究中心（以下简称"中心"）受中国盐业总公司委托，从中国企业社会责任报告评级专家委员会中抽选专家组成评级小组，对《中国盐业总公司社会责任报告2012》（以下简称《报告》）进行评级。

一、评级依据

中国社会科学院经济学部企业社会责任研究中心、中国企业联合会、中国石油与化学工业联合会、中国轻工业联合会、中德贸易可持续发展与企业行为规范项目、《WTO经济导刊》、中国企业公民委员会联合发布的《中国企业社会责任报告编写指南（CASS-CSR 2.0）》，以及《中国企业社会责任报告评级标准（2013）》。

二、评级结论

完整性（★★★★☆）

《报告》从"承担本质责任"、"构建核心能力"、"共建和谐社会"、"打造美丽家园"等方面，披露了食品饮料业、工业化学品制造业核心指标的81.56%，完整性表现优秀。

实质性（★★★★☆）

《报告》披露了"食品安全管理"、"带动农村经济发展"、"员工权益保护"、"绿色采购"、"节约能源、水资源"、"产品包装材料减量化"等所在行业的关键性议题，叙述充分，具有较好的实质性。

平衡性（★★★★☆）

《报告》披露了"中盐宏博矿山事故"和"中盐东兴公司矿山塌陷"事件经过、处理措施、改进机制，以及"安全生产死亡人数"等负面数据，平衡性表现优秀。

可比性（★★★★★）

《报告》披露了49个关键绩效指标连续3年的历史数据，纵向可比性表现卓越。

可读性（★★★★☆）

《报告》主体框架清晰，逻辑性强；图片、图表等表达方式多样，设计美

观；专业词汇解释有益于读者理解，产品背景信息介绍增强了知识性和趣味性，具有较好的可读性。

创新性（★★★★☆）

《报告》在全面阐述企业社会责任实践的同时，还介绍了"减盐行动"、"健康用盐"、"盐的传承"等贴近民生的内容，进一步体现出企业社会责任理念和人文关怀，提升了报告的价值，创新性表现优秀。

综合评级（★★★★☆）

经评级小组评价，《中国盐业总公司社会责任报告2012》为四星半级，是一份领先的企业社会责任报告。

三、改进建议

1. 增加对行业核心指标的披露，提高报告的完整性。
2. 增加对行业内横向数据比较的披露，展示企业在行业内的优势。

评级小组

组长：新华网副总裁　魏紫川

成员：北京工商大学副教授　郭毅

　　　商道纵横总经理　郭沛源

评级专家委员会副主席　　　　　　评级小组组长
中心常务副理事长　　　　　　　　中心副理事长

二十、《太钢社会责任报告2012》评级报告

中国社会科学院经济学部企业社会责任研究中心（以下简称"中心"）受太原钢铁（集团）有限公司委托，从中国企业社会责任报告评级专家委员会中抽选专家组成评级小组，对《太钢社会责任报告2012》（以下简称《报告》）进行评级。

一、评级依据

中国社会科学院经济学部企业社会责任研究中心、中国企业联合会、中国石油与化学工业联合会、中国轻工业联合会、中德贸易可持续发展与企业行为规范项目、《WTO经济导刊》、中国企业公民委员会联合发布的《中国企业社会责任报告编写指南（CASS-CSR 2.0）》，以及《中国企业社会责任报告评级标准（2013）》。

二、评级结论

完整性（★★★★☆）

《报告》从"责任管理"、"经济"、"环境"、"员工"、"供应链"及"社会"等角度系统披露了企业的责任信息，覆盖了金属冶炼与加工业核心指标的80.56%，具有较好的完整性。

实质性（★★★★★）

《报告》涵盖了"循环经济"、"安全生产"、"职业健康管理"、"环保技术创新、设备研发及应用"、"节约能源水资源"及"产品创新"等所在行业的关键性议题，叙述详细充分，实质性表现卓越。

平衡性（★★★★）

《报告》披露了"安全事故人次"、"员工辞职率"、"廉洁违纪处理人员"等负面数据信息，具有一定的平衡性。

可比性（★★★★）

《报告》披露了29个关键绩效指标连续5年的历史数据，同时披露了"不锈钢产量"、"技术经济指标"在全球及全国同行业中的横向比较数据，具有一定的可比性。

可读性（★★★★☆）

《报告》内容丰富，框架清晰，逻辑合理；语言简洁流畅且对专业词汇加注解释；恰当运用图表、图片等表达形式，设计感强，可读性表现优秀。

创新性（★★★☆）

《报告》着力主业做强做大，并阐述多元延伸；以专题阐述为核心，辐射多种案例，点、线、面结合展现责任内容，具有一定的创新性。

综合评级（★★★★☆）

综合以上六项评价指标，《太钢社会责任报告2012》为四星半级，是一份领先的企业社会责任报告。

三、改进建议

1. 加强报告内容及形式的创新，提高报告的创新性。
2. 增加负面信息及其相关原因以及矫正、预防措施的披露，提高报告的平衡性。

评级小组

组长：中国社会科学院经济学部企业社会责任研究中心主任　钟宏武

成员：上海证券交易所高级经理　杨金忠

　　　北京工商大学副教授　郭毅

评级专家委员会副主席　　　　　　　　评级小组组长

中心常务副理事长　　　　　　　　　　中心主任

中国企业社会责任报告白皮书（2013）

二十一、《神华集团有限公司2012年社会责任报告》评级报告

中国社会科学院经济学部企业社会责任研究中心（以下简称"中心"）受神华集团有限公司委托，从中国企业社会责任报告评级专家委员会中抽选专家组成评级小组，对《神华集团有限公司2012年社会责任报告》（以下简称《报告》）进行评级。

一、评级依据

中国社会科学院经济学部企业社会责任研究中心、中国企业联合会、中国石油与化学工业联合会、中国轻工业联合会、中德贸易可持续发展与企业行为规范项目、《WTO经济导刊》、中国企业公民委员会联合发布的《中国企业社会责任报告编写指南（CASS-CSR 2.0）》，以及《中国企业社会责任报告评级标准（2013）》。

二、评级结论

完整性（★★★★☆）

《报告》从"责任融合"、"做强做优"、"安全发展"、"保护自然"、"创新升级"、"以人为本"、"和谐共赢"七个方面，系统披露了煤炭开采与洗选业核心指标的86.6%，完整性表现优秀。

实质性（★★★★★）

《报告》涵盖了煤炭开采与洗选业"发展循环经济"、"保障能源供应"、"质量管控"、"安全生产"、"生态保护"等关键性议题，叙述翔实充分，具有很好的实质性。

平衡性（★★★☆）

《报告》对企业在"百万吨死亡率"、"死亡事故和死亡人数"等负面信息指标进行了简要披露，具有一定的平衡性。

可比性（★★★☆）

《报告》披露了11个关键绩效指标连续多年的历史数据，纵向可比性表现一般；同时对"原煤百万吨死亡率"、"万元产值综合能耗"与行业平均水平进行了比较，横向可比性表现较好。

可读性（★★★★☆）

《报告》责任议题突出、条理清晰、篇幅适宜；语言流畅、案例生动切

题、表达方式较丰富，注释有助于读者更好地理解报告，可读性表现优秀。

创新性（★★★★）

《报告》详述了企业"责任融入管理"的社会责任战略，并对企业社会工作进行了系统回顾和规划，便于与利益相关方沟通，利于企业改进责任管理，具有较好的创新性。

综合评级（★★★★☆）

经评级小组评价，《神华集团有限公司2012年社会责任报告》为四星半级，是一份领先的企业社会责任报告。

三、改进建议

1. 增加行业关键绩效指标连续多年的历史数据，提高报告的纵向可比性。

2. 扩大对负面事件经过、企业应对和改进方面的信息披露，提高报告的平衡性。

评级小组

组长：中国社会科学院经济学部企业社会责任研究中心主任　钟宏武

成员：中国企业公民委员会副会长兼总干事　刘卫华

北方工业大学经济管理学院副教授　魏秀丽

评级专家委员会副主席　　　　　　　　　评级小组组长
中心常务副理事长　　　　　　　　　　　中心主任

二十二、《中国兵器装备集团公司 2012 年社会责任报告》评级报告

中国社会科学院经济学部企业社会责任研究中心（以下简称"中心"）受中国兵器装备集团公司委托，从中国企业社会责任报告评级专家委员会中抽选专家组成评级小组，对《中国兵器装备集团公司 2012 年社会责任报告》（以下简称《报告》）进行评级。

一、评级依据

中国社会科学院经济学部企业社会责任研究中心、中国企业联合会、中国石油与化学工业联合会、中国轻工业联合会、中德贸易可持续发展与企业行为规范项目、《WTO 经济导刊》、中国企业公民委员会联合发布的《中国企业社会责任报告编写指南（CASS – CSR 2.0）》，以及《中国企业社会责任报告评级标准（2013）》。

二、评级结论

完整性（★★★★）

《报告》从"持续发展"、"创新发展"、"共享发展"、"绿色发展"、"协同发展"等角度，披露了特种设备制造业、机械设备制造业核心指标的 75.3%，完整性表现优秀。

实质性（★★★★☆）

《报告》涵盖了"产品质量管理"、"产品科技创新"、"职业健康安全管理"、"确保信息安全"、"安全生产"、"节约资源能源"等所在行业实质性议题，叙述充分全面，实质性表现领先。

平衡性（★★★☆）

《报告》披露了"职业病发生次数"、"重大设备事故数"及"伤亡人数"等负面数据信息，具有一定的平衡性。

可比性（★★★★★）

《报告》披露了 33 个关键绩效指标连续 3 年的历史数据，并将相关业务的销售收入及全球市场占有率的增长与全国水平进行横向对比，可比性表现卓越。

可读性（★★★★☆）

《报告》框架清晰，篇幅适宜；语言简洁流畅，案例叙述详尽，数字说明

充分；配图精美，设计清新，可读性表现较好。

创新性（★★★★）

《报告》中的案例均配有醒目的数字旁注，对企业社会责任成效进行量化说明，便于利益相关方了解责任实践亮点，具有优秀的创新性。

综合评级（★★★★☆）

经评级小组评价，《中国兵器装备集团公司2012年社会责任报告》为四星半级，是一份领先的企业社会责任报告。

三、改进建议

1. 增加企业负面信息及改进措施的披露，提高报告的平衡性。
2. 增加行业核心指标的披露，提高报告的完整性。

评级小组

组长：中国社会科学院经济学部企业社会责任研究中心主任　钟宏武

成员：中国企业联合会雇主部副主任　程多生

　　　商道纵横总经理　郭沛源

评级专家委员会副主席　　　　　　　评级小组组长
中心常务副理事长　　　　　　　　　中心主任

二十三、《国家核电技术公司 2012 年可持续发展报告》评级报告

中国社会科学院经济学部企业社会责任研究中心（以下简称"中心"）受国家核电技术公司委托，从中国企业社会责任报告评级专家委员会中抽选专家组成评级小组，对《国家核电技术公司 2012 年可持续发展报告》（以下简称《报告》）进行评级。

一、评级依据

中国社会科学院经济学部企业社会责任研究中心、中国企业联合会、中国石油与化学工业联合会、中国轻工业联合会、中德贸易可持续发展与企业行为规范项目、《WTO 经济导刊》、中国企业公民委员会联合发布的《中国企业社会责任报告编写指南（CASS – CSR 2.0）》，以及《中国企业社会责任报告评级标准（2013）》。

二、评级结论

完整性（★★★★）

《报告》从"企业可持续发展"、"环境可持续发展"、"社会可持续发展"等方面，系统披露了所在行业核心指标的 77.80%，完整性表现优秀。

实质性（★★★★☆）

《报告》披露了所在行业"技术质量管理"、"技术服务创新"、"职业健康管理"、"安全生产"、"环保技术、设备的研发与应用"等关键性议题，回应了利益相关方的诉求，具有较好的实质性表现。

平衡性（★★★☆）

《报告》对"员工伤亡人数"、"安全事故数"等负面数据进行了披露，同时对"公众核电科普力度不足"现象进行了简要披露，具有一定的平衡性。

可比性（★★★★★）

《报告》披露了 35 个关键绩效指标连续 3 年的历史数据，并对"单位 GDP 能耗"等指标进行全国性横向对比，可比性表现卓越。

可读性（★★★★☆）

《报告》篇幅适宜，语言精练，案例丰富；采用了图片、数据表、流程图等多种表达方式，设计精美；适当加入专业词汇解释，可读性表现领先。

创新性（★★★★）

《报告》整体紧紧围绕"可持续发展"宗旨，各章节、各案例有机结合，浑然一体，着力阐述"可持续发展"概念，完满呈现"可持续发展"概况，创新性表现优秀。

综合评级（★★★★☆）

经评级小组评价，《国家核电技术公司 2012 年可持续发展报告》为四星半级，是一份领先的企业社会责任报告。

三、改进建议

1. 增加企业负面数据和负面事件的披露，提高报告的平衡性。
2. 增加行业核心指标的披露，进一步提高报告的完整性。

评级小组

组长：新华网副总裁　魏紫川

成员：中国电力企业联合会秘书长　王志轩

　　　中山大学岭南学院副院长　陈宏辉

评级专家委员会副主席　　　　　　　评级小组组长
中心常务副理事长　　　　　　　　　中心副理事长

中国企业社会责任报告白皮书（2013）

二十四、《2012年广业社会责任报告》评级报告

中国社会科学院经济学部企业社会责任研究中心（以下简称"中心"）受广东省广业资产经营有限公司委托，从中国企业社会责任报告评级专家委员会中抽选专家组成评级小组，对《2012年广业社会责任报告》（以下简称《报告》）进行评级。

一、评级依据

中国社会科学院经济学部企业社会责任研究中心、中国企业联合会、中国石油与化学工业联合会、中国轻工业联合会、中德贸易可持续发展与企业行为规范项目、《WTO经济导刊》、中国企业公民委员会联合发布的《中国企业社会责任报告编写指南（CASS-CSR 2.0）》，以及《中国企业社会责任报告评级标准（2013）》。

二、评级结论

完整性（★★★★）

《报告》从"能源广业"、"环保广业"、"平安广业"、"创新广业"及"和谐广业"等方面，披露了所在行业核心指标的77.8%，完整性表现良好。

实质性（★★★★☆）

《报告》详细叙述了"产品/服务质量管理"、"职业健康管理"、"安全生产"、"责任采购"、"环保技术、设备的研发与应用"、"减少'三废'排放"等关键性议题，实质性表现优秀。

平衡性（★★★☆）

《报告》对"资产负债率"、"轻伤事故数"、"轻伤人数"等负面数据进行了披露，具有一定的平衡性。

可比性（★★★★☆）

《报告》详细披露了30个关键绩效指标连续3年以上的历史数据，可比性表现优秀。

可读性（★★★★☆）

《报告》结构清晰，逻辑清楚，文字简练，案例典型；较多运用流程图、图表、图片等元素，表达方式多样，设计风格精美，可读性表现优秀。

创新性（★★★☆）

《报告》适当插入利益相关方的回馈，如信件、感言等，立体展现责任绩

效，提高了可信度，具有一定的创新性。

综合评级（★★★★☆）

经评级小组评价，《2012年广业社会责任报告》为四星半级，是一份领先的企业社会责任报告。

三、改进建议

增加负面数据信息和负面事件处理的披露，提高报告的平衡性。

评级小组

组长：中国社会科学院经济学部企业社会责任研究中心主任　钟宏武

成员：清华大学创新与社会责任研究中心主任　邓国胜

深圳市慈善会秘书长　房涛

评级专家委员会副主席　　　　　　　　　评级小组组长
中心常务副理事长　　　　　　　　　　　中心主任

二十五、《远洋地产企业责任报告2012》评级报告

中国社会科学院经济学部企业社会责任研究中心（以下简称"中心"）受远洋地产控股有限公司委托，从中国企业社会责任报告评级专家委员会中抽选专家组成评级小组，对《远洋地产企业责任报告2012》（以下简称《报告》）进行评级。

一、评级依据

中国社会科学院经济学部企业社会责任研究中心、中国企业联合会、中国石油与化学工业联合会、中国轻工业联合会、中德贸易可持续发展与企业行为规范项目、《WTO经济导刊》、中国企业公民委员会联合发布的《中国企业社会责任报告编写指南（CASS-CSR 2.0）》，以及《中国企业社会责任报告评级标准（2013）》。

二、评级结论

完整性（★★★★）

《报告》以"创造价值"为核心，从"投资人"、"客户"、"员工"、"合作方"、"政府"、"社区"及"环境"等方面系统披露了企业的责任信息，覆盖了房地产开发业核心指标的72%，具有较好的完整性。

实质性（★★★★）

《报告》披露了"贯彻宏观政策"、"确保房屋住宅质量"、"合规拆迁与老城区保护"、"保护农民工权益"、"绿色建筑"等行业关键性议题，实质性表现较好。

平衡性（★★★★★）

《报告》披露了企业"安全事故数"、"行政处罚事件"及"尾房交付质量纠纷"等负面信息，并且开辟多处板块对负面数据、事件过程及后续处理进行披露，平衡性表现卓越。

可比性（★★★★☆）

《报告》披露了34个关键绩效指标连续3年以上的历史数据，具有很好的可比性。

可读性（★★★★★）

《报告》结构合理，逻辑清楚，语言流畅；色块设计突出主题，流程图、数据表及图片等多种方式相得益彰，可读性表现卓越。

创新性（★★★★）

《报告》各部分以"亮点"专题开篇，专设分报告《携手长者 积聚价值》，有重点地突出了企业的社会责任实践，具有良好的创新性。

综合评级（★★★★☆）

综合以上六项评价指标，《远洋地产企业责任报告2012》为四星半级，是一份领先的企业社会责任报告。

三、改进建议

增加对行业指标信息和关键性议题的披露，提高报告的完整性和实质性。

评级小组

组长：中国社会科学院经济学部企业社会责任研究中心主任 钟宏武

成员：深圳证券交易所高级经理 费加航

中国标准化研究员、ISO社会责任特别工作组秘书长 陈元桥

评级专家委员会副主席　　　　　　　　　评级小组组长
中心常务副理事长　　　　　　　　　　　中心主任

二十六、《中煤集团 2012 年社会责任报告》评级报告

中国社会科学院经济学部企业社会责任研究中心（以下简称"中心"）受中国中煤能源集团有限公司委托，从中国企业社会责任报告评级专家委员会中抽选专家组成评级小组，对《中煤集团 2012 年社会责任报告》（以下简称《报告》）进行评级。

一、评级依据

中国社会科学院经济学部企业社会责任研究中心、中国企业联合会、中国石油与化学工业联合会、中国轻工业联合会、中德贸易可持续发展与企业行为规范项目、《WTO 经济导刊》、中国企业公民委员会联合发布的《中国企业社会责任报告编写指南（CASS–CSR 2.0）》，以及《中国企业社会责任报告评级标准（2013）》。

二、评级结论

完整性（★★★☆）

《报告》从"经济责任"、"安全责任"、"创新责任"、"环境责任"及"社会责任"等角度系统披露了企业的责任信息，覆盖了煤炭开采与洗选业核心指标的 65.77%，具有一定的完整性。

实质性（★★★★☆）

《报告》涵盖了"安全生产"、"职业健康管理"、"煤质控制与管理"、"保障能源供应"、"矿区保育、尾矿处理和矿区生态保护"等行业关键性议题，叙述较充分，实质性表现优秀。

平衡性（★★★★）

《报告》披露了企业"原煤生产百万吨死亡率"等负面数据指标信息，对"4·10"、"5·6"安全事故的处理及预防措施做出了简要介绍，平衡性表现较好。

可比性（★★★★☆）

《报告》披露了 38 个关键绩效指标连续 3 年以上的历史数据，同时披露了煤机"市场占有率"等行业横向比较数据，具有较强的可比性。

可读性（★★★★☆）

《报告》语言简洁，案例典型；结构合理，篇幅适中；流程图、数据表及

图片等表达方式多样，可读性表现较好。

创新性（★★★★☆）

《报告》构建了以"创造美好生活"为核心的五大领域钻石责任模型，明晰出企业全产业链的责任路径，据此展现当年的责任实践亮点，与企业战略耦合度高，具有很好的创新性。

综合评级（★★★★☆）

综合以上六项评价指标，《中煤集团2012年社会责任报告》为四星半级，是一份领先的企业社会责任报告。

三、改进建议

1. 增加对行业指标信息的披露，提高报告的完整性。

2. 扩大对负面数据、信息的披露，增加对相关原因及矫正、预防措施的描述，提高报告的平衡性。

评级小组

组长：中国社会科学院经济学部企业社会责任研究中心主任　钟宏武

成员：《WTO经济导刊》副社长　殷格非

北方工业大学经济管理学院副教授　魏秀丽

评级专家委员会副主席　　　　　　　评级小组组长
中心常务副理事长　　　　　　　　　中心主任

二十七、《中国储备棉管理总公司社会责任报告2012》评级报告

中国社会科学院经济学部企业社会责任研究中心(以下简称"中心")受中国储备棉管理总公司委托,从中国企业社会责任报告评级专家委员会中抽选专家组成评级小组,对《中国储备棉管理总公司社会责任报告2012》(以下简称《报告》)进行评级。

一、评级依据

中国社会科学院经济学部企业社会责任研究中心、中国企业联合会、中国石油与化学工业联合会、中国轻工业联合会、中德贸易可持续发展与企业行为规范项目、《WTO经济导刊》、中国企业公民委员会联合发布的《中国企业社会责任报告编写指南(CASS-CSR 2.0)》,以及《中国企业社会责任报告评级标准(2013)》。

二、评级结论

完整性(★★★☆)

《报告》系统披露了"公司治理"、"实施棉花调控"、"构建仓储体系"、"安全生产"、"绿色仓储"等方面的关键内容,覆盖了所属行业核心指标的67.59%,具有一定的完整性。

实质性(★★★★☆)

《报告》涵盖了"产品服务创新"、"响应国家宏观调控"、"员工权益保护"、"安全生产"等关键性议题,在实质性方面表现较好。

平衡性(★★★☆)

《报告》披露了"员工伤亡人数",并对"6·29"火灾事件做了简要描述,具有一定的平衡性。

可比性(★★★★★)

《报告》披露了30个关键绩效指标连续3年的历史数据,可比性表现优秀。

可读性(★★★★★)

《报告》框架清晰,篇幅适宜,较好地体现了企业履行社会责任的特点;语言简洁流畅,结合大量案例,采用图表、流程图等表达方式,可读性表现优秀。

创新性（★★★★☆）

《报告》在内容上以"回顾企业十年发展历程"为主题，凸显了"棉泽天下、富民强国"的责任理念；在形式上，以"棉花"为设计元素，吻合企业主营业务，具有较好的创新性。

综合评级（★★★★☆）

经评级小组评价，《中国储备棉管理总公司社会责任报告2012》为四星半级，是一份领先的企业社会责任报告。

三、改进建议

1. 增加行业性关键核心指标披露，提高报告的完整性。
2. 增加负面信息的披露详细度及应对预防措施，提高报告的平衡性。

评级小组

组长：《WTO经济导刊》副社长　殷格非

成员：中国标准化研究院研究员、ISO社会责任特别工作组秘书长　陈元桥

　　　北方工业大学经济管理学院副教授　魏秀丽

评级专家委员会副主席	评级小组组长
中心常务副理事长	中心理事

二十八、《中国电子信息产业集团有限公司社会责任报告2012》评级报告

中国社会科学院经济学部企业社会责任研究中心（以下简称"中心"）受中国电子信息产业集团有限公司委托，从中国企业社会责任报告评级专家委员会中抽选专家组成评级小组，对《中国电子信息产业集团有限公司社会责任报告2012》（以下简称《报告》）进行评级。

一、评级依据

中国社会科学院经济学部企业社会责任研究中心、中国企业联合会、中国石油与化学工业联合会、中国轻工业联合会、中德贸易可持续发展与企业行为规范项目、《WTO经济导刊》、中国企业公民委员会联合发布的《中国企业社会责任报告编写指南（CASS-CSR 2.0）》，以及《中国企业社会责任报告评级标准（2013）》。

二、评级结论

完整性（★★★★）

《报告》从"责任管理"、"强国"、"惠民"、"绿色"、"协同"等角度，系统地披露了电子产品及电子元器件制造业核心指标的75.97%，完整性表现优秀。

实质性（★★★★）

《报告》详细叙述了"产品质量管理"、"产品科技创新"、"职业健康安全管理"、"安全生产"、"节约资源能源"等所在行业关键性议题，具有优秀的实质性表现。

平衡性（★★★★☆）

《报告》详细记录了子公司车间火情事故的原因及后续处理情况，且对"安全事故发生次数"、"员工伤亡人数"等负面数据进行了披露，平衡性表现较好。

可比性（★★★★★★）

《报告》详细披露了39个关键绩效指标连续3年的历史数据，并对"企业社会责任发展指数"排名进行业内横向比较，可比性表现卓越。

可读性（★★★★☆）

《报告》主体结构清晰，篇幅适宜，图片、图表、流程图等表达方式相辅

相成，设计精美且具行业特色，可读性表现较好。

创新性（★★★★）

《报告》董事长致辞以"问答"形式，简洁有力地呈现出企业社会责任整体表现；以分报告形式介绍重点下属企业责任状况，很好地回应了利益相关方的期望，创新性表现优秀。

综合评级（★★★★☆）

经评级小组评价，《中国电子信息产业集团有限公司社会责任报告2012》为四星半级，是一份领先的企业社会责任报告。

三、改进建议

增加行业核心指标和关键性议题的披露，提高报告的完整性和实质性。

评级小组

组长：中国企业联合会雇主工作部副主任、全球契约中国网络秘书处执行主任　程多生

成员：中国标准化研究院研究员、ISO社会责任特别工作组秘书长　陈元桥

　　　北京工商大学副教授　郭毅

　　　评级专家委员会副主席　　　　　　　　　　评级小组组长
　　　中心常务副理事长　　　　　　　　　　　　评级专家委员会委员

第三十章 评级报告展示（四星级）

二十九、《斗山 infracore（中国）社会责任报告 2012》评级报告

中国社会科学院经济学部企业社会责任研究中心（以下简称"中心"）受斗山 infracore（中国）委托，从中国企业社会责任报告评级专家委员会中抽选专家组成评级小组，对《斗山 infracore（中国）社会责任报告 2012》（以下简称《报告》）进行评级。

一、评级依据

中国社会科学院经济学部企业社会责任研究中心、中国企业联合会、中国石油与化学工业联合会、中国轻工业联合会、中德贸易可持续发展与企业行为规范项目、《WTO 经济导刊》、中国企业公民委员会联合发布的《中国企业社会责任报告编写指南（CASS‐CSR 2.0）》，以及《中国企业社会责任报告评级标准（2013）》。

二、评级结论

完整性（★★★★）

《报告》从"企业概况"、"技术领先"、"品质经营"、"人才第一"、"绿色生态"、"和谐共赢"等角度，披露了机械设备制造业核心指标的 72.6%，具有较好的完整性。

实质性（★★★★）

《报告》详细叙述了"产品质量管理"、"产品创新"、"安全生产"、"职业健康管理"、"节约能源及减少'三废'排放"等所在行业关键性议题，具有较好的实质性表现。

平衡性（★★★☆）

《报告》披露了企业连续 3 年的"职业病发病次数"、"安全生产事故数"、

"员工因事故死亡人数"等负面数据信息，具有一定的平衡性。

可比性（★★★★☆）

《报告》披露了39个关键绩效指标连续3年的历史数据，披露规范易比较，可比性表现领先。

可读性（★★★★☆）

《报告》框架清晰，篇幅适宜；图片、图表、流程图等表达方式丰富，案例叙述详尽，并对专业词汇进行了解释，可读性表现领先。

创新性（★★★★）

《报告》以专题介绍了企业在全球和中国的发展概况，并在每章开始阐述企业的挑战与目标，便于读者全面了解企业的发展历程、现状及可持续发展能力，具有较好的创新性。

综合评级（★★★★）

经评级小组评价，《斗山 infracore（中国）社会责任报告2012》为四星级，是一份优秀的企业社会责任报告。

三、改进建议

1. 增加行业核心指标和关键议题的披露，进一步提高报告的完整性和实质性。

2. 增加负面信息及应对措施的信息披露，提高报告的平衡性。

评级小组

组长：新华网副总裁　魏紫川

成员：中国企业公民委员会副会长　刘卫华

　　　商道纵横总经理　郭沛源

评级专家委员会副主席　　　　　　　评级小组组长
中心常务副理事长　　　　　　　　　中心主任

三十、《中国松下社会责任报告2012》评级报告

中国社会科学院经济学部企业社会责任研究中心(以下简称"中心")受松下电器(中国)有限公司委托,从中国企业社会责任报告评级专家委员会中抽选专家组成评级小组,对《中国松下社会责任报告2012》(以下简称《报告》)进行评级。

一、评级依据

中国社会科学院经济学部企业社会责任研究中心、中国企业联合会、中国石油与化学工业联合会、中国轻工业联合会、中德贸易可持续发展与企业行为规范项目、《WTO经济导刊》、中国企业公民委员会联合发布的《中国企业社会责任报告编写指南(CASS-CSR 2.0)》,以及《中国企业社会责任报告评级标准(2013)》。

二、评级结论

完整性(★★★★)

《报告》从"公平经营"、"绿色发展"、"以人为本"、"一流品质"、"合作共赢"等角度,披露了家用电器制造业、电子产品和电子元器件制造业核心指标的79.29%,完整性表现良好。

实质性(★★★★☆)

《报告》详细叙述了"产品质量管理"、"售后服务体系"、"家电召回"、"安全生产"、"环保产品的研发和销售"等关键性议题,具有较好的实质性表现。

平衡性(★★★★☆)

《报告》详细记录了"松下冰箱召回"事件的原因及后续处理情况,且对连续3年的"工作事故率"等负面数据进行披露,平衡性表现较好。

可比性(★★★★★)

《报告》披露了38个关键绩效指标连续3年以上的历史数据,并就"发明专利申请数"进行行业内横向对比,可比性表现卓越。

可读性(★★★☆)

《报告》结构清晰,逻辑清楚,篇幅适宜;语言简洁流畅,案例叙述详尽,具有一定的可读性。

创新性（★★★★）

《报告》框架及主体均紧紧围绕"责任承诺"的理念，系统展现了企业的责任实践；各板块设置二级目录，一目了然，便于读者了解责任内容，创新性表现良好。

综合评级（★★★★）

经评级小组评价，《中国松下社会责任报告2012》为四星级，是一份优秀的企业社会责任报告。

三、改进建议

增加行业核心指标的披露，进一步提高报告的完整性。

评级小组

组长：中国社会科学院经济学部企业社会责任研究中心主任　钟宏武

成员：中国企业公民委员会副会长　刘卫华

中国企业社会责任专业人员网络召集人　何智权

评级专家委员会副主席　　　　　　　　评级小组组长

中心常务副理事长　　　　　　　　　　中心主任

中国企业社会责任报告白皮书（2013）

三十一、《中国东方航空股份有限公司 2012 年度社会责任报告》评级报告

中国社会科学院经济学部企业社会责任研究中心（以下简称"中心"）受中国东方航空股份有限公司委托，从中国企业社会责任报告评级专家委员会中抽选专家组成评级小组，对《中国东方航空股份有限公司 2012 年度社会责任报告》（以下简称《报告》）进行评级。

一、评级依据

中国社会科学院经济学部企业社会责任研究中心、中国企业联合会、中国石油与化学工业联合会、中国轻工业联合会、中德贸易可持续发展与企业行为规范项目、《WTO 经济导刊》、中国企业公民委员会联合发布的《中国企业社会责任报告编写指南（CASS－CSR 2.0）》，以及《中国企业社会责任报告评级标准（2013）》。

二、评级结论

完整性（★★★★）

《报告》从"公司治理"、"风险管控"、"员工责任"、"顾客责任"、"股东责任"、"社会责任"等方面，系统披露了交通运输服务业核心指标的 78.34%，具有较好的完整性。

实质性（★★★★☆）

《报告》涵盖了"服务质量管理制度和措施"、"安全运输"、"交通运输工具按时退役"、"职业安全健康"、"积极应对气候变化的理念"等交通运输服务业关键性议题，实质性表现优秀。

平衡性（★★★☆）

《报告》披露了"工伤员工数"、"因公死亡员工数"、"事故征候率"、"航班正点率"及"全年总投诉率"等数据信息，具有一定的平衡性。

可比性（★★★★☆）

《报告》披露了公司多个关键绩效指标连续 3 年以上的历史数据，具有一定的纵向可比性；同时在"当地有竞争力的薪资"方面进行相应的横向披露，可比性总体表现优秀。

可读性（★★★★）

《报告》文字流畅，案例叙述形式多样，数据说明充分，排版精美，蓝色

主体设计符合行业特色，可读性表现良好。

创新性（★★★☆）

《报告》案例形式多样，从标题式到简述式，再到专题式，既包含高管承诺又有员工自述，全方位、多角度阐述企业的社会责任实践，具有一定的创新性。

综合评级（★★★★）

经评级小组评价，《中国东方航空股份有限公司2012年度社会责任报告》为四星级，是一份优秀的企业社会责任报告。

三、改进建议

1. 增加企业负面信息事件经过及应对措施的披露，提高报告的平衡性。
2. 根据行业特色和公司特质，凸显报告表达形式的特点，提高创新性。

评级小组

组长：中国社会科学院经济学部企业社会责任研究中心主任　钟宏武

成员：上海证券交易所高级经理　杨金忠

　　　中山大学岭南学院副院长　陈宏辉

评级专家委员会副主席　　　　　　　　评级小组组长
中心常务副理事长　　　　　　　　　　中心主任

三十二、《中国医药集团企业社会责任报告 2012》评级报告

中国社会科学院经济学部企业社会责任研究中心（以下简称"中心"）受中国医药集团总公司委托，从中国企业社会责任报告评级专家委员会中抽选专家组成评级小组，对《中国医药集团企业社会责任报告 2012》（以下简称《报告》）进行评级。

一、评级依据

中国社会科学院经济学部企业社会责任研究中心、中国企业联合会、中国石油与化学工业联合会、中国轻工业联合会、中德贸易可持续发展与企业行为规范项目、《WTO 经济导刊》、中国企业公民委员会联合发布的《中国企业社会责任报告编写指南（CASS－CSR 2.0）》，以及《中国企业社会责任报告评级标准（2013）》。

二、评级结论

完整性（★★★★）

《报告》从"责任管理"、"市场绩效"、"社会绩效"、"环境绩效"等方面，系统披露了医药生物制造业核心指标的72.73%，完整性表现优秀。

实质性（★★★★☆）

《报告》涵盖了"产品质量管理"、"产品召回制度"、"安全生产"、"化学药品管理"、"减少'三废'排放"、"关注社区健康"等所在行业实质性议题，叙述充分全面，具有领先的实质性表现。

平衡性（★★★）

《报告》披露了"安全事故数"、"环保事故数"等负面数据信息，具有一定的平衡性。

可比性（★★★★★）

《报告》披露了36个关键绩效指标连续3年的历史数据，并将企业社会责任发展指数与全国行业水平进行对比，可比性表现卓越。

可读性（★★★★☆）

《报告》框架清晰，篇幅适宜；语言简洁流畅，案例叙述详尽；配图精美，设计风格具有行业特色，具有领先的可读性表现。

创新性（★★★☆）

《报告》设置"海外公益"专栏，着力叙述企业在海外履行社会责任的行动与成绩，便于利益相关方了解企业特色责任实践，具有一定的创新性。

综合评级（★★★★）

经评级小组评价，《中国医药集团企业社会责任报告2012》为四星级，是一份优秀的企业社会责任报告。

三、改进建议

1. 增加企业负面信息及改进措施的披露，提高报告的平衡性。
2. 增加行业核心指标的披露，进一步提高报告的完整性。

评级小组

组长：中国社会科学院经济学部企业社会责任研究中心主任　钟宏武

成员：《WTO经济导刊》副社长　殷格非

　　　清华大学创新与社会责任研究中心主任　邓国胜

评级专家委员会副主席　　　　　　　　　　　评级小组组长
中心常务副理事长　　　　　　　　　　　　　中心主任

三十三、《2012年北汽集团社会责任报告书》评级报告

中国社会科学院经济学部企业社会责任研究中心(以下简称"中心")受北京汽车集团有限公司委托,从中国企业社会责任报告评级专家委员会中抽选专家组成评级小组,对《2012年北汽集团社会责任报告书》(以下简称《报告》)进行评级。

一、评级依据

中国社会科学院经济学部企业社会责任研究中心、中国企业联合会、中国石油与化学工业联合会、中国轻工业联合会、中德贸易可持续发展与企业行为规范项目、《WTO经济导刊》、中国企业公民委员会联合发布的《中国企业社会责任报告编写指南(CASS–CSR 2.0)》,以及《中国企业社会责任报告评级标准(2013)》。

二、评级结论

完整性(★★★★)

《报告》从"成事之道"、"出品之道"、"育人之道"、"悦达伙伴"、"绿达生态"及"惠达社会"等角度,披露了交通运输设备制造业核心指标的75%,完整性表现良好。

实质性(★★★★)

《报告》叙述了所在行业"确保产品安全性"、"产品召回机制"、"节能与新能源交通运输设备的研发与销售"及"节约资源能源"等关键性议题,具有良好的实质性表现。

平衡性(★★★★☆)

《报告》记录了北汽福田"汽车召回"事件的原因及后续处理情况,且对"员工伤亡人数"等负面数据进行了披露,平衡性表现优秀。

可比性(★★★★☆)

《报告》披露了29个关键绩效指标连续3年以上的历史数据,并就部分产品销量进行了全国性对比,可比性表现优秀。

可读性(★★★☆)

《报告》结构清晰,逻辑清楚,语言流畅;案例叙述详尽,表达方式多样,具有一定的可读性。

创新性（★★★★）

《报告》框架及主体均紧紧围绕"行有道、达天下"的责任理念展开，逻辑性强；且以企业历史、愿景、现状及绩效开篇，总领性好，创新性表现良好。

综合评级（★★★★）

经评级小组评价，《2012年北汽集团社会责任报告书》为四星级，是一份优秀的企业社会责任报告。

三、改进建议

1. 增加行业核心指标的披露，提高报告的完整性。
2. 增加"安全生产"等关键性议题披露，提高报告的实质性。
3. 优化配图，增强表现力，提高报告的可读性。

评级小组

组长：中国企业联合会雇主工作部副主任、全球契约中国网络秘书处执行主任　程多生

成员：清华大学创新与社会责任研究中心主任　邓国胜

中国企业社会责任专业人员网络召集人　何智权

评级专家委员会副主席 中心常务副理事长	评级小组组长 评级专家委员会委员

三十四、《中国黄金国际资源有限公司社会责任报告2012》评级报告

中国社会科学院经济学部企业社会责任研究中心(以下简称"中心")受中国黄金国际资源有限公司委托,从中国企业社会责任报告评级专家委员会中抽选专家组成评级小组,对《中国黄金国际资源有限公司社会责任报告2012》(以下简称《报告》)进行评级。

一、评级依据

中国社会科学院经济学部企业社会责任研究中心、中国企业联合会、中国石油与化学工业联合会、中国轻工业联合会、中德贸易可持续发展与企业行为规范项目、《WTO经济导刊》、中国企业公民委员会联合发布的《中国企业社会责任报告编写指南(CASS-CSR 2.0)》,以及《中国企业社会责任报告评级标准(2013)》。

二、评级结论

完整性(★★★☆)

《报告》从"责任管理"、"环保节能"、"安全生产"、"员工权益"、"科技进步"及"和谐共赢"等方面,披露了一般采矿业核心指标的62.5%,完整性表现一般。

实质性(★★★★)

《报告》披露了"安全生产"、"环保技术、设备的研发及应用"、"资源储备"、"矿区保育、尾矿处理和矿区生态保护"等一般采矿业实质性议题,实质性表现良好。

平衡性(★★★)

《报告》披露了"百万吨工亡率"和"重大设备事故"等负面数据信息,平衡性表现一般。

可比性(★★★★★)

《报告》披露了63个关键绩效指标连续3年的历史数据,可比性表现卓越。

可读性(★★★★☆)

《报告》主体框架清晰,案例翔实,语言精练,逻辑性强,设计清新自然,图表、图片等表达方式多样,可读性表现优秀。

创新性（★★★☆）

《报告》在社会责任议题选择流程上遵循"目标—期望—筛选—实施—反馈—总结与改进"PDCA法则，做到了科学性和可操作性的有机结合，具有一定的创新性。

综合评级（★★★★）

经评级小组评价，《中国黄金国际资源有限公司社会责任报告2012》为四星级，是一份优秀的企业社会责任报告。

三、改进建议

1. 增加行业核心指标的披露，提高报告的完整性。
2. 增加企业负面数据的披露和负面事件的分析，提高报告的平衡性。

评级小组

组长：中国社会科学院经济学部企业社会责任研究中心主任　钟宏武

成员：上海证券交易所高级经理　杨金忠

　　　北方工业大学经济管理学院副教授　魏秀丽

评级专家委员会副主席　　　　　　　　评级小组组长
中心常务副理事长　　　　　　　　　　中心主任

三十五、《广东省丝绸纺织集团有限公司2012年社会责任报告》评级报告

中国社会科学院经济学部企业社会责任研究中心（以下简称"中心"）受广东省丝绸纺织集团有限公司委托，从中国企业社会责任报告评级专家委员会中抽选专家组成评级小组，对《广东省丝绸纺织集团有限公司2012年社会责任报告》（以下简称《报告》）进行评级。

一、评级依据

中国社会科学院经济学部企业社会责任研究中心、中国企业联合会、中国石油与化学工业联合会、中国轻工业联合会、中德贸易可持续发展与企业行为规范项目、《WTO经济导刊》、中国企业公民委员会联合发布的《中国企业社会责任报告编写指南（CASS-CSR 2.0）》，以及《中国企业社会责任报告评级标准（2013）》。

二、评级结论

完整性（★★★★）

《报告》从"认识丝纺"、"社会责任管理"、"转型升级带动可持续发展"、"携手伙伴共创价值"、"和谐丝纺大家庭"、"倾力公益服务社会"等方面，披露了纺织业、服装鞋帽制造业核心指标的75.4%，完整性表现良好。

实质性（★★★★）

《报告》涵盖了"产品质量管理"、"产品服务创新"、"安全生产"、"员工权益保护"及"带动就业"等所在行业关键性议题，具有较好的实质性。

平衡性（★★★）

《报告》披露了"员工流失率"、"员工伤亡人数"等负面信息，具有一定的平衡性。

可比性（★★★★★）

《报告》规范地披露了35个关键绩效指标连续多年的历史数据；同时就"进出口业务"与全国和全省的增长速度进行了横向对比，可比性表现卓越。

可读性（★★★★）

《报告》框架合理，篇幅适中；语言简洁，案例丰富，采用了示意图、数据表等多元表达方式，设计具有行业特色，可读性表现良好。

创新性（★★★☆）

作为公司首份社会责任报告，《报告》以广东丝绸业发展、集团的历史沿革及今日丝纺等开篇，利于相关方综合了解企业概况，具有一定的创新性。

综合评级（★★★★）

经评级小组评价，《广东省丝绸纺织集团有限公司 2012 年社会责任报告》为四星级，是一份优秀的企业社会责任报告。

三、改进建议

1. 增加企业负面信息的披露，提高报告的平衡性。

2. 增加行业核心指标和关键性议题的披露，进一步提高报告的完整性和实质性。

评级小组

组长：中国社会科学院经济学部企业社会责任研究中心主任　钟宏武

成员：中国企业公民委员会副会长　刘卫华

北方工业大学经济管理学院副教授　魏秀丽

评级专家委员会副主席	评级小组组长
中心常务副理事长	中心主任

三十六、《2012年中钢集团可持续发展报告》评级报告

中国社会科学院经济学部企业社会责任研究中心（以下简称"中心"）受中国中钢集团公司委托，从中国企业社会责任报告评级专家委员会中抽选专家组成评级小组，对《2012年中钢集团可持续发展报告》（以下简称《报告》）进行评级。

一、评级依据

中国社会科学院经济学部企业社会责任研究中心、中国企业联合会、中国石油与化学工业联合会、中国轻工业联合会、中德贸易可持续发展与企业行为规范项目、《WTO经济导刊》、中国企业公民委员会联合发布的《中国企业社会责任报告编写指南（CASS-CSR 2.0）》，以及《中国企业社会责任报告评级标准（2013）》。

二、评级结论

完整性（★★★☆）

《报告》从"可持续发展管理"、"价值产业链"、"绿色产业链"、"和谐共赢链"等方面，披露了一般采矿业、机械设备制造业和批发贸易业核心指标的66.9%，具有一定的完整性。

实质性（★★★★☆）

《报告》涵盖了"职业健康管理"、"安全生产"、"环境管理体系"、"节约能源、水资源"、"减少'三废'排放"、"责任采购"等实质性议题，实质性表现优秀。

平衡性（★★★☆）

《报告》披露了"员工伤亡人数"等安全生产负面数据信息，并对改进、预防措施做了简要说明，具有一定的平衡性。

可比性（★★★☆）

《报告》披露了14个关键绩效指标连续3年的历史数据，具有一定的可比性。

可读性（★★★★☆）

《报告》框架清晰，篇幅适中；案例叙述详尽，图文设计精美；中英文对照充分考虑了海外利益相关方的沟通需要，可读性表现优秀。

创新性（★★★★）

《报告》中齿轮状社会责任模型图，与钢铁行业特征吻合；价值产业链、绿色服务链、和谐共赢链的责任议题表述方式凸显出企业的可持续责任理念，提升了报告质量，具有良好的创新性。

综合评级（★★★★）

经评级小组评价，《2012年中钢集团可持续发展报告》为四星级，是一份优秀的企业社会责任报告。

三、改进建议

1. 增加对行业核心指标的披露，提高报告的完整性。
2. 增加对负面信息的披露，提高报告的平衡性。
3. 增加连续多年定量数据和关键行业数据的披露，提高报告的可比性。

评级小组

组长：中国社会科学院经济学部企业社会责任研究中心主任　钟宏武
成员：中山大学岭南学院副院长　陈宏辉
　　　中国企业公民委员会副会长　刘卫华

评级专家委员会副主席
中心常务副理事长

评级小组组长
中心主任

三十七、《佳能（中国）企业社会责任报告 2012~2013》评级报告

中国社会科学院经济学部企业社会责任研究中心（以下简称"中心"）受佳能（中国）有限公司委托，从中国企业社会责任报告评级专家委员会中抽选专家组成评级小组，对《佳能（中国）企业社会责任报告 2012~2013》（以下简称《报告》）进行评级。

一、评级依据

中国社会科学院经济学部企业社会责任研究中心、中国企业联合会、中国石油与化学工业联合会、中国轻工业联合会、中德贸易可持续发展与企业行为规范项目、《WTO 经济导刊》、中国企业公民委员会联合发布的《中国企业社会责任报告编写指南（CASS－CSR 2.0）》，以及《中国企业社会责任报告评级标准（2013）》。

二、评级结论

完整性（★★★☆）

《报告》从"加强责任管理"、"创造共享价值"、"致力社会和谐"、"共建生态文明"及"创新影像公益"等方面，披露了电子产品及电子元器件制造业核心指标的 68.22%，完整性表现良好。

实质性（★★★★）

《报告》披露了"产品质量管理及技术创新"、"责任采购"、"职业健康管理"、"安全生产"、"环保产品的研发与应用"等实质性议题，较好地回应了利益相关方的期望，具有优秀的实质性。

平衡性（★★★）

《报告》披露了 2012 年"职业病发病次数"、"重大安全事故数"及"员工因公伤亡人数"等负面数据信息，具有一定的平衡性。

可比性（★★★★★）

《报告》披露了 41 个关键绩效指标连续 3 年的历史数据，对企业的社会责任实践进行了有力说明，可比性表现卓越。

可读性（★★★★☆）

《报告》框架清晰，案例详尽，语言流畅；数字、图表、图片等表达方式丰富，"水主题"设计清新自然，贴合企业"共生"理念，具有较好的可

创新性（★★★★）

《报告》在陈述企业社会责任活动时，加入较多专家、学者及参与者的真切感悟，从不同角度展现企业社会责任成效，创新性表现优秀。

综合评级（★★★★）

经评级小组评价，《佳能（中国）企业社会责任报告2012~2013》为四星级，是一份优秀的企业社会责任报告。

三、改进建议

1. 增加企业负面数据的披露和负面事件的分析，提高报告的平衡性。
2. 增加行业核心指标的披露，提高报告的完整性。

评级小组

组长：中国企业联合会雇主工作部副主任、全球契约中国网络秘书处执行主任　程多生

成员：中国企业公民委员会副会长　刘卫华

北方工业大学经济管理学院副教授　魏秀丽

评级专家委员会副主席　　　　　　　　　评级小组组长
中心常务副理事长　　　　　　　　　　　评级专家委员会委员

中国企业社会责任报告白皮书（2013）

三十八、《中国节能环保集团企业社会责任报告2012》评级报告

中国社会科学院经济学部企业社会责任研究中心（以下简称"中心"）受中国节能环保集团委托，从中国企业社会责任报告评级专家委员会中抽选专家组成评级小组，对《中国节能环保集团企业社会责任报告2012》（以下简称《报告》）进行评级。

一、评级依据

中国社会科学院经济学部企业社会责任研究中心、中国企业联合会、中国石油与化学工业联合会、中国轻工业联合会、中德贸易可持续发展与企业行为规范项目、《WTO经济导刊》、中国企业公民委员会联合发布的《中国企业社会责任报告编写指南（CASS－CSR 2.0）》，以及《中国企业社会责任报告评级标准（2013）》。

二、评级结论

完整性（★★★★）

《报告》以"绿色"为核心，从"效益"、"创新"、"大爱"、"员工"、"交流"及"责任融合"等角度，系统披露了一般制造业、废旧资源及废旧材料回收加工业指标的74.33%，具有较好的完整性。

实质性（★★★★☆）

《报告》涵盖了"产品质量管理"、"职业健康管理"、"安全生产"、"责任采购"、"环保技术、设备的研发与应用"及"节约能源、水资源"等行业关键性议题，叙述充分，实质性表现优秀。

平衡性（★★）

《报告》披露了"死亡人数和重伤人数"等负面数据信息，具有一定的平衡性。

可比性（★★★☆）

《报告》披露了该公司多个关键绩效指标连续多年的历史数据，同时披露了"钢铁烧结烟气脱硫市场份额占有率"等在同行业的横向比较数据，具有较好的可比性。

可读性（★★★★）

《报告》框架清晰，篇幅适中，语言流畅，结构图、流程图、图片等表达

方式丰富，设计感强，可读性表现优秀。

创新性（★★★★）

《报告》以"绿色"为核心，突出企业主营业务，紧扣"中国梦"时代主题，全面铺叙企业在经济、社会及环境方面的责任理念和实践，创新性表现良好。

综合评级（★★★★）

综合以上六项评价指标，《中国节能环保集团企业社会责任报告2012》为四星级，是一份优秀的企业社会责任报告。

三、改进建议

1. 增加负面信息及相关原因、矫正和预防措施的披露，提高报告的平衡性。

2. 增加企业纵向历史数据和同行业横向比较数据的披露，提高报告的可比性。

评级小组

组长：中国社会科学院经济学部企业社会责任研究中心主任　钟宏武

成员：中国电力企业联合会秘书长　王志轩

北京工商大学副教授　郭毅

评级专家委员会副主席　　　　　　　　评级小组组长
中心常务副理事长　　　　　　　　　　中心主任

三十九、《中国保利集团公司 2012 年社会责任报告》评级报告

中国社会科学院经济学部企业社会责任研究中心（以下简称"中心"）受中国保利集团公司委托，从中国企业社会责任报告评级专家委员会中抽选专家组成评级小组，对《中国保利集团公司 2012 年社会责任报告》（以下简称《报告》）进行评级。

一、评级依据

中国社会科学院经济学部企业社会责任研究中心、中国企业联合会、中国石油与化学工业联合会、中国轻工业联合会、中德贸易可持续发展与企业行为规范项目、《WTO 经济导刊》、中国企业公民委员会联合发布的《中国企业社会责任报告编写指南（CASS–CSR 2.0）》，以及《中国企业社会责任报告评级标准（2013）》。

二、评级结论

完整性（★★★★）

《报告》从"使命责任"、"市场责任"、"社会责任"、"环境责任"、"海外责任"等方面，披露了特种设备制造业核心指标的 72%，完整性表现优秀。

实质性（★★★★）

《报告》披露了所在行业"贯彻宏观政策"、"责任采购"、"员工权益保护"、"确保房屋住宅质量"、"绿色建筑"等关键性议题，实质性表现优秀。

平衡性（★★★）

《报告》对"安全生产、环境污染事故数"等负面数据进行了披露，并简要描述责任管理中存在的问题与对策，平衡性表现一般。

可比性（★★★★）

《报告》披露了 19 个关键绩效指标连续 3 年的历史数据，并对"军品出口签约额"在全国的比例进行了披露，可比性表现优秀。

可读性（★★★★☆）

《报告》结构清晰，篇幅适宜，语言精练，逻辑性强；设计精美，采用了图片、数据表、流程图等多种表达方式，直观易理解，具有较好的可读性。

创新性（★★★★）

《报告》单独划分章节，对"使命责任"、"海外责任"进行系统、详细

的披露，突出了保国利民、惠及海外的企业履责特点，创新性表现优秀。

综合评级（★★★★）

经评级小组评价，《中国保利集团公司2012年社会责任报告》为四星级，是一份优秀的企业社会责任报告。

三、改进建议

1. 增加企业负面数据和负面事件的披露，提高报告的平衡性。
2. 增加行业核心指标的披露，提高报告的完整性。

评级小组

组长：《WTO经济导刊》副社长　殷格非

成员：上海证券交易所高级经理　杨金忠
　　　清华大学创新与社会责任研究中心主任　邓国胜

评级专家委员会副主席　　　　　　　　评级小组组长
中心常务副理事长　　　　　　　　　　中心理事

四十、《广东物资集团公司 2012 年社会责任报告》评级报告

中国社会科学院经济学部企业社会责任研究中心（以下简称"中心"）受广东物资集团公司委托，从中国企业社会责任报告评级专家委员会中抽选专家组成评级小组，对《广东物资集团公司 2012 年社会责任报告》（以下简称《报告》）进行评级。

一、评级依据

中国社会科学院经济学部企业社会责任研究中心、中国企业联合会、中国石油与化学工业联合会、中国轻工业联合会、中德贸易可持续发展与企业行为规范项目、《WTO 经济导刊》、中国企业公民委员会联合发布的《中国企业社会责任报告编写指南（CASS－CSR 2.0）》，以及《中国企业社会责任报告评级标准（2013）》。

二、评级结论

完整性（★★★★）

《报告》从"卓越运营"、"诚信运营"、"低碳运营"及"公益运营"等方面，披露了批发贸易业、交通运输服务业核心指标的72.23%，完整性表现良好。

实质性（★★★★）

《报告》披露了"公平与诚信贸易"、"责任采购"、"员工权益保护"、"危险品仓储及运输和废弃管理"等所在行业关键性议题，具有较好的实质性。

平衡性（★★）

《报告》披露了2012年"员工流失率"等负面数据信息，平衡性需进一步提高。

可比性（★★★★☆）

《报告》披露了22个关键绩效指标连续5年的历史数据，同时对品牌竞争力的多年表现进行多项横向对比，可比性表现优秀。

可读性（★★★★★）

《报告》框架清晰，篇幅适宜，语言简洁；图片、图表、流程图等表达方式多样，设计风格多元，并对专业词汇进行了解释，具有很好的阅读性，可读

性表现卓越。

创新性（★★★☆）

《报告》以流程图的形式详细展示了 CSR 领导机构下的人事构成和组织构成，责任组织体系健全，表达方式准确形象，具有较好的创新性。

综合评级（★★★★）

经评级小组评价，《广东物资集团公司 2012 年社会责任报告》为四星级，是一份优秀的企业社会责任报告。

三、改进建议

1. 增加企业负面数据的披露和负面事件的分析，提高报告的平衡性。

2. 增加"库存管理"及"节能减排"等关键性议题披露，提高报告的实质性。

评级小组

组长：中国社会科学院经济学部企业社会责任研究中心主任　钟宏武

成员：《WTO 经济导刊》副社长　殷格非

　　　北京融智社会责任研究所所长　王晓光

评级专家委员会副主席	评级小组组长
中心常务副理事长	中心主任

四十一、《中国机械工业集团有限公司社会责任报告2012》评级报告

中国社会科学院经济学部企业社会责任研究中心（以下简称"中心"）受中国机械工业集团有限公司委托，从中国企业社会责任报告评级专家委员会中抽选专家组成评级小组，对《中国机械工业集团有限公司社会责任报告2012》（以下简称《报告》）进行评级。

一、评级依据

中国社会科学院经济学部企业社会责任研究中心、中国企业联合会、中国石油与化学工业联合会、中国轻工业联合会、中德贸易可持续发展与企业行为规范项目、《WTO经济导刊》、中国企业公民委员会联合发布的《中国企业社会责任报告编写指南（CASS-CSR 2.0）》，以及《中国企业社会责任报告评级标准（2013）》。

二、评级结论

完整性（★★★☆）

《报告》从"强化责任管理"、"发展实体经济"、"驱动科技进步"、"践行环保低碳"及"打造企业公民"等角度，披露了机械设备制造业核心指标的66.14%，具有一定的完整性。

实质性（★★★★）

《报告》披露了"产品创新"、"职业健康管理"、"安全生产"、"节约能源、水资源"及"减少'三废'排放"等所在行业关键性议题，实质性表现良好。

平衡性（★★★）

《报告》披露了2012年"轻伤事故起数"、"轻伤人数"等负面数据信息，具有一定的平衡性。

可比性（★★★★）

《报告》披露了22个关键绩效指标连续3年的历史数据，同时披露了"全球225家最大国际工程承包商"等专业服务能力的横向比较，可比性表现较好。

可读性（★★★★☆）

《报告》主体框架清晰，篇幅适宜，行文有条理；图片、表格、流程图等

表达方式丰富，设计风格多元，并对专业词汇进行解释，可读性表现优秀。

创新性（★★★☆）

《报告》各板块均以导语式文字及关键数据开篇，总领性强，便于利益相关方快速了解企业责任实践，具有一定的创新性。

综合评级（★★★★）

经评级小组评价，《中国机械工业集团有限公司社会责任报告2012》为四星级，是一份优秀的企业社会责任报告。

三、改进建议

1. 增加行业核心指标和实质性议题的披露，提高报告的完整性和实质性。
2. 增加企业历史性关键绩效数据的披露，提高报告的可比性。

评级小组

组长：中国社会科学院经济学部企业社会责任研究中心主任　钟宏武

成员：《WTO经济导刊》副社长　殷格非

北方工业大学经济管理学院副教授　魏秀丽

评级专家委员会副主席　　　　　　评级小组组长
中心常务副理事长　　　　　　　　中心主任

四十二、《广东省建筑工程集团有限公司社会责任报告2012》评级报告

中国社会科学院经济学部企业社会责任研究中心（以下简称"中心"）受广东省建筑工程集团有限公司委托，从中国企业社会责任报告评级专家委员会中抽选专家组成评级小组，对《广东省建筑工程集团有限公司社会责任报告2012》（以下简称《报告》）进行评级。

一、评级依据

中国社会科学院经济学部企业社会责任研究中心、中国企业联合会、中国石油与化学工业联合会、中国轻工业联合会、中德贸易可持续发展与企业行为规范项目、《WTO经济导刊》、中国企业公民委员会联合发布的《中国企业社会责任报告编写指南（CASS–CSR 2.0）》，以及《中国企业社会责任报告评级标准（2013）》。

二、评级结论

完整性（★★★☆）

《报告》从"关于我们"、"品质保障"、"安全监管"、"环境保护"、"员工关爱"及"公益事业"等方面，系统披露了建筑业核心指标的66.4%，具有一定的完整性。

实质性（★★★★）

《报告》涵盖了"建筑质量管理"、"农民工权益保护"、"噪声、粉尘、建筑垃圾管理"、"安全生产"及"绿色建材使用"等所在行业关键议题，实质性表现优秀。

平衡性（★★★）

《报告》披露了"员工流失率"、"职业病发生率"等负面数据，平衡性需进一步改善。

可比性（★★★★☆）

《报告》披露了公司35个关键绩效指标连续多年的历史数据，纵向可比性表现领先。

可读性（★★★★）

《报告》结构合理，篇幅适中；语言流畅，案例叙述简洁准确；流程图、图表等表达方式丰富，可读性表现较好。

创新性（★★★★）

《报告》结合企业经营特性，提出了"责任供应链"的先验做法，有助于推动企业内部和供应链共享价值的产生，具有较好的创新性。

综合评级（★★★★）

经评级小组评价，《广东省建筑工程集团有限公司社会责任报告2012》为四星级，是一份优秀的企业社会责任报告。

三、改进建议

1. 增加负面信息的披露，改进报告的平衡性。
2. 增加行业核心指标及关键性议题的披露，提高报告的完整性和实质性。

评级小组

组长：中国社会科学院经济学部企业社会责任研究中心主任　钟宏武

成员：《WTO经济导刊》副社长　殷格非

　　　清华大学创新与社会责任研究中心主任　邓国胜

评级专家委员会副主席　　　　　　　　　评级小组组长
中心常务副理事长　　　　　　　　　　　中心主任

四十三、《中国航天科技集团公司 2012 年社会责任报告》评级报告

中国社会科学院经济学部企业社会责任研究中心（以下简称"中心"）受中国航天科技集团公司委托，从中国企业社会责任报告评级专家委员会中抽选专家组成评级小组，对《中国航天科技集团公司 2012 年社会责任报告》（以下简称《报告》）进行评级。

一、评级依据

中国社会科学院经济学部企业社会责任研究中心、中国企业联合会、中国石油与化学工业联合会、中国轻工业联合会、中德贸易可持续发展与企业行为规范项目、《WTO 经济导刊》、中国企业公民委员会联合发布的《中国企业社会责任报告编写指南（CASS－CSR 2.0）》，以及《中国企业社会责任报告评级标准（2013）》。

二、评级结论

完整性（★★★☆）

《报告》从"概况与战略"、"国家责任"、"经济责任"、"社会责任"、"环境责任"等方面，系统披露了特种设备制造业核心指标的 62%，具有一定的完整性。

实质性（★★★★☆）

《报告》披露了所在行业"产品质量管理"、"产品创新"、"职业健康管理"、"安全生产"、"环保产品的研发与销售"等实质性议题，叙述充分，具有较好的实质性。

平衡性（★★★）

《报告》披露了"全年因工死亡事故率"及"重伤事故率"，并对"安全隐患事故"做了简要说明，具有一定的平衡性。

可比性（★★★☆）

《报告》披露了 11 个关键绩效指标连续多年以上的历史数据，同时披露了"2012 年全球运载火箭发射情况（次）"、"长征系列运载火箭宇航飞行次数"等数据国际间的比较，具有一定的可比性。

可读性（★★★★☆）

《报告》结构清晰，篇幅适中；语言流畅，案例典型；配图丰富多样，并

对专业词汇进行了解释，有助于增强读者理解，可读性表现较好。

创新性（★★★★）

《报告》在去年报告的基础上添加了多个定量数据指标，并且在附录部分增加相关媒体评价，提高了报告的公信力，具有较好的创新性。

综合评级（★★★★）

综合以上六项评价指标，《中国航天科技集团公司2012年社会责任报告》为四星级，是一份优秀的企业社会责任报告。

三、改进建议

1. 增加对行业指标信息和企业近年来定量数据的披露，提高报告的完整性和可比性。

2. 扩大对负面数据、信息的披露，增加对相关原因、矫正和预防措施的描述，提高报告的平衡性。

评级小组

组长：中国社会科学院经济学部企业社会责任研究中心主任　钟宏武

成员：中山大学岭南学院副院长　陈宏辉

　　　商道纵横总经理　郭沛源

评级专家委员会副主席　　　　　　　　评级小组组长
中心常务副理事长　　　　　　　　　　中心主任

四十四、《广东粤海控股有限公司 2012 年社会责任报告》评级报告

中国社会科学院经济学部企业社会责任研究中心（以下简称"中心"）受广东粤海控股有限公司委托，从中国企业社会责任报告评级专家委员会中抽选专家组成评级小组，对《广东粤海控股有限公司 2012 年社会责任报告》（以下简称《报告》）进行评级。

一、评级依据

中国社会科学院经济学部企业社会责任研究中心、中国企业联合会、中国石油与化学工业联合会、中国轻工业联合会、中德贸易可持续发展与企业行为规范项目、《WTO 经济导刊》、中国企业公民委员会联合发布的《中国企业社会责任报告编写指南（CASS–CSR 2.0）》，以及《中国企业社会责任报告评级标准（2013）》。

二、评级结论

完整性（★★★☆）

《报告》从"经济责任"、"社会民生"、"环境保护"、"和谐公益"等角度，披露了水的生产和供应业、房地产开发业和零售业核心指标的 68.2%，具有一定的完整性。

实质性（★★★★）

《报告》详细叙述了"员工权益保护"、"水质水源检测和监测工作"、"供应链管理"、"产品和服务提升"等行业关键性议题，实质性表现优秀。

平衡性（★★★★）

《报告》披露了"职业病发生次数"、"轻伤事故及重伤死亡事故"等负面数据指标，平衡性表现优秀。

可比性（★★★★☆）

《报告》披露了 32 个关键绩效指标连续 3 年以上的历史数据，可比性表现较好。

可读性（★★★★）

《报告》结构清晰，逻辑清楚，篇幅适宜；语言简洁流畅，设计精美，案例叙述详尽，可读性表现优秀。

创新性（★★★★）

《报告》开篇以"大事记"形势记录企业的发展历程，历数企业的责任关键点，总领性强，一目了然，便于读者全面了解企业发展概况及责任内容，创新性表现优秀。

综合评级（★★★★）

经评级小组评价，《广东粤海控股有限公司2012年社会责任报告》为四星级，是一份优秀的企业社会责任报告。

三、改进建议

1. 增加行业核心指标和关键性议题的披露，提高报告的完整性和实质性。
2. 增加企业负面信息及改进措施的披露，提高报告的平衡性。

评级小组

组长：中国社会科学院经济学部企业社会责任研究中心主任　钟宏武

成员：中国企业公民委员会副会长　刘卫华

北方工业大学经济管理学院副教授　魏秀丽

评级专家委员会副主席
中心常务副理事长

评级小组组长
中心主任

四十五、《中国交通建设股份有限公司社会责任报告2012》评级报告

中国社会科学院经济学部企业社会责任研究中心（以下简称"中心"）受中国交通建设股份有限公司委托，从中国企业社会责任报告评级专家委员会中抽选专家组成评级小组，对《中国交通建设股份有限公司社会责任报告2012》（以下简称《报告》）进行评级。

一、评级依据

中国社会科学院经济学部企业社会责任研究中心、中国企业联合会、中国石油与化学工业联合会、中国轻工业联合会、中德贸易可持续发展与企业行为规范项目、《WTO经济导刊》、中国企业公民委员会联合发布的《中国企业社会责任报告编写指南（CASS-CSR 2.0）》，以及《中国企业社会责任报告评级标准（2013）》。

二、评级结论

完整性（★★★★）

《报告》从"交通建设"、"行业"、"相关方"、"社会"、"家园"等方面，系统披露了建筑业责任管理、市场责任、社会责任和环境责任核心指标的77.34%，具有良好的完整性。

实质性（★★★★）

《报告》涵盖了"建筑质量管理"、"产品创新"、"农民工权益保护"、"承包商管理制度与措施"、"安全生产"等建筑业关键性议题，实质性表现较好。

平衡性（★★★）

《报告》对"重大质量事故"、"重大安全事故"及"隐患整改率"等负面信息做出了简要披露，平衡性表现一般。

可比性（★★）

《报告》披露了公司8个关键绩效指标连续6年的历史数据，可比性表现一般。

可读性（★★★★☆）

《报告》结构清晰，逻辑清楚；表述流畅，结合典型案例，采用了数据表、流程图等表达方式；语言为中英文对照，适应了海内外读者人群，符合公

司 A+H 上市公司的特点和企业海外发展的需求,可读性表现优秀。

创新性(★★★★)

《报告》突破传统框架,从各利益相关方入手,以较生动有力的语言组织报告框架;案例简洁易读,主题明确,清晰展现企业在社会责任方面的具体实践,具有良好的创新性。

综合评级(★★★★)

经评级小组评价,《中国交通建设股份有限公司社会责任报告2012》为四星级,是一份优秀的企业社会责任报告。

三、改进建议

1. 增加企业纵向指标数据及同行业横向可比信息披露,提高报告的可比性。

2. 加强企业负面信息的详细介绍及补救措施,提高报告的平衡性。

评级小组

组长:中国社会科学院经济学部企业社会责任研究中心主任　钟宏武

成员:上海证券交易所高级经理　杨金忠

　　　商道纵横总经理　郭沛源

评级专家委员会副主席　　　　　　　　评级小组组长
中心常务副理事长　　　　　　　　　　中心主任

四十六、《2012年广百集团社会责任报告》评级报告

中国社会科学院经济学部企业社会责任研究中心（以下简称"中心"）受广州百货企业集团有限公司委托，从中国企业社会责任报告评级专家委员会中抽选专家组成评级小组，对《2012年广百集团社会责任报告》（以下简称《报告》）进行评级。

一、评级依据

中国社会科学院经济学部企业社会责任研究中心、中国企业联合会、中国石油与化学工业联合会、中国轻工业联合会、中德贸易可持续发展与企业行为规范项目、《WTO经济导刊》、中国企业公民委员会联合发布的《中国企业社会责任报告编写指南（CASS-CSR 2.0）》，以及《中国企业社会责任报告评级标准（2013）》。

二、评级结论

完整性（★★★★）

《报告》从"顾客权益责任"、"员工权益责任"、"商品质量责任"、"安全生产责任"、"伙伴权益责任"及"社会公益责任"等方面，披露了零售业核心指标的76%，完整性表现良好。

实质性（★★★★）

《报告》披露了"售后服务管理体系"、"问题产品处理"、"节能建筑与绿色门店"、"员工权益保护"等关键性议题，具有良好的实质性表现。

平衡性（★★★★☆）

《报告》以专题形式详细记录了"顾客投诉及解决情况"，并对"商品质量重大事故"、"安全生产事故"等负面数据进行了披露，平衡性表现优秀。

可比性（★★★）

《报告》披露了部分关键绩效指标连续3年以上的历史数据，并就员工敬业度、满意度进行业内横向对比，可比性需进一步加强。

可读性（★★★★）

《报告》结构清晰，逻辑清楚，案例详细；色彩设计风格突出，并加入较多图片，可读性表现良好。

创新性（★★★☆）

《报告》在每个责任议题后以"责任承诺"收尾，阐述企业责任理念，强

化责任目标，明确责任价值，较有力地凸显了企业的责任感，具有一定的创新性。

综合评级（★★★★）

经评级小组评价，《2012年广百集团社会责任报告》为四星级，是一份良好的企业社会责任报告。

三、改进建议

1. 增加连续多年关键绩效数据指标的披露，提高报告的可比性。
2. 增加行业核心指标及关键性议题的披露，提高报告的完整性和实质性。

评级小组

组长：中国社会科学院经济学部企业社会责任研究中心主任　钟宏武

成员：北京工商大学副教授　郭毅

　　　商道纵横总经理　郭沛源

评级专家委员会副主席　　　　　　　　评级小组组长
中心常务副理事长　　　　　　　　　　中心主任

四十七、《LG化学(中国)2012年度社会责任报告》评级报告

中国社会科学院经济学部企业社会责任研究中心(以下简称"中心")受LG化学(中国)投资有限公司委托,从中国企业社会责任报告评级专家委员会中抽选专家组成评级小组,对《LG化学(中国)2012年度社会责任报告》(以下简称《报告》)进行评级。

一、评级依据

中国社会科学院经济学部企业社会责任研究中心、中国企业联合会、中国石油与化学工业联合会、中国轻工业联合会、中德贸易可持续发展与企业行为规范项目、《WTO经济导刊》、中国企业公民委员会联合发布的《中国企业社会责任报告编写指南(CASS-CSR 2.0)》,以及《中国企业社会责任报告评级标准(2013)》。

二、评级结论

完整性(★★★☆)

《报告》从"责任管理"、"守法合规"、"顾客第一"、"员工成长"、"环境经营"及"和谐成长"等方面,披露了工业化学品制造业核心指标的67%,具有一定的完整性。

实质性(★★★☆)

《报告》披露了"职业健康管理"、"安全生产"、"危险化学品管理"、"环保技术、设备的研发与应用"、"循环经济"等工业化学品制造业实质性议题,具有一定的实质性。

平衡性(★★)

《报告》披露了"安全隐患处理数"、"产品色差不合格率"等负面数据信息,平衡性表现一般。

可比性(★★★★★)

《报告》披露了49个关键绩效指标连续3年以上的历史数据,可比性表现卓越。

可读性(★★★★☆)

《报告》框架清晰,结构合理,语言简洁流畅;图片、表格、流程图等表达方式丰富,设计风格体现行业特色,并对专业词汇进行平实化转换,可读性

表现优秀。

创新性（★★★★）

《报告》以"LG化学在全球"及"LG化学在中国"专题开篇，凸显了其在全球及中国的宏观布局和责任重点，便于相关方综合判断企业可持续发展能力，创新性表现良好。

综合评级（★★★★）

经评级小组评价，《LG化学（中国）2012年度社会责任报告》为四星级，是一份优秀的企业社会责任报告。

三、改进建议

1. 增加企业负面数据的披露和负面事件分析，提高报告的平衡性。
2. 增加行业核心指标和关键性议题的披露，提高报告的完整性和实质性。

评级小组

组长：中国企业联合会雇主工作部副主任、全球契约中国网络秘书处执行主任　程多生

成员：中国企业公民委员会副会长　刘卫华

北方工业大学经济管理学院副教授　魏秀丽

评级专家委员会副主席　　　　　　　　　　评级小组组长
中心常务副理事长　　　　　　　　　　　　评级专家委员会委员

四十八、《朔黄铁路发展有限责任公司 2012 年社会责任报告》评级报告

中国社会科学院经济学部企业社会责任研究中心（以下简称"中心"）受朔黄铁路发展有限责任公司委托，从中国企业社会责任报告评级专家委员会中抽选专家组成评级小组，对《朔黄铁路发展有限责任公司 2012 年社会责任报告》（以下简称《报告》）进行评级。

一、评级依据

中国社会科学院经济学部企业社会责任研究中心、中国企业联合会、中国石油与化学工业联合会、中国轻工业联合会、中德贸易可持续发展与企业行为规范项目、《WTO 经济导刊》、中国企业公民委员会联合发布的《中国企业社会责任报告编写指南（CASS – CSR 2.0）》，以及《中国企业社会责任报告评级标准（2013）》。

二、评级结论

完整性（★★★☆）

《报告》从"公司治理"、"安全生产"、"员工权益"、"环保节能"、"创新驱动"、"社会贡献"等方面，系统披露了交通运输服务业核心指标的 68.80%，具有良好的完整性。

实质性（★★★★）

《报告》涵盖了"响应政府交通调度"、"服务质量管理制度和措施"、"职业安全健康"、"安全运输"、"使用环保节能交通工具、绿色能源交通工具"等交通运输服务业关键性议题，对利益相关方期望作出回应，实质性表现优秀。

平衡性（★★）

《报告》简要介绍了公司在"铁路交通一般 B 类及以上事故"和"风险源的辨识"等方面的整体表现，平衡性有待提升。

可比性（★★★★）

《报告》披露了公司 23 个关键绩效指标连续 3 年以上的历史数据，纵向可比性表现优秀。

可读性（★★★★）

《报告》篇幅适中，结构合理；图表丰富，流程图生动形象，语言逻辑清

楚；案例简洁易读，主题明确，清晰展现企业在社会责任方面的具体实践，可读性表现优秀。

创新性（★★★★）

《报告》以"营造朔黄绿色经济带"责任模型为核心，致力建设"五型企业"，推进社会责任管理，全面展示了企业社会责任成效，理念先进，做法可借鉴，具有较好的创新性。

综合评级（★★★★）

综合以上六项评价指标，《朔黄铁路发展有限责任公司2012年社会责任报告》为四星级，是一份优秀的企业社会责任报告。

三、改进建议

1. 加强对负面信息的经过、应对措施等信息的披露，提高报告的平衡性。
2. 增加对行业关键指标信息的披露，提高报告的完整性。
3. 加强横向可比数据的披露，提高报告的可比性。

评级小组

组长：中国社会科学院经济学部企业社会责任研究中心主任　钟宏武

成员：中国企业公民委员会专职副会长兼总干事　刘卫华
　　　中国企业联合会全球契约推进办公室主任　韩斌

评级专家委员会副主席　　　　　　　　　　评级小组组长
中心常务副理事长　　　　　　　　　　　　中心主任

四十九、《广东省水电集团有限公司 2012 年社会责任报告》评级报告

中国社会科学院经济学部企业社会责任研究中心（以下简称"中心"）受广东省水电集团有限公司委托，从中国企业社会责任报告评级专家委员会中抽选专家组成评级小组，对《广东省水电集团有限公司 2012 年社会责任报告》（以下简称《报告》）进行评级。

一、评级依据

中国社会科学院经济学部企业社会责任研究中心、中国企业联合会、中国石油与化学工业联合会、中国轻工业联合会、中德贸易可持续发展与企业行为规范项目、《WTO 经济导刊》、中国企业公民委员会联合发布的《中国企业社会责任报告编写指南（CASS－CSR 2.0）》，以及《中国企业社会责任报告评级标准（2013）》。

二、评级结论

完整性（★★★☆）

《报告》从"责任管理"、"经营绩效"、"生态环境"、"员工权益"、"社会公益"等方面系统披露了企业的责任实践内容，覆盖了建筑业核心指标的 63%，具有一定的完整性。

实质性（★★★★）

《报告》披露了"产品服务创新"、"安全生产"、"建筑质量管理"、"节约资源能源"及"减少三废排放"等行业关键性议题，实质性表现良好。

平衡性（★★★）

《报告》记录了"工伤伤亡人数"、"千人重伤事故率"等负面数据，具有一定的平衡性。

可比性（★★★★）

《报告》披露了该公司 31 个关键绩效指标连续 3 年的历史数据，可比性表现良好。

可读性（★★★★）

《报告》框架清晰，逻辑清楚；语言简洁，结合典型案例叙述，采用了数据表、流程图等表达方式，可读性表现良好。

创新性（★★★☆）

《报告》以建筑轮廓及绿色基调为主设计元素,体现了公司的主营业务及发展定位,做到内容与形式的较好统一,具有一定的创新性。

综合评级(★★★★)

经评级小组评价,《广东省水电集团有限公司2012年社会责任报告》为四星级,是一份优秀的企业社会责任报告。

三、改进建议

1. 增加行业核心指标的披露,提高报告的完整性。
2. 增加负面信息的披露,提高报告的平衡性。

评级小组

组长:中国社会科学院经济学部企业社会责任研究中心主任　钟宏武

成员:中国电力企业联合会秘书长　王志轩

中国企业联合会全球契约推进办公室主任　韩斌

评级专家委员会副主席　　　　　　　　评级小组组长
中心常务副理事长　　　　　　　　　　中心主任

五十、《中国航空工业集团公司 2012 年社会责任报告》评级报告

中国社会科学院经济学部企业社会责任研究中心（以下简称"中心"）受中国航空工业集团公司委托，从中国企业社会责任报告评级专家委员会中抽选专家组成评级小组，对《中国航空工业集团公司 2012 年社会责任报告》（以下简称《报告》）进行评级。

一、评级依据

中国社会科学院经济学部企业社会责任研究中心、中国企业联合会、中国石油与化学工业联合会、中国轻工业联合会、中德贸易可持续发展与企业行为规范项目、《WTO 经济导刊》、中国企业公民委员会联合发布的《中国企业社会责任报告编写指南（CASS–CSR 2.0）》，以及《中国企业社会责任报告评级标准（2013）》。

二、评级结论

完整性（★★★☆）

《报告》设置"责任专题"、"强化管控"、"致力创新"、"清洁生产"、"共同成长"等板块，披露了特种设备制造业核心指标的 60.48%，具有一定的完整性。

实质性（★★★★）

《报告》涵盖了"贯彻宏观政策"、"产品质量管理"、"科技创新"、"安全生产"、"环保设备及技术的研发及应用"、"节约资源能源"等所在行业实质性议题，实质性表现优秀。

平衡性（★★★☆）

《报告》披露了"重伤事故数"、"死亡事故数"等负面数据信息，具有一定的平衡性。

可比性（★★★）

《报告》披露了 10 个关键绩效指标连续 3 年的历史数据，可比性表现一般。

可读性（★★★★☆）

《报告》框架合理，结构严谨，篇幅适宜，语言流畅，辅以较多案例，设计风格新颖，具有行业特色，具有领先的可读性。

创新性（★★★★☆）

《报告》以专题"感动中国"和"扮靓航展"开篇，突出社会责任工作中的大事件，主次分明，便于利益相关方快速了解企业责任实践，具有较好的创新性。

综合评级（★★★★）

经评级小组评价，《中国航空工业集团公司2012年社会责任报告》为四星级，是一份优秀的企业社会责任报告。

三、改进建议

1. 增加绩效指标历史数据和同行业关键数据比较的披露，提高报告的可比性。

2. 增加行业核心指标的披露，提高报告的完整性。

3. 增加企业负面信息及改进措施的披露，提高报告的平衡性。

评级小组

组长：中国社会科学院经济学部企业社会责任研究中心主任　钟宏武

成员：《WTO经济导刊》副社长　殷格非

清华大学创新与社会责任研究中心主任　邓国胜

评级专家委员会副主席　　　　　　　　　评级小组组长
中心常务副理事长　　　　　　　　　　　中心主任

五十一、《国家电网浙江省电力公司 2012 年社会责任实践报告》评级报告

中国社会科学院经济学部企业社会责任研究中心（以下简称"中心"）受国家电网浙江省电力公司委托，从中国企业社会责任报告评级专家委员会中抽选专家组成评级小组，对《国家电网浙江省电力公司 2012 年社会责任实践报告》（以下简称《报告》）进行评级。

一、评级依据

中国社会科学院经济学部企业社会责任研究中心、中国企业联合会、中国石油与化学工业联合会、中国轻工业联合会、中德贸易可持续发展与企业行为规范项目、《WTO 经济导刊》、中国企业公民委员会联合发布的《中国企业社会责任报告编写指南（CASS－CSR 2.0）》，以及《中国企业社会责任报告评级标准（2013）》。

二、评级结论

完整性（★★★☆）

《报告》系统披露了"电力供应"、"员工责任"、"与社会和谐发展"、"与环境和谐发展"等方面的主要内容，覆盖了电力供应业核心指标的 65.03%，具有一定的完整性。

实质性（★★★★☆）

《报告》涵盖了"保障电力供应"、"保障农村及边远地区用电"、"员工权益保护"、"安全生产"、"提高电力输送效率"、"绿色供电"等电力供应业的关键性议题，在实质性方面表现优秀。

平衡性（★★）

《报告》仅披露了"重大劳动争议事件"、"行风投诉量"指标，平衡性需进一步加强。

可比性（★★★）

《报告》披露了 25 个关键绩效指标连续多年的历史数据，具有一定的可比性。

可读性（★★★★）

《报告》结构清晰，逻辑清楚，篇幅适宜；语言简洁流畅，采用图表、流程图等表达方式，同时结合案例叙述，可读性表现较好。

创新性（★★★★☆）

《报告》在内容上以"构建全面的社会责任管理体系"引领，实施相应机制、组织体系，开展培训和试点，责任管理模式完善可借鉴；报告框架选用"履责实践"、"履责专题"、"履责绩效"的模式，形式较新颖，报告具有很好的创新性。

综合评级（★★★★）

经评级小组评价，《国家电网浙江省电力公司2012年社会责任实践报告》为四星级，是一份优秀的企业社会责任报告。

三、改进建议

1. 披露更多的行业核心指标，进一步提高报告完整性。
2. 增加关键绩效指标的历史数据及同行业对比数据，提高报告的可比性。
3. 增加披露企业负面信息，进一步提高报告的平衡性。

评级小组

组长：中国社会科学院经济学部企业社会责任研究中心主任　钟宏武

成员：全球契约中国网络秘书处执行主任　程多生
　　　国家电监会电力可靠性管理中心主任　米建华

评级专家委员会副主席　　　　　　　　评级小组组长
中心常务副理事长　　　　　　　　　　中心主任

第三十一章 评级报告展示
(三星半级)

五十二、《广东省交通集团有限公司 2012 年企业社会责任报告》评级报告

中国社会科学院经济学部企业社会责任研究中心(以下简称"中心")受广东省交通集团有限公司委托,从中国企业社会责任报告评级专家委员会中抽选专家组成评级小组,对《广东省交通集团有限公司 2012 年企业社会责任报告》(以下简称《报告》)进行评级。

一、评级依据

中国社会科学院经济学部企业社会责任研究中心、中国企业联合会、中国石油与化学工业联合会、中国轻工业联合会、中德贸易可持续发展与企业行为规范项目、《WTO 经济导刊》、中国企业公民委员会联合发布的《中国企业社会责任报告编写指南(CASS-CSR 2.0)》,以及《中国企业社会责任报告评级标准(2013)》。

二、评级结论

完整性(★★★☆)

《报告》从"高效交通"、"和谐交通"及"环保交通"等角度,披露了所在行业核心指标的 66.40%,具有一定的完整性。

实质性(★★★★★)

《报告》披露了"响应政府交通调度"、"服务质量管理制度和措施"、"安全运营"、"环保交通工具"等所在行业的关键性议题,实质性表现良好。

平衡性(★★★☆)

《报告》披露了 2012 年"员工流失率"、"百万车公里责任事故率"及"百万车公里责任死亡率"等负面数据信息,具有一定的平衡性。

可比性（★★）

《报告》披露了多个关键绩效指标连续3年以上的历史数据，同时对省属国有企业资产总额等指标进行了横向对比，可比性需进一步提高。

可读性（★★★★☆）

《报告》主体框架清晰，案例叙述详细，合理使用图片、图表及流程图等，并对专业词汇进行了解释，可读性表现优秀。

创新性（★★★☆）

《报告》对未来10年广东省高速公路总新建里程和公司通车里程进行了预测，便于利益相关方对企业可持续发展能力进行综合判断，具有一定的创新性。

综合评级（★★★☆）

经评级小组评价，《广东省交通集团有限公司2012年企业社会责任报告》为三星半级，是一份良好的企业社会责任报告。

三、改进建议

1. 增加历史性关键绩效指标数据的披露，提高报告的可比性。
2. 增加行业核心指标的披露，提高报告的完整性。

评级小组

组长：中国社会科学院经济学部企业社会责任研究中心主任　钟宏武

成员：中国企业公民委员会副会长　刘卫华

　　　北京融智社会责任研究所所长　王晓光

评级专家委员会副主席　　　　　　　　　评级小组组长
中心常务副理事长　　　　　　　　　　　中心主任

五十三、《广东省航运集团有限公司 2012 年社会责任报告》评级报告

中国社会科学院经济学部企业社会责任研究中心（以下简称"中心"）受广东省航运集团有限公司委托，从中国企业社会责任报告评级专家委员会中抽选专家组成评级小组，对《广东省航运集团有限公司 2012 年社会责任报告》（以下简称《报告》）进行评级。

一、评级依据

中国社会科学院经济学部企业社会责任研究中心、中国企业联合会、中国石油与化学工业联合会、中国轻工业联合会、中德贸易可持续发展与企业行为规范项目、《WTO 经济导刊》、中国企业公民委员会联合发布的《中国企业社会责任报告编写指南（CASS – CSR 2.0）》，以及《中国企业社会责任报告评级标准（2013）》。

二、评级结论

完整性（★★★☆）

《报告》从"科学发展"、"安全航行"、"绿色环保"、"员工成长"、"和谐公益"等角度，披露了交通运输服务业核心指标的 60%，具有一定的完整性。

实质性（★★★★）

《报告》叙述了"响应政府交通调度"、"提升服务质量制度和措施"、"安全运输"、"积极应对气候变化"等所在行业关键性议题，具有良好的实质性表现。

平衡性（★★★★☆）

《报告》详细记录了"客轮相撞"、"客车相撞"事件的原因及后续处理情况，且对"职工工伤重伤率"、"一般事故次数"等负面数据进行披露，平衡性表现优秀。

可比性（★★★★☆）

《报告》详细披露了 45 个关键绩效指标连续 5 年的历史数据，可比性表现领先。

可读性（★★★☆）

《报告》主体结构清晰，篇幅适宜，适当运用图片、图表、流程图等表达

方式，具有一定的可读性。

创新性（★★★）

作为公司首份责任报告，《报告》以专题模式，阐述了企业的核心价值观和企业发展概况，便于读者了解企业概况，具有一定的创新性。

综合评级（★★★☆）

经评级小组评价，《广东省航运集团有限公司2012年社会责任报告》为三星半级，是一份良好的企业社会责任报告。

三、改进建议

1. 增加行业核心指标的披露，进一步提高报告的完整性。

2. 优化设计排版，增加对专业词汇的解释，提高报告的可读性。

评级小组

组长：中国社会科学院经济学部企业社会责任研究中心主任　钟宏武

成员：中国企业联合会全球契约推进办公室主任　韩斌

北方工业大学经济管理学院副教授　魏秀丽

评级专家委员会副主席　　　　　　　　　评级小组组长
中心常务副理事长　　　　　　　　　　　中心主任

五十四、《广东省广新控股集团有限公司 2012 年企业社会责任报告》评级报告

中国社会科学院经济学部企业社会责任研究中心（以下简称"中心"）受广东省广新控股集团有限公司委托，从中国企业社会责任报告评级专家委员会中抽选专家组成评级小组，对《广东省广新控股集团有限公司 2012 年企业社会责任报告》（以下简称《报告》）进行评级。

一、评级依据

中国社会科学院经济学部企业社会责任研究中心、中国企业联合会、中国石油与化学工业联合会、中国轻工业联合会、中德贸易可持续发展与企业行为规范项目、《WTO 经济导刊》、中国企业公民委员会联合发布的《中国企业社会责任报告编写指南（CASS – CSR 2.0)》，以及《中国企业社会责任报告评级标准（2013）》。

二、评级结论

完整性（★★★☆）

《报告》从"集团管理"、"卓越广新"、"绿色广新"及"和谐广新"等方面，披露了所在行业核心指标的 67.6%，完整性表现良好。

实质性（★★★☆）

《报告》披露了"产品服务创新"、"安全生产"、"员工权益保护"、"环保技术、设备的研发与应用"、"节约能源、水资源"等行业关键性议题，具有良好的实质性。

平衡性（★★★）

《报告》披露了 2012 年"较大以上安全事故"、"职业病发生率"等负面数据信息，具有一定的平衡性。

可比性（★★★★☆）

《报告》披露了 26 个关键绩效指标连续 3 年的历史数据，同时对企业综合实力进行了行业内、全国性对比，可比性表现较好。

可读性（★★★★）

《报告》主体框架清晰，案例翔实；恰当运用文字、图表、照片等表现手段，设计精美大方，可读性表现优秀。

创新性（★★★☆）

《报告》中的案例均采用"文字描述+数据图表+图片"的方式,以及提升阅读性的设计,立体呈现了企业社会责任实践的亮点,创新性表现良好。

综合评级(★★★☆)

经评级小组评价,《广东省广新控股集团有限公司2012年企业社会责任报告》为三星半级,是一份良好的企业社会责任报告。

三、改进建议

1. 增加企业负面数据的披露和负面事件的分析,提高报告的平衡性。
2. 增加行业核心指标及关键性议题的披露,提高报告的完整性和实质性。

评级小组

组长:中国社会科学院经济学部企业社会责任研究中心主任　钟宏武

成员:北京工商大学副教授　郭毅

　　　商道纵横总经理　郭沛源

评级专家委员会副主席　　　　　　　　评级小组组长
中心常务副理事长　　　　　　　　　　中心主任

五十五、《广东省广晟资产经营有限公司 2012 年社会责任报告》评级报告

中国社会科学院经济学部企业社会责任研究中心（以下简称"中心"）受广东省广晟资产经营有限公司委托，从中国企业社会责任报告评级专家委员会中抽选专家组成评级小组，对《广东省广晟资产经营有限公司 2012 年社会责任报告》（以下简称《报告》）进行评级。

一、评级依据

中国社会科学院经济学部企业社会责任研究中心、中国企业联合会、中国石油与化学工业联合会、中国轻工业联合会、中德贸易可持续发展与企业行为规范项目、《WTO 经济导刊》、中国企业公民委员会联合发布的《中国企业社会责任报告编写指南（CASS－CSR 2.0）》，以及《中国企业社会责任报告评级标准（2013）》。

二、评级结论

完整性（★★★☆）

《报告》从"责任管理"、"市场价值"、"回馈社会"、"绿色环保"等方面，披露了所在行业核心指标的 60.29%，具有一定的完整性。

实质性（★★★★）

《报告》涵盖了"贯彻宏观政策"、"研发创新"、"安全生产"、"环境管理"、"资源储备"、"降污减排"等所在行业实质性议题，实质性表现优秀。

平衡性（★★★）

《报告》披露了"员工千人负伤率"等负面数据信息，具有一定的平衡性。

可比性（★★★☆）

《报告》披露了 22 个关键绩效指标连续 3 年的历史数据，并将公司资源储备与全国、世界水平进行横向对比，具有一定的可比性。

可读性（★★★★）

《报告》框架清晰，语言简洁，篇幅适宜，案例丰富；采用了图片、图表、流程图等多样的表达方式，可读性表现优秀。

创新性（★★★★）

《报告》设置较多"责任专栏"，并参考全球契约十项原则，详细梳理了

企业履行社会责任的行动绩效，便于利益相关方充分了解社会责任实践，具有优秀的创新性。

综合评级（★★★☆）

经评级小组评价，《广东省广晟资产经营有限公司 2012 年社会责任报告》为三星半级，是一份良好的企业社会责任报告。

三、改进建议

1. 增加行业核心指标的披露，进一步提高报告的完整性。

2. 增加企业负面信息及改进措施的披露，提高报告的平衡性。

3. 增加企业关键绩效历史数据及行业相关数据的披露，提高报告的可比性。

评级小组

组长：中国社会科学院经济学部企业社会责任研究中心主任　钟宏武

成员：中山大学岭南学院教授　陈宏辉

中国企业联合会全球契约推进办公室主任　韩斌

评级专家委员会副主席　　　　　　　　评级小组组长
中心常务副理事长　　　　　　　　　　中心主任

五十六、《广东省铁路建设投资集团有限公司 2012年社会责任报告》评级报告

中国社会科学院经济学部企业社会责任研究中心(以下简称"中心")受广东省铁路建设投资集团有限公司委托,从中国企业社会责任报告评级专家委员会中抽选专家组成评级小组,对《广东省铁路建设投资集团有限公司2012年社会责任报告》(以下简称《报告》)进行评级。

一、评级依据

中国社会科学院经济学部企业社会责任研究中心、中国企业联合会、中国石油与化学工业联合会、中国轻工业联合会、中德贸易可持续发展与企业行为规范项目、《WTO经济导刊》、中国企业公民委员会联合发布的《中国企业社会责任报告编写指南(CASS-CSR 2.0)》,以及《中国企业社会责任报告评级标准(2013)》。

二、评级结论

完整性(★★★☆)

《报告》从"社会责任管理"、"经营绩效"、"安全生产"、"低碳环保"、"员工发展"、"社会公益"等方面,披露了所在行业核心指标的64%,具有一定的完整性。

实质性(★★★★)

《报告》披露了"贯彻国家宏观政策"、"产品服务创新"、"安全生产"、"质量管理"及"节约资源能源"等行业关键性议题,具有较好的实质性。

平衡性(★★)

《报告》仅披露了"员工伤亡人数"等负面数据,平衡性有待提高。

可比性(★★★☆)

《报告》披露了25个关键绩效指标连续3年的历史数据,具有一定的纵向可比性。

可读性(★★★★)

《报告》框架清晰,篇幅适中;语言流畅,案例叙述翔实,数据表、流程图等表达方式丰富,具有较好的可读性。

创新性(★★★☆)

《报告》运用小标签的形式对案例进行叙述,有利于扩展相关内容,丰富

报告设计，提高读者阅读兴趣，具有一定的创新性。

综合评级（★★★☆）

经评级小组评价，《广东省铁路建设投资集团有限公司2012年社会责任报告》为三星半级，是一份良好的企业社会责任报告。

三、改进建议

1. 增加负面信息的披露，改进报告的平衡性。
2. 增加行业核心指标及关键性议题的披露，进一步提高报告的完整性。
3. 增加历史性数据及横向对比数据披露，提升报告的可比性。

评级小组

组长：中国社会科学院经济学部企业社会责任研究中心主任　钟宏武

成员：中国企业公民委员会副会长　刘卫华

　　　中国企业社会责任专业人员网络召集人　何智权

评级专家委员会副主席　　　　　　　　评级小组组长
中心常务副理事长　　　　　　　　　　中心主任

五十七、《广东省机场管理集团有限公司 2012 年企业社会责任报告》评级报告

中国社会科学院经济学部企业社会责任研究中心（以下简称"中心"）受广东省机场管理集团有限公司委托，从中国企业社会责任报告评级专家委员会中抽选专家组成评级小组，对《广东省机场管理集团有限公司 2012 年企业社会责任报告》（以下简称《报告》）进行评级。

一、评级依据

中国社会科学院经济学部企业社会责任研究中心、中国企业联合会、中国石油与化学工业联合会、中国轻工业联合会、中德贸易可持续发展与企业行为规范项目、《WTO 经济导刊》、中国企业公民委员会联合发布的《中国企业社会责任报告编写指南（CASS – CSR 2.0）》，以及《中国企业社会责任报告评级标准（2013）》。

二、评级结论

完整性（★★★☆）

《报告》从"责任管理"、"安全机场"、"品牌机场"、"发展机场"、"价值机场"、"绿色机场"、"和谐机场"等方面，披露了交通运输服务业核心指标的 62.4%，具有一定的完整性。

实质性（★★★☆）

《报告》披露了所在行业"服务质量提升"、"安全运输"、"环保节能交通工具、绿色能源交通工具采用"、"积极应对气候变化"等关键性议题，具有一定的实质性。

平衡性（★★★★☆）

《报告》详细叙述了"4.13 旅客冲闯机坪事件"、"白云机场航班大面积延误"等事件的概况及处理情况，并对"员工伤亡人数"等进行了披露，平衡性表现较好。

可比性（★★★★）

《报告》披露了 27 个关键绩效指标连续多年的历史数据，可比性表现优秀。

可读性（★★★☆）

《报告》结构清晰，篇幅适宜，语言精练，采用了图片、数据表等表达方

式；"知识补充"提高了读者的阅读兴趣，具有一定的可读性。

创新性（★★★）

《报告》开篇以"2012十大要事"专题形式记录年度社会责任主要实践，"俯瞰"企业社会责任发展概况，具有一定的创新性。

综合评级（★★★☆）

经评级小组评价，《广东省机场管理集团有限公司2012年企业社会责任报告》为三星半级，是一份良好的企业社会责任报告。

三、改进建议

1. 增加行业核心指标和关键性议题的披露，提高报告的完整性和实质性。

2. 增加企业关键历史数据和行业横向比较数据的披露，提高报告的可比性。

评级小组

组长：中国社会科学院经济学部企业社会责任研究中心主任　钟宏武

成员：全球契约中国网络执行副主任　韩斌

中国企业社会责任专业人员网络召集人　何智权

评级专家委员会副主席　　　　　　　　评级小组组长
中心常务副理事长　　　　　　　　　　中心主任

附录一 中国企业社会责任报告评价结果与排名（2013）

一、五星级报告评价结果及排名（★★★★★）——12家

排名	企业名称	公司性质	所属行业	创新性星级	可读性星级	可比性星级	平衡性星级	实质性星级	完整性星级
1	中国南方电网公司	中央企业	电力供应业	五星级	五星级	四星半级	五星级	五星级	四星半级
2	中国建筑材料集团有限公司	中央企业	非金属矿物制品业	四星级	五星级	五星级	四星级	五星级	五星级
3	中国华电集团公司	中央企业	电力生产业	四星半级	五星级	五星级	四星半级	五星级	四星半级
4	中国石油化工集团公司	中央企业	石油和天然气开采业与加工业	五星级	五星级	四星半级	五星级	五星级	四星半级
5	中国石油化工股份有限公司	国有企业	石油和天然气开采业与加工业	五星级	五星级	四星半级	五星级	五星级	四星半级
6	中国兵器工业集团公司	中央企业	特种设备制造业	四星半级	五星级	五星级	五星级	五星级	四星半级
7	中国电信集团公司	中央企业	通信服务业	四星半级	四星半级	五星级	五星级	五星级	四星半级
8	国家电网公司	中央企业	电力供应业	五星级	五星级	五星级	四星级	五星级	四星半级
9	中国建筑股份有限公司	中央企业	建筑业	五星级	五星级	四星级	五星级	五星级	四星半级

续表

排名	企业名称	公司性质	所属行业	创新性星级	可读性星级	可比性星级	平衡性星级	实质性星级	完整性星级
10	中国华能集团公司	中央企业	电力生产业	五星级	五星级	四星半级	四星半级	五星级	四星半级
11	中国移动通信集团公司	中央企业	通信服务业	四星半级	五星级	五星级	四星级	五星级	四星半级
12	中国电子科技集团公司	中央企业	特种设备制造业	四星半级	五星级	五星级	四星半级	五星级	四星半级

二、四星半级报告评价结果及排名(★★★★☆)——25家

排名	企业名称	公司性质	所属行业	创新性星级	可读性星级	可比性星级	平衡性星级	实质性星级	完整性星级
13	中国远洋运输（集团）总公司	中央企业	交通运输服务业	四星半级	四星半级	五星级	四星半级	五星级	四星半级
14	中国铝业公司	中央企业	混业（一般采矿业；金属冶炼与加工业）	四星半级	四星级	五星级	四星半级	五星级	四星半级
15	华润（集团）有限公司	中央企业	混业（电力生产业；酒精及饮料酒制造业；零售业）	五星级	四星半级	五星级	五星级	四星半级	四星级
16	中国联合网络通信集团有限公司	中央企业	通信服务业	四星半级	四星半级	五星级	四星级	五星级	四星半级
17	广东省粤电集团有限公司	国有企业	电力生产业	四星级	四星半级	四星半级	五星级	四星半级	四星半级
18	中国民生银行股份有限公司	民营企业	银行业	四星半级	五星级	五星级	三星级	五星级	四星半级

续表

排名	企业名称	公司性质	所属行业	创新性星级	可读性星级	可比性星级	平衡性星级	实质性星级	完整性星级
19	中国三星	外资企业	电子产品及电子元件制造业	四星级	四星半级	四星半级	四星半级	四星半级	四星半级
20	中国黄金集团公司	中央企业	一般采矿业	四星级	四星半级	五星级	三星半级	五星级	四星半级
21	中国海洋石油总公司	中央企业	石油和天然气开采业与加工业	四星半级	五星级	四星半级	四星半级	四星半级	四星级
22	宝钢集团有限公司	中央企业	金属冶炼及压延加工业	四星半级	五星级	五星级	四星级	五星级	三星级
23	中国盐业总公司	中央企业	混业（食品饮料业；工业化学品制造业）	四星半级	四星半级	五星级	四星半级	四星半级	四星半级
24	太原钢铁（集团）有限公司	国有企业	金属冶炼及压延加工业	三星半级	四星半级	四星级	四星级	五星级	四星半级
25	中国建设银行股份有限公司	国有企业	银行业	四星半级	五星级	五星级	三星级	五星级	四星级
26	神华集团有限责任公司	中央企业	煤炭开采与洗选业	四星级	四星半级	三星半级	三星半级	五星级	四星半级
27	中国兵器装备集团公司	中央企业	混业（特种设备制造业；机械设备制造业）	四星级	四星半级	五星级	三星半级	四星半级	四星级
28	国家核电技术公司	中央企业	一般制造业	四星级	四星半级	五星级	三星半级	四星半级	四星级
29	上海浦东发展银行股份有限公司	国有企业	银行业	三星半级	三星半级	五星级	四星级	五星级	四星级
30	兴业银行股份有限公司	国有企业	银行业	四星级	四星级	四星半级	三星级	五星级	四星级
31	广东省广业资产经营有限公司	国有企业	混业（一般制造业；一般服务业）	三星半级	四星半级	四星半级	三星半级	四星半级	四星级

附录一 中国企业社会责任报告评价结果与排名（2013）

续表

排名	企业名称	公司性质	所属行业	创新性星级	可读性星级	可比性星级	平衡性星级	实质性星级	完整性星级
32	远洋地产控股有限公司	国有企业	房地产开发业	四星级	五星级	四星半级	五星级	四星级	四星级
33	中国中煤能源集团有限公司	中央企业	煤炭开采与洗选业	四星半级	四星半级	四星半级	四星级	四星半级	三星半级
34	中国储备棉总公司	中央企业	一般服务业	四星半级	五星级	五星级	三星半级	四星半级	三星半级
35	中国电子信息产业集团有限公司	中央企业	电子产品及电子元件制造业	四星级	四星半级	五星级	四星半级	四星级	四星级
36	招商证券股份有限公司	国有企业	证券基金及其他金融服务业	三星级	四星级	五星级	三星半级	五星级	四星级
37	中国农业银行股份有限公司	国有企业	银行业	四星级	四星半级	五星级	二星级	五星级	三星半级

三、四星级报告评价结果及排名（★★★★）——54家

排名	企业名称	公司性质	所属行业	创新性星级	可读性星级	可比性星级	平衡性星级	实质性星级	完整性星级
38	天津生态城投资开发有限公司	国有企业	一般服务业	四星级	四星半级	五星级	三星级	四星级	四星半级
39	斗山 infracore（中国）	外资企业	机械设备制造业	四星级	四星半级	四星半级	三星级	四星级	四星级
40	中国松下	外资企业	混业（家用电器制造业；电子产品及电子元件制造业）	四星级	三星半级	五星级	四星级	四星半级	四星级
41	中国东方航空股份有限公司	中央企业	交通运输服务业	三星半级	四星级	四星半级	三星级	四星半级	四星级

· 375 ·

续表

排名	企业名称	公司性质	所属行业	创新性星级	可读性星级	可比性星级	平衡性星级	实质性星级	完整性星级
42	中国神华能源股份有限公司	国有企业	混业（煤炭开采与洗选业；电力生产业）	四星半级	四星半级	二星级	三星级	五星级	四星级
43	上海复星医药（集团）股份有限公司	民营企业	混业（医药生物制造业；零售业）	四星级	四星级	五星级	四星半级	四星半级	三星半级
44	英特尔（中国）有限公司	外资企业	电子产品及电子元件制造业	五星级	四星半级	五星级	二星级	四星级	三星半级
45	中国医药集团总公司	中央企业	医药生物制造业	三星半级	四星半级	五星级	三星级	四星半级	四星级
46	光宝科技股份有限公司	外资企业	电子产品及电子元件制造业	二星级	四星级	五星级	二星级	四星半级	三星半级
47	中国太平洋保险（集团）股份有限公司	国有企业	保险业	三星半级	四星级	五星级	二星级	四星半级	三星半级
48	北京汽车集团有限公司	国有企业	交通运输设备制造业	四星级	三星半级	四星半级	四星半级	四星级	四星级
49	中国工商银行股份有限公司	国有企业	银行业	四星级	四星级	四星半级	二星级	四星半级	四星级
50	中国五矿集团公司	中央企业	混业（一般采矿业；金属冶炼及压延加工业）	四星级	四星半级	四星级	三星半级	四星半级	三星半级
51	中国黄金国际资源有限公司	国有企业	一般采矿业	三星半级	四星半级	五星级	三星级	四星级	三星半级
52	广东省丝绸纺织集团有限公司	国有企业	混业（纺织业；服装鞋帽制造业）	三星半级	四星级	五星级	三星级	四星级	四星级
53	中国中钢集团公司	中央企业	混业（一般采矿业；机械设备制造业；批发贸易业）	四星级	四星半级	三星半级	三星半级	四星半级	三星半级

附录一　中国企业社会责任报告评价结果与排名（2013）

续表

排名	企业名称	公司性质	所属行业	创新性星级	可读性星级	可比性星级	平衡性星级	实质性星级	完整性星级
54	招商银行股份有限公司	国有企业	银行业	四星级	四星半级	三星半级	二星级	四星半级	三星半级
55	佳能（中国）有限公司	外资企业	电子产品及电子元件制造业	四星级	四星半级	五星级	三星级	四星级	三星半级
56	宝山钢铁股份有限公司	国有企业	金属冶炼及压延加工业	三星半级	三星级	五星级	四星级	五星级	三星级
57	中国节能环保集团	中央企业	混业（一般制造业；废弃资源及废旧材料回收加工业）	四星级	四星级	三星半级	二星级	四星半级	四星级
58	中国保利集团公司	中央企业	混业（房地产开发业；批发贸易业）	四星级	四星半级	四星级	三星级	四星级	四星级
59	中国国际航空股份有限公司	中央企业	交通运输服务业	三星半级	四星半级	三星级	三星半级	四星半级	三星半级
60	中国远洋控股股份有限公司	国有企业	交通运输服务业	四星级	四星半级	五星级	四星级	三星半级	四星级
61	广东物资集团公司	国有企业	批发贸易业	三星半级	五星级	四星半级	二星级	四星级	四星级
62	中国机械工业集团有限公司	中央企业	机械设备制造业	三星半级	四星半级	四星级	三星级	四星级	三星半级
63	广东省建筑工程集团有限公司	国有企业	建筑业	四星级	四星级	四星半级	三星级	四星级	三星半级
64	中国石油天然气集团公司	中央企业	石油和天然气开采业与加工业	二星级	四星级	四星半级	三星级	五星级	三星级
65	中国平安保险（集团）股份有限公司	民营企业	保险业	三星半级	二星级	五星级	三星级	四星半级	四星级

· 377 ·

续表

排名	企业名称	公司性质	所属行业	创新性星级	可读性星级	可比性星级	平衡性星级	实质性星级	完整性星级
66	中国航天科技集团公司	中央企业	特种设备制造业	四星级	四星半级	三星半级	三星级	四星半级	三星半级
67	东风本田汽车有限公司	民营企业	交通运输设备制造业	四星级	四星半级	三星半级	二星级	四星半级	三星半级
68	广东粤海控股有限公司	国有企业	混业（水的生产和供应业；房地产开发业；零售业）	四星级	四星级	四星半级	四星级	四星级	三星半级
69	沪东中华造船（集团）有限公司	国有企业	交通运输设备制造业	二星级	三星半级	五星级	四星级	三星半级	四星半级
70	上海紫泰物业管理有限公司	民营企业	房地产服务业	二星级	三星半级	五星级	三星级	四星级	三星半级
71	中国交通建设股份有限公司	中央企业	建筑业	四星级	四星级	二星级	三星级	四星级	四星级
72	北京控股集团有限公司	国有企业	燃气的生产和供应业	四星级	四星级	五星级	二星级	四星级	三星半级
73	中国光大银行股份有限公司	国有企业	银行业	二星级	三星半级	五星级	二星级	四星半级	三星半级
74	上海银行股份有限公司	国有企业	银行业	二星级	四星级	五星级	二星级	四星半级	三星级
75	广州百货企业集团有限公司	国有企业	零售业	三星半级	四星级	三星级	四星半级	四星级	四星级
76	山西太钢不锈钢股份有限公司	国有企业	金属制品业	二星级	三星半级	五星级	三星级	四星半级	三星半级
77	万科企业股份有限公司	国有企业	房地产开发业	二星级	四星级	四星半级	四星级	四星级	三星级
78	LG化学（中国）投资有限公司	外资企业	工业化学品制造业	四星级	四星半级	五星级	二星级	三星半级	三星半级

续表

排名	企业名称	公司性质	所属行业	创新性星级	可读性星级	可比性星级	平衡性星级	实质性星级	完整性星级
79	联想集团	民营企业	计算机及相关设备制造业	四星级	四星半级	三星级	一星级	四星半级	三星半级
80	朔黄铁路发展有限责任公司	国有企业	交通运输服务业	四星级	四星级	四星级	二星级	四星级	三星半级
81	东风汽车公司	中央企业	交通运输设备制造业	三星半级	四星半级	二星级	三星级	四星半级	三星半级
82	中国铝业股份有限公司	国有企业	混业（金属冶炼及压延加工业；一般采矿业）	三星级	三星半级	二星级	三星半级	五星级	四星级
83	华润电力控股有限公司	国有企业	电力生产业	三星半级	四星级	五星级	一星级	四星级	四星级
84	宁波银行股份有限公司	国有企业	银行业	二星级	三星半级	四星半级	二星级	五星级	三星半级
85	上海外高桥第三发电有限责任公司	国有企业	电力生产业	二星级	四星级	三星半级	四星半级	四星级	三星半级
86	夏普中国投资有限公司	外资企业	电子产品及电子元件制造业	三星级	四星级	五星级	四星级	四星级	三星级
87	广东省水电集团有限公司	国有企业	建筑业	三星半级	四星级	四星级	三星级	四星级	三星半级
88	中国航空工业集团公司	中央企业	特殊设备制造业	四星半级	四星半级	三星级	三星级	四星级	三星半级
89	浙江省电力公司	国有企业	电力供应业	四星半级	四星级	三星级	二星级	四星半级	三星半级
90	河北钢铁集团有限公司	国有企业	金属冶炼及压延加工业	二星级	三星半级	五星级	三星半级	四星级	三星级
91	中国石油天然气股份有限公司	国有企业	石油和天然气开采业与加工业	二星级	三星半级	三星半级	三星级	五星级	三星级

四、三星半级报告评价结果及排名(★★★☆)——56家

排名	企业名称	公司性质	所属行业	创新性星级	可读性星级	可比性星级	平衡性星级	实质性星级	完整性星级
92	广东省交通集团有限公司	国有企业	混业（交通运输服务业；建筑业）	三星半级	四星半级	二星级	三星半级	四星级	三星半级
93	上海浦东路桥建设股份有限公司	国有企业	建筑业	三星级	四星半级	四星半级	二星级	四星级	三星级
94	亚太森博集团	外资企业	造纸业	三星级	四星半级	五星级	四星级	三星半级	三星半级
95	中国北车股份有限公司	国有企业	交通运输设备制造业	三星半级	三星半级	四星级	二星级	四星级	三星半级
96	广西玉柴机器集团有限公司	国有企业	机械设备制造业	二星级	四星级	三星半级	三星半级	四星半级	二星级
97	广东省航运集团有限公司	国有企业	交通运输服务业	三星级	三星半级	四星半级	四星半级	四星级	三星半级
98	中国第二重型机械集团公司	中央企业	机械设备制造业	二星级	三星半级	五星级	二星级	四星级	三星级
99	广东省广新控股集团有限公司	国有企业	混业（一般制造业；一般服务业；金属冶炼及压延加工业）	三星半级	四星级	四星级	三星级	三星半级	三星半级
100	大唐国际发电股份有限公司	国有企业	电力生产业	三星半级	四星级	四星级	一星级	四星半级	二星级
101	广东省广晟资产经营有限公司	国有企业	一般采矿业	四星级	四星级	三星半级	三星级	四星级	三星半级
102	广发证券股份有限公司	民营企业	证券基金及其他金融服务业	二星级	四星级	四星级	二星级	四星级	三星半级
103	上海贝尔股份有限公司	中央企业	通信设备制造业	二星级	四星半级	一星级	二星级	四星级	四星级

附录一　中国企业社会责任报告评价结果与排名（2013）

续表

排名	企业名称	公司性质	所属行业	创新性星级	可读性星级	可比性星级	平衡性星级	实质性星级	完整性星级
104	广东省铁路建设投资集团有限公司	国有企业	混业（交通运输服务业；建筑业）	三星半级	四星级	三星半级	二星级	四星级	三星半级
105	中国广东核电集团有限公司	国有企业	电力生产业	三星半级	四星级	五星级	四星级	三星级	三星级
106	国家电网山东电力集团公司	国有企业	电力供应业	二星级	三星半级	二星级	三星半级	四星级	三星半级
107	中信银行股份有限公司	国有企业	银行业	三星半级	四星级	五星级	四星级	三星级	三星级
108	兖矿集团有限公司	国有企业	混业（煤炭开采与洗选业；机械设备制造业；工业化学品制造业）	二星级	四星级	一星级	四星级	三星半级	三星级
109	安徽合力股份有限公司	国有企业	机械设备制造业	二星级	四星级	三星级	二星级	三星半级	四星级
110	国家开发投资公司	中央企业	混业（电力生产业；证券基金及其他金融服务业；煤炭开采与洗选业）	三星级	四星级	五星级	三星级	三星半级	三星级
111	中国航天科工集团公司	中央企业	特种设备制造业	二星级	四星级	二星级	三星半级	四星级	二星级
112	上海现代制药股份有限公司	国有企业	医药生物制造业	二星级	三星半级	五星级	二星级	四星级	三星半级
113	中国长江三峡集团公司	国有企业	电力生产业	三星级	四星级	三星级	四星级	三星半级	三星半级
114	株洲南车时代电气股份有限公司	中央企业	交通运输设备制造业	二星级	三星半级	五星级	三星级	四星级	三星级

续表

排名	企业名称	公司性质	所属行业	创新性星级	可读性星级	可比性星级	平衡性星级	实质性星级	完整性星级
115	中国南方电网贵州电网公司	国有企业	电力供应业	三星级	四星级	二星级	三星级	四星半级	三星级
116	巴斯夫大中华区	外资企业	工业化学品制造业	三星级	三星级	五星级	四星级	四星半级	二星级
117	上海汽车集团股份有限公司	国有企业	交通运输设备制造业	三星半级	四星级	一星级	二星级	四星半级	三星半级
118	中国银行股份有限公司	国有企业	银行业	三星级	三星半级	三星半级	二星级	四星半级	三星级
119	重庆农村商业银行股份有限公司	国有企业	银行业	二星级	四星级	五星级	一星级	四星半级	三星级
120	广东省机场管理集团有限公司	国有企业	交通运输服务业	三星级	三星半级	四星级	四星半级	三星半级	三星半级
121	浙江富丽达股份有限公司	民营企业	纺织业	二星级	三星半级	二星级	二星级	四星半级	三星级
122	贵州乌江水电开发有限责任公司	国有企业	电力生产业	二星级	三星半级	三星级	一星级	四星半级	三星级
123	上海海立（集团）股份有限公司	民营企业	机械设备制造业	三星级	四星半级	一星级	一星级	四星半级	四星级
124	中国东方电气集团有限公司	中央企业	机械设备制造业	二星级	四星级	一星级	一星级	五星级	四星级
125	上海国际港务（集团）股份有限公司	国有企业	交通运输服务业	三星半级	三星半级	五星级	三星级	三星级	三星半级
126	中国国际海运集装箱（集团）股份有限公司	国有企业	混业（机械设备制造业；交通运输设备制造业）	三星级	三星半级	三星级	一星级	四星半级	三星半级

续表

排名	企业名称	公司性质	所属行业	创新性星级	可读性星级	可比性星级	平衡性星级	实质性星级	完整性星级
127	华硕电脑股份有限公司	外资企业	计算机及相关设备制造业	三星半级	三星半级	二星级	三星级	四星级	三星级
128	中国国电集团公司	中央企业	电力生产业	二星级	四星半级	二星级	二星级	四星级	三星级
129	中国南方航空股份有限公司	中央企业	交通运输服务业	三星半级	二星级	一星级	四星级	五星级	三星级
130	广州汽车集团股份有限公司	国有企业	交通运输设备制造业	三星半级	三星半级	二星级	一星级	四星半级	三星半级
131	陕西煤业化工集团有限责任公司	国有企业	混业（工业化学品制造业；煤炭开采与洗选业）	三星半级	四星级	三星级	三星级	四星级	二星级
132	青岛啤酒股份有限公司	国有企业	酒精及饮料酒制造业	三星半级	三星半级	二星级	三星级	四星半级	二星级
133	徐州斯尔克纤维科技股份有限公司	民营企业	纺织业	二星级	三星半级	二星级	四星级	四星级	三星级
134	招商局地产控股股份有限公司	国有企业	房地产开发业	三星级	四星级	二星级	一星级	四星级	三星半级
135	富士施乐（中国）有限公司	外资企业	计算机及相关设备制造业	三星级	四星级	三星半级	一星级	四星级	三星级
136	华为投资控股有限公司	民营企业	通信设备制造业	四星级	四星半级	四星半级	一星级	三星级	三星级
137	宜宾五粮液股份有限公司	国有企业	酒精及饮料酒制造业	三星半级	二星级	五星级	一星级	三星级	三星半级
138	中国电力投资集团公司	中央企业	电力生产业	三星半级	四星半级	一星级	一星级	四星级	三星级
139	首钢总公司	国有企业	金属冶炼及压延加工业	二星级	三星半级	一星级	四星级	五星级	二星级

续表

排名	企业名称	公司性质	所属行业	创新性星级	可读性星级	可比性星级	平衡性星级	实质性星级	完整性星级
140	上海中建东孚投资发展有限公司	国有企业	房地产开发业	二星级	三星半级	一星级	二星级	四星半级	三星级
141	香港交易及结算所有限公司	外资企业	证券基金及其他金融服务业	三星半级	四星级	五星级	三星级	二星级	三星级
142	中国化工集团公司	中央企业	工业化学品制造业	二星级	四星半级	二星级	三星级	四星级	二星级
143	广州广船国际股份有限公司	国有企业	交通运输设备制造业	一星级	三星半级	五星级	一星级	四星级	三星级
144	中国海运（集团）总公司	中央企业	交通运输服务业	三星级	四星半级	三星级	三星半级	三星级	三星级
145	中国人寿保险股份有限公司	国有企业	保险业	二星级	二星级	五星级	一星级	四星半级	三星半级
146	上海建工七建集团有限公司	国有企业	建筑业	三星级	三星半级	五星级	四星级	三星级	二星级
147	浦项（中国）投资有限公司	外资企业	金属冶炼及压延加工业	二星级	四星级	一星级	二星级	四星级	三星半级

五、三星级报告评价结果及排名（★★★）——93家

排名	企业名称	公司性质	所属行业	创新性星级	可读性星级	可比性星级	平衡性星级	实质性星级	完整性星级
148	中兴通讯股份有限公司	国有企业	通信设备制造业	二星级	三星级	一星级	二星级	四星半级	三星级
149	中国恒天集团公司	中央企业	机械设备制造业	二星级	三星半级	二星级	二星级	四星级	三星级
150	上海氯碱化工股份有限公司	国有企业	工业化学品制造业	三星级	三星级	一星级	三星半级	五星级	二星级
151	上海外高桥造船有限公司	国有企业	交通运输设备制造业	二星级	四星级	一星级	四星半级	三星半级	三星级

附录一 中国企业社会责任报告评价结果与排名（2013）

续表

排名	企业名称	公司性质	所属行业	创新性星级	可读性星级	可比性星级	平衡性星级	实质性星级	完整性星级
152	金川集团股份有限公司	国有企业	金属冶炼及压延加工业	二星级	三星半级	一星级	一星级	五星级	二星级
153	京东方科技集团股份有限公司	国有企业	电子产品及电子元件制造业	三星半级	四星级	二星级	一星级	四星级	三星半级
154	经纬纺织机械股份有限公司	国有企业	机械设备制造业	二星级	四星级	二星级	一星级	四星级	三星级
155	玫琳凯（中国）化妆品有限公司	外资企业	日用化学品制造业	二星级	三星半级	二星级	二星级	四星级	三星级
156	中国长江电力股份有限公司	国有企业	电力生产业	二星级	四星级	一星级	二星级	四星级	三星级
157	中国冶金科工股份有限公司	中央企业	混业（一般采矿业；建筑业；房地产开发业）	四星级	三星半级	一星级	三星半级	四星级	三星级
158	深圳市燃气集团股份有限公司	国有企业	燃气的生产和供应业	三星级	四星级	二星级	一星级	四星级	三星级
159	东芝集团（中国）	外资企业	电子产品及电子元件制造业	三星半级	四星级	一星级	三星半级	三星半级	三星级
160	山西潞安环保能源开发股份有限公司	国有企业	煤炭开采与洗选业	二星级	二星级	五星级	三星半级	四星级	二星级
161	北京银行股份有限公司	国有企业	银行业	一星级	二星级	五星级	二星级	四星级	三星级
162	安徽三星化工有限责任公司	国有企业	工业化学品制造业	二星级	二星级	五星级	四星级	三星级	三星级
163	上海电气核电设备有限公司	国有企业	机械设备制造业	二星级	四星级	一星级	三星级	四星半级	二星级

· 385 ·

续表

排名	企业名称	公司性质	所属行业	创新性星级	可读性星级	可比性星级	平衡性星级	实质性星级	完整性星级
164	浙江景兴纸业股份有限公司	民营企业	造纸业	一星级	四星级	一星级	三星半级	四星半级	二星级
165	交通银行股份有限公司	国有企业	银行业	一星级	一星级	五星级	三星级	四星级	三星级
166	华夏银行股份有限公司	国有企业	银行业	四星级	四星半级	二星级	一星级	三星半级	三星级
167	中粮集团有限公司	中央企业	食品饮料业	四星级	四星级	四星级	一星级	四星级	二星级
168	贵州黔源电力股份有限公司	国有企业	电力生产业	一星级	三星级	三星级	三星半级	三星半级	三星级
169	汇添富基金管理有限公司	国有企业	证券基金及其他金融服务业	二星级	三星半级	一星级	三星级	四星级	三星半级
170	香格里拉（亚洲）有限公司	外资企业	酒店业	二星级	三星半级	五星级	二星级	三星级	二星级
171	上海电力设计院有限公司	国有企业	一般服务业	二星级	三星半级	四星级	一星级	四星级	三星级
172	新希望六和股份有限公司	民营企业	农林牧渔业	二星级	三星半级	一星级	二星级	四星半级	二星级
173	山东天雁服饰股份有限公司	民营企业	服装鞋帽制造业	三星级	三星半级	二星级	二星级	三星半级	三星级
174	上海中信国健药业股份有限公司	国有企业	医药生物制造业	二星级	三星级	一星级	一星级	五星级	三星级
175	广西柳工机械股份有限公司	民营企业	机械设备制造业	二星级	三星半级	一星级	一星级	四星半级	三星级
176	贵州开磷（集团）有限责任公司	国有企业	一般采矿业	二星级	三星级	一星级	四星级	四星级	三星级
177	深圳高速公路股份有限公司	民营企业	交通运输服务业	二星级	三星级	四星半级	三星半级	三星级	三星级

附录一　中国企业社会责任报告评价结果与排名（2013）

续表

排名	企业名称	公司性质	所属行业	创新性星级	可读性星级	可比性星级	平衡性星级	实质性星级	完整性星级
178	上海浦江桥隧运营管理有限公司	民营企业	一般服务业	三星级	三星半级	一星级	三星半级	四星级	二星级
179	国家电网黑龙江鹤岗电业局	国有企业	电力供应业	三星半级	三星半级	一星级	三星级	三星半级	二星级
180	紫金矿业集团股份有限公司	国有企业	金属冶炼及压延加工业	一星级	二星级	三星半级	三星半级	四星半级	二星级
181	中国第一汽车集团公司	中央企业	交通运输设备制造业	二星级	三星半级	二星级	一星级	四星级	二星级
182	上海三思电子工程有限公司	民营企业	电子产品及电子元件制造业	三星级	三星级	一星级	四星级	三星半级	二星级
183	永辉超市股份有限公司	民营企业	零售业	二星级	三星级	一星级	二星级	四星级	三星半级
184	浙江吉利控股集团有限公司	民营企业	交通运输设备制造业	三星级	四星级	四星级	一星级	三星级	二星级
185	广东电力发展股份有限公司	国有企业	电力生产业	三星级	三星半级	二星级	三星级	三星半级	三星级
186	西藏奇正藏药股份有限公司	民营企业	医药生物制造业	二星级	四星半级	一星级	一星级	四星级	三星级
187	宜信公司	民营企业	证券基金及其他金融服务业	三星半级	三星半级	一星级	二星级	四星级	二星级
188	华润万家有限公司	国有企业	零售业	二星级	三星半级	四星半级	三星级	三星级	二星级
189	陕西延长石油（集团）有限责任公司	国有企业	石油和天然气开采业与加工业	二星级	四星半级	一星级	三星级	三星半级	二星级
190	戴姆勒·克莱斯勒（中国）投资有限公司	外资企业	交通运输设备制造业	二星级	四星级	五星级	一星级	三星级	三星级
191	江苏丹毛纺织股份有限公司	民营企业	纺织业	二星级	三星半级	一星级	二星级	三星半级	三星级

·387·

续表

排名	企业名称	公司性质	所属行业	创新性星级	可读性星级	可比性星级	平衡性星级	实质性星级	完整性星级
192	上海富士施乐有限公司	外资企业	计算机及相关设备制造业	三星级	三星半级	一星级	一星级	四星级	二星级
193	上海益民商业集团股份有限公司	国有企业	混业（零售业；房地产开发业）	三星半级	四星半级	三星半级	一星级	三星级	三星级
194	大唐电信科技股份有限公司	国有企业	通信设备制造业	二星级	二星级	一星级	二星级	四星级	三星级
195	国家电网江西省电力公司	国有企业	电力供应业	四星级	四星级	四星半级	二星级	二星级	二星级
196	大进制衣厂（惠州）有限公司	外资企业	服装鞋帽制造业	二星级	三星半级	二星级	三星级	三星级	三星级
197	伟江纺织	外资企业	纺织业	二星级	三星半级	一星级	一星级	四星级	二星级
198	上海电气电站设备有限公司上海汽轮机厂	国有企业	机械设备制造业	三星级	三星半级	一星级	二星级	三星半级	二星级
199	环旭电子股份有限公司	国有企业	电子产品及电子元件制造业	二星级	三星半级	一星级	二星级	三星级	三星级
200	兖州煤业股份有限公司	民营企业	煤炭开采与洗选业	三星级	四星级	一星级	二星级	三星半级	三星级
201	广州供电局有限公司	国有企业	电力供应业	三星半级	四星级	一星级	一星级	三星半级	三星级
202	海南天然橡胶产业集团股份有限公司	国有企业	农林牧渔业	一星级	二星级	一星级	三星半级	四星半级	二星级
203	青岛海尔股份有限公司	民营企业	家用电器制造业	二星级	四星级	一星级	三星级	三星级	二星级
204	常州四药制药有限公司	民营企业	医药生物制造业	二星级	三星半级	二星级	二星级	三星半级	二星级
205	云南铝业股份有限公司	国有企业	金属冶炼及压延加工业	二星级	一星级	四星级	三星级	五星级	二星级

续表

排名	企业名称	公司性质	所属行业	创新性星级	可读性星级	可比性星级	平衡性星级	实质性星级	完整性星级
206	国电电力发展股份有限公司	中央企业	电力生产业	二星级	二星级	二星级	一星级	四星半级	二星级
207	华衍水务集团	外资企业	水的生产和供应业	三星级	三星半级	一星级	一星级	四星级	三星半级
208	深圳供电局有限公司	国有企业	电力供应业	四星级	四星半级	一星级	一星级	三星半级	二星级
209	上海中南建筑材料有限公司	国有企业	工业化学品制造业	二星级	三星半级	二星级	二星级	三星半级	二星级
210	浙江红绿蓝纺织印染有限公司	民营企业	纺织业	三星级	三星级	一星级	一星级	三星半级	三星级
211	安徽海螺集团有限责任公司	国有企业	非金属矿物制品业	二星级	三星级	一星级	二星级	三星半级	二星级
212	广西柳工集团有限公司	国有企业	机械设备制造业	三星级	四星级	一星级	一星级	三星半级	二星级
213	招商局集团有限公司	中央企业	交通运输服务业	三星半级	四星级	五星级	一星级	二星级	三星级
214	上海三菱电梯有限公司	民营企业	机械设备制造业	三星级	三星半级	二星级	一星级	三星半级	二星级
215	上海富都物业管理有限公司	民营企业	房地产服务业	二星级	三星半级	一星级	二星级	三星半级	三星级
216	中国第一重型机械集团公司	中央企业	机械设备制造业	二星级	三星半级	一星级	一星级	四星级	二星级
217	恒源祥（集团）有限公司	民营企业	服装鞋帽制造业	二星级	三星半级	一星级	二星级	三星半级	二星级
218	华纺股份有限公司	国有企业	纺织业	二星级	三星半级	一星级	三星半级	三星级	二星级
219	深圳证券时报有限公司	国有企业	文化娱乐业	二星级	四星级	四星级	一星级	三星级	二星级
220	宝钢工程技术集团有限公司	国有企业	混业（机械设备制造业；一般服务业）	三星级	四星半级	一星级	三星级	三星级	二星级

中国企业社会责任报告白皮书（2013）

续表

排名	企业名称	公司性质	所属行业	创新性星级	可读性星级	可比性星级	平衡性星级	实质性星级	完整性星级
221	方太集团	民营企业	家用电器制造业	二星级	三星半级	一星级	二星级	三星半级	二星级
222	上海强生出租汽车有限公司	国有企业	交通运输服务业	二星级	三星级	一星级	三星半级	三星半级	二星级
223	中国中煤能源股份有限公司	国有企业	煤炭开采与洗选业	三星级	二星级	三星级	一星级	四星半级	二星级
224	山推工程机械股份有限公司	民营企业	机械设备制造业	一星级	三星级	二星级	二星级	三星半级	二星级
225	杭州前进齿轮箱集团股份有限公司	国有企业	机械设备制造业	一星级	三星级	二星级	一星级	四星级	二星级
226	陕西省地方电力（集团）有限公司	国有企业	电力供应业	四星级	三星级	一星级	二星级	四星级	二星级
227	新疆中泰化学股份有限公司	国有企业	工业化学品制造业	二星级	二星级	二星级	一星级	四星半级	二星级
228	上海核工程研究设计院	国有企业	一般服务业	三星级	三星半级	一星级	二星级	三星半级	二星级
229	中国有色矿业集团有限公司	中央企业	混业（一般采矿业；建筑业）	二星级	四星级	一星级	二星级	三星级	三星级
230	广博集团股份有限公司	民营企业	一般制造业	二星级	四星级	一星级	一星级	四星半级	二星级
231	中外运空运发展股份有限公司	国有企业	交通运输服务业	三星级	三星半级	二星级	三星半级	三星级	二星级
232	国家电网北京市电力公司	国有企业	电力供应业	二星级	四星级	一星级	一星级	四星级	二星级
233	立邦中国	外资企业	工业化学品制造业	三星级	四星半级	一星级	一星级	四星半级	二星级

续表

排名	企业名称	公司性质	所属行业	创新性星级	可读性星级	可比性星级	平衡性星级	实质性星级	完整性星级
234	中国电力建设集团有限公司	中央企业	混业（建筑业；机械设备制造业）	三星级	三星半级	一星级	一星级	三星半级	三星级
235	平安银行股份有限公司	民营企业	银行业	二星级	二星级	三星级	三星级	三星半级	三星级
236	上海和黄药业	民营企业	医药生物制造业	二星级	四星级	一星级	四星级	三星级	二星级
237	遵义金紫阳食品有限公司	民营企业	食品饮料业	二星级	三星级	五星级	一星级	三星级	二星级
238	新华人寿保险股份有限公司	国有企业	保险业	二星级	三星级	一星级	一星级	四星半级	二星级
239	铁姆肯（无锡）轴承有限公司	外资企业	机械设备制造业	二星级	二星级	一星级	三星级	四星级	二星级
240	冀中能源股份有限公司	国有企业	煤炭开采与洗选业	二星级	二星级	一星级	二星级	四星级	三星级

六、二星级报告评价结果及排名（★★）——305家

排名	企业名称	公司性质	所属行业	创新性星级	可读性星级	可比性星级	平衡性星级	实质性星级	完整性星级
241	中国贵州茅台酒厂（集团）有限责任公司	国有企业	酒精及饮料酒制造业	二星级	三星半级	五星级	二星级	二星级	二星级
242	深圳市大族激光科技股份有限公司	民营企业	机械设备制造业	一星级	三星半级	一星级	二星级	三星半级	二星级
243	上海三电贝洱汽车空调有限公司	外资企业	机械设备制造业	三星级	三星级	一星级	一星级	三星半级	三星级

续表

排名	企业名称	公司性质	所属行业	创新性星级	可读性星级	可比性星级	平衡性星级	实质性星级	完整性星级
244	上海化学工业区物业管理有限公司	国有企业	房地产服务业	二星级	二星级	一星级	三星半级	三星半级	二星级
245	天马微电子股份有限公司	国有企业	电子产品及电子元件制造业	三星半级	四星级	一星级	一星级	三星级	三星级
246	深圳市格林美高新技术股份有限公司	民营企业	废弃资源及废旧材料回收加工业	一星级	三星级	一星级	二星级	三星半级	二星级
247	江苏新城地产股份有限公司	民营企业	房地产开发业	二星级	三星半级	一星级	二星级	二星级	三星半级
248	大唐电信科技产业集团	国有企业	混业（电子产品及电子元件制造业；通信服务业）	二星级	三星级	一星级	一星级	三星半级	二星级
249	富士康科技集团	外资企业	电子产品及电子元件制造业	二星级	三星半级	一星级	一星级	三星半级	二星级
250	中国船舶重工股份有限公司	中央企业	混业（机械设备制造业；交通运输设备制造业；特种设备制造业）	三星级	四星级	一星级	一星级	四星级	二星级
251	唐山三友化工股份有限公司	国有企业	工业化学品制造业	一星级	四星半级	一星级	一星级	四星级	二星级
252	华新水泥股份有限公司	外资企业	非金属矿物制品业	三星级	三星半级	二星级	二星级	三星级	二星级
253	华润雪花啤酒（中国）有限公司	国有企业	酒精及饮料酒制造业	三星半级	三星级	三星级	一星级	三星半级	二星级
254	贵州盐业（集团）有限责任公司	国有企业	食品饮料业	二星级	三星半级	二星级	二星级	三星级	二星级

续表

排名	企业名称	公司性质	所属行业	创新性星级	可读性星级	可比性星级	平衡性星级	实质性星级	完整性星级
255	光大证券股份有限公司	国有企业	证券基金及其他金融服务业	一星级	二星级	一星级	一星级	四星级	二星级
256	上海电气集团股份有限公司	国有企业	机械设备制造业	二星级	三星半级	一星级	一星级	三星半级	三星级
257	伊顿（中国）投资有限公司	外资企业	机械设备制造业	三星级	三星级	一星级	二星级	三星级	二星级
258	重庆医药（集团）股份有限公司	国有企业	医药生物制造业	三星半级	三星半级	一星级	四星级	二星级	二星级
259	上海华虹NEC电子有限公司	国有企业	电子产品及电子元件制造业	二星级	三星半级	一星级	一星级	三星级	三星级
260	国家电网宁夏固原供电局	国有企业	电力供应业	二星级	四星级	二星级	二星级	二星级	二星级
261	仁宝电脑工业股份有限公司	外资企业	计算机及相关设备制造业	二星级	三星半级	一星级	一星级	三星级	三星级
262	浙江正泰电器股份有限公司	民营企业	电子产品及电子元件制造业	二星级	三星半级	一星级	一星级	三星半级	二星级
263	翁福（集团）有限责任公司	国有企业	非金属矿物制品业	二星级	二星级	一星级	二星级	四星级	二星级
264	丰田汽车（中国）投资有限公司	外资企业	交通运输设备制造业	二星级	四星级	二星级	二星级	三星半级	一星级
265	浙江森马服饰股份有限公司	民营企业	服装鞋帽制造业	二星级	四星半级	一星级	一星级	二星级	三星级
266	中煤地航测遥感局有限公司	国有企业	一般服务业	三星级	三星半级	一星级	一星级	三星半级	三星级
267	云南云天化股份有限公司	国有企业	工业化学品制造业	三星级	三星级	一星级	二星级	三星半级	二星级
268	贵州紫金矿业股份有限公司	国有企业	金属冶炼及压延加工业	一星级	三星级	一星级	二星级	四星级	二星级

续表

排名	企业名称	公司性质	所属行业	创新性星级	可读性星级	可比性星级	平衡性星级	实质性星级	完整性星级
269	京东商城	民营企业	零售业	二星级	四星级	一星级	一星级	三星半级	二星级
270	东软集团股份有限公司	国有企业	计算机服务业	一星级	二星级	一星级	一星级	四星半级	三星级
271	道达尔中国	外资企业	石油和天然气开采业与加工业	三星级	三星半级	一星级	三星半级	三星半级	一星级
272	荣盛房地产发展股份有限公司	国有企业	房地产开发业	二星级	四星级	一星级	二星级	二星级	二星级
273	安徽四创电子股份有限公司	民营企业	通信设备制造业	二星级	三星半级	一星级	二星级	二星级	二星级
274	沈阳机床（集团）有限责任公司	国有企业	机械设备制造业	二星级	三星半级	一星级	二星级	二星级	三星级
275	合肥荣事达三洋电器股份有限公司	国有企业	家用电器制造业	二星级	三星半级	一星级	一星级	三星半级	二星级
276	光明食品（集团）有限公司	国有企业	食品饮料业	二星级	四星级	一星级	一星级	四星级	二星级
277	深圳市远望谷信息技术股份有限公司	民营企业	通信设备制造业	二星级	三星半级	一星级	二星级	三星级	三星级
278	中粮生物化学（安徽）股份有限公司	国有企业	工业化学品制造业	二星级	二星级	一星级	一星级	四星级	二星级
279	中国海外发展有限公司	国有企业	房地产开发业	三星级	三星半级	二星级	二星级	二星级	二星级
280	中国中铁股份有限公司	国有企业	建筑业	三星级	二星级	二星级	一星级	三星半级	二星级
281	上海绿地建设（集团）有限公司	国有企业	建筑业	二星级	二星级	一星级	一星级	三星半级	三星级

附录一　中国企业社会责任报告评价结果与排名（2013）

续表

排名	企业名称	公司性质	所属行业	创新性星级	可读性星级	可比性星级	平衡性星级	实质性星级	完整性星级
282	华闻传媒投资集团股份有限公司	民营企业	文化娱乐业	二星级	二星级	一星级	一星级	四星级	二星级
283	广东美的电器股份有限公司	国有企业	家用电器制造业	二星级	三星半级	一星级	二星级	三星半级	二星级
284	赛诺菲中国	外资企业	医药生物制造业	三星级	四星级	一星级	一星级	三星半级	二星级
285	唐山港集团股份有限公司	国有企业	交通运输服务业	二星级	三星半级	二星级	一星级	三星级	二星级
286	青岛农村商业银行股份有限公司	国有企业	银行业	二星级	三星级	一星级	一星级	四星级	二星级
287	国药控股股份有限公司	中央企业	医药生物制造业	三星级	四星级	一星级	一星级	二星级	三星级
288	贵阳市公共交通（集团）有限公司	国有企业	交通运输服务业	二星级	三星级	二星级	一星级	三星级	二星级
289	云南白药集团股份有限公司	国有企业	医药生物制造业	一星级	三星半级	一星级	一星级	三星半级	二星级
290	华泰证券股份有限公司	国有企业	证券基金及其他金融服务业	二星级	二星级	一星级	一星级	四星级	三星级
291	百隆东方股份有限公司	民营企业	纺织业	一星级	二星级	一星级	一星级	四星级	三星级
292	鞍钢股份有限公司	国有企业	金属冶炼及压延加工业	一星级	二星级	一星级	一星级	四星半级	二星级
293	华润万东医疗装备股份有限公司	民营企业	机械设备制造业	二星级	三星级	一星级	一星级	三星半级	二星级
294	中国国旅集团有限公司	中央企业	混业（房地产服务业；旅游业）	三星半级	三星半级	二星级	一星级	二星级	二星级

续表

排名	企业名称	公司性质	所属行业	创新性星级	可读性星级	可比性星级	平衡性星级	实质性星级	完整性星级
295	国投电力控股股份有限公司	国有企业	电力生产业	一星级	一星级	一星级	二星级	四星半级	二星级
296	哈药集团三精制药股份有限公司	国有企业	医药生物制造业	三星半级	三星半级	一星级	一星级	三星级	二星级
297	江铃汽车股份有限公司	国有企业	交通运输设备制造业	二星级	二星级	四星级	一星级	三星级	二星级
298	潍柴动力股份有限公司	国有企业	机械设备制造业	一星级	三星级	二星级	一星级	三星级	二星级
299	中国商用飞机有限责任公司	中央企业	交通运输服务业	二星级	三星半级	一星级	三星级	三星级	二星级
300	河北钢铁股份有限公司	国有企业	金属冶炼及压延加工业	一星级	二星级	二星级	二星级	三星半级	二星级
301	上海金桥出口加工区开发股份有限公司	国有企业	房地产开发业	二星级	四星级	四星半级	二星级	一星级	二星级
302	云南锡业股份有限公司	国有企业	金属冶炼及压延加工业	二星级	二星级	一星级	二星级	三星半级	三星级
303	四川西昌电力股份有限公司	国有企业	混业（电力生产业；电力供应业）	一星级	二星级	二星级	三星级	四星级	二星级
304	浙江富润股份有限公司	民营企业	纺织业	二星级	三星级	一星级	一星级	三星半级	二星级
305	东方电气股份有限公司	国有企业	机械设备制造业	二星级	三星级	一星级	一星级	三星半级	二星级
306	东风汽车股份有限公司	国有企业	交通运输设备制造业	一星级	三星半级	二星级	三星级	三星级	一星级
307	山西杏花村汾酒厂股份有限公司	国有企业	酒精及饮料酒制造业	三星级	二星级	一星级	一星级	四星级	二星级

续表

排名	企业名称	公司性质	所属行业	创新性星级	可读性星级	可比性星级	平衡性星级	实质性星级	完整性星级
308	贵州黎阳航空发动机（集团）有限公司	国有企业	机械设备制造业	二星级	三星级	二星级	二星级	二星级	二星级
309	泛海建设集团股份有限公司	民营企业	房地产开发业	二星级	三星级	一星级	一星级	三星级	二星级
310	华域汽车系统股份有限公司	国有企业	机械设备制造业	一星级	二星级	二星级	二星级	四星级	一星级
311	保利房地产（集团）股份有限公司	国有企业	房地产开发业	三星半级	三星半级	二星级	一星级	二星级	二星级
312	江南嘉捷电梯股份有限公司	民营企业	机械设备制造业	一星级	二星级	一星级	二星级	三星级	二星级
313	北京金隅股份有限公司	国有企业	非金属矿物制品业	二星级	二星级	一星级	一星级	四星级	二星级
314	中国粮油控股有限公司	国有企业	农林牧渔业	二星级	三星级	一星级	一星级	三星半级	二星级
315	泰康人寿保险股份有限公司	民营企业	保险业	二星级	三星级	一星级	二星级	三星半级	二星级
316	上海电力修造总厂有限公司	国有企业	机械设备制造业	二星级	三星级	一星级	一星级	三星级	二星级
317	山东金正大生态工程股份有限公司	国有企业	工业化学品制造业	二星级	二星级	二星级	一星级	三星半级	二星级
318	华润三九医药股份有限公司	民营企业	医药生物制造业	二星级	二星级	一星级	一星级	三星级	二星级
319	金花投资控股集团	民营企业	混业（医药生物制造业；零售业；旅游业）	二星级	四星级	一星级	二星级	二星级	二星级
320	杭州银行股份有限公司	国有企业	银行业	二星级	二星级	一星级	一星级	四星级	二星级

续表

排名	企业名称	公司性质	所属行业	创新性星级	可读性星级	可比性星级	平衡性星级	实质性星级	完整性星级
321	中山大洋电机股份有限公司	民营企业	机械设备制造业	一星级	二星级	一星级	一星级	三星半级	二星级
322	北京爱慕内衣有限公司	民营企业	服装鞋帽制造业	二星级	三星半级	一星级	二星级	二星级	二星级
323	贵州永红食品有限公司	民营企业	食品饮料业	二星级	二星级	一星级	一星级	四星级	二星级
324	汤臣倍健股份有限公司	民营企业	食品饮料业	三星级	三星半级	一星级	一星级	三星级	二星级
325	上海新星印刷器材有限公司	民营企业	混业（工业化学品制造业；机械设备制造业）	二星级	三星半级	一星级	一星级	三星半级	二星级
326	精密烧结合金（无锡）有限公司	外资企业	机械设备制造业	一星级	二星级	一星级	二星级	四星级	一星级
327	国药集团一致药业股份有限公司	国有企业	医药生物制造业	二星级	三星半级	一星级	二星级	二星级	二星级
328	黑龙江国中水务股份有限公司	民营企业	水的生产和供应业	二星级	三星半级	三星半级	一星级	二星级	二星级
329	贵州省农村信用社联合社	国有企业	证券基金及其他金融服务业	一星级	三星级	四星半级	二星级	二星级	一星级
330	杭州海康威视数字技术股份有限公司	国有企业	电子产品及电子元件制造业	一星级	二星级	一星级	一星级	四星级	二星级
331	内蒙古包钢稀土（集团）高科技股份有限公司	国有企业	一般采矿业	二星级	三星半级	一星级	一星级	三星级	一星级

续表

排名	企业名称	公司性质	所属行业	创新性星级	可读性星级	可比性星级	平衡性星级	实质性星级	完整性星级
332	北京东方雨虹防水技术股份有限公司	民营企业	非金属矿物制品业	一星级	一星级	一星级	一星级	四星级	三星级
333	浙江海正药业股份有限公司	国有企业	医药生物制造业	二星级	三星级	一星级	一星级	三星级	二星级
334	美铝（中国）投资有限公司	外资企业	金属制品业	一星级	三星级	三星半级	四星级	二星级	一星级
335	华孚色纺股份有限公司	民营企业	纺织业	二星级	二星级	一星级	一星级	三星半级	二星级
336	苏宁云商集团股份有限公司	民营企业	零售业	三星半级	二星级	一星级	一星级	三星级	三星级
337	帝斯曼中国	外资企业	混业（医药生物制造业；工业化学品制造业）	二星级	三星半级	三星级	四星级	一星级	一星级
338	云南文山电力股份有限公司	国有企业	电力生产业	一星级	二星级	一星级	一星级	三星半级	二星级
339	贵阳北控水务有限责任公司	国有企业	水的生产和供应业	二星级	三星半级	一星级	一星级	三星级	二星级
340	爱尔眼科医院集团股份有限公司	民营企业	一般服务业	一星级	二星级	二星级	一星级	三星半级	二星级
341	马应龙药业集团股份有限公司	民营企业	医药生物制造业	一星级	三星级	一星级	一星级	三星半级	二星级
342	浙江巨化股份有限公司	国有企业	工业化学品制造业	二星级	三星级	一星级	二星级	三星级	二星级
343	浙江华峰氨纶股份有限公司	民营企业	工业化学品制造业	一星级	二星级	一星级	一星级	三星半级	二星级
344	特变电工股份有限公司	民营企业	电子产品及电子元件制造业	一星级	二星级	一星级	一星级	三星半级	二星级

续表

排名	企业名称	公司性质	所属行业	创新性星级	可读性星级	可比性星级	平衡性星级	实质性星级	完整性星级
345	东吴证券股份有限公司	国有企业	证券基金及其他金融服务业	二星级	一星级	一星级	一星级	四星级	二星级
346	领汇房地产投资信托基金	外资企业	证券基金及其他金融服务业	二星级	四星级	三星级	二星级	一星级	二星级
347	九州通医药集团股份有限公司	民营企业	批发贸易业	三星半级	二星级	二星级	一星级	二星级	二星级
348	安阳钢铁股份有限公司	国有企业	金属冶炼及压延加工业	一星级	一星级	一星级	二星级	四星半级	二星级
349	安泰科技股份有限公司	国有企业	金属制品业	一星级	一星级	一星级	一星级	四星半级	二星级
350	山西证券股份有限公司	国有企业	证券基金及其他金融服务业	一星级	一星级	一星级	一星级	四星级	二星级
351	圣象集团有限公司	民营企业	木材加工与家具制造业	二星级	三星半级	一星级	一星级	三星级	二星级
352	贵州省松桃太丰矿业有限责任公司	民营企业	一般采矿业	一星级	二星级	一星级	三星半级	三星半级	一星级
353	杭州汽轮机股份有限公司	国有企业	机械设备制造业	一星级	一星级	一星级	一星级	四星级	二星级
354	上海爱森肉食品有限公司	国有企业	食品饮料业	一星级	三星级	一星级	一星级	三星半级	一星级
355	青岛汉缆股份有限公司	民营企业	电子产品及电子元件制造业	一星级	一星级	一星级	一星级	四星级	二星级
356	前海人寿保险有限公司	民营企业	保险业	二星级	二星级	一星级	二星级	三星级	二星级
357	安徽华星化工股份有限公司	民营企业	工业化学品制造业	一星级	二星级	一星级	一星级	四星级	二星级
358	兴业全球基金管理有限公司	国有企业	证券基金及其他金融服务业	一星级	二星级	一星级	二星级	三星级	二星级

附录一 中国企业社会责任报告评价结果与排名（2013）

续表

排名	企业名称	公司性质	所属行业	创新性星级	可读性星级	可比性星级	平衡性星级	实质性星级	完整性星级
359	宏达高科控股股份有限公司	外资企业	纺织业	二星级	三星级	一星级	一星级	三星半级	一星级
360	北京天坛生物制品股份有限公司	国有企业	医药生物制造业	一星级	二星级	一星级	一星级	四星级	二星级
361	贵州天下西江旅游文化开发有限公司	民营企业	旅游业	二星级	二星级	一星级	一星级	三星半级	一星级
362	海通期货有限公司	国有企业	证券基金及其他金融服务业	一星级	二星级	一星级	一星级	三星级	二星级
363	广州海鸥卫浴用品股份有限公司	外资企业	一般制造业	一星级	三星级	一星级	一星级	三星半级	二星级
364	武汉钢铁股份有限公司	国有企业	金属冶炼及压延加工业	一星级	二星级	一星级	一星级	三星半级	二星级
365	无限极（中国）有限公司	外资企业	医药生物制造业	四星级	三星半级	一星级	一星级	二星级	二星级
366	国电南瑞科技股份有限公司	国有企业	机械设备制造业	二星级	二星级	二星级	一星级	三星级	二星级
367	上海朗脉洁净技术股份有限公司	民营企业	机械设备制造业	二星级	三星级	一星级	一星级	三星级	一星级
368	TCL集团股份有限公司	国有企业	家用电器制造业	二星级	一星级	一星级	二星级	三星半级	二星级
369	中国互联网络信息中心	国有企业	互联网服务业	二星级	三星级	一星级	一星级	三星级	二星级
370	厦门厦工机械股份有限公司	国有企业	机械设备制造业	一星级	二星级	一星级	一星级	四星级	二星级
371	中联重工科技发展股份有限公司	国有企业	机械设备制造业	一星级	二星级	一星级	一星级	三星半级	二星级

· 401 ·

续表

排名	企业名称	公司性质	所属行业	创新性星级	可读性星级	可比性星级	平衡性星级	实质性星级	完整性星级
372	西安陕鼓动力股份有限公司	国有企业	机械设备制造业	一星级	二星级	一星级	一星级	三星半级	二星级
373	河南新大新材料股份有限公司	国有企业	非金属矿物制品业	一星级	一星级	一星级	一星级	四星半级	一星级
374	上海宝信软件股份有限公司	国有企业	计算机服务业	一星级	一星级	一星级	一星级	四星级	二星级
375	云南煤业能源股份有限公司	国有企业	工业化学品制造业	二星级	二星级	一星级	三星半级	二星级	二星级
376	中国铁建股份有限公司	国有企业	建筑业	一星级	二星级	一星级	一星级	三星级	二星级
377	卧龙电气集团股份有限公司	国有企业	机械设备制造业	一星级	一星级	一星级	二星级	三星半级	二星级
378	上海上实物业管理有限公司	民营企业	房地产服务业	二星级	三星级	一星级	二星级	二星级	二星级
379	河南佰利联化学股份有限公司	民营企业	工业化学品制造业	一星级	二星级	一星级	一星级	四星级	二星级
380	上海德律风物业有限公司	国有企业	房地产服务业	二星级	三星级	一星级	一星级	二星级	二星级
381	中炬高新技术实业(集团)股份有限公司	国有企业	混业(房地产服务业；一般制造业)	一星级	一星级	一星级	一星级	四星级	二星级
382	上海中期期货有限公司	国有企业	证券基金及其他金融服务业	二星级	二星级	一星级	一星级	四星级	二星级
383	浙江精功科技股份有限公司	民营企业	机械设备制造业	一星级	一星级	一星级	一星级	四星级	二星级
384	民生人寿保险股份有限公司	民营企业	保险业	一星级	二星级	一星级	一星级	三星半级	二星级
385	兴业证券股份有限公司	国有企业	证券基金及其他金融服务业	一星级	一星级	一星级	一星级	四星级	二星级

续表

排名	企业名称	公司性质	所属行业	创新性星级	可读性星级	可比性星级	平衡性星级	实质性星级	完整性星级
386	重庆三峡水利电力（集团）股份有限公司	国有企业	电力生产业	一星级	二星级	一星级	一星级	四星级	二星级
387	贵州信邦制药股份有限公司	民营企业	医药生物制造业	三星级	三星级	一星级	一星级	三星级	一星级
388	上海新世界股份有限公司	外资企业	零售业	三星级	三星级	一星级	一星级	二星级	二星级
389	阿斯利康制药有限公司	民营企业	医药生物制造业	一星级	一星级	二星级	一星级	三星半级	二星级
390	浙大网新科技股份有限公司	民营企业	计算机服务业	一星级	一星级	二星级	一星级	三星半级	一星级
391	贵州燃气（集团）有限责任公司	国有企业	燃气的生产和供应业	二星级	三星级	一星级	一星级	三星级	二星级
392	云南铜业股份有限公司	国有企业	金属冶炼及压延加工业	一星级	一星级	一星级	一星级	四星半级	二星级
393	中国航空油料集团公司	中央企业	批发贸易业	二星级	三星半级	三星级	一星级	一星级	二星级
394	国投中鲁果汁股份有限公司	国有企业	食品饮料业	一星级	二星级	一星级	一星级	三星半级	二星级
395	云南白药集团无锡药业有限公司	国有企业	医药生物制造业	一星级	三星半级	一星级	一星级	三星级	一星级
396	南通江山农药化工股份有限公司	国有企业	工业化学品制造业	一星级	一星级	一星级	一星级	四星半级	二星级
397	江苏江南水务股份有限公司	国有企业	水的生产和供应业	一星级	二星级	一星级	一星级	三星级	二星级
398	香港国际机场	外资企业	交通运输服务业	二星级	二星级	一星级	一星级	三星级	一星级

续表

排名	企业名称	公司性质	所属行业	创新性星级	可读性星级	可比性星级	平衡性星级	实质性星级	完整性星级
399	广东德美精细化工股份有限公司	民营企业	工业化学品制造业	一星级	二星级	一星级	一星级	三星半级	二星级
400	厦门航空有限公司	国有企业	交通运输服务业	二星级	三星半级	一星级	二星级	一星级	二星级
401	南京钢铁股份有限公司	民营企业	金属冶炼及压延加工业	一星级	一星级	一星级	一星级	四星级	二星级
402	深圳市中金岭南有色金属股份有限公司	国有企业	混业（金属冶炼及压延加工业；一般采矿业）	一星级	一星级	一星级	三星半级	四星级	一星级
403	西藏旅游股份有限公司	民营企业	旅游业	一星级	一星级	一星级	一星级	三星半级	二星级
404	保龄宝生物股份有限公司	国有企业	食品饮料业	一星级	一星级	一星级	一星级	四星级	一星级
405	中粮地产（集团）股份有限公司	国有企业	房地产开发业	二星级	三星半级	一星级	一星级	二星级	二星级
406	海尔集团公司	国有企业	家用电器制造业	二星级	三星半级	一星级	二星级	一星级	二星级
407	无锡威可楷发斯宁科技有限公司	外资企业	一般制造业	一星级	一星级	一星级	三星级	三星级	二星级
408	越秀地产股份有限公司	国有企业	房地产开发业	一星级	一星级	二星级	二星级	二星级	二星级
409	信达财产保险股份有限公司	民营企业	保险业	一星级	三星级	一星级	一星级	二星级	二星级
410	太极计算机股份有限公司	国有企业	计算机服务业	一星级	二星级	一星级	一星级	三星半级	二星级
411	苏州固锝电子股份有限公司	民营企业	电子产品及电子元件制造业	二星级	一星级	一星级	一星级	三星半级	二星级

附录一　中国企业社会责任报告评价结果与排名（2013）

续表

排名	企业名称	公司性质	所属行业	创新性星级	可读性星级	可比性星级	平衡性星级	实质性星级	完整性星级
412	中信证券股份有限公司	国有企业	证券基金及其他金融服务业	一星级	二星级	三星半级	一星级	二星级	二星级
413	新湖期货有限公司	民营企业	证券基金及其他金融服务业	一星级	二星级	一星级	一星级	二星级	二星级
414	新疆天山水泥股份有限公司	国有企业	非金属矿物制品业	一星级	一星级	一星级	一星级	四星级	一星级
415	贵州钢绳（集团）有限责任公司	国有企业	金属制品业	一星级	一星级	一星级	二星级	三星级	二星级
416	郑州宇通客车股份有限公司	民营企业	交通运输设备制造业	一星级	一星级	一星级	一星级	四星级	一星级
417	光明乳业股份有限公司	国有企业	食品饮料业	二星级	三星级	一星级	三星半级	二星级	二星级
418	天狮集团有限公司	民营企业	医药生物制造业	三星半级	四星级	一星级	一星级	二星级	二星级
419	北方光电股份有限公司	国有企业	非金属矿物制品业	一星级	一星级	一星级	二星级	三星半级	一星级
420	信达地产股份有限公司	民营企业	混业（房地产服务业；房地产开发业）	一星级	二星级	一星级	二星级	二星级	三星级
421	中国南车股份有限公司	中央企业	交通运输设备制造业	一星级	一星级	一星级	一星级	四星级	二星级
422	贵州锦丰矿业有限公司	外资企业	一般采矿业	二星级	三星级	一星级	一星级	三星级	一星级
423	福建龙溪轴承（集团）股份有限公司	国有企业	机械设备制造业	一星级	一星级	一星级	二星级	三星半级	二星级
424	国投中谷期货有限公司	国有企业	证券基金及其他金融服务业	一星级	二星级	一星级	一星级	三星级	二星级
425	南京银行股份有限公司	国有企业	银行业	一星级	二星级	一星级	一星级	三星半级	二星级

续表

排名	企业名称	公司性质	所属行业	创新性星级	可读性星级	可比性星级	平衡性星级	实质性星级	完整性星级
426	汇丰银行（中国）有限公司	外资企业	银行业	三星半级	三星级	一星级	一星级	二星级	一星级
427	李锦记（中国）销售有限公司	外资企业	食品饮料业	二星级	三星半级	一星级	一星级	二星级	一星级
428	无锡宝通带业股份有限公司	国有企业	工业化学品制造业	一星级	一星级	一星级	二星级	三星半级	二星级
429	中联重科股份有限公司	民营企业	机械设备制造业	一星级	一星级	一星级	一星级	三星半级	二星级
430	天津港股份有限公司	国有企业	交通运输服务业	二星级	三星级	一星级	一星级	二星级	二星级
431	中国玻纤股份有限公司	民营企业	非金属矿物制品业	一星级	一星级	一星级	一星级	三星半级	二星级
432	七冶建设（集团）有限责任公司	国有企业	建筑业	二星级	三星级	一星级	三星半级	一星级	二星级
433	上海大智慧股份有限公司	民营企业	计算机服务业	一星级	三星级	一星级	一星级	二星级	一星级
434	山东高速股份有限公司	国有企业	交通运输服务业	一星级	一星级	二星级	一星级	三星半级	二星级
435	新疆伊力特实业股份有限公司	国有企业	酒精及饮料酒制造业	一星级	一星级	一星级	一星级	三星半级	一星级
436	杭州老板电器股份有限公司	民营企业	家用电器制造业	一星级	二星级	一星级	一星级	三星级	一星级
437	漳州片仔癀药业股份有限公司	国有企业	医药生物制造业	一星级	一星级	一星级	一星级	三星半级	二星级
438	国脉科技股份有限公司	民营企业	一般服务业	一星级	一星级	一星级	一星级	四星级	一星级

排名	企业名称	公司性质	所属行业	创新性星级	可读性星级	可比性星级	平衡性星级	实质性星级	完整性星级
439	云南云维股份有限公司	国有企业	工业化学品制造业	一星级	一星级	一星级	二星级	三星级	二星级
440	深圳华侨城股份有限公司	中央企业	混业（房地产服务业；旅游业）	一星级	二星级	一星级	一星级	二星级	二星级
441	贵州西洋肥业有限公司	民营企业	工业化学品制造业	一星级	二星级	一星级	一星级	三星级	二星级
442	方正证券股份有限公司	国有企业	证券基金及其他金融服务业	一星级	一星级	一星级	一星级	三星半级	二星级
443	中材科技股份有限公司	国有企业	非金属矿物制品业	一星级	一星级	一星级	一星级	四星级	一星级
444	浙江新安化工集团股份有限公司	民营企业	工业化学品制造业	一星级	一星级	一星级	一星级	四星半级	一星级
445	北京燕京啤酒股份有限公司	民营企业	酒精及饮料酒制造业	一星级	一星级	一星级	一星级	三星半级	二星级
446	苏州安洁科技股份有限公司	民营企业	计算机及相关设备制造业	一星级	二星级	一星级	一星级	三星级	二星级
447	远光软件股份有限公司	民营企业	计算机服务业	一星级	一星级	一星级	一星级	三星半级	二星级
448	山西兰花科技创业股份有限公司	国有企业	混业（煤炭开采与洗选业；工业化学品制造业）	三星半级	四星级	一星级	一星级	一星级	二星级
449	贵州詹阳动力重工有限公司	国有企业	机械设备制造业	一星级	一星级	一星级	二星级	三星级	一星级
450	新兴铸管股份有限公司	国有企业	金属冶炼及压延加工业	一星级	二星级	一星级	一星级	三星半级	一星级
451	洛阳栾川钼业集团股份有限公司	国有企业	一般采矿业	一星级	一星级	一星级	一星级	三星半级	一星级

续表

排名	企业名称	公司性质	所属行业	创新性星级	可读性星级	可比性星级	平衡性星级	实质性星级	完整性星级
452	宏源证券股份有限公司	国有企业	证券基金及其他金融服务业	一星级	一星级	一星级	一星级	三星半级	二星级
453	福建省南纸股份有限公司	国有企业	造纸业	一星级	一星级	一星级	二星级	四星级	一星级
454	长江证券股份有限公司	国有企业	证券基金及其他金融服务业	一星级	一星级	一星级	二星级	二星级	二星级
455	上海发电设备成套设计研究院	民营企业	一般服务业	一星级	三星级	一星级	一星级	三星级	一星级
456	东北证券股份有限公司	国有企业	证券基金及其他金融服务业	一星级	一星级	一星级	一星级	三星半级	二星级
457	上海贝岭股份有限公司	国有企业	电子产品及电子元件制造业	一星级	二星级	一星级	三星级	二星级	二星级
458	联化科技股份有限公司	民营企业	工业化学品制造业	一星级	二星级	一星级	一星级	三星半级	二星级
459	中海油田服务股份有限公司	国有企业	石油和天然气开采业与加工业	一星级	二星级	一星级	二星级	二星级	一星级
460	希慎兴业	外资企业	房地产开发业	二星级	二星级	二星级	三星级	二星级	一星级
461	中国葛洲坝集团股份有限公司	民营企业	电力生产业	一星级	二星级	一星级	一星级	二星级	二星级
462	深圳市科陆电子科技股份有限公司	国有企业	电子产品及电子元件制造业	一星级	二星级	一星级	一星级	三星级	二星级
463	贵州赤天化集团有限责任公司	国有企业	工业化学品制造业	二星级	三星级	一星级	一星级	二星级	一星级
464	广东万和新电气股份有限公司	民营企业	家用电器制造业	一星级	二星级	一星级	一星级	三星级	二星级

附录一 中国企业社会责任报告评价结果与排名（2013）

续表

排名	企业名称	公司性质	所属行业	创新性星级	可读性星级	可比性星级	平衡性星级	实质性星级	完整性星级
465	国投新集能源股份有限公司	国有企业	煤炭开采与洗选业	一星级	二星级	一星级	二星级	二星级	一星级
466	吉祥人寿保险有限公司	国有企业	保险业	一星级	二星级	一星级	二星级	三星级	一星级
467	珠海万力达电气股份有限公司	民营企业	机械设备制造业	一星级	一星级	一星级	一星级	三星半级	一星级
468	上海新时达电气股份有限公司	民营企业	电子产品及电子元件制造业	一星级	二星级	一星级	一星级	二星级	二星级
469	北京昊华能源股份有限公司	国有企业	煤炭开采与洗选业	一星级	二星级	一星级	二星级	三星级	一星级
470	江西铜业股份有限公司	国有企业	金属制品业	一星级	一星级	一星级	一星级	三星半级	二星级
471	贵州赤天化股份有限公司	国有企业	工业化学品制造业	一星级	二星级	一星级	一星级	二星级	一星级
472	住化电子材料科技（无锡）有限公司	外资企业	电子产品及电子元件制造业	一星级	二星级	一星级	二星级	二星级	二星级
473	江西长运股份有限公司	国有企业	交通运输服务业	一星级	一星级	一星级	三星级	三星级	一星级
474	江苏神通阀门股份有限公司	民营企业	机械设备制造业	一星级	一星级	一星级	一星级	三星半级	一星级
475	上海建工一建集团有限公司	国有企业	建筑业	一星级	一星级	一星级	二星级	二星级	一星级
476	天虹商场股份有限公司	国有企业	零售业	一星级	二星级	一星级	一星级	二星级	二星级
477	陕西省国际信托股份有限公司	国有企业	证券基金及其他金融服务业	一星级	一星级	一星级	一星级	三星级	二星级

中国企业社会责任报告白皮书（2013）

续表

排名	企业名称	公司性质	所属行业	创新性星级	可读性星级	可比性星级	平衡性星级	实质性星级	完整性星级
478	山东高速路桥集团股份有限公司	国有企业	建筑业	一星级	二星级	一星级	一星级	二星级	二星级
479	国金证券股份有限公司	国有企业	证券基金及其他金融服务业	一星级	一星级	一星级	一星级	三星级	二星级
480	无锡夏普电子元器件有限公司	外资企业	电子产品及电子元件制造业	一星级	二星级	一星级	二星级	二星级	二星级
481	国元证券股份有限公司	国有企业	证券基金及其他金融服务业	一星级	一星级	一星级	一星级	二星级	二星级
482	新疆众和股份有限公司	民营企业	电子产品及电子元件制造业	一星级	三星级	一星级	一星级	二星级	一星级
483	用友软件股份有限公司	民营企业	计算机服务业	一星级	一星级	一星级	一星级	四星级	一星级
484	丽江玉龙旅游股份有限公司	国有企业	旅游业	一星级	一星级	一星级	一星级	三星级	二星级
485	柯达（无锡）有限公司	外资企业	一般制造业	一星级	一星级	一星级	三星级	二星级	二星级
486	北汽福田汽车股份有限公司	国有企业	交通运输设备制造业	一星级	三星级	一星级	一星级	二星级	二星级
487	宁夏东方钽业股份有限公司	国有企业	金属冶炼及压延加工业	一星级	一星级	一星级	二星级	三星半级	一星级
488	洛阳轴研科技股份有限公司	国有企业	机械设备制造业	一星级	一星级	一星级	一星级	三星半级	一星级
489	上海城投控股股份有限公司	国有企业	混业（废弃资源及废旧材料回收加工业；证券基金及其他金融服务业；房地产开发业）	一星级	二星级	一星级	一星级	二星级	一星级

续表

排名	企业名称	公司性质	所属行业	创新性星级	可读性星级	可比性星级	平衡性星级	实质性星级	完整性星级
490	攀钢集团钢铁钒钛股份有限公司	国有企业	金属冶炼及压延加工业	一星级	一星级	一星级	一星级	四星级	一星级
491	深圳能源集团股份有限公司	国有企业	电力生产业	一星级	一星级	一星级	一星级	三星半级	一星级
492	福建榕基软件股份有限公司	国有企业	计算机服务业	一星级	一星级	一星级	一星级	四星级	一星级
493	江苏吴江中国东方丝绸市场股份有限公司	国有企业	纺织业	一星级	三星级	一星级	一星级	二星级	二星级
494	光大期货有限公司	国有企业	证券基金及其他金融服务业	二星级	二星级	一星级	一星级	二星级	二星级
495	河南双汇投资发展股份有限公司	民营企业	食品饮料业	一星级	一星级	一星级	二星级	三星级	一星级
496	申银万国期货有限公司	民营企业	证券基金及其他金融服务业	一星级	一星级	一星级	一星级	三星级	一星级
497	獐子岛集团股份有限公司	民营企业	农林牧渔业	一星级	二星级	一星级	一星级	三星级	一星级
498	华电国际电力股份有限公司	国有企业	电力生产业	一星级	一星级	一星级	一星级	三星半级	一星级
499	我爱我家集团	民营企业	房地产服务业	二星级	三星级	一星级	一星级	二星级	一星级
500	泸州老窖股份有限公司	国有企业	酒精及饮料酒制造业	一星级	一星级	一星级	一星级	三星半级	一星级
501	福建南平太阳电缆股份有限公司	民营企业	电子产品及电子元件制造业	一星级	一星级	一星级	一星级	三星级	二星级
502	华能国际电力股份有限公司	国有企业	电力生产业	一星级	一星级	一星级	一星级	二星级	二星级
503	浙江步森服饰股份有限公司	民营企业	服装鞋帽制造业	一星级	一星级	一星级	一星级	三星半级	二星级

续表

排名	企业名称	公司性质	所属行业	创新性星级	可读性星级	可比性星级	平衡性星级	实质性星级	完整性星级
504	无锡威孚高科技集团股份有限公司	国有企业	机械设备制造业	一星级	一星级	一星级	一星级	三星级	二星级
505	广东宝丽华新能源股份有限公司	民营企业	电力生产业	一星级	一星级	一星级	一星级	三星级	二星级
506	湖南辰州矿业股份有限公司	民营企业	一般采矿业	一星级	一星级	一星级	一星级	三星级	二星级
507	一汽轿车股份有限公司	民营企业	交通运输设备制造业	一星级	二星级	一星级	一星级	三星级	二星级
508	西安航空动力股份有限公司	国有企业	机械设备制造业	一星级	二星级	一星级	一星级	三星级	二星级
509	海通证券股份有限公司	民营企业	证券基金及其他金融服务业	一星级	一星级	一星级	一星级	三星级	二星级
510	海证期货有限公司	国有企业	证券基金及其他金融服务业	二星级	二星级	一星级	一星级	二星级	一星级
511	宁夏英力特化工股份有限公司	国有企业	工业化学品制造业	一星级	一星级	一星级	一星级	三星半级	一星级
512	四川科伦药业股份有限公司	民营企业	医药生物制造业	三星级	二星级	一星级	一星级	二星级	二星级
513	桑德环境资源股份有限公司	国有企业	废弃资源及废旧材料回收加工业	一星级	二星级	一星级	一星级	二星级	二星级
514	广州药业股份有限公司	国有企业	医药生物制造业	一星级	一星级	一星级	一星级	三星半级	一星级
515	航天时代电子技术股份有限公司	国有企业	电子产品及电子元件制造业	一星级	一星级	一星级	一星级	三星半级	一星级
516	中铁二局股份有限公司	国有企业	建筑业	一星级	一星级	一星级	一星级	三星级	二星级

续表

排名	企业名称	公司性质	所属行业	创新性星级	可读性星级	可比性星级	平衡性星级	实质性星级	完整性星级
517	浙江大华技术股份有限公司	民营企业	电子产品及电子元件制造业	一星级	一星级	二星级	一星级	二星级	二星级
518	南京红宝丽股份有限公司	民营企业	工业化学品制造业	一星级	一星级	一星级	一星级	三星半级	一星级
519	重庆长安汽车股份有限公司	国有企业	交通运输设备制造业	一星级	一星级	一星级	二星级	三星级	一星级
520	利安人寿保险股份有限公司	民营企业	保险业	一星级	一星级	一星级	一星级	三星半级	一星级
521	宁波杉杉股份有限公司	民营企业	混业（服装鞋帽制造业；一般制造业）	一星级	二星级	一星级	一星级	三星级	一星级
522	北京歌华有线电视网络股份有限公司	国有企业	一般服务业	一星级	二星级	一星级	一星级	三星半级	一星级
523	福建闽东电力股份有限公司	国有企业	电力生产业	一星级	一星级	一星级	一星级	三星半级	一星级
524	北京双鹭药业股份有限公司	民营企业	医药生物制造业	一星级	一星级	一星级	一星级	三星级	二星级
525	尼康电子仪器（中国）有限公司	外资企业	机械设备制造业	一星级	一星级	一星级	二星级	二星级	二星级
526	华鑫期货有限公司	国有企业	证券基金及其他金融服务业	一星级	二星级	一星级	一星级	二星级	一星级
527	中国石化上海石油化工股份有限公司	民营企业	石油和天然气开采业与加工业	一星级	一星级	一星级	三星半级	二星级	二星级
528	安信信托投资股份有限公司	国有企业	证券基金及其他金融服务业	二星级	一星级	一星级	一星级	二星级	二星级
529	北京北陆药业股份有限公司	民营企业	医药生物制造业	一星级	二星级	一星级	一星级	三星级	二星级

续表

排名	企业名称	公司性质	所属行业	创新性星级	可读性星级	可比性星级	平衡性星级	实质性星级	完整性星级
530	航天信息股份有限公司	国有企业	计算机服务业	一星级	二星级	一星级	一星级	三星级	一星级
531	中海发展股份有限公司	民营企业	交通运输服务业	一星级	一星级	一星级	一星级	三星半级	一星级
532	上海通联期货有限公司	国有企业	证券基金及其他金融服务业	二星级	二星级	一星级	一星级	二星级	一星级
533	广东生益科技股份有限公司	国有企业	电子产品及电子元件制造业	一星级	一星级	一星级	一星级	三星级	二星级
534	山东钢铁股份有限公司	国有企业	金属冶炼及压延加工业	一星级	一星级	一星级	一星级	三星级	一星级
535	浙江物产中大元通集团股份有限公司	国有企业	混业（批发贸易业；房地产开发业）	二星级	二星级	一星级	一星级	二星级	二星级
536	中国长城计算机深圳股份有限公司	民营企业	计算机及相关设备制造业	一星级	一星级	一星级	一星级	三星级	二星级
537	利宝保险有限公司	外资企业	保险业	二星级	三星级	一星级	一星级	二星级	一星级
538	成都市兴蓉投资股份有限公司	国有企业	水的生产和供应业	二星级	三星半级	一星级	一星级	二星级	一星级
539	贵州高速公路开发总公司	国有企业	建筑业	二星级	三星级	一星级	一星级	二星级	一星级
540	泰亚鞋业股份有限公司	外资企业	服装鞋帽制造业	一星级	一星级	一星级	一星级	三星半级	一星级
541	康明斯发电机技术（中国）有限公司	外资企业	机械设备制造业	一星级	一星级	一星级	二星级	二星级	一星级
542	奥林巴斯（中国）有限公司	外资企业	电子产品及电子元件制造业	一星级	一星级	一星级	一星级	三星级	一星级

排名	企业名称	公司性质	所属行业	创新性星级	可读性星级	可比性星级	平衡性星级	实质性星级	完整性星级
543	太平洋证券股份有限公司	国有企业	证券基金及其他金融服务业	一星级	一星级	一星级	一星级	二星级	二星级
544	河南中原高速公路股份有限公司	国有企业	交通运输服务业	一星级	一星级	一星级	一星级	三星半级	一星级
545	山东胜利股份有限公司	国有企业	石油和天然气开采业与加工业	二星级	二星级	一星级	一星级	二星级	一星级

七、一星级报告评价结果及排名（★）——539家

排名	企业名称	公司性质	所属行业	创新性星级	可读性星级	可比性星级	平衡性星级	实质性星级	完整性星级
546	安徽古井贡酒股份有限公司	国有企业	酒精及饮料酒制造业	一星级	一星级	一星级	一星级	三星级	一星级
547	国民技术股份有限公司	民营企业	电子产品及电子元件制造业	一星级	二星级	一星级	一星级	二星级	一星级
548	徐工集团工程机械股份有限公司	国有企业	机械设备制造业	一星级	一星级	一星级	一星级	三星级	二星级
549	日照港股份有限公司	国有企业	交通运输服务业	一星级	一星级	一星级	一星级	二星级	二星级
550	山东华泰纸业股份有限公司	国有企业	造纸业	一星级	一星级	一星级	一星级	四星级	一星级
551	浙商财产保险股份有限公司	民营企业	保险业	一星级	一星级	一星级	一星级	二星级	一星级
552	中邮人寿保险股份有限公司	国有企业	保险业	一星级	二星级	一星级	一星级	二星级	一星级
553	厦门国贸集团股份有限公司	国有企业	批发贸易业	一星级	二星级	一星级	一星级	二星级	二星级

续表

排名	企业名称	公司性质	所属行业	创新性星级	可读性星级	可比性星级	平衡性星级	实质性星级	完整性星级
554	海富通基金管理有限公司	民营企业	证券基金及其他金融服务业	二星级	一星级	一星级	一星级	三星级	一星级
555	安徽科大讯飞信息科技股份有限公司	民营企业	互联网服务业	一星级	二星级	一星级	一星级	二星级	二星级
556	珠海格力电器股份有限公司	民营企业	家用电器制造业	一星级	二星级	一星级	一星级	二星级	一星级
557	爱普科斯科技（无锡）有限公司	外资企业	电子产品及电子元件制造业	一星级	一星级	一星级	三星级	二星级	二星级
558	无锡康明斯涡轮增压技术有限公司	国有企业	机械设备制造业	一星级	一星级	一星级	一星级	三星级	一星级
559	柳州钢铁股份有限公司	外资企业	金属冶炼及压延加工业	一星级	二星级	一星级	一星级	三星半级	一星级
560	浙江古越龙山绍兴酒股份有限公司	国有企业	酒精及饮料酒制造业	一星级	一星级	一星级	一星级	三星级	一星级
561	大连港股份有限公司	国有企业	交通运输服务业	一星级	一星级	一星级	一星级	三星半级	一星级
562	无锡文思海辉信息技术有限公司	民营企业	互联网服务业	一星级	二星级	一星级	一星级	二星级	二星级
563	贵州锦江大鲵科技股份有限公司	民营企业	农林牧渔业	二星级	一星级	二星级	二星级	一星级	一星级
564	山形印刷（无锡）有限公司	外资企业	印刷业	一星级	一星级	一星级	二星级	二星级	一星级
565	中储发展股份有限公司	国有企业	交通运输服务业	一星级	一星级	一星级	一星级	三星级	二星级

续表

排名	企业名称	公司性质	所属行业	创新性星级	可读性星级	可比性星级	平衡性星级	实质性星级	完整性星级
566	无锡中益国际商务酒店有限公司	民营企业	酒店业	一星级	一星级	一星级	三星级	二星级	一星级
567	华润双鹤药业股份有限公司	国有企业	医药生物制造业	一星级	二星级	一星级	一星级	二星级	二星级
568	山东东阿阿胶股份有限公司	国有企业	医药生物制造业	一星级	一星级	一星级	一星级	三星级	二星级
569	乐普（北京）医疗器械股份有限公司	国有企业	机械设备制造业	一星级	一星级	一星级	一星级	三星级	一星级
570	宁波博威合金材料股份有限公司	民营企业	金属制品业	一星级	一星级	一星级	二星级	二星级	一星级
571	广深铁路股份有限公司	国有企业	交通运输服务业	一星级	二星级	一星级	一星级	二星级	二星级
572	上海斯米克建筑陶瓷股份有限公司	外资企业	非金属矿物制品业	一星级	二星级	一星级	一星级	二星级	二星级
573	四川成渝高速公路股份有限公司	国有企业	一般服务业	二星级	一星级	一星级	一星级	二星级	一星级
574	贵州川恒化工有限责任公司	民营企业	工业化学品制造业	一星级	二星级	一星级	一星级	二星级	一星级
575	广州发展实业控股集团股份有限公司	国有企业	混业（批发贸易业；电力供应业）	二星级	二星级	二星级	一星级	二星级	一星级
576	中国南玻集团股份有限公司	国有企业	非金属矿物制品业	一星级	一星级	一星级	一星级	三星半级	一星级
577	天地科技股份有限公司	国有企业	机械设备制造业	一星级	一星级	一星级	一星级	三星半级	一星级

续表

排名	企业名称	公司性质	所属行业	创新性星级	可读性星级	可比性星级	平衡性星级	实质性星级	完整性星级
578	浙江中国小商品城集团股份有限公司	国有企业	批发贸易业	三星级	一星级	二星级	二星级	一星级	二星级
579	牡丹江恒丰纸业股份有限公司	国有企业	造纸业	一星级	一星级	一星级	一星级	三星半级	一星级
580	中国武夷实业股份有限公司	国有企业	混业（房地产开发业；建筑业）	一星级	二星级	一星级	一星级	二星级	一星级
581	安徽海螺水泥股份有限公司	国有企业	非金属矿物制品业	二星级	一星级	一星级	一星级	二星级	一星级
582	安琪酵母股份有限公司	国有企业	食品饮料业	一星级	一星级	一星级	一星级	三星级	二星级
583	上海柴油机股份有限公司	国有企业	机械设备制造业	一星级	一星级	一星级	一星级	三星级	一星级
584	西南证券股份有限公司	国有企业	证券基金及其他金融服务业	一星级	一星级	三星半级	一星级	二星级	一星级
585	无锡世成晶电柔性线路板有限公司	外资企业	电子产品及电子元件制造业	一星级	一星级	一星级	二星级	二星级	一星级
586	杭州滨江房产集团股份有限公司	民营企业	房地产开发业	二星级	二星级	一星级	一星级	二星级	一星级
587	福建三钢闽光股份有限公司	民营企业	金属冶炼及压延加工业	一星级	一星级	一星级	一星级	三星级	一星级
588	浙江菲达环保科技股份有限公司	民营企业	机械设备制造业	一星级	一星级	一星级	一星级	三星级	二星级
589	纽迪希亚制药（无锡）有限公司	外资企业	医药生物制造业	一星级	一星级	一星级	二星级	二星级	一星级

续表

排名	企业名称	公司性质	所属行业	创新性星级	可读性星级	可比性星级	平衡性星级	实质性星级	完整性星级
590	广东高乐玩具股份有限公司	民营企业	一般制造业	一星级	一星级	一星级	一星级	三星级	一星级
591	厦门建发股份有限公司	国有企业	交通运输服务业	一星级	二星级	一星级	一星级	一星级	二星级
592	长园集团股份有限公司	民营企业	机械设备制造业	一星级	一星级	一星级	一星级	三星级	一星级
593	上海金枫酒业股份有限公司	国有企业	酒精及饮料酒制造业	一星级	一星级	一星级	一星级	三星级	二星级
594	幸福人寿保险股份有限公司	国有企业	保险业	一星级	一星级	一星级	二星级	二星级	一星级
595	内蒙古霍林河露天煤业股份有限公司	国有企业	煤炭开采与洗选业	一星级	二星级	一星级	一星级	三星级	一星级
596	金融街控股股份有限公司	国有企业	房地产开发业	一星级	二星级	一星级	一星级	二星级	一星级
597	沈机集团昆明机床股份有限公司	国有企业	机械设备制造业	一星级	二星级	一星级	一星级	二星级	一星级
598	西宁特殊钢股份有限公司	国有企业	混业（机械设备制造业；金属冶炼及压延加工业）	一星级	一星级	一星级	一星级	三星级	一星级
599	吉峰农机连锁股份有限公司	民营企业	零售业	二星级	三星级	一星级	一星级	二星级	一星级
600	福建水泥股份有限公司	国有企业	非金属矿物制品业	一星级	一星级	一星级	一星级	三星半级	一星级
601	广西桂东电力股份有限公司	国有企业	电力生产业	一星级	一星级	一星级	一星级	三星级	一星级
602	无锡阿尔卑斯电子有限公司	外资企业	电子产品及电子元件制造业	一星级	二星级	一星级	二星级	二星级	二星级

续表

排名	企业名称	公司性质	所属行业	创新性星级	可读性星级	可比性星级	平衡性星级	实质性星级	完整性星级
603	上海大陆期货有限公司	民营企业	证券基金及其他金融服务业	一星级	二星级	一星级	一星级	二星级	一星级
604	福建新大陆电脑股份有限公司	民营企业	混业（计算机及相关设备制造业；计算机服务业）	一星级	一星级	一星级	一星级	三星级	一星级
605	上海浙石期货经纪有限公司	国有企业	证券基金及其他金融服务业	二星级	二星级	一星级	一星级	二星级	一星级
606	烽火通信科技股份有限公司	国有企业	通信设备制造业	二星级	二星级	一星级	一星级	一星级	一星级
607	涟源钢铁集团有限公司	国有企业	金属冶炼及压延加工业	一星级	一星级	一星级	二星级	二星级	二星级
608	四川沱牌舍得酒业股份有限公司	国有企业	酒精及饮料酒制造业	一星级	一星级	一星级	一星级	三星级	一星级
609	诺维信（中国）生物技术公司	外资企业	医药生物制造业	一星级	二星级	四星级	一星级	一星级	一星级
610	上海金源期货有限公司	国有企业	证券基金及其他金融服务业	二星级	二星级	一星级	一星级	二星级	一星级
611	甘肃酒钢集团宏兴钢铁股份有限公司	国有企业	金属冶炼及压延加工业	一星级	一星级	一星级	一星级	三星半级	一星级
612	洛阳玻璃股份有限公司	国有企业	非金属矿物制品业	一星级	一星级	一星级	二星级	二星级	一星级
613	河南辉煌科技股份有限公司	外资企业	计算机服务业	一星级	一星级	一星级	一星级	三星级	一星级
614	宝马汽车中国有限公司	民营企业	交通运输设备制造业	三星级	二星级	一星级	一星级	二星级	一星级
615	三一重工股份有限公司	民营企业	机械设备制造业	一星级	一星级	一星级	一星级	三星级	一星级

续表

排名	企业名称	公司性质	所属行业	创新性星级	可读性星级	可比性星级	平衡性星级	实质性星级	完整性星级
616	河南新天科技股份有限公司	民营企业	机械设备制造业	一星级	二星级	一星级	一星级	二星级	一星级
617	福建南纺股份有限公司	国有企业	纺织业	一星级	一星级	一星级	一星级	三星级	一星级
618	君龙人寿保险有限公司	国有企业	保险业	一星级	一星级	一星级	一星级	三星级	一星级
619	唐山冀东水泥股份有限公司	国有企业	非金属矿物制品业	一星级	一星级	一星级	一星级	三星级	一星级
620	大恒新纪元科技股份有限公司	民营企业	电子产品及电子元件制造业	一星级	二星级	一星级	一星级	二星级	一星级
621	上海市纺织科学研究院	国有企业	一般服务业	一星级	一星级	一星级	二星级	二星级	一星级
622	浙江海亮股份有限公司	民营企业	金属制品业	一星级	三星级	一星级	一星级	二星级	一星级
623	贵州建工集团有限公司	国有企业	建筑业	一星级	二星级	一星级	二星级	一星级	一星级
624	福建冠福现代家用股份有限公司	民营企业	非金属矿物制品业	一星级	一星级	一星级	一星级	二星级	一星级
625	河南瑞贝卡发制品股份有限公司	民营企业	一般制造业	一星级	一星级	一星级	一星级	三星级	一星级
626	内蒙古平庄能源股份有限公司	国有企业	煤炭开采与洗选业	一星级	一星级	一星级	一星级	三星级	一星级
627	深圳天源迪科信息技术股份有限公司	民营企业	计算机服务业	一星级	二星级	一星级	一星级	二星级	二星级
628	江苏扬农化工股份有限公司	国有企业	工业化学品制造业	一星级	二星级	一星级	一星级	三星级	一星级

续表

排名	企业名称	公司性质	所属行业	创新性星级	可读性星级	可比性星级	平衡性星级	实质性星级	完整性星级
629	安徽皖维高新材料股份有限公司	民营企业	工业化学品制造业	一星级	二星级	一星级	一星级	二星级	一星级
630	沈阳金山热电股份有限公司	国有企业	电力生产业	一星级	二星级	一星级	一星级	二星级	一星级
631	歌尔声学股份有限公司	民营企业	电子产品及电子元件制造业	一星级	一星级	一星级	一星级	三星级	一星级
632	民丰特种纸股份有限公司	民营企业	造纸业	一星级	二星级	一星级	一星级	二星级	二星级
633	福建省闽发铝业股份有限公司	民营企业	金属冶炼及压延加工业	一星级	一星级	一星级	一星级	三星半级	一星级
634	华泰保险集团股份有限公司	民营企业	保险业	一星级	二星级	一星级	一星级	二星级	一星级
635	劲牌有限公司	民营企业	酒精及饮料酒制造业	一星级	二星级	一星级	一星级	二星级	一星级
636	上海环宇消防工程有限公司	民营企业	混业（建筑业；工业化学品制造业）	二星级	二星级	一星级	一星级	二星级	一星级
637	郑州新开普电子股份有限公司	民营企业	计算机服务业	一星级	一星级	一星级	一星级	二星级	一星级
638	利达光电股份有限公司	国有企业	电子产品及电子元件制造业	一星级	一星级	一星级	一星级	二星级	二星级
639	爱和谊日生同和财产保险（中国）有限公司	外资企业	保险业	二星级	二星级	一星级	一星级	二星级	一星级
640	中国邮政储蓄银行股份有限公司	国有企业	银行业	一星级	一星级	一星级	一星级	二星级	一星级

附录一 中国企业社会责任报告评价结果与排名（2013）

续表

排名	企业名称	公司性质	所属行业	创新性星级	可读性星级	可比性星级	平衡性星级	实质性星级	完整性星级
641	中远航运股份有限公司	国有企业	交通运输服务业	二星级	二星级	三星级	二星级	一星级	二星级
642	保定天威保变电气股份有限公司	国有企业	机械设备制造业	一星级	一星级	一星级	一星级	三星级	一星级
643	吉林吉恩镍业股份有限公司	民营企业	金属冶炼及压延加工业	一星级	一星级	一星级	一星级	三星级	一星级
644	雅戈尔集团股份有限公司	民营企业	服装鞋帽制造业	一星级	二星级	一星级	一星级	二星级	一星级
645	株洲旗滨集团股份有限公司	民营企业	非金属矿物制品业	一星级	一星级	一星级	一星级	三星级	一星级
646	无锡范尼韦尔工程有限公司	民营企业	机械设备制造业	一星级	二星级	一星级	二星级	二星级	一星级
647	恒安标准人寿保险有限公司	国有企业	保险业	一星级	一星级	一星级	一星级	三星级	一星级
648	软控股份有限公司	民营企业	一般制造业	一星级	一星级	一星级	一星级	二星级	一星级
649	云南驰宏锌锗股份有限公司	国有企业	混业（金属冶炼及压延加工业；一般采矿业）	一星级	一星级	一星级	一星级	三星级	一星级
650	鲁泰纺织股份有限公司	国有企业	纺织业	一星级	一星级	一星级	一星级	二星级	一星级
651	深圳市农产品股份有限公司	外资企业	批发贸易业	一星级	二星级	二星级	二星级	二星级	一星级
652	浙江阳光照明电器集团股份有限公司	民营企业	一般制造业	一星级	一星级	一星级	一星级	二星级	一星级
653	新疆冠农果茸集团股份有限公司	国有企业	食品饮料业	一星级	一星级	一星级	一星级	三星级	一星级

续表

排名	企业名称	公司性质	所属行业	创新性星级	可读性星级	可比性星级	平衡性星级	实质性星级	完整性星级
654	万向德农股份有限公司	民营企业	农林牧渔业	一星级	一星级	一星级	一星级	三星半级	一星级
655	上海东证期货有限公司	民营企业	证券基金及其他金融服务业	一星级	一星级	一星级	一星级	二星级	一星级
656	厦门钨业股份有限公司	国有企业	金属冶炼及压延加工业	一星级	一星级	一星级	一星级	三星半级	一星级
657	航天晨光股份有限公司	国有企业	交通运输设备制造业	一星级	一星级	一星级	一星级	三星级	一星级
658	中航光电科技股份有限公司	国有企业	机械设备制造业	一星级	一星级	一星级	一星级	二星级	二星级
659	江苏洋河酒厂股份有限公司	民营企业	酒精及饮料酒制造业	一星级	一星级	一星级	一星级	二星级	一星级
660	广东塔牌集团股份有限公司	民营企业	非金属矿物制品业	一星级	一星级	一星级	一星级	三星级	一星级
661	北方导航控制技术股份有限公司	国有企业	一般制造业	一星级	一星级	一星级	一星级	二星级	一星级
662	大华期货有限公司	民营企业	证券基金及其他金融服务业	一星级	一星级	一星级	一星级	二星级	二星级
663	广东海印集团股份有限公司	民营企业	混业（非金属矿物制品业；房地产服务业）	一星级	一星级	一星级	一星级	二星级	二星级
664	浙江航民股份有限公司	民营企业	纺织业	一星级	一星级	一星级	一星级	三星级	一星级
665	安徽皖通科技股份有限公司	民营企业	通信设备制造业	一星级	一星级	一星级	一星级	二星级	二星级
666	河南汉威电子股份有限公司	民营企业	电子产品及电子元件制造业	一星级	二星级	一星级	一星级	二星级	一星级
667	贵州同济堂制药有限公司	外资企业	医药生物制造业	二星级	二星级	一星级	一星级	二星级	一星级

附录一 中国企业社会责任报告评价结果与排名（2013）

续表

排名	企业名称	公司性质	所属行业	创新性星级	可读性星级	可比性星级	平衡性星级	实质性星级	完整性星级
668	第一拖拉机股份有限公司	国有企业	机械设备制造业	一星级	一星级	一星级	一星级	二星级	一星级
669	马鞍山钢铁股份有限公司	国有企业	金属冶炼及压延加工业	一星级	一星级	一星级	一星级	三星半级	一星级
670	中国水利水电建设股份有限公司	中央企业	混业（房地产开发业；建筑业）	一星级	一星级	一星级	一星级	二星级	一星级
671	宝鸡钛业股份有限公司	国有企业	金属冶炼及压延加工业	一星级	一星级	一星级	一星级	三星级	一星级
672	中国石化仪征化纤股份有限公司	国有企业	工业化学品制造业	一星级	一星级	一星级	一星级	三星级	一星级
673	福建省燕京惠泉啤酒股份有限公司	国有企业	酒精及饮料酒制造业	一星级	一星级	一星级	一星级	三星级	一星级
674	安华农业保险股份有限公司	民营企业	保险业	一星级	二星级	一星级	一星级	二星级	一星级
675	山东博汇纸业股份有限公司	民营企业	造纸业	一星级	一星级	一星级	一星级	三星级	一星级
676	美克国际家具股份有限公司	民营企业	木材加工与家具制造业	一星级	二星级	一星级	一星级	二星级	一星级
677	九牧王股份有限公司	外资企业	服装鞋帽制造业	一星级	二星级	一星级	一星级	二星级	一星级
678	上海安诺其纺织化工股份有限公司	民营企业	纺织业	一星级	一星级	一星级	一星级	二星级	一星级
679	中青旅控股股份有限公司	国有企业	旅游业	一星级	一星级	一星级	一星级	二星级	一星级
680	人民网股份有限公司	国有企业	文化娱乐业	一星级	一星级	一星级	一星级	三星级	一星级

· 425 ·

排名	企业名称	公司性质	所属行业	创新性星级	可读性星级	可比性星级	平衡性星级	实质性星级	完整性星级
681	东吴期货有限公司	国有企业	证券基金及其他金融服务业	二星级	一星级	一星级	一星级	二星级	一星级
682	中意人寿保险有限公司	国有企业	保险业	一星级	二星级	一星级	一星级	二星级	一星级
683	携程旅行网	民营企业	互联网服务业	二星级	四星级	一星级	一星级	一星级	一星级
684	无锡市南方投资发展有限公司	民营企业	批发贸易业	一星级	一星级	一星级	二星级	一星级	二星级
685	深圳长城开发科技股份有限公司	国有企业	电子产品及电子元件制造业	一星级	二星级	一星级	一星级	二星级	一星级
686	福建三元达通讯股份有限公司	民营企业	通信设备制造业	一星级	一星级	一星级	一星级	二星级	一星级
687	中天城投集团股份有限公司	民营企业	房地产开发业	一星级	二星级	一星级	一星级	二星级	一星级
688	棕榈园林股份有限公司	民营企业	建筑业	一星级	三星半级	一星级	一星级	一星级	一星级
689	五矿发展股份有限公司	国有企业	批发贸易业	一星级	一星级	一星级	二星级	一星级	二星级
690	上海航天汽车机电股份有限公司	国有企业	混业（一般制造业；机械设备制造业）	一星级	一星级	一星级	一星级	三星级	一星级
691	国药集团药业股份有限公司	国有企业	医药生物制造业	一星级	一星级	一星级	一星级	二星级	二星级
692	西安开元投资集团股份有限公司	民营企业	零售业	一星级	二星级	一星级	一星级	二星级	一星级
693	中航重机股份有限公司	国有企业	机械设备制造业	一星级	一星级	一星级	一星级	二星级	二星级

续表

排名	企业名称	公司性质	所属行业	创新性星级	可读性星级	可比性星级	平衡性星级	实质性星级	完整性星级
694	北京中长石基信息技术股份有限公司	民营企业	计算机服务业	一星级	一星级	一星级	一星级	二星级	一星级
695	天安财产保险股份有限公司	民营企业	保险业	一星级	二星级	一星级	一星级	二星级	一星级
696	中国医药保健品股份有限公司	国有企业	医药生物制造业	一星级	二星级	一星级	一星级	二星级	一星级
697	中信新际期货有限公司	国有企业	证券基金及其他金融服务业	一星级	一星级	一星级	一星级	二星级	一星级
698	山东南山铝业股份有限公司	外资企业	金属冶炼及压延加工业	一星级	一星级	一星级	一星级	三星级	一星级
699	联合利华中国有限公司	民营企业	日用化学品制造业	一星级	二星级	一星级	一星级	二星级	一星级
700	上海医药集团股份有限公司	国有企业	医药生物制造业	一星级	一星级	一星级	一星级	三星级	一星级
701	浙江三力士橡胶股份有限公司	民营企业	一般制造业	一星级	一星级	一星级	一星级	三星级	一星级
702	株洲时代新材料科技股份有限公司	国有企业	电子产品及电子元件制造业	一星级	一星级	一星级	一星级	二星级	一星级
703	福建三木集团股份有限公司	国有企业	混业（房地产开发业；批发贸易业）	一星级	一星级	一星级	二星级	二星级	一星级
704	北京北辰实业股份有限公司	国有企业	混业（房地产服务业；房地产开发业）	一星级	一星级	一星级	一星级	二星级	二星级
705	上海欣熙尔资信评估有限公司	民营企业	证券基金及其他金融服务业	二星级	二星级	一星级	二星级	一星级	一星级

续表

排名	企业名称	公司性质	所属行业	创新性星级	可读性星级	可比性星级	平衡性星级	实质性星级	完整性星级
706	北京京能热电股份有限公司	国有企业	电力生产业	一星级	一星级	一星级	一星级	二星级	一星级
707	朗盛(无锡)化工有限公司	外资企业	工业化学品制造业	一星级	一星级	一星级	一星级	二星级	一星级
708	天津创业环保集团股份有限公司	国有企业	废弃资源及废旧材料回收加工业	一星级	二星级	一星级	一星级	一星级	二星级
709	山东豪迈机械科技股份有限公司	民营企业	金属制品业	一星级	一星级	一星级	一星级	三星级	一星级
710	山西西山煤电股份有限公司	国有企业	煤炭开采与洗选业	一星级	一星级	一星级	一星级	三星级	一星级
711	上海东亚期货有限公司	民营企业	证券基金及其他金融服务业	一星级	一星级	一星级	一星级	二星级	一星级
712	中冶美利纸业股份有限公司	国有企业	造纸业	一星级	二星级	一星级	一星级	二星级	一星级
713	中国中材国际工程股份有限公司	国有企业	机械设备制造业	一星级	二星级	一星级	一星级	二星级	一星级
714	富士胶片精细化学(无锡)有限公司	外资企业	工业化学品制造业	一星级	一星级	一星级	二星级	二星级	一星级
715	南京化纤股份有限公司	国有企业	工业化学品制造业	一星级	一星级	一星级	一星级	三星级	一星级
716	吉林高速公路股份有限公司	国有企业	交通运输服务业	一星级	一星级	一星级	一星级	二星级	一星级
717	河南同力水泥股份有限公司	国有企业	非金属矿物制品业	一星级	一星级	一星级	一星级	三星级	一星级
718	中国有色金属建设股份有限公司	国有企业	混业(一般采矿业;建筑业)	一星级	一星级	一星级	一星级	二星级	一星级

续表

排名	企业名称	公司性质	所属行业	创新性星级	可读性星级	可比性星级	平衡性星级	实质性星级	完整性星级
719	上海实业发展股份有限公司	民营企业	房地产开发业	二星级	二星级	一星级	一星级	一星级	二星级
720	上海凯宝药业股份有限公司	民营企业	医药生物制造业	一星级	二星级	一星级	一星级	一星级	一星级
721	泰山财产保险股份有限公司	国有企业	保险业	一星级	一星级	一星级	一星级	二星级	一星级
722	锦州港股份有限公司	民营企业	交通运输服务业	一星级	一星级	一星级	一星级	二星级	一星级
723	中国人民健康保险股份有限公司	国有企业	保险业	一星级	二星级	一星级	一星级	二星级	一星级
724	福建元力活性炭股份有限公司	民营企业	工业化学品制造业	一星级	一星级	一星级	一星级	三星级	一星级
725	广东康美药业股份有限公司	民营企业	医药生物制造业	一星级	二星级	一星级	一星级	一星级	一星级
726	大秦铁路股份有限公司	国有企业	交通运输服务业	一星级	二星级	一星级	一星级	一星级	一星级
727	四川长虹电器股份有限公司	国有企业	家用电器制造业	一星级	一星级	一星级	一星级	二星级	一星级
728	天鸿期货经纪有限公司	民营企业	证券基金及其他金融服务业	一星级	一星级	一星级	一星级	二星级	一星级
729	吉林敖东药业集团股份有限公司	民营企业	医药生物制造业	一星级	一星级	一星级	一星级	二星级	一星级
730	中工国际工程股份有限公司	国有企业	建筑业	一星级	一星级	一星级	一星级	二星级	一星级
731	福建省青山纸业股份有限公司	国有企业	造纸业	一星级	一星级	一星级	一星级	二星级	一星级

续表

排名	企业名称	公司性质	所属行业	创新性星级	可读性星级	可比性星级	平衡性星级	实质性星级	完整性星级
732	中国财产再保险股份有限公司	国有企业	保险业	一星级	一星级	一星级	二星级	二星级	一星级
733	浙江报喜鸟服饰股份有限公司	民营企业	服装鞋帽制造业	一星级	一星级	一星级	一星级	二星级	一星级
734	无锡日立麦克赛尔有限公司	外资企业	电子产品及电子元件制造业	一星级	一星级	一星级	二星级	二星级	一星级
735	浙江佐力药业股份有限公司	民营企业	医药生物制造业	一星级	二星级	一星级	一星级	一星级	二星级
736	中银保险有限公司	国有企业	保险业	一星级	一星级	一星级	一星级	二星级	一星级
737	家乐福（中国）	外资企业	零售业	二星级	二星级	一星级	一星级	一星级	一星级
738	阿特拉斯·科普柯（无锡）压缩机有限公司	外资企业	机械设备制造业	一星级	一星级	一星级	一星级	二星级	一星级
739	百年人寿保险股份有限公司	国有企业	保险业	一星级	一星级	一星级	一星级	二星级	一星级
740	华兰生物工程股份有限公司	民营企业	医药生物制造业	一星级	一星级	一星级	一星级	二星级	一星级
741	柳州化工股份有限公司	国有企业	工业化学品制造业	一星级	二星级	一星级	一星级	二星级	一星级
742	爱普生拓优科梦水晶元器件（无锡）有限公司	外资企业	电子产品及电子元件制造业	一星级	一星级	一星级	二星级	一星级	二星级
743	贵州威门药业股份有限公司	民营企业	医药生物制造业	一星级	二星级	一星级	一星级	二星级	一星级

续表

排名	企业名称	公司性质	所属行业	创新性星级	可读性星级	可比性星级	平衡性星级	实质性星级	完整性星级
744	江苏宁沪高速公路股份有限公司	国有企业	交通运输服务业	一星级	一星级	一星级	一星级	二星级	二星级
745	铜陵有色金属集团股份有限公司	国有企业	金属冶炼及压延加工业	一星级	一星级	一星级	二星级	二星级	一星级
746	浙江伟星新型建材股份有限公司	民营企业	工业化学品制造业	一星级	二星级	一星级	一星级	一星级	一星级
747	上海中财期货有限公司	民营企业	证券基金及其他金融服务业	二星级	一星级	一星级	一星级	二星级	一星级
748	长城汽车股份有限公司	民营企业	交通运输设备制造业	一星级	一星级	一星级	一星级	三星级	一星级
749	开滦能源化工股份有限公司	国有企业	煤炭开采与洗选业	一星级	一星级	一星级	一星级	二星级	一星级
750	浙江龙盛集团股份有限公司	国有企业	混业（工业化学品制造业；金属冶炼及压延加工业；房地产开发业）	一星级	一星级	一星级	一星级	二星级	二星级
751	中原特钢股份有限公司	民营企业	金属冶炼及压延加工业	一星级	一星级	一星级	一星级	三星级	一星级
752	无锡市交通产业集团有限公司	国有企业	交通运输服务业	一星级	一星级	一星级	一星级	三星级	一星级
753	广汇能源股份有限公司	民营企业	混业（批发贸易业；煤炭开采与洗选业；石油和天然气开采业与加工业）	一星级	一星级	一星级	一星级	二星级	一星级

续表

排名	企业名称	公司性质	所属行业	创新性星级	可读性星级	可比性星级	平衡性星级	实质性星级	完整性星级
754	辽宁成大股份有限公司	国有企业	批发贸易业	二星级	二星级	一星级	一星级	一星级	二星级
755	辽宁华锦通达化工股份有限公司	国有企业	工业化学品制造业	一星级	二星级	一星级	一星级	二星级	一星级
756	永高股份有限公司	民营企业	工业化学品制造业	一星级	一星级	一星级	一星级	二星级	一星级
757	山西通宝能源股份有限公司	国有企业	电力生产业	一星级	一星级	一星级	一星级	二星级	一星级
758	郑州三全食品股份有限公司	民营企业	食品饮料业	一星级	一星级	一星级	一星级	二星级	一星级
759	永亨银行（中国）有限公司	外资企业	银行业	一星级	二星级	一星级	二星级	一星级	一星级
760	中华联合财产保险股份有限公司	国有企业	保险业	一星级	一星级	一星级	一星级	二星级	一星级
761	武汉光迅科技股份有限公司	国有企业	通信设备制造业	一星级	一星级	一星级	一星级	二星级	一星级
762	东芝半导体（无锡）有限公司	外资企业	电子产品及电子元件制造业	一星级	一星级	一星级	三星半级	一星级	一星级
763	重庆涪陵电力实业股份有限公司	国有企业	电力生产业	一星级	一星级	一星级	一星级	二星级	一星级
764	兴业皮革科技股份有限公司	民营企业	服装鞋帽制造业	一星级	一星级	一星级	一星级	二星级	一星级
765	西藏矿业发展股份有限公司	国有企业	一般采矿业	一星级	一星级	一星级	一星级	二星级	一星级
766	内蒙古北方重型汽车股份有限公司	国有企业	交通运输设备制造业	一星级	一星级	一星级	一星级	二星级	一星级

附录一　中国企业社会责任报告评价结果与排名（2013）

续表

排名	企业名称	公司性质	所属行业	创新性星级	可读性星级	可比性星级	平衡性星级	实质性星级	完整性星级
767	方正科技集团股份有限公司	国有企业	计算机及相关设备制造业	一星级	一星级	一星级	一星级	二星级	一星级
768	福建龙净环保股份有限公司	民营企业	一般制造业	一星级	一星级	一星级	一星级	二星级	一星级
769	无锡广瀚拓展电子有限公司	外资企业	电子产品及电子元件制造业	一星级	一星级	二星级	一星级	二星级	一星级
770	深圳市金新农饲料股份有限公司	国有企业	食品饮料业	一星级	一星级	一星级	一星级	二星级	一星级
771	上海创兴资源开发股份有限公司	民营企业	一般采矿业	一星级	一星级	二星级	二星级	二星级	一星级
772	湖北宜化化工股份有限公司	国有企业	工业化学品制造业	一星级	一星级	一星级	一星级	二星级	一星级
773	阳光城集团股份有限公司	国有企业	房地产开发业	一星级	一星级	一星级	一星级	二星级	一星级
774	东航期货有限责任公司	民营企业	证券基金及其他金融服务业	二星级	一星级	一星级	一星级	一星级	一星级
775	同信久恒期货有限责任公司	国有企业	证券基金及其他金融服务业	一星级	一星级	一星级	一星级	一星级	一星级
776	北京钢研高纳科技股份有限公司	民营企业	金属冶炼及压延加工业	一星级	一星级	一星级	一星级	二星级	一星级
777	福建腾新食品股份有限公司	民营企业	食品饮料业	一星级	一星级	一星级	一星级	二星级	一星级
778	烟台张裕葡萄酿酒股份有限公司	民营企业	酒精及饮料酒制造业	一星级	一星级	一星级	一星级	二星级	一星级
779	金陵饭店股份有限公司	国有企业	酒店业	一星级	一星级	一星级	一星级	二星级	一星级

续表

排名	企业名称	公司性质	所属行业	创新性星级	可读性星级	可比性星级	平衡性星级	实质性星级	完整性星级
780	江苏亨通光电股份有限公司	民营企业	通信设备制造业	一星级	一星级	一星级	一星级	二星级	一星级
781	内蒙古伊泰煤炭股份有限公司	民营企业	煤炭开采与洗选业	一星级	一星级	一星级	一星级	二星级	一星级
782	帝业技凯（无锡）精密工业有限公司	外资企业	机械设备制造业	一星级	一星级	一星级	一星级	一星级	一星级
783	福建中能电气股份有限公司	民营企业	机械设备制造业	一星级	一星级	一星级	一星级	二星级	一星级
784	国泰财产保险有限责任公司	外资企业	保险业	一星级	二星级	一星级	一星级	二星级	一星级
785	NEC（中国）有限公司	外资企业	计算机及相关设备制造业	二星级	三星级	一星级	一星级	一星级	一星级
786	天津百利特精电气股份有限公司	国有企业	机械设备制造业	一星级	一星级	一星级	一星级	二星级	一星级
787	北京中科三环高技术股份有限公司	国有企业	非金属矿物制品业	一星级	一星级	一星级	一星级	二星级	一星级
788	苏州金螳螂建筑装饰股份有限公司	民营企业	建筑业	一星级	一星级	一星级	一星级	二星级	一星级
789	新疆金风科技股份有限公司	民营企业	机械设备制造业	一星级	一星级	一星级	一星级	二星级	一星级
790	无锡村田电子有限公司	外资企业	电子产品及电子元件制造业	一星级	一星级	一星级	一星级	二星级	一星级
791	四川广安爱众股份有限公司	国有企业	混业（燃气的生产和供应业；水的生产和供应业；电力供应业）	一星级	一星级	一星级	一星级	二星级	一星级

续表

排名	企业名称	公司性质	所属行业	创新性星级	可读性星级	可比性星级	平衡性星级	实质性星级	完整性星级
792	毕节市力帆骏马振兴车辆有限公司	民营企业	交通运输设备制造业	一星级	一星级	一星级	一星级	一星级	一星级
793	浙江新和成股份有限公司	民营企业	工业化学品制造业	一星级	一星级	一星级	一星级	二星级	一星级
794	深圳莱宝高科技股份有限公司	国有企业	电子产品及电子元件制造业	一星级	一星级	一星级	一星级	二星级	二星级
795	湖北兴发化工集团股份有限公司	国有企业	工业化学品制造业	一星级	一星级	一星级	一星级	二星级	一星级
796	无锡宏仁电子材料科技有限公司	民营企业	电子产品及电子元件制造业	一星级	一星级	一星级	一星级	二星级	一星级
797	神州学人集团股份有限公司	民营企业	混业（电子产品及电子元件制造业；机械设备制造业）	一星级	一星级	一星级	一星级	二星级	一星级
798	四川宏达股份有限公司	民营企业	金属冶炼及压延加工业	一星级	二星级	一星级	一星级	一星级	一星级
799	上海大众公用事业（集团）股份有限公司	国有企业	混业（燃气的生产和供应业；交通运输服务业）	一星级	一星级	一星级	一星级	二星级	一星级
800	江苏连云港港口股份有限公司	民营企业	交通运输服务业	一星级	一星级	一星级	一星级	二星级	一星级
801	好想你枣业股份有限公司	民营企业	食品饮料业	一星级	一星级	一星级	一星级	二星级	一星级
802	浙江伟星实业发展股份有限公司	民营企业	工业化学品制造业	一星级	二星级	一星级	一星级	一星级	一星级

续表

排名	企业名称	公司性质	所属行业	创新性星级	可读性星级	可比性星级	平衡性星级	实质性星级	完整性星级
803	风神轮胎股份有限公司	国有企业	交通运输设备制造业	一星级	一星级	一星级	二星级	一星级	一星级
804	江西赣粤高速公路股份有限公司	国有企业	交通运输服务业	一星级	一星级	一星级	一星级	一星级	一星级
805	民安财产保险有限公司	国有企业	保险业	一星级	一星级	一星级	一星级	二星级	一星级
806	江西华伍制动器股份有限公司	民营企业	机械设备制造业	一星级	一星级	一星级	一星级	二星级	一星级
807	横店集团东磁股份有限公司	民营企业	电子产品及电子元件制造业	一星级	一星级	一星级	一星级	二星级	一星级
808	黑龙江交通发展股份有限公司	国有企业	交通运输服务业	一星级	一星级	一星级	一星级	一星级	一星级
809	南海发展股份有限公司	国有企业	水的生产和供应业	一星级	一星级	一星级	一星级	二星级	一星级
810	上海普民期货经纪有限公司	国有企业	证券基金及其他金融服务业	一星级	一星级	一星级	一星级	二星级	一星级
811	中国东方红卫星股份有限公司	民营企业	通信设备制造业	二星级	二星级	一星级	一星级	一星级	一星级
812	雅玛可精密塑胶（无锡）有限公司	民营企业	非金属矿物制品业	一星级	一星级	一星级	一星级	二星级	一星级
813	福建青松股份有限公司	外资企业	工业化学品制造业	一星级	一星级	一星级	一星级	二星级	一星级
814	大众交通（集团）股份有限公司	外资企业	交通运输服务业	一星级	一星级	一星级	一星级	二星级	一星级

续表

排名	企业名称	公司性质	所属行业	创新性星级	可读性星级	可比性星级	平衡性星级	实质性星级	完整性星级
815	花旗银行（中国）有限公司	民营企业	银行业	三星级	三星级	一星级	一星级	一星级	一星级
816	方大特钢科技股份有限公司	民营企业	金属冶炼及压延加工业	一星级	一星级	一星级	一星级	三星级	一星级
817	杰能科（中国）生物工程有限公司	外资企业	医药生物制造业	一星级	一星级	一星级	一星级	二星级	一星级
818	天津市房地产发展（集团）股份有限公司	国有企业	房地产开发业	一星级	二星级	一星级	二星级	一星级	一星级
819	四川北方硝化棉股份有限公司	国有企业	工业化学品制造业	一星级	一星级	一星级	一星级	二星级	一星级
820	河南四方达超硬材料股份有限公司	民营企业	非金属矿物制品业	一星级	一星级	一星级	一星级	二星级	一星级
821	飞亚达（集团）股份有限公司	国有企业	一般制造业	一星级	一星级	一星级	一星级	二星级	一星级
822	浙江栋梁新材股份有限公司	民营企业	金属冶炼及压延加工业	一星级	一星级	一星级	一星级	二星级	一星级
823	太原煤气化股份有限公司	国有企业	煤炭开采与洗选业	一星级	一星级	一星级	一星级	二星级	一星级
824	华仁药业股份有限公司	民营企业	医药生物制造业	一星级	一星级	一星级	一星级	二星级	一星级
825	宇宏地产有限公司	民营企业	房地产开发业	一星级	一星级	一星级	二星级	一星级	一星级
826	金杯汽车股份有限公司	国有企业	交通运输设备制造业	一星级	一星级	一星级	一星级	二星级	一星级
827	英大泰和人寿保险股份有限公司	国有企业	保险业	一星级	二星级	一星级	一星级	一星级	一星级

续表

排名	企业名称	公司性质	所属行业	创新性星级	可读性星级	可比性星级	平衡性星级	实质性星级	完整性星级
828	浙江东日股份有限公司	国有企业	房地产开发业	一星级	二星级	一星级	一星级	一星级	一星级
829	凤凰光学股份有限公司	民营企业	电子产品及电子元件制造业	一星级	一星级	一星级	一星级	二星级	一星级
830	梅花伞业股份有限公司	国有企业	一般制造业	一星级	二星级	一星级	一星级	一星级	一星级
831	江中药业股份有限公司	国有企业	医药生物制造业	一星级	一星级	一星级	一星级	二星级	一星级
832	中粮屯河股份有限公司	国有企业	食品饮料业	一星级	一星级	一星级	一星级	二星级	一星级
833	万向钱潮股份有限公司	民营企业	机械设备制造业	一星级	一星级	一星级	一星级	二星级	一星级
834	天津天药药业股份有限公司	国有企业	医药生物制造业	一星级	一星级	一星级	一星级	二星级	一星级
835	中新大东方人寿保险有限公司	国有企业	保险业	一星级	一星级	一星级	一星级	二星级	一星级
836	上海大屯能源股份有限公司	国有企业	煤炭开采与洗选业	一星级	一星级	一星级	一星级	二星级	一星级
837	中航飞机股份有限公司	国有企业	特种设备制造业	一星级	一星级	一星级	一星级	二星级	一星级
838	天津中新药业集团股份有限公司	国有企业	医药生物制造业	一星级	一星级	一星级	一星级	二星级	一星级
839	洽洽食品股份有限公司	民营企业	食品饮料业	一星级	一星级	一星级	一星级	二星级	一星级
840	嘉事堂药业股份有限公司	国有企业	混业（零售业；批发贸易业）	一星级	二星级	一星级	一星级	一星级	二星级
841	雏鹰农牧集团股份有限公司	国有企业	农林牧渔业	一星级	一星级	一星级	一星级	二星级	一星级

续表

排名	企业名称	公司性质	所属行业	创新性星级	可读性星级	可比性星级	平衡性星级	实质性星级	完整性星级
842	无锡市市政公用产业集团有限公司	国有企业	混业（水的生产和供应业；一般服务业；燃气的生产和供应业）	一星级	一星级	一星级	一星级	二星级	一星级
843	上海普天邮通科技股份有限公司	民营企业	电子产品及电子元件制造业	一星级	一星级	一星级	一星级	二星级	一星级
844	杭州士兰微电子股份有限公司	国有企业	电子产品及电子元件制造业	一星级	一星级	一星级	一星级	二星级	一星级
845	中国人民财产保险股份有限公司	国有企业	保险业	一星级	一星级	一星级	一星级	二星级	一星级
846	青海盐湖工业股份有限公司	国有企业	工业化学品制造业	一星级	一星级	一星级	一星级	二星级	一星级
847	中荷人寿保险有限公司	外资企业	保险业	一星级	二星级	一星级	一星级	一星级	一星级
848	上海豫园旅游商城股份有限公司	民营企业	零售业	一星级	一星级	一星级	一星级	一星级	一星级
849	贵州红星发展股份有限公司	国有企业	工业化学品制造业	一星级	一星级	一星级	一星级	二星级	一星级
850	福耀玻璃工业集团股份有限公司	民营企业	非金属矿物制品业	一星级	一星级	一星级	一星级	二星级	一星级
851	申能股份有限公司	国有企业	电力生产业	一星级	一星级	一星级	一星级	二星级	一星级
852	山东登海种业股份有限公司	民营企业	农林牧渔业	一星级	一星级	一星级	一星级	二星级	一星级
853	无锡相川铁龙电子有限公司	民营企业	电子产品及电子元件制造业	一星级	一星级	一星级	二星级	一星级	一星级

续表

排名	企业名称	公司性质	所属行业	创新性星级	可读性星级	可比性星级	平衡性星级	实质性星级	完整性星级
854	贵州双龙实业集团有限公司	外资企业	混业（工业化学品制造业；煤炭开采与洗选业；餐饮业）	三星级	二星级	一星级	一星级	一星级	一星级
855	安诚财产保险股份有限公司	国有企业	保险业	一星级	二星级	一星级	一星级	一星级	一星级
856	中牧实业股份有限公司	国有企业	医药生物制造业	一星级	一星级	一星级	一星级	二星级	一星级
857	安信农业保险股份有限公司	国有企业	保险业	一星级	一星级	一星级	一星级	二星级	一星级
858	广州卡奴迪路服饰股份有限公司	国有企业	服装鞋帽制造业	一星级	一星级	一星级	一星级	一星级	一星级
859	晋西车轴股份有限公司	民营企业	交通运输设备制造业	一星级	一星级	一星级	一星级	二星级	一星级
860	吉林亚泰（集团）股份有限公司	国有企业	混业（非金属矿物制品业；房地产开发业）	一星级	一星级	一星级	一星级	一星级	一星级
861	中汇国际保险经纪有限公司	民营企业	保险业	一星级	一星级	一星级	一星级	二星级	一星级
862	林州重机集团股份有限公司	民营企业	机械设备制造业	一星级	一星级	一星级	一星级	二星级	一星级
863	广州普邦园林股份有限公司	民营企业	建筑业	一星级	二星级	一星级	一星级	一星级	一星级
864	东亚银行（中国）有限公司	外资企业	银行业	二星级	二星级	一星级	一星级	一星级	一星级
865	汕头东风印刷股份有限公司	外资企业	印刷业	一星级	一星级	一星级	一星级	二星级	一星级

续表

排名	企业名称	公司性质	所属行业	创新性星级	可读性星级	可比性星级	平衡性星级	实质性星级	完整性星级
866	北京同仁堂股份有限公司	国有企业	医药生物制造业	一星级	一星级	一星级	一星级	二星级	一星级
867	恒泰期货有限公司	民营企业	证券基金及其他金融服务业	一星级	一星级	一星级	一星级	一星级	一星级
868	广州白云国际机场股份有限公司	国有企业	交通运输服务业	一星级	一星级	一星级	一星级	一星级	一星级
869	宁波港股份有限公司	国有企业	一般服务业	一星级	一星级	一星级	一星级	一星级	一星级
870	吉林华微电子股份有限公司	民营企业	电子产品及电子元件制造业	一星级	一星级	一星级	一星级	一星级	一星级
871	安徽鑫科新材料股份有限公司	民营企业	金属冶炼及压延加工业	一星级	一星级	一星级	一星级	二星级	一星级
872	浙江尖峰集团股份有限公司	国有企业	混业（医药生物制造业；非金属矿物制品业）	一星级	一星级	一星级	一星级	二星级	一星级
873	北京城建投资发展股份有限公司	国有企业	房地产开发业	一星级	一星级	一星级	一星级	一星级	一星级
874	上海资信有限公司	国有企业	证券基金及其他金融服务业	一星级	二星级	一星级	一星级	一星级	一星级
875	华映科技（集团）股份有限公司	民营企业	电子产品及电子元件制造业	一星级	一星级	一星级	一星级	一星级	一星级
876	青海华鼎实业股份有限公司	民营企业	机械设备制造业	一星级	一星级	一星级	二星级	一星级	一星级
877	北矿磁材科技股份有限公司	国有企业	金属冶炼及压延加工业	一星级	一星级	一星级	一星级	二星级	一星级

续表

排名	企业名称	公司性质	所属行业	创新性星级	可读性星级	可比性星级	平衡性星级	实质性星级	完整性星级
878	成都硅宝科技股份有限公司	民营企业	工业化学品制造业	一星级	一星级	一星级	一星级	一星级	一星级
879	国泰君安期货有限公司	国有企业	证券基金及其他金融服务业	二星级	一星级	一星级	一星级	一星级	一星级
880	现代投资股份有限公司	国有企业	一般服务业	一星级	一星级	一星级	一星级	二星级	一星级
881	华闻期货经纪有限公司	民营企业	证券基金及其他金融服务业	一星级	一星级	一星级	一星级	一星级	一星级
882	银座集团股份有限公司	国有企业	零售业	一星级	一星级	一星级	一星级	二星级	一星级
883	福建圣农发展股份有限公司	民营企业	农林牧渔业	一星级	一星级	一星级	一星级	二星级	一星级
884	名流置业集团股份有限公司	民营企业	房地产开发业	一星级	一星级	一星级	一星级	一星级	二星级
885	焦作万方铝业股份有限公司	国有企业	金属冶炼及压延加工业	一星级	一星级	一星级	一星级	二星级	一星级
886	远纺工业（无锡）有限公司	外资企业	纺织业	一星级	一星级	一星级	一星级	二星级	一星级
887	四川川投能源股份有限公司	国有企业	电力生产业	一星级	一星级	一星级	一星级	二星级	一星级
888	东芝大连有限公司	外资企业	混业（机械设备制造业；电子产品及电子元件制造业）	二星级	二星级	一星级	一星级	一星级	一星级
889	苏宁环球股份有限公司	民营企业	房地产开发业	一星级	一星级	一星级	一星级	二星级	一星级
890	宁波海运股份有限公司	国有企业	交通运输服务业	一星级	一星级	一星级	一星级	一星级	一星级
891	中国宝安集团股份有限公司	民营企业	混业（一般制造业；医药生物制造业；房地产开发业）	一星级	一星级	一星级	一星级	一星级	一星级

附录一 中国企业社会责任报告评价结果与排名（2013）

续表

排名	企业名称	公司性质	所属行业	创新性星级	可读性星级	可比性星级	平衡性星级	实质性星级	完整性星级
892	西部矿业股份有限公司	国有企业	一般采矿业	一星级	二星级	一星级	一星级	一星级	一星级
893	乐山电力股份有限公司	国有企业	电力生产业	一星级	一星级	一星级	一星级	一星级	一星级
894	上海新世纪资信评估投资服务有限公司	民营企业	证券基金及其他金融服务业	一星级	二星级	一星级	一星级	一星级	一星级
895	华夏人寿保险股份有限公司	国有企业	保险业	一星级	二星级	一星级	一星级	一星级	一星级
896	安徽水利开发股份有限公司	国有企业	建筑业	一星级	一星级	一星级	一星级	二星级	一星级
897	河南通达电缆股份有限公司	民营企业	电子产品及电子元件制造业	一星级	一星级	一星级	一星级	二星级	一星级
898	深圳市盐田港股份有限公司	国有企业	交通运输服务业	一星级	一星级	一星级	一星级	一星级	一星级
899	青岛海信电器股份有限公司	国有企业	家用电器制造业	一星级	一星级	一星级	一星级	二星级	一星级
900	上海美特斯邦威服饰股份有限公司	民营企业	服装鞋帽制造业	一星级	一星级	一星级	一星级	一星级	一星级
901	福建漳州发展股份有限公司	国有企业	混业（批发贸易业；水的生产和供应业；房地产开发业）	一星级	一星级	一星级	一星级	一星级	一星级
902	盛屯矿业集团股份有限公司	民营企业	一般采矿业	一星级	一星级	一星级	一星级	二星级	一星级
903	中美联泰大都会人寿保险有限公司	外资企业	保险业	一星级	二星级	一星级	一星级	一星级	一星级

续表

排名	企业名称	公司性质	所属行业	创新性星级	可读性星级	可比性星级	平衡性星级	实质性星级	完整性星级
904	中海集装箱运输股份有限公司	国有企业	交通运输服务业	一星级	一星级	一星级	一星级	一星级	一星级
905	北京碧水源科技股份有限公司	民营企业	水的生产和供应业	一星级	一星级	一星级	一星级	一星级	一星级
906	双钱集团股份有限公司	国有企业	一般制造业	一星级	一星级	一星级	一星级	二星级	一星级
907	重庆钢铁股份有限公司	国有企业	金属冶炼及压延加工业	一星级	一星级	一星级	一星级	二星级	一星级
908	安徽皖通高速公路股份有限公司	国有企业	交通运输服务业	一星级	一星级	一星级	一星级	一星级	一星级
909	华丽家族股份有限公司	民营企业	房地产开发业	一星级	一星级	一星级	一星级	二星级	一星级
910	北方国际合作股份有限公司	国有企业	建筑业	一星级	二星级	一星级	一星级	一星级	一星级
911	冠城大通股份有限公司	民营企业	混业（房地产开发业；金属制品业）	一星级	二星级	一星级	一星级	一星级	一星级
912	福建实达集团股份有限公司	民营企业	混业（房地产开发业；电子产品及电子元件制造业）	一星级	一星级	一星级	一星级	二星级	一星级
913	宏润建设集团股份有限公司	民营企业	混业（房地产开发业；建筑业）	一星级	一星级	一星级	一星级	一星级	一星级
914	光大永明人寿保险有限公司	国有企业	保险业	一星级	一星级	一星级	一星级	一星级	一星级
915	山煤国际能源集团股份有限公司	国有企业	批发贸易业	一星级	一星级	一星级	一星级	一星级	一星级

续表

排名	企业名称	公司性质	所属行业	创新性星级	可读性星级	可比性星级	平衡性星级	实质性星级	完整性星级
916	福建福晶科技股份有限公司	国有企业	非金属矿物制品业	一星级	星级	一星级	一星级	二星级	一星级
917	中信国安信息产业股份有限公司	国有企业	通信服务业	一星级	一星级	一星级	二星级	一星级	一星级
918	金堆城钼业股份有限公司	国有企业	一般采矿业	一星级	一星级	一星级	一星级	一星级	一星级
919	中国大地财产保险股份有限公司	民营企业	保险业	一星级	二星级	一星级	一星级	一星级	一星级
920	长城保险经纪有限公司	国有企业	保险业	一星级	一星级	一星级	二星级	一星级	一星级
921	农银人寿保险股份有限公司	国有企业	保险业	一星级	一星级	一星级	一星级	二星级	一星级
922	泰禾集团股份有限公司	民营企业	房地产开发业	一星级	一星级	一星级	一星级	一星级	一星级
923	天茂实业集团股份有限公司	民营企业	混业（医药生物制造业；工业化学品制造业）	一星级	一星级	一星级	一星级	一星级	一星级
924	南京栖霞建设股份有限公司	国有企业	房地产开发业	一星级	一星级	一星级	一星级	一星级	一星级
925	华远地产股份有限公司	国有企业	房地产开发业	一星级	一星级	一星级	一星级	一星级	一星级
926	上海申华控股股份有限公司	国有企业	零售业	一星级	一星级	一星级	一星级	一星级	一星级
927	深圳市振业（集团）股份有限公司	国有企业	房地产开发业	一星级	一星级	一星级	一星级	一星级	一星级
928	中国出口信用保险公司	国有企业	保险业	一星级	二星级	一星级	一星级	一星级	一星级

续表

排名	企业名称	公司性质	所属行业	创新性星级	可读性星级	可比性星级	平衡性星级	实质性星级	完整性星级
929	长江精工钢结构（集团）股份有限公司	民营企业	金属制品业	一星级	一星级	一星级	一星级	一星级	一星级
930	郑州华晶金刚石股份有限公司	民营企业	非金属矿物制品业	一星级	一星级	一星级	一星级	二星级	一星级
931	贵州酒中酒集团	民营企业	酒精及饮料酒制造业	一星级	二星级	一星级	一星级	一星级	一星级
932	无锡苏南国际机场集团有限公司	国有企业	交通运输服务业	一星级	一星级	一星级	一星级	一星级	一星级
933	江苏隆力奇集团有限公司	民营企业	日用化学品制造业	一星级	一星级	一星级	二星级	一星级	一星级
934	上海新文化传媒集团股份有限公司	民营企业	文化娱乐业	一星级	一星级	一星级	一星级	一星级	一星级
935	福建金森林业股份有限公司	国有企业	农林牧渔业	一星级	一星级	一星级	一星级	一星级	一星级
936	浙江广厦股份有限公司	民营企业	房地产开发业	一星级	二星级	一星级	一星级	一星级	一星级
937	河南豫光金铅股份有限公司	国有企业	金属冶炼及压延加工业	一星级	一星级	一星级	一星级	二星级	一星级
938	生命人寿保险股份有限公司	民营企业	保险业	一星级	一星级	一星级	二星级	一星级	一星级
939	紫光软件（无锡）集团有限公司	国有企业	计算机服务业	一星级	一星级	一星级	一星级	一星级	一星级
940	烟台万华聚氨酯股份有限公司	国有企业	工业化学品制造业	一星级	一星级	一星级	一星级	二星级	一星级

续表

排名	企业名称	公司性质	所属行业	创新性星级	可读性星级	可比性星级	平衡性星级	实质性星级	完整性星级
941	嘉兴银行股份有限公司	国有企业	银行业	一星级	一星级	一星级	一星级	一星级	一星级
942	中南出版传媒集团股份有限公司	国有企业	文化娱乐业	一星级	一星级	一星级	一星级	一星级	一星级
943	卧龙地产集团股份有限公司	民营企业	房地产开发业	一星级	一星级	一星级	一星级	一星级	一星级
944	珠海格力房产有限公司	国有企业	房地产开发业	一星级	一星级	一星级	一星级	一星级	一星级
945	艾默生（中国）	外资企业	机械设备制造业	一星级	一星级	一星级	一星级	一星级	一星级
946	大连万达集团股份有限公司	民营企业	房地产开发业	一星级	二星级	一星级	一星级	一星级	一星级
947	郑州煤矿机械集团股份有限公司	国有企业	机械设备制造业	一星级	一星级	一星级	一星级	一星级	一星级
948	湖南电广传媒股份有限公司	国有企业	文化娱乐业	一星级	一星级	一星级	一星级	一星级	一星级
949	中煤财产保险股份有限公司	民营企业	保险业	一星级	一星级	一星级	一星级	一星级	一星级
950	福建福日电子股份有限公司	国有企业	电子产品及电子元件制造业	一星级	一星级	一星级	一星级	一星级	一星级
951	安徽全柴动力股份有限公司	民营企业	机械设备制造业	一星级	一星级	一星级	一星级	一星级	一星级
952	阳光农业相互保险公司	国有企业	保险业	一星级	一星级	一星级	一星级	一星级	一星级
953	中国再保险（集团）股份有限公司	国有企业	保险业	一星级	二星级	一星级	一星级	一星级	一星级
954	央视国际网络无锡有限公司	国有企业	互联网服务业	一星级	一星级	一星级	二星级	一星级	一星级

续表

排名	企业名称	公司性质	所属行业	创新性星级	可读性星级	可比性星级	平衡性星级	实质性星级	完整性星级
955	山东金岭矿业股份有限公司	国有企业	一般采矿业	一星级	一星级	一星级	一星级	一星级	一星级
956	福建七匹狼实业股份有限公司	民营企业	服装鞋帽制造业	一星级	一星级	一星级	一星级	一星级	一星级
957	昆明制药集团股份有限公司	民营企业	医药生物制造业	一星级	一星级	一星级	一星级	一星级	一星级
958	福建雪人股份有限公司	民营企业	机械设备制造业	一星级	一星级	一星级	一星级	一星级	一星级
959	阳光保险集团股份有限公司	国有企业	保险业	一星级	一星级	一星级	一星级	一星级	一星级
960	北京空港科技园区股份有限公司	国有企业	混业（建筑业；房地产开发业）	一星级	一星级	一星级	一星级	一星级	一星级
961	有研半导体材料股份有限公司	国有企业	电子产品及电子元件制造业	一星级	一星级	一星级	一星级	一星级	一星级
962	海洋石油工程股份有限公司	国有企业	建筑业	一星级	一星级	一星级	二星级	一星级	一星级
963	北人印刷机械股份有限公司	民营企业	机械设备制造业	一星级	一星级	一星级	一星级	一星级	一星级
964	天津泰达股份有限公司	国有企业	混业（房地产开发业；证券基金及其他金融服务业）	一星级	一星级	一星级	一星级	一星级	二星级
965	中航航空电子设备股份有限公司	中央企业	通信设备制造业	一星级	一星级	一星级	一星级	一星级	一星级
966	上海界龙实业集团股份有限公司	民营企业	印刷业	一星级	一星级	一星级	一星级	一星级	一星级

附录一　中国企业社会责任报告评价结果与排名（2013）

续表

排名	企业名称	公司性质	所属行业	创新性星级	可读性星级	可比性星级	平衡性星级	实质性星级	完整性星级
967	福建众和股份有限公司	民营企业	纺织业	一星级	一星级	一星级	一星级	一星级	一星级
968	无锡市好轻松盲人推拿按摩有限公司	民营企业	一般服务业	一星级	一星级	一星级	一星级	一星级	一星级
969	广州杰赛科技股份有限公司	国有企业	通信服务业	一星级	二星级	一星级	一星级	一星级	一星级
970	都邦财产保险股份有限公司	民营企业	保险业	一星级	一星级	一星级	一星级	一星级	一星级
971	上海建工集团股份有限公司	国有企业	建筑业	一星级	一星级	一星级	一星级	一星级	一星级
972	无锡中南置业投资有限公司	外资企业	房地产开发业	一星级	一星级	一星级	一星级	一星级	一星级
973	中科英华高技术股份有限公司	民营企业	混业（石油和天然气开采业与加工业；电子产品及电子元件制造业）	一星级	一星级	一星级	一星级	一星级	一星级
974	河南神火煤电股份有限公司	国有企业	混业（电力生产业；煤炭开采与洗选业）	一星级	一星级	一星级	一星级	二星级	一星级
975	锐科（无锡）科技有限公司	外资企业	工业化学品制造业	一星级	一星级	一星级	一星级	一星级	一星级
976	营口港务股份有限公司	国有企业	交通运输服务业	一星级	一星级	一星级	一星级	一星级	一星级
977	同方股份有限公司	国有企业	计算机及相关设备制造业	一星级	一星级	一星级	一星级	一星级	一星级
978	福建凤竹纺织科技股份有限公司	民营企业	纺织业	一星级	一星级	一星级	一星级	一星级	一星级
979	北京首都开发股份有限公司	国有企业	房地产开发业	一星级	一星级	一星级	一星级	一星级	一星级

· 449 ·

续表

排名	企业名称	公司性质	所属行业	创新性星级	可读性星级	可比性星级	平衡性星级	实质性星级	完整性星级
980	湖北凯乐科技股份有限公司	民营企业	工业化学品制造业	一星级	一星级	一星级	一星级	一星级	一星级
981	中化国际（控股）股份有限公司	国有企业	混业（工业化学品制造业；一般制造业；批发贸易业）	一星级	一星级	一星级	一星级	一星级	一星级
982	江苏澳洋科技股份有限公司	民营企业	纺织业	一星级	一星级	一星级	一星级	一星级	一星级
983	河南中孚实业股份有限公司	民营企业	金属冶炼及压延加工业	一星级	一星级	一星级	一星级	一星级	一星级
984	凯德集团（中国）	民营企业	房地产开发业	一星级	一星级	一星级	一星级	一星级	一星级
985	贵阳高原矿山机械股份有限公司	民营企业	机械设备制造业	一星级	一星级	一星级	一星级	一星级	一星级
986	上海机电股份有限公司	民营企业	机械设备制造业	一星级	一星级	一星级	一星级	一星级	一星级
987	深圳市汇川技术股份有限公司	民营企业	机械设备制造业	一星级	一星级	一星级	一星级	一星级	一星级
988	上海张江高科技园区开发股份有限公司	国有企业	混业（房地产开发业；房地产服务业）	一星级	二星级	一星级	一星级	一星级	一星级
989	福建鸿博印刷股份有限公司	民营企业	印刷业	一星级	一星级	一星级	一星级	一星级	一星级
990	中体产业集团股份有限公司	国有企业	混业（建筑业；一般服务业）	一星级	一星级	一星级	一星级	一星级	一星级
991	苏州新区高新技术产业股份有限公司	国有企业	房地产开发业	一星级	一星级	一星级	一星级	一星级	一星级

附录一 中国企业社会责任报告评价结果与排名（2013）

续表

排名	企业名称	公司性质	所属行业	创新性星级	可读性星级	可比性星级	平衡性星级	实质性星级	完整性星级
992	岳阳兴长石化股份有限公司	国有企业	石油和天然气开采业与加工业	一星级	一星级	一星级	一星级	一星级	一星级
993	天津天士力制药股份有限公司	国有企业	医药生物制造业	一星级	一星级	一星级	一星级	一星级	一星级
994	和谐健康保险股份有限公司	民营企业	保险业	一星级	一星级	一星级	一星级	一星级	一星级
995	渤海财产保险股份有限公司	国有企业	保险业	一星级	一星级	一星级	一星级	一星级	一星级
996	福建发展高速公路股份有限公司	国有企业	交通运输服务业	一星级	一星级	一星级	一星级	一星级	一星级
997	梅花生物科技集团股份有限公司	民营企业	混业（医药生物制造业；食品饮料业）	一星级	一星级	一星级	一星级	一星级	一星级
998	广州珠江实业公司	国有企业	房地产开发业	一星级	一星级	一星级	一星级	一星级	一星级
999	华农财产保险股份有限公司	国有企业	保险业	一星级	一星级	一星级	一星级	一星级	一星级
1000	中国大连国际合作（集团）股份有限公司	民营企业	一般服务业	一星级	一星级	一星级	一星级	一星级	一星级
1001	辽宁曙光汽车集团股份有限公司	民营企业	交通运输设备制造业	一星级	一星级	一星级	一星级	一星级	一星级
1002	厦门海翼集团有限公司	国有企业	交通运输设备制造业	一星级	一星级	一星级	一星级	一星级	一星级
1003	南京高科股份有限公司	国有企业	混业（房地产开发业；建筑业）	一星级	一星级	一星级	一星级	一星级	一星级

续表

排名	企业名称	公司性质	所属行业	创新性星级	可读性星级	可比性星级	平衡性星级	实质性星级	完整性星级
1004	希捷国际科技（无锡）有限公司	外资企业	计算机及相关设备制造业	一星级	一星级	一星级	一星级	一星级	一星级
1005	航联保险经纪有限公司	国有企业	保险业	一星级	一星级	一星级	一星级	一星级	一星级
1006	天津一汽夏利汽车股份有限公司	国有企业	交通运输设备制造业	一星级	一星级	一星级	一星级	一星级	一星级
1007	江苏速升自动化装备股份有限公司	民营企业	机械设备制造业	一星级	一星级	一星级	一星级	一星级	一星级
1008	南方风机股份有限公司	民营企业	机械设备制造业	一星级	一星级	一星级	一星级	一星级	一星级
1009	上海置信电气股份有限公司	民营企业	机械设备制造业	一星级	一星级	一星级	一星级	一星级	一星级
1010	天马轴承集团股份有限公司	民营企业	机械设备制造业	一星级	一星级	一星级	一星级	一星级	一星级
1011	无锡百纳容器有限公司	民营企业	机械设备制造业	一星级	一星级	一星级	一星级	一星级	一星级
1012	无锡迈特动力机械有限公司	民营企业	机械设备制造业	一星级	一星级	一星级	一星级	一星级	一星级
1013	无锡产业发展集团有限公司	国有企业	混业（纺织业；机械设备制造业）	一星级	一星级	一星级	一星级	一星级	一星级
1014	南京熊猫电子股份有限公司	国有企业	电子产品及电子元件制造业	一星级	一星级	一星级	一星级	一星级	一星级
1015	安徽江淮汽车股份有限公司	国有企业	交通运输设备制造业	一星级	一星级	一星级	一星级	一星级	一星级
1016	新湖中宝股份有限公司	民营企业	房地产开发业	一星级	一星级	一星级	一星级	一星级	一星级

续表

排名	企业名称	公司性质	所属行业	创新性星级	可读性星级	可比性星级	平衡性星级	实质性星级	完整性星级
1017	福建纳川管材科技股份有限公司	民营企业	工业化学品制造业	一星级	一星级	一星级	一星级	一星级	一星级
1018	中海（海南）海盛船务股份有限公司	国有企业	交通运输服务业	一星级	一星级	一星级	一星级	一星级	一星级
1019	华安财产保险股份有限公司	民营企业	保险业	一星级	一星级	一星级	一星级	一星级	一星级
1020	福建东百集团股份有限公司	民营企业	零售业	一星级	一星级	一星级	一星级	一星级	一星级
1021	无锡星洲工业园区开发股份有限公司	国有企业	房地产开发业	一星级	一星级	一星级	一星级	一星级	一星级
1022	鲁商置业股份有限公司	国有企业	房地产开发业	一星级	一星级	一星级	一星级	一星级	一星级
1023	复星保德信人寿保险有限公司	民营企业	保险业	一星级	一星级	一星级	一星级	一星级	一星级
1024	山东瑞康医药股份有限公司	民营企业	医药生物制造业	一星级	一星级	一星级	一星级	一星级	一星级
1025	无锡城市发展集团有限公司	国有企业	混业（建筑业；房地产开发业）	一星级	一星级	一星级	一星级	一星级	一星级
1026	山东太阳纸业股份有限公司	民营企业	造纸业	一星级	一星级	一星级	一星级	一星级	一星级
1027	福建海源自动化机械股份有限公司	民营企业	机械设备制造业	一星级	一星级	一星级	一星级	一星级	一星级
1028	宝胜科技创新股份有限公司	国有企业	电子产品及电子元件制造业	一星级	一星级	一星级	一星级	一星级	一星级

续表

排名	企业名称	公司性质	所属行业	创新性星级	可读性星级	可比性星级	平衡性星级	实质性星级	完整性星级
1029	贵州和泰茶叶股份有限公司	民营企业	混业（食品饮料业；批发贸易业）	一星级	一星级	一星级	一星级	一星级	一星级
1030	广东科达机电股份有限公司	民营企业	机械设备制造业	一星级	一星级	一星级	一星级	一星级	一星级
1031	宁波联合集团股份有限公司	民营企业	建筑业	一星级	一星级	一星级	一星级	一星级	一星级
1032	中铁信托有限责任公司	国有企业	证券基金及其他金融服务业	一星级	一星级	一星级	一星级	一星级	一星级
1033	珠海市博远投资股份有限公司	民营企业	批发贸易业	一星级	一星级	一星级	一星级	一星级	一星级
1034	中怡保险经纪公司	国有企业	保险业	一星级	一星级	一星级	一星级	一星级	一星级
1035	中韩人寿保险有限公司	国有企业	保险业	一星级	一星级	一星级	一星级	一星级	一星级
1036	银亿房地产股份有限公司	民营企业	房地产开发业	一星级	一星级	一星级	一星级	一星级	一星级
1037	东京海上日动火灾保险（中国）有限公司	外资企业	保险业	一星级	二星级	一星级	一星级	一星级	一星级
1038	广西梧州中恒集团股份有限公司	民营企业	混业（房地产开发业；医药生物制造业）	一星级	一星级	一星级	一星级	一星级	一星级
1039	亚宝药业集团股份有限公司	民营企业	医药生物制造业	一星级	一星级	一星级	一星级	一星级	一星级
1040	福建星网锐捷通讯股份有限公司	国有企业	通信设备制造业	一星级	一星级	一星级	一星级	一星级	一星级
1041	无锡市国联发展（集团）有限公司	国有企业	证券基金及其他金融服务业	一星级	一星级	一星级	一星级	一星级	一星级

续表

排名	企业名称	公司性质	所属行业	创新性星级	可读性星级	可比性星级	平衡性星级	实质性星级	完整性星级
1042	扬子江药业集团有限公司	民营企业	医药生物制造业	一星级	一星级	一星级	一星级	一星级	一星级
1043	西藏华泰龙矿业开发有限公司	国有企业	一般采矿业	一星级	一星级	一星级	一星级	一星级	一星级
1044	山东好当家海洋发展股份有限公司	民营企业	农林牧渔业	一星级	一星级	一星级	一星级	一星级	一星级
1045	无锡君来酒店管理集团有限公司	国有企业	酒店业	一星级	一星级	一星级	一星级	一星级	一星级
1046	天广消防股份有限公司	民营企业	机械设备制造业	一星级	一星级	一星级	一星级	一星级	一星级
1047	无锡压缩机股份有限公司	民营企业	机械设备制造业	一星级	一星级	一星级	一星级	一星级	一星级
1048	宁波富邦控股集团有限公司	民营企业	混业（一般制造业；房地产开发业）	一星级	一星级	一星级	一星级	一星级	一星级
1049	碧桂园控股有限公司	民营企业	房地产开发业	一星级	一星级	一星级	一星级	一星级	一星级
1050	佛山一秀地产顾问有限公司	民营企业	房地产开发业	一星级	一星级	一星级	一星级	一星级	一星级
1051	上海市天宸股份有限公司	民营企业	房地产开发业	一星级	一星级	一星级	一星级	一星级	一星级
1052	世光创建实业有限公司	民营企业	房地产开发业	一星级	一星级	一星级	一星级	一星级	一星级
1053	安联财产保险（中国）有限公司	外资企业	保险业	一星级	一星级	一星级	一星级	一星级	一星级
1054	北大方正人寿保险有限公司	国有企业	保险业	一星级	一星级	一星级	一星级	一星级	一星级

续表

排名	企业名称	公司性质	所属行业	创新性星级	可读性星级	可比性星级	平衡性星级	实质性星级	完整性星级
1055	海康人寿保险有限公司	国有企业	保险业	一星级	一星级	一星级	一星级	一星级	一星级
1056	合众人寿保险股份有限公司	民营企业	保险业	一星级	一星级	一星级	一星级	一星级	一星级
1057	康信保险经纪公司	国有企业	保险业	一星级	一星级	一星级	一星级	一星级	一星级
1058	日本兴亚财产保险（中国）有限责任公司	外资企业	保险业	一星级	一星级	一星级	一星级	一星级	一星级
1059	三井住友海上火灾保险（中国）有限公司	外资企业	保险业	一星级	一星级	一星级	一星级	一星级	一星级
1060	中法人寿保险有限公司	国有企业	保险业	一星级	一星级	一星级	一星级	一星级	一星级
1061	珠海华发实业股份有限公司	国有企业	房地产开发业	一星级	一星级	一星级	一星级	一星级	一星级
1062	上海紫江企业集团股份有限公司	民营企业	一般制造业	一星级	一星级	一星级	一星级	一星级	一星级
1063	福建省永安林业（集团）股份有限公司	国有企业	木材加工与家具制造业	一星级	一星级	一星级	一星级	一星级	一星级
1064	中铁铁龙集装箱物流股份有限公司	国有企业	交通运输服务业	一星级	一星级	一星级	一星级	一星级	一星级
1065	北京万通地产股份有限公司	民营企业	房地产开发业	一星级	一星级	一星级	一星级	一星级	一星级
1066	富春通信股份有限公司	民营企业	通信服务业	一星级	一星级	一星级	一星级	一星级	一星级
1067	北京电子城投资开发股份有限公司	国有企业	房地产开发业	一星级	一星级	一星级	一星级	一星级	一星级

附录一 中国企业社会责任报告评价结果与排名（2013）

续表

排名	企业名称	公司性质	所属行业	创新性星级	可读性星级	可比性星级	平衡性星级	实质性星级	完整性星级
1068	北京金自天正智能控制股份有限公司	国有企业	机械设备制造业	一星级	一星级	一星级	一星级	一星级	一星级
1069	时代出版传媒股份有限公司	国有企业	文化娱乐业	一星级	一星级	一星级	一星级	一星级	一星级
1070	黑牡丹（集团）股份有限公司	国有企业	混业（纺织业；建筑业）	一星级	一星级	一星级	一星级	一星级	一星级
1071	金地（集团）股份有限公司	国有企业	房地产开发业	一星级	一星级	一星级	一星级	一星级	一星级
1072	福建中福实业股份有限公司	民营企业	农林牧渔业	一星级	一星级	一星级	一星级	一星级	一星级
1073	无锡市太湖新城发展集团有限公司	国有企业	房地产开发业	一星级	一星级	一星级	一星级	一星级	一星级
1074	五洲（北京）保险经纪有限公司	国有企业	保险业	一星级	一星级	一星级	一星级	一星级	一星级
1075	中宏人寿保险有限公司	外资企业	保险业	一星级	一星级	一星级	一星级	一星级	一星级
1076	上海爱建股份有限公司	民营企业	房地产开发业	一星级	一星级	一星级	一星级	一星级	一星级
1077	美亚财产保险有限公司	外资企业	保险业	一星级	一星级	一星级	一星级	一星级	一星级
1078	信诚人寿保险有限公司	外资企业	保险业	一星级	一星级	一星级	一星级	一星级	一星级
1079	美国友邦保险有限公司上海分公司	外资企业	保险业	一星级	一星级	一星级	一星级	一星级	一星级
1080	方兴地产（中国）有限公司	国有企业	房地产开发业	一星级	一星级	一星级	一星级	一星级	一星级

续表

排名	企业名称	公司性质	所属行业	创新性星级	可读性星级	可比性星级	平衡性星级	实质性星级	完整性星级
1081	江苏省广电有线信息网络股份有限公司常州分公司	国有企业	通信服务业	一星级	一星级	一星级	一星级	一星级	一星级
1082	乐爱金财产保险（中国）有限公司	外资企业	保险业	一星级	一星级	一星级	一星级	一星级	一星级
1083	丘博保险（中国）有限公司	外资企业	保险业	一星级	一星级	一星级	一星级	一星级	一星级
1084	信利保险（中国）有限公司	外资企业	保险业	一星级	一星级	一星级	一星级	一星级	一星级

附录二 重点行业社会责任报告评价结果与排名（2013）

一、特种设备制造业企业社会责任报告评价结果

序号	企业名称	创新性	可读性	可比性	平衡性	实质性	完整性	综合得分
1	中国兵器工业集团公司	四星半级	五星级	五星级	五星级	五星级	四星半级	★★★★★
2	中国电子科技集团公司	四星半级	五星级	五星级	四星半级	五星级	四星半级	★★★★★
3	中国兵器装备集团公司	四星级	四星半级	五星级	三星半级	四星半级	四星级	★★★★☆
4	中国航天科技集团公司	四星级	四星半级	三星半级	三星级	四星半级	三星半级	★★★★
5	中国航空工业集团公司	四星半级	四星半级	三星级	三星级	四星级	三星半级	★★★★
6	中国航天科工集团公司	二星级	四星级	二星级	三星半级	四星半级	二星级	★★★☆
7	中国船舶重工股份有限公司	三星级	四星级	一星级	一星级	四星级	二星级	★★
8	中航飞机股份有限公司	一星级	一星级	一星级	一星级	二星级	一星级	★

二、通信服务业企业社会责任报告评价结果

序号	企业名称	创新性	可读性	可比性	平衡性	实质性	完整性	综合得分
1	中国电信集团公司	四星半级	四星半级	五星级	四星半级	五星级	四星半级	★★★★★
2	中国移动通信集团公司	四星半级	五星级	五星级	四星级	五星级	四星半级	★★★★★
3	中国联合网络通信集团有限公司	四星半级	四星半级	五星级	四星级	五星级	四星半级	★★★★☆
4	大唐电信科技产业集团	二星级	三星级	一星级	一星级	三星半级	二星级	★★
5	中信国安信息产业股份有限公司	一星级	一星级	一星级	二星级	一星级	一星级	★

续表

序号	企业名称	创新性	可读性	可比性	平衡性	实质性	完整性	综合得分
6	广州杰赛科技股份有限公司	一星级	二星级	一星级	一星级	一星级	一星级	★
7	富春通信股份有限公司	一星级	一星级	一星级	一星级	一星级	一星级	★
8	江苏省广电有线信息网络股份有限公司常州分公司	一星级	一星级	一星级	一星级	一星级	一星级	★

三、电力供应业企业社会责任报告评价结果

序号	企业名称	创新性	可读性	可比性	平衡性	实质性	完整性	综合得分
1	中国南方电网公司	五星级	五星级	四星半级	五星级	五星级	四星半级	★★★★★
2	国家电网公司	五星级	五星级	五星级	四星级	五星级	四星半级	★★★★★
3	浙江省电力公司	四星半级	四星级	三星级	二星级	四星半级	三星半级	★★★★
4	国家电网山东电力集团公司	二星级	三星半级	二星级	三星半级	四星级	三星半级	★★★☆
5	中国南方电网贵州电网公司	三星级	四星级	三星级	三星级	四星半级	三星级	★★★☆
6	国家电网黑龙江鹤岗电业局	三星半级	三星半级	一星级	三星级	三星级	二星级	★★★
7	国家电网江西省电力公司	四星级	四星级	四星半级	二星级	二星级	二星级	★★★
8	广州供电局有限公司	三星半级	四星级	二星级	三星级	三星级	三星级	★★★
9	深圳供电局有限公司	四星级	四星半级	二星级	二星级	三星半级	二星级	★★★
10	陕西省地方电力（集团）有限公司	四星级	三星级	二星级	二星级	四星级	二星级	★★★
11	国家电网北京市电力公司	二星级	四星级	一星级	一星级	四星级	二星级	★★★
12	国家电网宁夏固原供电局	二星级	四星级	二星级	二星级	二星级	二星级	★★
13	四川西昌电力股份有限公司	一星级	二星级	一星级	三星级	四星级	二星级	★★
14	广州发展实业控股集团股份有限公司	二星级	二星级	二星级	二星级	二星级	一星级	★
15	四川广安爱众股份有限公司	一星级	一星级	一星级	一星级	二星级	一星级	★

四、石油和天然气开采与加工业企业社会责任报告评价结果

序号	企业名称	创新性	可读性	可比性	平衡性	实质性	完整性	综合得分
1	中国石油化工集团公司	五星级	五星级	四星半级	五星级	五星级	四星半级	★★★★★
2	中国石油化工股份有限公司	五星级	五星级	四星半级	五星级	五星级	四星半级	★★★★★
3	中国海洋石油总公司	四星半级	五星级	四星半级	四星半级	四星半级	四星级	★★★★☆
4	中国石油天然气集团公司	二星级	四星级	四星半级	三星级	五星级	三星级	★★★★
5	中国石油天然气股份有限公司	二星级	三星半级	三星半级	三星级	五星级	三星级	★★★★
6	陕西延长石油（集团）有限责任公司	二星级	四星半级	一星级	三星级	三星级	二星级	★★★
7	道达尔中国	三星级	三星级	一星级	二星半级	三星半级	一星级	★★
8	中海油田服务股份有限公司	一星级	二星级	一星级	二星级	二星级	一星级	★★
9	中国石化上海石油化工股份有限公司	一星级	一星级	一星级	三星半级	二星级	二星级	★★
10	山东胜利股份有限公司	二星级	二星级	一星级	一星级	二星级	一星级	★★
11	广汇能源股份有限公司	一星级	一星级	一星级	一星级	二星级	一星级	★
12	中科英华高技术股份有限公司	一星级	一星级	一星级	一星级	一星级	一星级	★
13	岳阳兴长石化股份有限公司	一星级	一星级	一星级	一星级	一星级	一星级	★

五、银行业企业社会责任报告评价结果

序号	企业名称	创新性	可读性	可比性	平衡性	实质性	完整性	综合得分
1	中国民生银行股份有限公司	四星半级	五星级	五星级	三星级	五星级	四星半级	★★★★☆
2	中国建设银行股份有限公司	四星半级	五星级	五星级	三星级	五星级	四星级	★★★★☆

续表

序号	企业名称	创新性	可读性	可比性	平衡性	实质性	完整性	综合得分
3	上海浦东发展银行股份有限公司	三星半级	三星半级	五星级	四星级	五星级	四星级	★★★★☆
4	兴业银行股份有限公司	四星级	四星级	四星半级	三星级	五星级	四星级	★★★★☆
5	中国农业银行股份有限公司	四星级	四星半级	五星级	二星级	五星级	三星半级	★★★★☆
6	中国工商银行股份有限公司	四星级	四星级	四星半级	二星级	四星半级	四星级	★★★★
7	招商银行股份有限公司	四星级	四星半级	三星半级	二星级	四星半级	三星半级	★★★★
8	中国光大银行股份有限公司	二星级	三星半级	五星级	二星级	四星半级	三星半级	★★★★
9	上海银行股份有限公司	二星级	四星级	五星级	二星级	四星半级	三星级	★★★★
10	宁波银行股份有限公司	二星级	三星半级	四星半级	二星级	五星级	三星半级	★★★★
11	中信银行股份有限公司	三星半级	四星级	五星级	四星级	三星级	三星半级	★★★☆
12	中国银行股份有限公司	三星级	三星半级	三星半级	二星级	四星半级	三星级	★★★☆
13	重庆农村商业银行股份有限公司	二星级	四星级	五星级	一星级	四星半级	三星级	★★★☆
14	北京银行股份有限公司	一星级	二星级	五星级	二星级	四星级	三星级	★★★
15	交通银行股份有限公司	一星级	一星级	五星级	三星级	四星级	三星级	★★★
16	华夏银行股份有限公司	四星级	四星半级	二星级	一星级	三星半级	三星级	★★★
17	平安银行股份有限公司	二星级	二星级	三星级	三星级	三星半级	三星级	★★★
18	青岛农村商业银行股份有限公司	二星级	三星级	一星级	一星级	四星级	二星级	★★
19	杭州银行股份有限公司	二星级	二星级	一星级	二星级	四星级	二星级	★★
20	南京银行股份有限公司	一星级	二星级	二星级	二星级	三星半级	二星级	★★
21	汇丰银行（中国）有限公司	三星半级	三星级	一星级	一星级	二星级	一星级	★★
22	中国邮政储蓄银行股份有限公司	一星级	一星级	一星级	一星级	二星级	一星级	★
23	永亨银行（中国）有限公司	一星级	二星级	一星级	二星级	一星级	一星级	★
24	花旗银行（中国）有限公司	三星级	三星级	一星级	一星级	一星级	一星级	★

附录二　重点行业社会责任报告评价结果与排名(2013)

续表

序号	企业名称	创新性	可读性	可比性	平衡性	实质性	完整性	综合得分
25	东亚银行（中国）有限公司	二星级	二星级	一星级	一星级	一星级	一星级	★
26	嘉兴银行股份有限公司	一星级	一星级	一星级	一星级	一星级	一星级	★

六、一般采矿业企业社会责任报告评价结果

序号	企业名称	创新性	可读性	可比性	平衡性	实质性	完整性	综合得分
1	中国铝业公司	四星半级	四星级	五星级	四星半级	五星级	四星半级	★★★★☆
2	中国黄金集团公司	四星级	四星半级	五星级	三星半级	五星级	四星半级	★★★★☆
3	中国五矿集团公司	四星级	四星级	四星级	三星半级	四星半级	三星半级	★★★★
4	中国黄金国际资源有限公司	三星半级	四星级	五星级	三星级	四星级	三星级	★★★★
5	中国中钢集团公司	四星级	四星半级	三星半级	三星级	四星半级	三星半级	★★★★
6	中国铝业股份有限公司	三星级	三星半级	二星级	三星级	五星级	四星级	★★★★
7	广东省广晟资产经营有限公司	四星级	四星级	三星半级	三星级	四星级	三星半级	★★★☆
8	中国冶金科工股份有限公司	四星级	三星半级	一星级	三星半级	四星级	三星级	★★★
9	贵州开磷（集团）有限责任公司	二星级	三星级	一星级	四星级	四星级	三星级	★★★
10	中国有色矿业集团有限公司	二星级	四星级	一星级	一星级	三星级	三星级	★★★
11	内蒙古包钢稀土（集团）高科技股份有限公司	二星级	三星半级	一星级	一星级	三星级	一星级	★★
12	贵州省松桃太丰矿业有限责任公司	一星级	二星级	三星级	三星半级	一星级		★★
13	深圳市中金岭南有色金属股份有限公司	一星级	一星级	一星级	三星级	四星级		★★
14	贵州锦丰矿业有限公司	二星级	三星级	一星级	三星级	三星级		★★
15	洛阳栾川钼业集团股份有限公司	一星级	一星级	一星级	一星级	三星半级	一星级	★★

续表

序号	企业名称	创新性	可读性	可比性	平衡性	实质性	完整性	综合得分
16	湖南辰州矿业股份有限公司	一星级	一星级	一星级	一星级	三星级	二星级	★★
17	云南驰宏锌锗股份有限公司	一星级	一星级	一星级	一星级	三星级	一星级	★
18	中国有色金属建设股份有限公司	一星级	一星级	一星级	一星级	二星级	一星级	★
19	西藏矿业发展股份有限公司	一星级	一星级	一星级	一星级	二星级	一星级	★
20	上海创兴资源开发股份有限公司	一星级	一星级	一星级	二星级	二星级	一星级	★
21	西部矿业股份有限公司	一星级	二星级	一星级	一星级	一星级	一星级	★
22	盛屯矿业集团股份有限公司	一星级	一星级	一星级	一星级	二星级	一星级	★
23	金堆城钼业股份有限公司	一星级	一星级	一星级	一星级	一星级	一星级	★
24	山东金岭矿业股份有限公司	一星级	一星级	一星级	一星级	一星级	一星级	★
25	西藏华泰龙矿业开发有限公司	一星级	一星级	一星级	一星级	一星级	一星级	★

七、电力生产业企业社会责任报告评价结果

序号	企业名称	创新性	可读性	可比性	平衡性	实质性	完整性	综合得分
1	中国华电集团公司	四星半级	五星级	五星级	四星半级	五星级	四星半级	★★★★★
2	中国华能集团公司	五星级	五星级	四星半级	四星半级	五星级	四星半级	★★★★★
3	华润（集团）有限公司	五星级	四星半级	五星级	五星级	四星半级	四星级	★★★★☆
4	广东省粤电集团有限公司	四星级	四星半级	四星半级	五星级	四星半级	四星半级	★★★★☆
5	中国神华能源股份有限公司	四星半级	四星半级	二星级	三星级	五星级	四星级	★★★★
6	华润电力控股有限公司	三星半级	四星级	五星级	一星级	四星级	四星级	★★★★
7	上海外高桥第三发电有限责任公司	二星级	四星级	三星半级	四星级	四星级	三星半级	★★★★

续表

序号	企业名称	创新性	可读性	可比性	平衡性	实质性	完整性	综合得分
8	大唐国际发电股份有限公司	三星半级	四星级	四星半级	一星级	四星半级	二星级	★★★☆
9	中国广东核电集团有限公司	三星半级	四星级	五星级	四星级	三星级	三星级	★★★☆
10	国家开发投资公司	三星级	四星级	五星级	三星级	三星半级	三星级	★★★☆
11	中国长江三峡集团公司	三星级	四星级	三星级	四星级	三星半级	三星半级	★★★☆
12	贵州乌江水电开发有限责任公司	二星级	三星半级	三星级	一星级	四星半级	三星级	★★★☆
13	中国国电集团公司	二星级	四星半级	二星级	二星级	四星级	三星级	★★★☆
14	中国电力投资集团公司	三星半级	四星半级	一星级	一星级	四星半级	三星级	★★★☆
15	中国长江电力股份有限公司	二星级	四星级	一星级	二星级	四星级	三星级	★★★
16	贵州黔源电力股份有限公司	一星级	三星级	三星级	三星半级	三星半级	三星级	★★★
17	广东电力发展股份有限公司	三星级	三星半级	二星级	二星级	三星半级	三星级	★★★
18	国电电力发展股份有限公司	二星级	二星级	二星级	一星级	四星半级	二星级	★★★
19	国投电力控股股份有限公司	一星级	一星级	一星级	二星级	四星半级	二星级	★★
20	四川西昌电力股份有限公司	一星级	二星级	一星级	三星级	四星级	二星级	★★
21	云南文山电力股份有限公司	一星级	二星级	一星级	一星级	三星半级	二星级	★★
22	重庆三峡水利电力（集团）股份有限公司	一星级	二星级	一星级	一星级	四星级	二星级	★★
23	中国葛洲坝集团股份有限公司	一星级	二星级	一星级	一星级	二星级	二星级	★★
24	深圳能源集团股份有限公司	一星级	一星级	一星级	一星级	三星半级	一星级	★★
25	华电国际电力股份有限公司	一星级	一星级	一星级	一星级	三星半级	一星级	★★

续表

序号	企业名称	创新性	可读性	可比性	平衡性	实质性	完整性	综合得分
26	华能国际电力股份有限公司	一星级	一星级	一星级	二星级	二星级	二星级	★★
27	广东宝丽华新能源股份有限公司	一星级	一星级	一星级	一星级	三星级	二星级	★★
28	福建闽东电力股份有限公司	一星级	一星级	一星级	一星级	三星半级	一星级	★★
29	广西桂东电力股份有限公司	一星级	一星级	一星级	一星级	三星级	一星级	★
30	沈阳金山热电股份有限公司	一星级	二星级	一星级	一星级	二星级	一星级	★
31	北京京能热电股份有限公司	一星级	一星级	一星级	一星级	二星级	一星级	★
32	山西通宝能源股份有限公司	一星级	一星级	一星级	一星级	二星级	一星级	★
33	重庆涪陵电力实业股份有限公司	一星级	一星级	一星级	一星级	二星级	一星级	★
34	申能股份有限公司	一星级	一星级	一星级	一星级	二星级	一星级	★
35	四川川投能源股份有限公司	一星级	一星级	一星级	一星级	一星级	一星级	★
36	乐山电力股份有限公司	一星级	一星级	一星级	一星级	一星级	一星级	★
37	河南神火煤电股份有限公司	一星级	一星级	一星级	一星级	二星级	一星级	★

八、零售业企业社会责任报告评价结果

序号	企业名称	创新性	可读性	可比性	平衡性	实质性	完整性	综合得分
1	华润（集团）有限公司	五星级	四星半级	五星级	五星级	四星半级	四星级	★★★★☆
2	上海复星医药（集团）股份有限公司	四星级	四星级	五星级	四星半级	四星半级	三星半级	★★★★
3	广东粤海控股有限公司	四星级	四星级	四星半级	四星级	四星级	三星半级	★★★★

附录二 重点行业社会责任报告评价结果与排名(2013)

续表

序号	企业名称	创新性	可读性	可比性	平衡性	实质性	完整性	综合得分
4	广州百货企业集团有限公司	三星半级	四星级	三星级	四星半级	四星级	四星级	★★★★
5	永辉超市股份有限公司	二星级	三星级	一星级	二星级	四星级	三星半级	★★★
6	华润万家有限公司	二星级	三星半级	四星半级	三星级	三星级	二星级	★★★
7	上海益民商业集团股份有限公司	三星半级	四星半级	三星级	一星级	三星级	三星级	★★★
8	京东商城	二星级	四星级	一星级	一星级	三星半级	二星级	★★
9	金花投资控股集团	二星级	四星级	一星级	二星级	二星级	二星级	★★
10	苏宁云商集团股份有限公司	三星半级	二星级	一星级	一星级	三星级	三星级	★★
11	上海新世界股份有限公司	三星级	三星级	一星级	一星级	三星级	二星级	★★
12	天虹商场股份有限公司	一星级	三星级	一星级	一星级	二星级	二星级	★★
13	吉峰农机连锁股份有限公司	二星级	三星级	一星级	一星级	二星级	一星级	★
14	西安开元投资集团股份有限公司	一星级	二星级	一星级	一星级	二星级	一星级	★
15	家乐福（中国）	二星级	二星级	一星级	一星级	二星级	一星级	★
16	嘉事堂药业股份有限公司	一星级	二星级	一星级	一星级	一星级	二星级	★
17	上海豫园旅游商城股份有限公司	一星级	一星级	一星级	一星级	一星级	一星级	★
18	银座集团股份有限公司	一星级	一星级	一星级	一星级	二星级	一星级	★
19	上海申华控股股份有限公司	一星级	一星级	一星级	一星级	一星级	一星级	★
20	福建东百集团股份有限公司	一星级	一星级	一星级	一星级	一星级	一星级	★

九、酒精及饮料酒制造业企业社会责任报告评价结果

序号	企业名称	创新性	可读性	可比性	平衡性	实质性	完整性	综合得分
1	华润（集团）有限公司	五星级	四星半级	五星级	五星级	四星半级	四星级	★★★★☆
2	青岛啤酒股份有限公司	三星半级	三星半级	二星级	三星级	四星半级	二星级	★★★☆

· 467 ·

续表

序号	企业名称	创新性	可读性	可比性	平衡性	实质性	完整性	综合得分
3	宜宾五粮液股份有限公司	三星半级	二星级	五星级	一星级	三星半级	三星半级	★★★☆
4	中国贵州茅台酒厂（集团）有限责任公司	二星级	三星半级	五星级	二星级	二星级	二星级	★★★
5	华润雪花啤酒（中国）有限公司	三星半级	三星级	三星级	一星级	三星半级	二星级	★★
6	山西杏花村汾酒厂股份有限公司	三星级	二星级	一星级	一星级	四星级	二星级	★★
7	新疆伊力特实业股份有限公司	一星级	一星级	一星级	一星级	三星半级	一星级	★★
8	北京燕京啤酒股份有限公司	一星级	一星级	一星级	一星级	三星半级	二星级	★★
9	泸州老窖股份有限公司	一星级	一星级	一星级	一星级	三星半级	一星级	★★
10	安徽古井贡酒股份有限公司	一星级	一星级	一星级	一星级	三星级	一星级	★★
11	浙江古越龙山绍兴酒股份有限公司	一星级	一星级	一星级	一星级	三星级	一星级	★
12	上海金枫酒业股份有限公司	一星级	一星级	一星级	一星级	三星级	二星级	★
13	四川沱牌舍得酒业股份有限公司	一星级	一星级	一星级	一星级	三星级	一星级	★
14	劲牌有限公司	一星级	二星级	一星级	一星级	二星级	一星级	★
15	江苏洋河酒厂股份有限公司	一星级	一星级	一星级	一星级	二星级	一星级	★
16	福建省燕京惠泉啤酒股份有限公司	一星级	一星级	一星级	一星级	三星级	一星级	★
17	烟台张裕葡萄酿酒股份有限公司	一星级	一星级	一星级	一星级	二星级	一星级	★
18	贵州酒中酒集团	一星级	二星级	一星级	一星级	一星级	一星级	★

十、煤炭开采与洗选业企业社会责任报告评价结果

序号	企业名称	创新性	可读性	可比性	平衡性	实质性	完整性	综合得分
1	神华集团有限责任公司	四星级	四星半级	三星半级	三星半级	五星级	四星半级	★★★★☆
2	中国中煤能源集团有限公司	四星半级	四星半级	四星半级	四星级	四星半级	三星半级	★★★★☆
3	中国神华能源股份有限公司	四星半级	四星半级	二星级	三星级	五星级	四星级	★★★★
4	兖矿集团有限公司	三星半级	四星级	三星级	三星级	四星级	二星级	★★★☆
5	国家开发投资公司	三星级	四星级	五星级	三星级	三星半级	三星级	★★★☆
6	陕西煤业化工集团有限责任公司	二星级	四星级	一星级	四星级	三星级	三星级	★★★☆
7	山西潞安环保能源开发股份有限公司	二星级	二星级	三星级	一星级	四星级	二星级	★★★
8	兖州煤业股份有限公司	二星级	二星级	五星级	三星半级	四星级	二星级	★★★
9	中国中煤能源股份有限公司	二星级	二星级	一星级	二星级	四星级	三星级	★★★
10	冀中能源股份有限公司	二星级	二星级	一星级	一星级	三星半级	三星级	★★★
11	山西兰花科技创业股份有限公司	三星半级	二星级	一星级	一星级	一星级	二星级	★★
12	国投新集能源股份有限公司	一星级	二星级	二星级	二星级	三星级	一星级	★★
13	北京昊华能源股份有限公司	一星级	二星级	一星级	二星级	二星级	一星级	★★
14	内蒙古霍林河露天煤业股份有限公司	三星级	二星级	一星级	一星级	一星级	一星级	★
15	内蒙古平庄能源股份有限公司	一星级	二星级	一星级	一星级	三星级	一星级	★
16	山西西山煤电股份有限公司	一星级	一星级	一星级	一星级	三星级	一星级	★
17	开滦能源化工股份有限公司	一星级	一星级	一星级	一星级	三星级	一星级	★

续表

序号	企业名称	创新性	可读性	可比性	平衡性	实质性	完整性	综合得分
18	广汇能源股份有限公司	一星级	一星级	一星级	一星级	二星级	一星级	★
19	内蒙古伊泰煤炭股份有限公司	一星级	一星级	一星级	一星级	二星级	一星级	★
20	太原煤气化股份有限公司	一星级	一星级	一星级	一星级	二星级	一星级	★
21	上海大屯能源股份有限公司	一星级	一星级	一星级	一星级	二星级	一星级	★
22	贵州双龙实业集团有限公司	一星级	一星级	一星级	一星级	二星级	一星级	★
23	河南神火煤电股份有限公司	一星级	一星级	一星级	一星级	二星级	一星级	★

十一、通信设备制造业企业社会责任报告评价结果

序号	企业名称	创新性	可读性	可比性	平衡性	实质性	完整性	综合得分
1	上海贝尔股份有限公司	二星级	四星半级	一星级	二星级	四星级	四星级	★★★☆
2	华为投资控股有限公司	四星级	四星半级	四星半级	一星级	三星半级	三星级	★★★☆
3	中兴通讯股份有限公司	二星级	三星级	一星级	二星级	四星半级	三星级	★★★
4	大唐电信科技股份有限公司	二星级	二星级	一星级	二星级	四星级	三星级	★★★
5	安徽四创电子股份有限公司	二星级	三星半级	一星级	二星级	二星级	二星级	★★
6	深圳市远望谷信息技术股份有限公司	二星级	三星半级	一星级	二星级	三星级	三星级	★★
7	烽火通信科技股份有限公司	二星级	二星级	一星级	一星级	一星级	一星级	★
8	安徽皖通科技股份有限公司	一星级	一星级	一星级	一星级	二星级	二星级	★
9	福建三元达通讯股份有限公司	一星级	一星级	一星级	一星级	二星级	一星级	★
10	武汉光迅科技股份有限公司	一星级	一星级	一星级	一星级	二星级	一星级	★

续表

序号	企业名称	创新性	可读性	可比性	平衡性	实质性	完整性	综合得分
11	江苏亨通光电股份有限公司	一星级	一星级	一星级	一星级	二星级	一星级	★
12	中国东方红卫星股份有限公司	二星级	二星级	一星级	一星级	一星级	一星级	★
13	中航航空电子设备股份有限公司	一星级	一星级	一星级	一星级	一星级	一星级	★
14	福建星网锐捷通讯股份有限公司	一星级	一星级	一星级	一星级	一星级	一星级	★

十二、金属冶炼及压延加工业企业社会责任报告评价结果

序号	企业名称	创新性	可读性	可比性	平衡性	实质性	完整性	综合得分
1	中国铝业公司	四星半级	四星级	五星级	四星半级	五星级	四星半级	★★★★☆
2	宝钢集团有限公司	四星半级	五星级	五星级	四星级	五星级	三星级	★★★★☆
3	太原钢铁（集团）有限公司	三星半级	四星半级	四星级	四星级	五星级	四星半级	★★★★☆
4	中国五矿集团公司	四星级	四星半级	四星级	三星半级	四星半级	三星半级	★★★★
5	宝山钢铁股份有限公司	三星半级	三星级	五星级	四星级	五星级	三星级	★★★★
6	中国铝业股份有限公司	三星级	三星半级	二星级	三星级	五星级	四星级	★★★★
7	河北钢铁集团有限公司	二星级	三星级	五星级	三星级	四星半级	三星级	★★★★
8	广东省广新控股集团有限公司	三星半级	四星级	四星级	三星级	三星半级	三星半级	★★★☆
9	首钢总公司	二星级	三星半级	一星级	四星级	五星级	二星级	★★★☆
10	浦项（中国）投资有限公司	二星级	四星级	一星级	二星级	四星级	三星半级	★★★☆
11	金川集团股份有限公司	二星级	三星半级	一星级	一星级	五星级	二星级	★★★
12	紫金矿业集团股份有限公司	一星级	二星级	三星半级	三星半级	四星半级	二星级	★★★
13	云南铝业股份有限公司	二星级	一星级	四星级	一星级	五星级	二星级	★★★
14	贵州紫金矿业股份有限公司	一星级	三星级	一星级	二星级	四星级	二星级	★★

续表

序号	企业名称	创新性	可读性	可比性	平衡性	实质性	完整性	综合得分
15	鞍钢股份有限公司	一星级	二星级	一星级	二星级	四星半级	二星级	★★
16	河北钢铁股份有限公司	一星级	二星级	二星级	二星级	三星半级	二星级	★★
17	云南锡业股份有限公司	二星级	二星级	一星级	二星级	三星半级	三星级	★★
18	安阳钢铁股份有限公司	一星级	二星级	一星级	二星级	四星半级	二星级	★★
19	武汉钢铁股份有限公司	一星级	二星级	一星级	二星级	三星半级	二星级	★★
20	云南铜业股份有限公司	一星级	二星级	一星级	二星级	四星半级	二星级	★★
21	南京钢铁股份有限公司	一星级	一星级	一星级	一星级	四星级	二星级	★★
22	深圳市中金岭南有色金属股份有限公司	一星级	一星级	一星级	三星半级	四星级	一星级	★★
23	新兴铸管股份有限公司	一星级	二星级	一星级	一星级	三星半级	一星级	★★
24	宁夏东方钽业股份有限公司	一星级	一星级	一星级	二星级	三星半级	一星级	★★
25	攀钢集团钢铁钒钛股份有限公司	一星级	一星级	一星级	一星级	四星级	一星级	★★
26	山东钢铁股份有限公司	一星级	一星级	一星级	一星级	三星级	一星级	★★
27	柳州钢铁股份有限公司	一星级	二星级	一星级	一星级	三星半级	一星级	★
28	福建三钢闽光股份有限公司	一星级	一星级	一星级	一星级	三星级	一星级	★
29	西宁特殊钢股份有限公司	一星级	一星级	一星级	一星级	三星级	一星级	★
30	涟源钢铁集团有限公司	一星级	一星级	一星级	二星级	二星级	二星级	★
31	甘肃酒钢集团宏兴钢铁股份有限公司	一星级	一星级	一星级	一星级	三星半级	一星级	★
32	福建省闽发铝业股份有限公司	一星级	一星级	一星级	一星级	三星半级	一星级	★
33	吉林吉恩镍业股份有限公司	一星级	一星级	一星级	一星级	三星级	一星级	★
34	云南驰宏锌锗股份有限公司	一星级	一星级	一星级	一星级	三星级	一星级	★
35	厦门钨业股份有限公司	一星级	一星级	一星级	一星级	三星半级	一星级	★
36	马鞍山钢铁股份有限公司	一星级	一星级	一星级	一星级	三星半级	一星级	★
37	宝鸡钛业股份有限公司	一星级	一星级	一星级	一星级	三星级	一星级	★

附录二　重点行业社会责任报告评价结果与排名(2013)

续表

序号	企业名称	创新性	可读性	可比性	平衡性	实质性	完整性	综合得分
38	山东南山铝业股份有限公司	一星级	一星级	一星级	一星级	三星级	一星级	★
39	铜陵有色金属集团股份有限公司	一星级	一星级	一星级	二星级	二星级	一星级	★
40	浙江龙盛集团股份有限公司	一星级	一星级	一星级	二星级	二星级	二星级	★
41	中原特钢股份有限公司	一星级	一星级	一星级	一星级	三星级	一星级	★
42	北京钢研高纳科技股份有限公司	一星级	一星级	一星级	一星级	二星级	一星级	★
43	四川宏达股份有限公司	一星级	二星级	一星级	一星级	一星级	一星级	★
44	方大特钢科技股份有限公司	一星级	一星级	一星级	一星级	三星级	一星级	★
45	浙江栋梁新材股份有限公司	一星级	一星级	一星级	一星级	二星级	一星级	★
46	安徽鑫科新材料股份有限公司	一星级	一星级	一星级	一星级	二星级	一星级	★
47	北矿磁材科技股份有限公司	一星级	一星级	一星级	一星级	二星级	一星级	★
48	焦作万方铝业股份有限公司	一星级	一星级	一星级	一星级	二星级	一星级	★
49	重庆钢铁股份有限公司	一星级	一星级	一星级	一星级	二星级	一星级	★
50	河南豫光金铅股份有限公司	一星级	一星级	一星级	一星级	二星级	一星级	★
51	河南中孚实业股份有限公司	一星级	一星级	一星级	一星级	一星级	一星级	★

十三、食品饮料业企业社会责任报告评价结果

序号	企业名称	创新性	可读性	可比性	平衡性	实质性	完整性	综合得分
1	中国盐业总公司	四星半级	四星半级	五星级	四星半级	四星半级	四星半级	★★★★☆
2	中粮集团有限公司	四星级	四星级	四星级	一星级	四星级	二星级	★★★
3	遵义金紫阳食品有限公司	二星级	三星级	五星级	一星级	三星级	二星级	★★★

续表

序号	企业名称	创新性	可读性	可比性	平衡性	实质性	完整性	综合得分
4	贵州盐业（集团）有限责任公司	二星级	三星半级	二星级	二星级	三星级	二星级	★★
5	光明食品（集团）有限公司	二星级	四星级	一星级	一星级	四星级	二星级	★★
6	贵州永红食品有限公司	二星级	二星级	一星级	一星级	四星级	二星级	★★
7	汤臣倍健股份有限公司	三星级	三星半级	一星级	一星级	三星级	二星级	★★
8	上海爱森肉食品有限公司	一星级	三星级	一星级	一星级	三星半级	一星级	★★
9	国投中鲁果汁股份有限公司	一星级	二星级	一星级	一星级	三星半级	二星级	★★
10	保龄宝生物股份有限公司	一星级	一星级	一星级	一星级	四星级	二星级	★★
11	光明乳业股份有限公司	二星级	三星级	一星级	三星半级	二星级	二星级	★★
12	李锦记（中国）销售有限公司	二星级	三星半级	一星级	一星级	二星级	一星级	★★
13	河南双汇投资发展股份有限公司	一星级	一星级	一星级	二星级	三星级	一星级	★★
14	安琪酵母股份有限公司	一星级	一星级	一星级	一星级	三星级	一星级	★
15	新疆冠农果茸集团股份有限公司	一星级	一星级	二星级	一星级	三星级	一星级	★
16	郑州三全食品股份有限公司	一星级	一星级	一星级	一星级	二星级	一星级	★
17	深圳市金新农饲料股份有限公司	一星级	一星级	一星级	一星级	二星级	一星级	★
18	福建腾新食品股份有限公司	一星级	一星级	一星级	一星级	二星级	一星级	★
19	好想你枣业股份有限公司	一星级	一星级	一星级	一星级	二星级	一星级	★
20	中粮屯河股份有限公司	一星级	一星级	一星级	一星级	二星级	一星级	★
21	洽洽食品股份有限公司	一星级	一星级	一星级	一星级	二星级	一星级	★
22	梅花生物科技集团股份有限公司	一星级	一星级	一星级	一星级	一星级	一星级	★
23	贵州和泰茶叶股份有限公司	一星级	一星级	一星级	一星级	一星级	一星级	★

十四、机械设备制造业企业社会责任报告评价结果

序号	企业名称	创新性	可读性	可比性	平衡性	实质性	完整性	综合得分
1	中国兵器装备集团公司	四星级	四星半级	五星级	三星半级	四星半级	四星级	★★★★☆
2	斗山infracore（中国）	四星级	四星半级	四星半级	三星半级	四星级	四星级	★★★★
3	中国中钢集团公司	四星级	四星半级	三星半级	三星半级	四星半级	三星半级	★★★★
4	中国机械工业集团有限公司	三星半级	四星半级	四星级	三星级	四星级	三星半级	★★★★
5	广西玉柴机器集团有限公司	二星级	四星级	三星半级	三星半级	四星级	二星级	★★★☆
6	中国第二重型机械集团公司	二星级	三星半级	五星级	二星级	四星级	三星级	★★★☆
7	兖矿集团有限公司	二星级	四星级	一星级	四星级	三星级	三星级	★★★☆
8	安徽合力股份有限公司	二星级	四星级	三星级	三星级	三星级	四星级	★★★☆
9	上海海立（集团）股份有限公司	三星级	四星半级	一星级	一星级	四星级	四星级	★★★☆
10	中国东方电气集团有限公司	二星级	四星级	一星级	一星级	五星级	四星级	★★★☆
11	中国国际海运集装箱（集团）股份有限公司	三星级	三星半级	三星级	一星级	四星半级	三星半级	★★★☆
12	中国恒天集团公司	二星级	三星半级	二星级	二星级	四星级	三星级	★★★
13	经纬纺织机械股份有限公司	二星级	四星级	二星级	二星级	四星级	三星级	★★★
14	上海电气核电设备有限公司	二星级	四星级	一星级	三星级	四星半级	二星级	★★★
15	广西柳工机械股份有限公司	二星级	三星半级	一星级	一星级	四星半级	三星级	★★★
16	上海电气电站设备有限公司上海汽轮机厂	三星级	三星半级	一星级	二星级	三星半级	二星级	★★★
17	广西柳工集团有限公司	三星级	四星级	一星级	一星级	三星级	二星级	★★★
18	上海三菱电梯有限公司	三星级	三星半级	二星级	二星级	三星级	二星级	★★★
19	中国第一重型机械集团公司	二星级	三星半级	一星级	一星级	四星级	二星级	★★★

续表

序号	企业名称	创新性	可读性	可比性	平衡性	实质性	完整性	综合得分
20	宝钢工程技术集团有限公司	三星级	四星半级	一星级	三星级	三星级	二星级	★★★
21	山推工程机械股份有限公司	一星级	三星级	二星级	二星级	三星半级	二星级	★★★
22	杭州前进齿轮箱集团股份有限公司	一星级	三星级	二星级	一星级	四星级	二星级	★★★
23	中国电力建设集团有限公司	三星级	三星半级	一星级	一星级	三星半级	三星级	★★★
24	铁姆肯（无锡）轴承有限公司	二星级	二星级	一星级	三星级	四星级	二星级	★★★
25	深圳市大族激光科技股份有限公司	一星级	三星半级	一星级	二星级	三星半级	二星级	★★
26	上海三电贝洱汽车空调有限公司	三星级	三星级	一星级	一星级	三星半级	三星级	★★
27	中国船舶重工股份有限公司	三星级	四星级	一星级	一星级	四星级	二星级	★★
28	上海电气集团股份有限公司	二星级	三星半级	一星级	一星级	三星半级	三星级	★★
29	伊顿（中国）投资有限公司	三星级	三星级	一星级	二星级	三星半级	二星级	★★
30	沈阳机床（集团）有限责任公司	二星级	三星半级	一星级	二星级	二星级	三星级	★★
31	华润万东医疗装备股份有限公司	二星级	三星级	一星级	一星级	三星半级	二星级	★★
32	潍柴动力股份有限公司	一星级	三星级	一星级	二星级	三星级	二星级	★★
33	东方电气股份有限公司	二星级	三星级	一星级	一星级	三星半级	二星级	★★
34	贵州黎阳航空发动机（集团）有限公司	二星级	三星级	一星级	二星级	二星级	二星级	★★
35	华域汽车系统股份有限公司	一星级	二星级	二星级	二星级	四星级	一星级	★★
36	江南嘉捷电梯股份有限公司	一星级	二星级	一星级	二星级	三星级	二星级	★★

续表

序号	企业名称	创新性	可读性	可比性	平衡性	实质性	完整性	综合得分
37	上海电力修造总厂有限公司	二星级	三星级	一星级	一星级	三星级	二星级	★★
38	中山大洋电机股份有限公司	一星级	二星级	一星级	一星级	三星半级	二星级	★★
39	上海新星印刷器材有限公司	二星级	三星半级	一星级	一星级	三星半级	二星级	★★
40	精密烧结合金（无锡）有限公司	一星级	二星级	一星级	二星级	四星级	一星级	★★
41	杭州汽轮机股份有限公司	一星级	一星级	一星级	一星级	四星级	二星级	★★
42	国电南瑞科技股份有限公司	二星级	二星级	一星级	一星级	三星级	二星级	★★
43	上海朗脉洁净技术股份有限公司	二星级	三星级	一星级	一星级	三星级	一星级	★★
44	厦门厦工机械股份有限公司	一星级	二星级	一星级	一星级	四星级	二星级	★★
45	中联重工科技发展股份有限公司	一星级	二星级	一星级	一星级	三星半级	二星级	★★
46	西安陕鼓动力股份有限公司	一星级	二星级	一星级	一星级	三星半级	二星级	★★
47	卧龙电气集团股份有限公司	一星级	一星级	一星级	二星级	三星半级	二星级	★★
48	浙江精功科技股份有限公司	一星级	一星级	一星级	一星级	四星级	二星级	★★
49	福建龙溪轴承（集团）股份有限公司	一星级	一星级	一星级	二星级	三星半级	二星级	★★
50	中联重科股份有限公司	一星级	一星级	一星级	一星级	三星半级	二星级	★★
51	贵州詹阳动力重工有限公司	一星级	一星级	一星级	二星级	三星级	一星级	★★
52	珠海万力达电气股份有限公司	一星级	一星级	一星级	一星级	三星半级	一星级	★★
53	江苏神通阀门股份有限公司	一星级	一星级	一星级	一星级	三星半级	一星级	★★

续表

序号	企业名称	创新性	可读性	可比性	平衡性	实质性	完整性	综合得分
54	洛阳轴研科技股份有限公司	一星级	一星级	一星级	一星级	三星半级	一星级	★★
55	无锡威孚高科技集团股份有限公司	一星级	一星级	一星级	一星级	三星级	二星级	★★
56	西安航空动力股份有限公司	一星级	二星级	一星级	一星级	二星级	二星级	★★
57	尼康电子仪器（中国）有限公司	一星级	一星级	二星级	二星级	二星级	一星级	★★
58	康明斯发电机技术（中国）有限公司	一星级	一星级	一星级	二星级	二星级	一星级	★★
59	徐工集团工程机械股份有限公司	一星级	一星级	一星级	一星级	三星级	二星级	★
60	无锡康明斯涡轮增压技术有限公司	一星级	一星级	一星级	一星级	三星级	一星级	★
61	乐普（北京）医疗器械股份有限公司	一星级	一星级	一星级	一星级	三星级	一星级	★
62	天地科技股份有限公司	一星级	一星级	一星级	一星级	三星半级	一星级	★
63	上海柴油机股份有限公司	一星级	一星级	一星级	一星级	三星级	一星级	★
64	浙江菲达环保科技股份有限公司	一星级	一星级	一星级	一星级	三星级	二星级	★
65	长园集团股份有限公司	一星级	一星级	一星级	一星级	三星级	一星级	★
66	沈机集团昆明机床股份有限公司	一星级	二星级	一星级	一星级	二星级	一星级	★
67	西宁特殊钢股份有限公司	一星级	一星级	一星级	一星级	三星级	一星级	★
68	三一重工股份有限公司	一星级	一星级	一星级	一星级	三星级	一星级	★
69	河南新天科技股份有限公司	一星级	二星级	一星级	一星级	二星级	一星级	★
70	保定天威保变电气股份有限公司	一星级	一星级	一星级	一星级	三星级	一星级	★
71	无锡范尼韦尔工程有限公司	一星级	二星级	一星级	二星级	二星级	一星级	★

续表

序号	企业名称	创新性	可读性	可比性	平衡性	实质性	完整性	综合得分
72	中航光电科技股份有限公司	一星级	一星级	一星级	一星级	二星级	二星级	★
73	第一拖拉机股份有限公司	一星级	一星级	一星级	一星级	二星级	一星级	★
74	上海航天汽车机电股份有限公司	一星级	一星级	一星级	一星级	三星级	一星级	★
75	中航重机股份有限公司	一星级	一星级	一星级	一星级	二星级	二星级	★
76	中国中材国际工程股份有限公司	一星级	二星级	一星级	一星级	二星级	一星级	★
77	阿特拉斯·科普柯（无锡）压缩机有限公司	一星级	一星级	一星级	一星级	二星级	一星级	★
78	帝业技凯（无锡）精密工业有限公司	一星级	一星级	一星级	一星级	一星级	一星级	★
79	福建中能电气股份有限公司	一星级	一星级	一星级	一星级	二星级	一星级	★
80	天津百利特精电气股份有限公司	一星级	一星级	一星级	一星级	二星级	一星级	★
81	新疆金风科技股份有限公司	一星级	一星级	一星级	一星级	二星级	一星级	★
82	神州学人集团股份有限公司	一星级	一星级	一星级	一星级	二星级	一星级	★
83	江西华伍制动器股份有限公司	一星级	一星级	一星级	一星级	二星级	一星级	★
84	万向钱潮股份有限公司	一星级	一星级	一星级	一星级	二星级	一星级	★
85	林州重机集团股份有限公司	一星级	一星级	一星级	一星级	二星级	一星级	★
86	青海华鼎实业股份有限公司	一星级	一星级	一星级	二星级	一星级	一星级	★
87	东芝大连有限公司	二星级	二星级	一星级	一星级	一星级	一星级	★
88	艾默生（中国）	一星级	一星级	一星级	一星级	一星级	一星级	★
89	郑州煤矿机械集团股份有限公司	一星级	一星级	一星级	一星级	一星级	一星级	★

续表

序号	企业名称	创新性	可读性	可比性	平衡性	实质性	完整性	综合得分
90	安徽全柴动力股份有限公司	一星级	一星级	一星级	一星级	一星级	一星级	★
91	福建雪人股份有限公司	一星级	一星级	一星级	一星级	一星级	一星级	★
92	北人印刷机械股份有限公司	一星级	一星级	一星级	一星级	一星级	一星级	★
93	贵阳高原矿山机械股份有限公司	一星级	一星级	一星级	一星级	一星级	一星级	★
94	上海机电股份有限公司	一星级	一星级	一星级	一星级	一星级	一星级	★
95	深圳市汇川技术股份有限公司	一星级	一星级	一星级	一星级	一星级	一星级	★
96	江苏速升自动化装备股份有限公司	一星级	一星级	一星级	一星级	一星级	一星级	★
97	南方风机股份有限公司	一星级	一星级	一星级	一星级	一星级	一星级	★
98	上海置信电气股份有限公司	一星级	一星级	一星级	一星级	一星级	一星级	★
99	天马轴承集团股份有限公司	一星级	一星级	一星级	一星级	一星级	一星级	★
100	无锡百纳容器有限公司	一星级	一星级	一星级	一星级	一星级	一星级	★
101	无锡迈特动力机械有限公司	一星级	一星级	一星级	一星级	一星级	一星级	★
102	无锡产业发展集团有限公司	一星级	一星级	一星级	一星级	一星级	一星级	★
103	福建海源自动化机械股份有限公司	一星级	一星级	一星级	一星级	一星级	一星级	★
104	广东科达机电股份有限公司	一星级	一星级	一星级	一星级	一星级	一星级	★
105	天广消防股份有限公司	一星级	一星级	一星级	一星级	一星级	一星级	★
106	无锡压缩机股份有限公司	一星级	一星级	一星级	一星级	一星级	一星级	★
107	北京金自天正智能控制股份有限公司	一星级	一星级	一星级	一星级	一星级	一星级	★

十五、交通运输设备制造业企业社会责任报告评价结果

序号	企业名称	创新性	可读性	可比性	平衡性	实质性	完整性	综合得分
1	北京汽车集团有限公司	四星级	三星级	四星半级	四星半级	四星级	四星级	★★★★
2	东风本田汽车有限公司	四星级	四星半级	三星半级	二星级	四星半级	三星半级	★★★★
3	沪东中华造船（集团）有限公司	二星级	三星半级	五星级	四星级	三星半级	四星半级	★★★★
4	东风汽车公司	三星半级	四星半级	二星级	三星级	四星级	三星半级	★★★★
5	中国北车股份有限公司	三星半级	三星半级	四星级	二星级	四星级	三星半级	★★★☆
6	株洲南车时代电气股份有限公司	二星级	三星半级	五星级	三星级	四星级	三星级	★★★☆
7	上海汽车集团股份有限公司	三星半级	四星级	一星级	二星级	四星半级	三星半级	★★★☆
8	中国国际海运集装箱（集团）股份有限公司	三星级	三星半级	三星级	一星级	四星级	三星半级	★★★☆
9	广州汽车集团股份有限公司	三星半级	三星半级	二星级	一星级	四星级	三星半级	★★★☆
10	广州广船国际股份有限公司	一星级	三星级	五星级	一星级	四星级	三星级	★★★☆
11	上海外高桥造船有限公司	二星级	四星级	一星级	四星半级	三星半级	三星级	★★★
12	中国第一汽车集团公司	二星级	三星级	二星级	二星级	四星级	二星级	★★★
13	浙江吉利控股集团有限公司	三星级	四星级	四星级	二星级	三星级	二星级	★★★
14	戴姆勒·克莱斯勒（中国）投资有限公司	二星级	四星级	五星级	一星级	三星级	三星级	★★★
15	中国船舶重工股份有限公司	三星级	四星级	一星级	一星级	四星级	二星级	★★
16	丰田汽车（中国）投资有限公司	二星级	四星级	一星级	二星级	三星半级	一星级	★★
17	江铃汽车股份有限公司	二星级	二星级	四星级	一星级	三星级	二星级	★★
18	东风汽车股份有限公司	一星级	三星半级	一星级	三星级	三星半级	一星级	★★
19	郑州宇通客车股份有限公司	一星级	一星级	一星级	一星级	四星级	一星级	★★

续表

序号	企业名称	创新性	可读性	可比性	平衡性	实质性	完整性	综合得分
20	中国南车股份有限公司	一星级	一星级	一星级	一星级	四星级	二星级	★★
21	北汽福田汽车股份有限公司	一星级	三星级	一星级	一星级	二星级	二星级	★★
22	一汽轿车股份有限公司	一星级	二星级	一星级	一星级	三星级	二星级	★★
23	重庆长安汽车股份有限公司	一星级	一星级	一星级	二星级	三星级	一星级	★★
24	宝马汽车中国有限公司	三星级	二星级	一星级	一星级	二星级	一星级	★
25	航天晨光股份有限公司	一星级	一星级	一星级	一星级	三星级	一星级	★
26	长城汽车股份有限公司	一星级	一星级	一星级	一星级	三星级	一星级	★
27	内蒙古北方重型汽车股份有限公司	一星级	一星级	一星级	一星级	二星级	一星级	★
28	毕节市力帆骏马振兴车辆有限公司	一星级	一星级	一星级	一星级	一星级	一星级	★
29	风神轮胎股份有限公司	一星级	一星级	一星级	二星级	一星级	一星级	★
30	金杯汽车股份有限公司	一星级	一星级	一星级	一星级	二星级	一星级	★
31	晋西车轴股份有限公司	一星级	一星级	一星级	一星级	二星级	一星级	★
32	辽宁曙光汽车集团股份有限公司	一星级	一星级	一星级	一星级	一星级	一星级	★
33	厦门海翼集团有限公司	一星级	一星级	一星级	一星级	一星级	一星级	★
34	天津一汽夏利汽车股份有限公司	一星级	一星级	一星级	一星级	一星级	一星级	★
35	安徽江淮汽车股份有限公司	一星级	一星级	一星级	一星级	一星级	★

十六、保险业企业社会责任报告评价结果

序号	企业名称	创新性	可读性	可比性	平衡性	实质性	完整性	综合得分
1	中国太平洋保险（集团）股份有限公司	三星半级	四星级	五星级	二星级	四星半级	三星半级	★★★★
2	中国平安保险（集团）股份有限公司	三星半级	二星级	五星级	三星级	四星半级	四星级	★★★★

附录二　重点行业社会责任报告评价结果与排名(2013)

续表

序号	企业名称	创新性	可读性	可比性	平衡性	实质性	完整性	综合得分
3	中国人寿保险股份有限公司	二星级	二星级	五星级	一星级	四星半级	三星半级	★★★☆
4	新华人寿保险股份有限公司	二星级	三星级	一星级	一星级	四星半级	二星级	★★★
5	泰康人寿保险股份有限公司	二星级	三星级	一星级	一星级	三星半级	二星级	★★
6	前海人寿保险有限公司	二星级	二星级	一星级	一星级	三星级	二星级	★★
7	民生人寿保险股份有限公司	一星级	二星级	一星级	一星级	三星半级	二星级	★★
8	信达财产保险股份有限公司	一星级	三星级	一星级	一星级	二星级	二星级	★★
9	吉祥人寿保险有限公司	一星级	二星级	一星级	一星级	三星级	一星级	★★
10	利安人寿保险股份有限公司	一星级	二星级	一星级	一星级	三星半级	一星级	★★
11	利宝保险有限公司	二星级	三星级	一星级	一星级	二星级	一星级	★★
12	浙商财产保险股份有限公司	一星级	一星级	一星级	一星级	二星级	一星级	★
13	中邮人寿保险股份有限公司	一星级	二星级	一星级	一星级	二星级	一星级	★
14	幸福人寿保险股份有限公司	一星级	一星级	一星级	一星级	二星级	一星级	★
15	君龙人寿保险有限公司	一星级	一星级	一星级	二星级	三星级	一星级	★
16	华泰保险集团股份有限公司	一星级	二星级	一星级	一星级	二星级	一星级	★
17	爱和谊日生同和财产保险（中国）有限公司	二星级	二星级	一星级	一星级	二星级	一星级	★
18	恒安标准人寿保险有限公司	一星级	一星级	一星级	一星级	三星级	一星级	★
19	安华农业保险股份有限公司	一星级	二星级	一星级	一星级	二星级	一星级	★
20	中意人寿保险有限公司	一星级	二星级	一星级	一星级	二星级	一星级	★

续表

序号	企业名称	创新性	可读性	可比性	平衡性	实质性	完整性	综合得分
21	天安财产保险股份有限公司	一星级	二星级	一星级	一星级	二星级	一星级	★
22	泰山财产保险股份有限公司	一星级	一星级	一星级	一星级	二星级	一星级	★
23	中国人民健康保险股份有限公司	一星级	二星级	一星级	一星级	二星级	一星级	★
24	中国财产再保险股份有限公司	一星级	一星级	一星级	一星级	二星级	一星级	★
25	中银保险有限公司	一星级	一星级	一星级	一星级	二星级	一星级	★
26	百年人寿保险股份有限公司	一星级	一星级	一星级	一星级	二星级	一星级	★
27	中华联合财产保险股份有限公司	一星级	一星级	一星级	一星级	二星级	一星级	★
28	国泰财产保险有限责任公司	一星级	二星级	一星级	一星级	二星级	一星级	★
29	民安财产保险有限公司	一星级	一星级	一星级	一星级	二星级	一星级	★
30	英大泰和人寿保险股份有限公司	一星级	二星级	一星级	一星级	一星级	一星级	★
31	中新大东方人寿保险有限公司	一星级	一星级	一星级	一星级	二星级	一星级	★
32	中国人民财产保险股份有限公司	一星级	一星级	一星级	一星级	二星级	一星级	★
33	中荷人寿保险有限公司	一星级	二星级	一星级	一星级	一星级	一星级	★
34	安诚财产保险股份有限公司	一星级	二星级	一星级	一星级	一星级	一星级	★
35	安信农业保险股份有限公司	一星级	一星级	一星级	一星级	二星级	一星级	★
36	中汇国际保险经纪有限公司	一星级	一星级	一星级	一星级	二星级	一星级	★
37	华夏人寿保险股份有限公司	一星级	二星级	一星级	二星级	一星级	一星级	★

续表

序号	企业名称	创新性	可读性	可比性	平衡性	实质性	完整性	综合得分
38	中美联泰大都会人寿保险有限公司	一星级	二星级	一星级	一星级	一星级	一星级	★
39	光大永明人寿保险有限公司	一星级	一星级	一星级	二星级	一星级	一星级	★
40	长城保险经纪有限公司	一星级	一星级	一星级	一星级	一星级	一星级	★
41	中国大地财产保险股份有限公司	一星级	二星级	一星级	一星级	一星级	一星级	★
42	农银人寿保险股份有限公司	一星级	一星级	一星级	二星级	二星级	一星级	★
43	中国出口信用保险公司	一星级	二星级	一星级	一星级	一星级	一星级	★
44	生命人寿保险股份有限公司	一星级	一星级	一星级	一星级	一星级	一星级	★
45	中煤财产保险股份有限公司	一星级	一星级	一星级	一星级	一星级	一星级	★
46	阳光农业相互保险公司	一星级	一星级	一星级	一星级	一星级	一星级	★
47	中国再保险（集团）股份有限公司	一星级	二星级	一星级	一星级	一星级	一星级	★
48	阳光保险集团股份有限公司	一星级	一星级	一星级	一星级	一星级	一星级	★
49	都邦财产保险股份有限公司	一星级	一星级	一星级	一星级	一星级	一星级	★
50	和谐健康保险股份有限公司	一星级	一星级	一星级	一星级	一星级	一星级	★
51	渤海财产保险股份有限公司	一星级	一星级	一星级	一星级	一星级	一星级	★
52	华农财产保险股份有限公司	一星级	一星级	一星级	一星级	一星级	一星级	★
53	航联保险经纪有限公司	一星级	一星级	一星级	一星级	一星级	一星级	★
54	华安财产保险股份有限公司	一星级	一星级	一星级	二星级	一星级	一星级	★
55	复星保德信人寿保险有限公司	一星级	一星级	一星级	一星级	一星级	一星级	★

续表

序号	企业名称	创新性	可读性	可比性	平衡性	实质性	完整性	综合得分
56	中韩人寿保险有限公司	一星级	一星级	一星级	一星级	一星级	一星级	★
57	中怡保险经纪公司	一星级	一星级	一星级	一星级	一星级	一星级	★
58	东京海上日动火灾保险（中国）有限公司	一星级	二星级	一星级	一星级	一星级	一星级	★
59	合众人寿保险股份有限公司	一星级	一星级	一星级	一星级	一星级	一星级	★
60	海康人寿保险有限公司	一星级	一星级	一星级	一星级	一星级	一星级	★
61	三井住友海上火灾保险（中国）有限公司	一星级	一星级	一星级	一星级	一星级	一星级	★
62	北大方正人寿保险有限公司	一星级	一星级	一星级	一星级	一星级	一星级	★
63	安联财产保险（中国）有限公司	一星级	一星级	一星级	一星级	一星级	一星级	★
64	日本兴亚财产保险（中国）有限责任公司	一星级	一星级	一星级	一星级	一星级	一星级	★
65	康信保险经纪公司	一星级	一星级	一星级	一星级	一星级	一星级	★
66	中法人寿保险有限公司	一星级	一星级	一星级	一星级	一星级	一星级	★
67	中宏人寿保险有限公司	一星级	一星级	一星级	一星级	一星级	一星级	★
68	五洲（北京）保险经纪有限公司	一星级	一星级	一星级	一星级	一星级	一星级	★
69	美亚财产保险有限公司	一星级	一星级	一星级	一星级	一星级	一星级	★
70	信诚人寿保险有限公司	一星级	一星级	一星级	一星级	一星级	一星级	★
71	美国友邦保险有限公司上海分公司	一星级	一星级	一星级	一星级	一星级	一星级	★
72	丘博保险（中国）有限公司	一星级	一星级	一星级	一星级	一星级	一星级	★
73	乐爱金财产保险（中国）有限公司	一星级	一星级	一星级	一星级	一星级	一星级	★
74	信利保险（中国）有限公司	一星级	一星级	一星级	一星级	一星级	一星级	★

十七、计算机及相关设备制造业企业社会责任报告评价结果

序号	企业名称	创新性	可读性	可比性	平衡性	实质性	完整性	综合得分
1	联想集团	四星级	四星半级	三星级	一星级	四星半级	三星半级	★★★★
2	华硕电脑股份有限公司	三星半级	三星半级	二星级	三星级	四星级	三星级	★★★☆
3	富士施乐（中国）有限公司	三星级	四星级	三星半级	一星级	四星半级	三星级	★★★☆
4	上海富士施乐有限公司	三星级	三星半级	一星级	一星级	四星级	二星级	★★★
5	仁宝电脑工业股份有限公司	二星级	三星半级	一星级	一星级	三星级	三星级	★★
6	苏州安洁科技股份有限公司	一星级	二星级	一星级	一星级	三星级	二星级	★★
7	中国长城计算机深圳股份有限公司	一星级	一星级	一星级	一星级	三星级	二星级	★★
8	福建新大陆电脑股份有限公司	一星级	一星级	一星级	一星级	三星级	一星级	★
9	方正科技集团股份有限公司	一星级	一星级	一星级	一星级	二星级	一星级	★
10	NEC（中国）有限公司	二星级	三星级	一星级	一星级	一星级	一星级	★
11	同方股份有限公司	一星级	一星级	一星级	一星级	一星级	一星级	★
12	希捷国际科技（无锡）有限公司	一星级	一星级	一星级	一星级	一星级	一星级	★

十八、交通运输服务业企业社会责任报告评价结果

序号	企业名称	创新性	可读性	可比性	平衡性	实质性	完整性	综合得分
1	中国远洋运输（集团）总公司	四星半级	四星半级	五星级	四星级	五星级	四星半级	★★★★☆
2	中国东方航空股份有限公司	三星半级	四星级	四星级	三星半级	四星半级	四星级	★★★★

续表

序号	企业名称	创新性	可读性	可比性	平衡性	实质性	完整性	综合得分
3	中国国际航空股份有限公司	三星半级	四星半级	三星级	三星半级	四星半级	三星半级	★★★★
4	中国远洋控股股份有限公司	四星级	四星半级	五星级	四星级	三星半级	四星级	★★★★
5	朔黄铁路发展有限责任公司	四星级	四星级	四星级	二星级	四星级	三星半级	★★★★
6	广东省交通集团有限公司	三星半级	四星半级	二星级	三星半级	四星级	三星半级	★★★☆
7	广东省航运集团有限公司	三星级	三星半级	四星半级	四星级	四星级	三星半级	★★★☆
8	广东省铁路建设投资集团有限公司	三星半级	四星级	三星半级	二星级	四星级	三星半级	★★★☆
9	广东省机场管理集团有限公司	三星级	三星半级	四星级	四星半级	三星半级	三星半级	★★★☆
10	上海国际港务(集团)股份有限公司	三星半级	三星半级	五星级	三星级	三星级	三星半级	★★★☆
11	中国南方航空股份有限公司	三星半级	二星级	一星级	四星级	五星级	三星级	★★★☆
12	中国海运(集团)总公司	三星级	四星级	三星级	三星半级	三星级	三星级	★★★☆
13	深圳高速公路股份有限公司	二星级	三星级	四星半级	三星半级	三星级	三星级	★★★
14	招商局集团有限公司	三星半级	四星级	五星级	一星级	二星级	三星级	★★★
15	上海强生出租汽车有限公司	二星级	三星级	一星级	三星半级	三星半级	二星级	★★★
16	中外运空运发展股份有限公司	三星级	三星半级	二星级	三星半级	三星级	二星级	★★★
17	唐山港集团股份有限公司	二星级	三星半级	二星级	一星级	三星级	二星级	★★
18	贵阳市公共交通(集团)有限公司	二星级	三星级	二星级	二星级	三星级	二星级	★★
19	中国商用飞机有限责任公司	二星级	三星半级	一星级	三星级	二星级	二星级	★★
20	香港国际机场	二星级	二星级	一星级	一星级	三星级	一星级	★★
21	厦门航空有限公司	二星级	三星半级	一星级	二星级	一星级	二星级	★★

附录二 重点行业社会责任报告评价结果与排名(2013)

续表

序号	企业名称	创新性	可读性	可比性	平衡性	实质性	完整性	综合得分
22	天津港股份有限公司	二星级	三星级	一星级	一星级	二星级	二星级	★★
23	山东高速股份有限公司	一星级	一星级	二星级	一星级	三星半级	二星级	★★
24	江西长运股份有限公司	一星级	一星级	一星级	三星级	三星级	一星级	★★
25	中海发展股份有限公司	一星级	一星级	一星级	一星级	三星半级	一星级	★★
26	河南中原高速公路股份有限公司	一星级	一星级	一星级	一星级	三星半级	一星级	★★
27	日照港股份有限公司	一星级	一星级	一星级	一星级	二星级	二星级	★
28	大连港股份有限公司	一星级	一星级	一星级	一星级	三星半级	一星级	★
29	中储发展股份有限公司	一星级	一星级	一星级	一星级	三星级	一星级	★
30	广深铁路股份有限公司	一星级	一星级	一星级	一星级	二星级	一星级	★
31	厦门建发股份有限公司	一星级	二星级	一星级	一星级	一星级	二星级	★
32	中远航运股份有限公司	二星级	二星级	三星级	一星级	一星级	二星级	★
33	吉林高速公路股份有限公司	一星级	一星级	一星级	一星级	二星级	一星级	★
34	锦州港股份有限公司	一星级	一星级	一星级	一星级	一星级	一星级	★
35	大秦铁路股份有限公司	一星级	二星级	一星级	一星级	一星级	一星级	★
36	江苏宁沪高速公路股份有限公司	一星级	一星级	一星级	一星级	二星级	二星级	★
37	无锡市交通产业集团有限公司	一星级	一星级	一星级	一星级	三星级	一星级	★
38	上海大众公用事业（集团）股份有限公司	一星级	一星级	一星级	一星级	二星级	一星级	★
39	江苏连云港港口股份有限公司	一星级	一星级	一星级	一星级	二星级	一星级	★
40	江西赣粤高速公路股份有限公司	一星级	一星级	一星级	一星级	一星级	一星级	★
41	黑龙江交通发展股份有限公司	一星级	一星级	一星级	一星级	一星级	一星级	★
42	大众交通（集团）股份有限公司	一星级	一星级	一星级	一星级	二星级	一星级	★
43	广州白云国际机场股份有限公司	一星级	一星级	一星级	一星级	一星级	一星级	★

续表

序号	企业名称	创新性	可读性	可比性	平衡性	实质性	完整性	综合得分
44	宁波海运股份有限公司	一星级	一星级	一星级	一星级	一星级	一星级	★
45	深圳市盐田港股份有限公司	一星级	一星级	一星级	一星级	一星级	一星级	★
46	中海集装箱运输股份有限公司	一星级	一星级	一星级	一星级	一星级	一星级	★
47	安徽皖通高速公路股份有限公司	一星级	一星级	一星级	一星级	一星级	一星级	★
48	无锡苏南国际机场集团有限公司	一星级	一星级	一星级	一星级	一星级	一星级	★
49	营口港务股份有限公司	一星级	一星级	一星级	一星级	一星级	一星级	★
50	福建发展高速公路股份有限公司	一星级	一星级	一星级	一星级	一星级	一星级	★
51	中海（海南）海盛船务股份有限公司	一星级	一星级	一星级	一星级	一星级	一星级	★
52	中铁铁龙集装箱物流股份有限公司	一星级	一星级	一星级	一星级	一星级	一星级	★

十九、非金属矿物制品业企业社会责任报告评价结果

序号	企业名称	创新性	可读性	可比性	平衡性	实质性	完整性	综合得分
1	中国建筑材料集团有限公司	四星级	五星级	五星级	四星级	五星级	五星级	★★★★★
2	安徽海螺集团有限责任公司	二星级	三星级	一星级	二星级	三星半级	二星级	★★★
3	华新水泥股份有限公司	三星级	三星半级	二星级	二星级	三星级	二星级	★★
4	翁福（集团）有限责任公司	二星级	二星级	一星级	二星级	四星级	二星级	★★
5	北京金隅股份有限公司	二星级	二星级	一星级	二星级	四星级	二星级	★★
6	北京东方雨虹防水技术股份有限公司	一星级	一星级	一星级	二星级	四星级	三星级	★★

续表

序号	企业名称	创新性	可读性	可比性	平衡性	实质性	完整性	综合得分
7	河南新大新材料股份有限公司	一星级	一星级	一星级	一星级	四星半级	一星级	★★
8	新疆天山水泥股份有限公司	一星级	一星级	一星级	一星级	四星级	一星级	★★
9	北方光电股份有限公司	一星级	一星级	一星级	二星级	三星半级	一星级	★★
10	中国玻纤股份有限公司	一星级	一星级	一星级	一星级	三星半级	二星级	★★
11	中材科技股份有限公司	一星级	一星级	一星级	一星级	四星级	一星级	★★
12	上海斯米克建筑陶瓷股份有限公司	一星级	二星级	一星级	一星级	二星级	二星级	★
13	中国南玻集团股份有限公司	一星级	一星级	一星级	一星级	三星半级	一星级	★
14	安徽海螺水泥股份有限公司	二星级	二星级	一星级	一星级	二星级	一星级	★
15	福建水泥股份有限公司	一星级	一星级	一星级	一星级	三星半级	一星级	★
16	洛阳玻璃股份有限公司	一星级	一星级	一星级	一星级	二星级	一星级	★
17	唐山冀东水泥股份有限公司	一星级	一星级	一星级	一星级	三星级	一星级	★
18	福建冠福现代家用股份有限公司	一星级	一星级	一星级	一星级	二星级	一星级	★
19	株洲旗滨集团股份有限公司	一星级	一星级	一星级	一星级	三星级	一星级	★
20	广东塔牌集团股份有限公司	一星级	一星级	一星级	一星级	三星级	一星级	★
21	广东海印集团股份有限公司	一星级	一星级	一星级	一星级	二星级	二星级	★
22	河南同力水泥股份有限公司	一星级	一星级	一星级	一星级	三星级	一星级	★
23	北京中科三环高技术股份有限公司	一星级	一星级	一星级	一星级	二星级	一星级	★
24	雅玛可精密塑胶（无锡）有限公司	一星级	一星级	一星级	一星级	二星级	一星级	★

续表

序号	企业名称	创新性	可读性	可比性	平衡性	实质性	完整性	综合得分
25	河南四方达超硬材料股份有限公司	一星级	一星级	一星级	一星级	二星级	一星级	★
26	福耀玻璃工业集团股份有限公司	一星级	一星级	一星级	一星级	二星级	一星级	★
27	吉林亚泰（集团）股份有限公司	一星级	一星级	一星级	一星级	一星级	一星级	★
28	浙江尖峰集团股份有限公司	一星级	一星级	一星级	一星级	二星级	一星级	★
29	福建福晶科技股份有限公司	一星级	一星级	一星级	一星级	二星级	一星级	★
30	郑州华晶金刚石股份有限公司	一星级	一星级	一星级	一星级	二星级	一星级	★

二十、建筑业企业社会责任报告评价结果

序号	企业名称	创新性	可读性	可比性	平衡性	实质性	完整性	综合得分
1	中国建筑股份有限公司	五星级	五星级	四星半级	四星级	五星级	四星半级	★★★★★
2	中国交通建设股份有限公司	四星级	四星半级	二星级	三星级	四星级	四星级	★★★★
3	广东省建筑工程集团有限公司	四星级	四星级	四星半级	三星级	四星级	三星半级	★★★★
4	广东省水电集团有限公司	三星半级	四星级	四星级	三星级	四星级	三星半级	★★★★
5	广东省交通集团有限公司	三星半级	四星半级	二星级	三星半级	四星级	三星半级	★★★☆
6	上海建工七建集团有限公司	三星级	三星半级	五星级	四星级	三星级	二星级	★★★☆
7	广东省铁路建设投资集团有限公司	三星半级	四星级	三星半级	二星级	四星级	三星半级	★★★☆
8	上海浦东路桥建设股份有限公司	三星级	四星半级	二星级	四星级	四星级	三星级	★★★☆
9	中国冶金科工股份有限公司	四星级	三星半级	一星级	三星半级	四星级	三星级	★★★

附录二　重点行业社会责任报告评价结果与排名(2013)

续表

序号	企业名称	创新性	可读性	可比性	平衡性	实质性	完整性	综合得分
10	中国电力建设集团有限公司	三星级	三星半级	一星级	一星级	三星半级	三星级	★★★
11	中国有色矿业集团有限公司	二星级	四星级	一星级	一星级	三星级	三星级	★★★
12	中国铁建股份有限公司	一星级	二星级	一星级	一星级	三星级	二星级	★★
13	中国中铁股份有限公司	三星级	二星级	二星级	一星级	三星半级	二星级	★★
14	中铁二局股份有限公司	一星级	一星级	一星级	一星级	三星级	二星级	★★
15	山东高速路桥集团股份有限公司	一星级	二星级	一星级	一星级	二星级	二星级	★★
16	七冶建设（集团）有限责任公司	二星级	三星级	一星级	三星半级	一星级	二星级	★★
17	上海绿地建设（集团）有限公司	二星级	二星级	一星级	一星级	三星半级	三星级	★★
18	上海建工一建集团有限公司	一星级	一星级	一星级	二星级	二星级	一星级	★★
19	贵州高速公路开发总公司	二星级	三星级	一星级	一星级	二星级	一星级	★★
20	中国水利水电建设股份有限公司	一星级	一星级	一星级	一星级	二星级	一星级	★
21	上海建工集团股份有限公司	一星级	一星级	一星级	一星级	一星级	一星级	★
22	中国有色金属建设股份有限公司	一星级	一星级	一星级	一星级	二星级	一星级	★
23	苏州金螳螂建筑装饰股份有限公司	一星级	一星级	一星级	一星级	二星级	一星级	★
24	海洋石油工程股份有限公司	一星级	一星级	一星级	二星级	一星级	一星级	★
25	中工国际工程股份有限公司	一星级	一星级	一星级	一星级	二星级	一星级	★
26	宏润建设集团股份有限公司	一星级	一星级	一星级	一星级	一星级	一星级	★
27	安徽水利开发股份有限公司	一星级	一星级	一星级	一星级	二星级	一星级	★

续表

序号	企业名称	创新性	可读性	可比性	平衡性	实质性	完整性	综合得分
28	黑牡丹（集团）股份有限公司	一星级	一星级	一星级	一星级	一星级	一星级	★
29	棕榈园林股份有限公司	一星级	三星半级	一星级	一星级	一星级	一星级	★
30	宁波联合集团股份有限公司	一星级	一星级	一星级	一星级	一星级	一星级	★
31	中国武夷实业股份有限公司	一星级	二星级	一星级	一星级	二星级	一星级	★
32	南京高科股份有限公司	一星级	一星级	一星级	一星级	一星级	一星级	★
33	广州普邦园林股份有限公司	一星级	二星级	一星级	一星级	一星级	一星级	★
34	北方国际合作股份有限公司	一星级	二星级	一星级	一星级	一星级	一星级	★
35	中体产业集团股份有限公司	一星级	一星级	一星级	一星级	一星级	一星级	★
36	北京空港科技园区股份有限公司	一星级	一星级	一星级	一星级	一星级	一星级	★
37	贵州建工集团有限公司	一星级	二星级	二星级	一星级	一星级	一星级	★
38	上海环宇消防工程有限公司	二星级	二星级	一星级	一星级	二星级	一星级	★
39	无锡城市发展集团有限公司	一星级	一星级	一星级	一星级	一星级	一星级	★

二十一、电子产品及电子元器件制造业企业社会责任报告评价结果

序号	企业名称	创新性	可读性	可比性	平衡性	实质性	完整性	综合得分
1	中国三星	四星级	四星半级	四星半级	四星半级	四星半级	四星半级	★★★★☆
2	中国电子信息产业集团有限公司	四星级	四星半级	五星级	四星级	四星级	四星级	★★★★☆
3	中国松下	四星级	三星半级	五星级	四星半级	四星半级	四星级	★★★★

续表

序号	企业名称	创新性	可读性	可比性	平衡性	实质性	完整性	综合得分
4	英特尔（中国）有限公司	五星级	四星半级	五星级	二星级	四星级	三星半级	★★★★
5	光宝科技股份有限公司	二星级	四星级	五星级	二星级	四星半级	三星半级	★★★★
6	佳能（中国）有限公司	四星级	四星半级	五星级	三星级	四星级	三星半级	★★★★
7	夏普中国投资有限公司	二星级	四星级	五星级	四星级	四星级	三星级	★★★★
8	京东方科技集团股份有限公司	三星半级	四星级	二星级	一星级	四星级	三星半级	★★★
9	东芝集团（中国）	三星半级	四星级	一星级	三星半级	三星半级	三星级	★★★
10	上海三思电子工程有限公司	三星级	三星级	一星级	四星级	三星半级	二星级	★★★
11	环旭电子股份有限公司	二星级	三星半级	一星级	二星级	三星级	三星级	★★★
12	天马微电子股份有限公司	三星半级	四星级	一星级	二星级	三星级	三星级	★★
13	大唐电信科技产业集团	二星级	三星级	一星级	二星级	三星级	二星级	★★
14	富士康科技集团	二星级	三星半级	一星级	二星级	三星级	二星级	★★
15	上海华虹 NEC 电子有限公司	二星级	三星半级	一星级	二星级	三星级	三星级	★★
16	浙江正泰电器股份有限公司	二星级	三星半级	一星级	二星级	三星半级	二星级	★★
17	杭州海康威视数字技术股份有限公司	一星级	二星级	一星级	二星级	四星级	二星级	★★
18	特变电工股份有限公司	一星级	二星级	一星级	二星级	三星半级	二星级	★★
19	青岛汉缆股份有限公司	一星级	二星级	一星级	二星级	四星级	二星级	★★
20	苏州固锝电子股份有限公司	二星级	二星级	一星级	二星级	三星半级	二星级	★★
21	上海贝岭股份有限公司	一星级	二星级	一星级	三星级	二星级	二星级	★★
22	深圳市科陆电子科技股份有限公司	一星级	二星级	一星级	一星级	三星级	二星级	★★
23	上海新时达电气股份有限公司	一星级	二星级	一星级	二星级	二星级	二星级	★★
24	住化电子材料科技（无锡）有限公司	一星级	二星级	一星级	二星级	二星级	二星级	★★
25	无锡夏普电子元器件有限公司	一星级	二星级	一星级	二星级	二星级	二星级	★★

续表

序号	企业名称	创新性	可读性	可比性	平衡性	实质性	完整性	综合得分
26	新疆众和股份有限公司	一星级	三星级	一星级	一星级	二星级	一星级	★★
27	福建南平太阳电缆股份有限公司	一星级	一星级	一星级	一星级	三星级	二星级	★★
28	航天时代电子技术股份有限公司	一星级	一星级	一星级	一星级	三星半级	一星级	★★
29	浙江大华技术股份有限公司	一星级	一星级	二星级	一星级	二星级	二星级	★★
30	广东生益科技股份有限公司	一星级	一星级	一星级	一星级	三星级	二星级	★★
31	奥林巴斯（中国）有限公司	一星级	一星级	一星级	一星级	三星级	一星级	★★
32	国民技术股份有限公司	一星级	二星级	一星级	一星级	二星级	一星级	★
33	爱普科斯科技（无锡）有限公司	一星级	一星级	一星级	三星级	二星级	二星级	★
34	无锡世成晶电柔性线路板有限公司	一星级	一星级	一星级	二星级	二星级	一星级	★
35	无锡阿尔卑斯电子有限公司	一星级	二星级	一星级	二星级	二星级	二星级	★
36	大恒新纪元科技股份有限公司	一星级	二星级	一星级	二星级	二星级	一星级	★
37	歌尔声学股份有限公司	一星级	一星级	一星级	一星级	三星级	一星级	★
38	利达光电股份有限公司	一星级	一星级	一星级	一星级	二星级	二星级	★
39	河南汉威电子股份有限公司	一星级	二星级	一星级	一星级	二星级	一星级	★
40	深圳长城开发科技股份有限公司	一星级	二星级	一星级	一星级	二星级	一星级	★
41	株洲时代新材料科技股份有限公司	一星级	一星级	一星级	一星级	二星级	一星级	★
42	无锡日立麦克赛尔有限公司	一星级	一星级	一星级	二星级	二星级	一星级	★
43	爱普生拓优科梦水晶元器件（无锡）有限公司	一星级	一星级	一星级	二星级	一星级	二星级	★

续表

序号	企业名称	创新性	可读性	可比性	平衡性	实质性	完整性	综合得分
44	东芝半导体（无锡）有限公司	一星级	一星级	一星级	三星半级	一星级	一星级	★
45	无锡广濑拓展电子有限公司	一星级	一星级	一星级	二星级	二星级	一星级	★
46	无锡村田电子有限公司	一星级	一星级	一星级	二星级	一星级	一星级	★
47	深圳莱宝高科技股份有限公司	一星级	一星级	一星级	二星级	二星级	二星级	★
48	无锡宏仁电子材料科技有限公司	一星级	一星级	一星级	二星级	二星级	一星级	★
49	神州学人集团股份有限公司	一星级	一星级	一星级	一星级	二星级	一星级	★
50	横店集团东磁股份有限公司	一星级	一星级	一星级	一星级	二星级	一星级	★
51	凤凰光学股份有限公司	一星级	一星级	一星级	一星级	二星级	一星级	★
52	上海普天邮通科技股份有限公司	一星级	一星级	一星级	一星级	二星级	一星级	★
53	杭州士兰微电子股份有限公司	一星级	一星级	一星级	一星级	二星级	一星级	★
54	无锡相川铁龙电子有限公司	一星级	一星级	一星级	二星级	一星级	一星级	★
55	吉林华微电子股份有限公司	一星级	一星级	一星级	一星级	一星级	一星级	★
56	华映科技（集团）股份有限公司	一星级	一星级	一星级	一星级	一星级	一星级	★
57	东芝大连有限公司	二星级	二星级	一星级	一星级	一星级	一星级	★
58	河南通达电缆股份有限公司	一星级	一星级	一星级	一星级	二星级	一星级	★
59	福建实达集团股份有限公司	一星级	一星级	一星级	一星级	二星级	一星级	★
60	福建福日电子股份有限公司	一星级	一星级	一星级	一星级	一星级	一星级	★

续表

序号	企业名称	创新性	可读性	可比性	平衡性	实质性	完整性	综合得分
61	有研半导体材料股份有限公司	一星级	一星级	一星级	一星级	一星级	一星级	★
62	中科英华高技术股份有限公司	一星级	一星级	一星级	一星级	一星级	一星级	★
63	南京熊猫电子股份有限公司	一星级	一星级	一星级	一星级	一星级	一星级	★
64	宝胜科技创新股份有限公司	一星级	一星级	一星级	一星级	一星级	一星级	★

二十二、医药生物制造业企业社会责任报告评价结果

序号	企业名称	可读性	可比性	平衡性	实质性	完整性	综合得分
1	上海复星医药（集团）股份有限公司	四星级	五星级	四星半级	四星半级	三星半级	★★★★
2	中国医药集团总公司	四星半级	五星级	二星级	四星半级	四星级	★★★★
3	上海现代制药股份有限公司	三星半级	五星级	三星级	四星级	三星半级	★★★☆
4	上海中信国健药业股份有限公司	三星级	一星级	一星级	五星级	三星级	★★★
5	西藏奇正藏药股份有限公司	四星半级	一星级	一星级	四星级	三星级	★★★
6	常州四药制药有限公司	三星半级	二星级	二星级	三星半级	二星级	★★★
7	上海和黄药业	四星级	一星级	四星级	三星级	二星级	★★★
8	重庆医药（集团）股份有限公司	三星半级	一星级	一星级	二星级	二星级	★★
9	赛诺菲中国	四星级	一星级	一星级	三星半级	二星级	★★
10	国药控股股份有限公司	四星级	一星级	一星级	二星级	三星级	★★
11	云南白药集团股份有限公司	三星半级	一星级	二星级	三星半级	二星级	★★
12	哈药集团三精制药股份有限公司	三星半级	一星级	一星级	三星级	二星级	★★
13	华润三九医药股份有限公司	二星级	一星级	四星级	三星级	二星级	★★
14	金花投资控股集团	四星级	一星级	一星级	二星级	二星级	★★
15	国药集团一致药业股份有限公司	三星半级	一星级	一星级	二星级	二星级	★★
16	浙江海正药业股份有限公司	三星级	一星级	二星级	二星级	二星级	★★
17	帝斯曼中国	三星半级	三星级	一星级	一星级	一星级	★★

续表

序号	企业名称	可读性	可比性	平衡性	实质性	完整性	综合得分
18	马应龙药业集团股份有限公司	三星级	一星级	一星级	三星半级	二星级	★★
19	北京天坛生物制品股份有限公司	二星级	一星级	一星级	四星级	二星级	★★
20	无限极（中国）有限公司	三星半级	一星级	一星级	二星级	二星级	★★
21	贵州信邦制药股份有限公司	三星级	一星级	一星级	三星级	一星级	★★
22	阿斯利康制药有限公司	一星级	一星级	一星级	三星半级	二星级	★★
23	云南白药集团无锡药业有限公司	三星半级	一星级	一星级	三星级	一星级	★★
24	天狮集团有限公司	四星级	一星级	一星级	二星级	二星级	★★
25	漳州片仔癀药业股份有限公司	一星级	一星级	四星级	三星半级	二星级	★★
26	四川科伦药业股份有限公司	二星级	二星级	一星级	二星级	二星级	★★
27	广州药业股份有限公司	一星级	一星级	一星级	三星半级	一星级	★★
28	北京双鹭药业股份有限公司	二星级	一星级	一星级	三星级	二星级	★★
29	北京北陆药业股份有限公司	二星级	一星级	一星级	三星级	二星级	★★
30	华润双鹤药业股份有限公司	二星级	一星级	一星级	二星级	二星级	★
31	山东东阿阿胶股份有限公司	一星级	一星级	一星级	三星级	二星级	★
32	纽迪希亚制药（无锡）有限公司	一星级	一星级	一星级	二星级	二星级	★
33	诺维信（中国）生物技术公司	二星级	四星级	一星级	一星级	一星级	★
34	贵州同济堂制药有限公司	二星级	一星级	一星级	二星级	二星级	★
35	国药集团药业股份有限公司	一星级	一星级	一星级	二星级	二星级	★
36	中国医药保健品股份有限公司	二星级	一星级	一星级	二星级	二星级	★
37	上海医药集团股份有限公司	一星级	一星级	一星级	三星级	二星级	★
38	上海凯宝药业股份有限公司	二星级	一星级	一星级	二星级	二星级	★
39	广东康美药业股份有限公司	二星级	一星级	一星级	二星级	二星级	★
40	吉林敖东药业集团股份有限公司	二星级	一星级	一星级	二星级	二星级	★
41	浙江佐力药业股份有限公司	二星级	一星级	一星级	一星级	二星级	★
42	华兰生物工程股份有限公司	一星级	一星级	一星级	二星级	一星级	★
43	贵州威门药业股份有限公司	二星级	一星级	一星级	二星级	一星级	★
44	杰能科（中国）生物工程有限公司	一星级	一星级	一星级	一星级	一星级	★
45	华仁药业股份有限公司	一星级	一星级	一星级	二星级	一星级	★
46	江中药业股份有限公司	一星级	一星级	一星级	二星级	一星级	★
47	天津天药药业股份有限公司	一星级	一星级	一星级	二星级	一星级	★
48	天津中新药业集团股份有限公司	一星级	一星级	一星级	二星级	一星级	★

续表

序号	企业名称	可读性	可比性	平衡性	实质性	完整性	综合得分
49	中牧实业股份有限公司	一星级	一星级	一星级	二星级	一星级	★
50	北京同仁堂股份有限公司	一星级	一星级	一星级	二星级	一星级	★
51	浙江尖峰集团股份有限公司	一星级	一星级	一星级	二星级	一星级	★
52	中国宝安集团股份有限公司	一星级	一星级	一星级	一星级	一星级	★
53	天茂实业集团股份有限公司	一星级	一星级	一星级	一星级	一星级	★
54	昆明制药集团股份有限公司	一星级	一星级	一星级	一星级	一星级	★
55	天津天士力制药股份有限公司	一星级	一星级	一星级	一星级	一星级	★
56	梅花生物科技集团股份有限公司	一星级	一星级	二星级	一星级	一星级	★
57	山东瑞康医药股份有限公司	一星级	一星级	一星级	一星级	一星级	★
58	广西梧州中恒集团股份有限公司	一星级	一星级	一星级	一星级	一星级	★
59	亚宝药业集团股份有限公司	一星级	一星级	一星级	一星级	一星级	★
60	扬子江药业集团有限公司	一星级	一星级	一星级	一星级	一星级	★

二十三、工业化学品制造业企业社会责任报告评价结果

序号	企业名称	创新性	可读性	可比性	平衡性	实质性	完整性	综合得分
1	中国盐业总公司	四星半级	四星半级	五星级	四星半级	四星半级	四星半级	★★★★☆
2	LG化学（中国）投资有限公司	四星级	四星半级	五星级	二星级	三星级	三星半级	★★★★
3	兖矿集团有限公司	二星级	四星级	一星级	四星级	三星级	三星级	★★★☆
4	巴斯夫大中华区	三星级	三星级	五星级	四星级	四星半级	二星级	★★★☆
5	陕西煤业化工集团有限责任公司	三星半级	四星级	三星级	三星半级	四星级	二星级	★★★☆
6	中国化工集团公司	二星级	四星半级	二星级	三星半级	四星级	二星级	★★★☆
7	上海氯碱化工股份有限公司	三星级	三星级	一星级	三星半级	五星级	二星级	★★★
8	安徽三星化工有限责任公司	二星级	二星级	五星级	四星级	三星级	三星级	★★★
9	上海中南建筑材料有限公司	二星级	三星半级	二星级	二星级	三星级	二星级	★★★

续表

序号	企业名称	创新性	可读性	可比性	平衡性	实质性	完整性	综合得分
10	新疆中泰化学股份有限公司	二星级	二星级	一星级	一星级	四星半级	二星级	★★★
11	立邦中国	三星级	四星半级	一星级	一星级	四星半级	二星级	★★★
12	唐山三友化工股份有限公司	一星级	四星半级	一星级	一星级	四星级	二星级	★★
13	云南云天化股份有限公司	三星级	三星级	一星级	二星级	三星级	二星级	★★
14	中粮生物化学（安徽）股份有限公司	二星级	二星级	一星级	一星级	四星级	二星级	★★
15	山东金正大生态工程股份有限公司	二星级	二星级	二星级	一星级	三星级	二星级	★★
16	上海新星印刷器材有限公司	二星级	三星半级	一星级	一星级	三星级	二星级	★★
17	帝斯曼中国	二星级	三星半级	三星级	四星级	一星级	一星级	★★
18	浙江巨化股份有限公司	二星级	三星级	二星级	二星级	三星级	二星级	★★
19	浙江华峰氨纶股份有限公司	一星级	二星级	一星级	一星级	三星级	二星级	★★
20	安徽华星化工股份有限公司	一星级	二星级	一星级	一星级	四星级	二星级	★★
21	云南煤业能源股份有限公司	二星级	二星级	一星级	三星半级	二星级	二星级	★★
22	河南佰利联化学股份有限公司	一星级	二星级	一星级	一星级	四星级	二星级	★★
23	南通江山农药化工股份有限公司	一星级	一星级	一星级	一星级	四星半级	二星级	★★
24	广东德美精细化工股份有限公司	一星级	二星级	一星级	一星级	三星级	二星级	★★
25	无锡宝通带业股份有限公司	一星级	二星级	一星级	二星级	三星级	二星级	★★
26	云南云维股份有限公司	一星级	一星级	一星级	一星级	三星级	二星级	★★
27	贵州西洋肥业有限公司	一星级	二星级	一星级	一星级	三星级	二星级	★★
28	浙江新安化工集团股份有限公司	一星级	一星级	一星级	一星级	四星半级	一星级	★★

续表

序号	企业名称	创新性	可读性	可比性	平衡性	实质性	完整性	综合得分
29	山西兰花科技创业股份有限公司	三星半级	四星级	一星级	一星级	一星级	二星级	★★
30	联化科技股份有限公司	一星级	二星级	一星级	一星级	三星级	二星级	★★
31	贵州赤天化集团有限责任公司	二星级	三星级	一星级	一星级	二星级	一星级	★★
32	贵州赤天化股份有限公司	一星级	二星级	二星级	二星级	二星级	一星级	★★
33	宁夏英力特化工股份有限公司	一星级	一星级	一星级	一星级	三星级	一星级	★★
34	南京红宝丽股份有限公司	一星级	一星级	一星级	一星级	三星级	一星级	★★
35	贵州川恒化工有限责任公司	一星级	二星级	一星级	一星级	二星级	一星级	★
36	江苏扬农化工股份有限公司	一星级	二星级	一星级	一星级	三星级	一星级	★
37	安徽皖维高新材料股份有限公司	一星级	二星级	一星级	一星级	二星级	一星级	★
38	上海环宇消防工程有限公司	二星级	二星级	一星级	一星级	二星级	一星级	★
39	中国石化仪征化纤股份有限公司	一星级	一星级	一星级	一星级	三星级	一星级	★
40	朗盛（无锡）化工有限公司	一星级	一星级	一星级	一星级	二星级	一星级	★
41	富士胶片精细化学（无锡）有限公司	一星级	一星级	一星级	一星级	二星级	二星级	★
42	南京化纤股份有限公司	一星级	一星级	一星级	一星级	三星级	一星级	★
43	福建元力活性炭股份有限公司	一星级	一星级	一星级	一星级	三星级	一星级	★
44	柳州化工股份有限公司	一星级	二星级	一星级	一星级	二星级	一星级	★
45	浙江伟星新型建材股份有限公司	一星级	二星级	一星级	一星级	一星级	一星级	★
46	浙江龙盛集团股份有限公司	一星级	一星级	一星级	一星级	二星级	二星级	★

续表

序号	企业名称	创新性	可读性	可比性	平衡性	实质性	完整性	综合得分
47	辽宁华锦通达化工股份有限公司	一星级	二星级	一星级	一星级	二星级	一星级	★
48	永高股份有限公司	一星级	一星级	一星级	一星级	二星级	一星级	★
49	湖北宜化化工股份有限公司	一星级	一星级	一星级	一星级	二星级	一星级	★
50	浙江新和成股份有限公司	一星级	一星级	一星级	一星级	二星级	一星级	★
51	湖北兴发化工集团股份有限公司	一星级	一星级	一星级	一星级	二星级	一星级	★
52	浙江伟星实业发展股份有限公司	一星级	二星级	一星级	一星级	一星级	一星级	★
53	福建青松股份有限公司	一星级	一星级	一星级	一星级	二星级	一星级	★
54	四川北方硝化棉股份有限公司	一星级	一星级	一星级	一星级	二星级	一星级	★
55	青海盐湖工业股份有限公司	一星级	一星级	一星级	一星级	二星级	一星级	★
56	贵州红星发展股份有限公司	一星级	一星级	一星级	一星级	二星级	一星级	★
57	贵州双龙实业集团有限公司	三星级	二星级	一星级	一星级	一星级	一星级	★
58	成都硅宝科技股份有限公司	一星级	一星级	一星级	一星级	一星级	一星级	★
59	天茂实业集团股份有限公司	一星级	一星级	一星级	一星级	一星级	一星级	★
60	烟台万华聚氨酯股份有限公司	一星级	一星级	一星级	一星级	二星级	一星级	★
61	锐科（无锡）科技有限公司	一星级	一星级	一星级	一星级	一星级	一星级	★
62	湖北凯乐科技股份有限公司	一星级	一星级	一星级	一星级	一星级	一星级	★
63	中化国际（控股）股份有限公司	一星级	一星级	一星级	一星级	一星级	一星级	★
64	福建纳川管材科技股份有限公司	一星级	一星级	一星级	一星级	一星级	一星级	★

中国企业社会责任报告白皮书（2013）

二十四、服装鞋帽制造业企业社会责任报告评价结果

序号	企业名称	创新性	可读性	可比性	平衡性	实质性	完整性	综合得分
1	广东省丝绸纺织集团有限公司	三星半级	四星级	五星级	三星级	四星级	四星级	★★★★
2	山东天雁服饰股份有限公司	三星级	三星半级	二星级	二星级	三星半级	三星级	★★★
3	大进制衣厂（惠州）有限公司	二星级	三星半级	二星级	三星级	三星级	三星级	★★★
4	恒源祥（集团）有限公司	二星级	三星半级	一星级	二星级	三星半级	二星级	★★★
5	浙江森马服饰股份有限公司	二星级	四星半级	一星级	二星级	二星级	三星级	★★
6	北京爱慕内衣有限公司	二星级	三星半级	一星级	二星级	二星级	二星级	★★
7	浙江步森服饰股份有限公司	一星级	一星级	一星级	一星级	三星半级	二星级	★★
8	宁波杉杉股份有限公司	一星级	二星级	一星级	一星级	三星级	一星级	★★
9	泰亚鞋业股份有限公司	一星级	一星级	一星级	一星级	三星半级	一星级	★★
10	雅戈尔集团股份有限公司	一星级	二星级	一星级	一星级	二星级	一星级	★
11	九牧王股份有限公司	一星级	二星级	一星级	一星级	二星级	一星级	★
12	浙江报喜鸟服饰股份有限公司	一星级	一星级	一星级	一星级	二星级	一星级	★
13	兴业皮革科技股份有限公司	一星级	一星级	一星级	一星级	二星级	一星级	★
14	广州卡奴迪路服饰股份有限公司	一星级	一星级	一星级	一星级	一星级	一星级	★
15	上海美特斯邦威服饰股份有限公司	一星级	一星级	一星级	一星级	一星级	一星级	★
16	福建七匹狼实业股份有限公司	一星级	一星级	一星级	一星级	一星级	一星级	★

二十五、房地产开发业企业社会责任报告评价结果

序号	企业名称	创新性	可读性	可比性	平衡性	实质性	完整性	综合得分
1	远洋地产控股有限公司	四星级	五星级	四星半级	五星级	四星级	四星级	★★★★
2	中国保利集团公司	四星级	四星半级	四星级	三星级	四星级	四星级	★★★★
3	广东粤海控股有限公司	四星级	四星级	四星半级	四星级	四星级	三星半级	★★★★
4	万科企业股份有限公司	二星级	四星级	四星半级	四星级	四星级	三星级	★★★★
5	招商局地产控股股份有限公司	三星级	四星级	二星级	一星级	四星级	三星半级	★★★☆
6	上海中建东孚投资发展有限公司	二星级	三星半级	一星级	二星级	四星半级	三星级	★★★☆
7	中国冶金科工股份有限公司	四星级	三星半级	一星级	三星半级	四星级	三星级	★★★
8	上海益民商业集团股份有限公司	三星半级	四星半级	三星级	一星级	三星级	三星级	★★★
9	江苏新城地产股份有限公司	二星级	三星半级	一星级	二星级	二星级	三星半级	★★
10	荣盛房地产发展股份有限公司	二星级	四星级	一星级	二星级	二星级	二星级	★★
11	中国海外发展有限公司	三星级	三星半级	二星级	二星级	二星级	二星级	★★
12	上海金桥出口加工区开发股份有限公司	二星级	四星级	四星半级	二星级	一星级	二星级	★★
13	泛海建设集团股份有限公司	二星级	三星级	一星级	二星级	三星级	二星级	★★
14	保利房地产（集团）股份有限公司	三星半级	三星半级	二星级	二星级	二星级	二星级	★★
15	中粮地产（集团）股份有限公司	二星级	三星半级	一星级	二星级	二星级	二星级	★★
16	越秀地产股份有限公司	一星级	二星级	二星级	二星级	二星级	二星级	★★
17	信达地产股份有限公司	一星级	二星级	二星级	二星级	二星级	三星级	★★
18	希慎兴业	二星级	二星级	二星级	二星级	三星级	一星级	★★
19	上海城投控股股份有限公司	一星级	二星级	一星级	一星级	二星级	一星级	★★

续表

序号	企业名称	创新性	可读性	可比性	平衡性	实质性	完整性	综合得分
20	浙江物产中大元通集团股份有限公司	二星级	二星级	一星级	一星级	二星级	二星级	★★
21	中国武夷实业股份有限公司	一星级	二星级	一星级	一星级	二星级	一星级	★
22	杭州滨江房产集团股份有限公司	二星级	二星级	一星级	一星级	二星级	一星级	★
23	金融街控股股份有限公司	一星级	二星级	一星级	一星级	二星级	一星级	★
24	中国水利水电建设股份有限公司	一星级	一星级	一星级	一星级	二星级	一星级	★
25	中天城投集团股份有限公司	一星级	二星级	一星级	一星级	二星级	一星级	★
26	福建三木集团股份有限公司	一星级	一星级	一星级	二星级	二星级	一星级	★
27	北京北辰实业股份有限公司	一星级	一星级	一星级	一星级	二星级	二星级	★
28	上海实业发展股份有限公司	二星级	二星级	一星级	一星级	一星级	二星级	★
29	浙江龙盛集团股份有限公司	一星级	一星级	一星级	一星级	二星级	二星级	★
30	阳光城集团股份有限公司	一星级	一星级	一星级	一星级	二星级	一星级	★
31	天津市房地产发展（集团）股份有限公司	一星级	二星级	一星级	一星级	二星级	一星级	★
32	宇宏地产有限公司	一星级	一星级	一星级	二星级	一星级	一星级	★
33	浙江东日股份有限公司	一星级	二星级	一星级	一星级	一星级	一星级	★
34	吉林亚泰（集团）股份有限公司	一星级	一星级	一星级	一星级	一星级	一星级	★
35	北京城建投资发展股份有限公司	一星级	一星级	一星级	一星级	一星级	一星级	★
36	名流置业集团股份有限公司	一星级	一星级	一星级	一星级	一星级	二星级	★
37	苏宁环球股份有限公司	一星级	一星级	一星级	一星级	二星级	一星级	★

附录二 重点行业社会责任报告评价结果与排名(2013)

续表

序号	企业名称	创新性	可读性	可比性	平衡性	实质性	完整性	综合得分
38	中国宝安集团股份有限公司	一星级	一星级	一星级	一星级	一星级	一星级	★
39	福建漳州发展股份有限公司	一星级	一星级	一星级	一星级	一星级	一星级	★
40	华丽家族股份有限公司	一星级	一星级	一星级	一星级	二星级	一星级	★
41	冠城大通股份有限公司	一星级	二星级	一星级	一星级	一星级	一星级	★
42	福建实达集团股份有限公司	一星级	一星级	一星级	一星级	二星级	一星级	★
43	宏润建设集团股份有限公司	一星级	一星级	一星级	一星级	一星级	一星级	★
44	泰禾集团股份有限公司	一星级	一星级	一星级	一星级	一星级	一星级	★
45	南京栖霞建设股份有限公司	一星级	一星级	一星级	一星级	一星级	一星级	★
46	华远地产股份有限公司	一星级	一星级	一星级	一星级	一星级	一星级	★
47	深圳市振业（集团）股份有限公司	一星级	一星级	一星级	一星级	一星级	一星级	★
48	浙江广厦股份有限公司	一星级	二星级	一星级	一星级	一星级	一星级	★
49	卧龙地产集团股份有限公司	一星级	一星级	一星级	一星级	一星级	一星级	★
50	珠海格力房产有限公司	一星级	一星级	一星级	一星级	一星级	一星级	★
51	大连万达集团股份有限公司	一星级	二星级	一星级	一星级	一星级	一星级	★
52	北京空港科技园区股份有限公司	一星级	一星级	一星级	一星级	一星级	一星级	★
53	天津泰达股份有限公司	一星级	一星级	一星级	一星级	一星级	二星级	★
54	无锡中南置业投资有限公司	一星级	一星级	一星级	一星级	一星级	一星级	★
55	北京首都开发股份有限公司	一星级	一星级	一星级	一星级	一星级	一星级	★
56	凯德集团（中国）	一星级	一星级	一星级	一星级	一星级	一星级	★
57	上海张江高科技园区开发股份有限公司	一星级	二星级	一星级	一星级	一星级	一星级	★

续表

序号	企业名称	创新性	可读性	可比性	平衡性	实质性	完整性	综合得分
58	苏州新区高新技术产业股份有限公司	一星级	一星级	一星级	一星级	一星级	一星级	★
59	广州珠江实业公司	一星级	一星级	一星级	一星级	一星级	一星级	★
60	南京高科股份有限公司	一星级	一星级	一星级	一星级	一星级	一星级	★
61	新湖中宝股份有限公司	一星级	一星级	一星级	一星级	一星级	一星级	★
62	无锡星洲工业园区开发股份有限公司	一星级	一星级	一星级	一星级	一星级	一星级	★
63	鲁商置业股份有限公司	一星级	一星级	一星级	一星级	一星级	一星级	★
64	无锡城市发展集团有限公司	一星级	一星级	一星级	一星级	一星级	一星级	★
65	银亿房地产股份有限公司	一星级	一星级	一星级	一星级	一星级	一星级	★
66	广西梧州中恒集团股份有限公司	一星级	一星级	一星级	一星级	一星级	一星级	★
67	宁波富邦控股集团有限公司	一星级	一星级	一星级	一星级	一星级	一星级	★
68	碧桂园控股有限公司	一星级	一星级	一星级	一星级	一星级	一星级	★
69	佛山一秀地产顾问有限公司	一星级	一星级	一星级	一星级	一星级	一星级	★
70	上海市天宸股份有限公司	一星级	一星级	一星级	一星级	一星级	一星级	★
71	世光创建实业有限公司	一星级	一星级	一星级	一星级	一星级	一星级	★
72	珠海华发实业股份有限公司	一星级	一星级	一星级	一星级	一星级	一星级	★
73	北京万通地产股份有限公司	一星级	一星级	一星级	一星级	一星级	一星级	★
74	北京电子城投资开发股份有限公司	一星级	一星级	一星级	一星级	一星级	一星级	★
75	金地（集团）股份有限公司	一星级	一星级	一星级	一星级	一星级	一星级	★
76	无锡市太湖新城发展集团有限公司	一星级	一星级	一星级	一星级	一星级	一星级	★
77	上海爱建股份有限公司	一星级	一星级	一星级	一星级	一星级	一星级	★
78	方兴地产（中国）有限公司	一星级	一星级	一星级	一星级	一星级	一星级	★

附录三　未参与评价的企业社会责任报告名单(2013)

一、发布社会责任报告但未从公开渠道找到报告企业名单

序号	企业名称	序号	企业名称
1	维维股份	23	广西三威林产工业有限公司
2	中国洛阳浮法玻璃集团	24	大自然家居（中国）有限公司
3	青海明胶股份有限公司	25	重庆星星木门有限公司
4	安吉县农村信用合作联社	26	浙江省富得利木业有限公司
5	浙江南浔农村商业银行股份有限公司	27	广西高峰林场
6	吴兴农村合作银行	28	秦皇岛卡尔凯旋木业有限公司
7	万华化学集团股份有限公司	29	浙江梦天木业有限公司
8	香港中旅（集团）有限公司	30	浙江帝龙装饰纸有限公司
9	美的集团有限公司	31	同煤集团
10	恒大地产集团有限公司	32	焦煤集团
11	富士胶片（中国）投资有限公司	33	河南煤化集团
12	上海锅炉厂有限公司	34	淮南矿业集团
13	上海正名资信评估服务有限公司	35	大同煤矿集团有限责任公司
14	上海远东资信评估有限公司	36	焦煤集团有限责任公司
15	南光（集团）有限公司	37	山西省煤炭运销集团有限公司
16	上海建工五建集团有限公司	38	太原双合成食品有限公司
17	上海日用-友捷汽车电气有限公司	39	天泽煤化工集团股份公司
18	西门子（中国）有限公司	40	阳城阳泰集团竹林山煤业有限公司
19	中国航油集团物流有限公司	41	吉利尔潞绸集团织造股份有限公司
20	吉林森工股份有限公司	42	凯嘉能源集团有限公司
21	德华兔宝宝装饰新材有限公司	43	平遥煤化（集团）有限责任公司
22	广东宜华木业有限公司	44	中阳钢铁有限公司

续表

序号	企业名称	序号	企业名称
45	永昌源集团	54	新雅粤菜馆
46	隆水实业集团有限公司	55	大富贵酒楼
47	杏花楼集团	56	上海珍鼎餐饮服务有限公司
48	小绍兴大酒店	57	上海博海餐饮有限公司
49	绿波廊酒店	58	麦金地餐饮管理服务有限公司
50	梅龙镇酒家	59	上海麦盛莉餐饮管理有限公司
51	丰收日集团	60	上海杨利朋生煎餐饮管理有限公司
52	上海凯司令食品有限公司	61	上海人家
53	红房子酒楼（淮海店）	62	上海圆苑餐饮管理有限公司

二、发布单项报告的企业名单

序号	企业名称	序号	企业名称
1	天津三星视界有限公司	16	卡博特化工（天津）有限公司和卡博特高性能材料（天津）有限公司
2	天津三星视界移动有限公司		
3	天津三星通信技术有限公司	17	锦湖轮胎（天津）有限公司
4	天津三星泰科光电子有限公司	18	藤仓化成涂料（天津）有限公司
5	天津三星光电子有限公司	19	天津利安隆新材料股份有限公司
6	天津三星电子有限公司	20	阿克苏诺贝尔涂料（天津）有限公司
7	天津三星电机有限公司	21	PPG涂料（天津）有限公司
8	天津三星LED有限公司	22	中远关西涂料化工（天津）有限公司
9	三星高新电机（天津）有限公司	23	天津达一琦精细化工有限公司
10	嘉吉食品（天津）有限公司	24	天津膜天膜科技股份有限公司
11	欧文斯科宁（天津）建筑材料有限公司	25	天津永富关西涂料化工有限公司
12	普利司通（中国）轮胎有限公司	26	天津丰星电子有限公司
13	天津中新药业集团股份有限公司隆顺榕制药厂	27	天津电装电子有限公司企业
14	天津中新药业集团股份有限公司达仁堂制药厂	28	伟创力电子制造（天津）有限公司
15	天津中新药业集团股份有限公司中新制药厂	29	天津斯坦雷电气有限公司

附录三 未参与评价的企业社会责任报告名单(2013)

续表

序号	企业名称	序号	企业名称
30	葛兰素史克（天津）有限公司	39	天津东海理化汽车部件有限公司
31	肯纳金属（中国）有限公司	40	天津泰达威立雅水务有限公司
32	通用半导体（中国）有限公司	41	天津顶益食品有限公司
33	石药信汇（天津）医药科技有限公司	42	天津科瑞达涂料化工有限公司
34	本田中国投资有限公司	43	天津一汽丰田汽车有限公司
35	罗姆半导体（中国）有限公司	44	天津滨海能源发展股份有限公司
36	天津杰士电池有限公司	45	霍尼韦尔（天津）有限公司
37	天津精工华晖制版技术开发有限公司	46	诺基亚西门子通信（天津）有限公司
38	天津合佳威立雅环境服务有限公司		

三、发布中文版全球报告企业名单

序号	企业名称	序号	企业名称
1	宝洁公司	4	太古集团
2	台达公司	5	复兴国际有限公司
3	中电集团		

四、发布报告时间超出本次研究时间范围企业名单

序号	企业名称	序号	企业名称
1	安徽中意胶带有限责任公司	9	华福证券有限责任公司
2	常州新华书店有限责任公司	10	吉林石化公司
3	德勤中国	11	济南华联商厦集团股份有限公司
4	福州农商银行	12	江西中煤建设集团有限公司
5	光大保德信基金	13	金达信用担保有限公司
6	合肥合锻机床股份有限公司	14	绿地集团
7	河北钢铁集团永洋钢铁有限公司	15	平安家具有限公司
8	湖北龙王恨渔具集团有限公司	16	普华永道

续表

序号	企业名称	序号	企业名称
17	山西水塔醋业股份有限公司	26	中国人民银行济南分行营业管理部
18	香港上海大酒店有限公司	27	中国石油化工股份有限公司济南分公司
19	新疆农村信用社	28	中国食品有限公司
20	宇业集团	29	中国邮政储蓄银行济南市分行
21	渣打集团有限公司	30	GE 中国
22	招商银行济南分行	31	四川九洲电器集团有限公司
23	浙江金鹰股份有限公司	32	香港中华煤气有限公司
24	中国泛海控股集团有限公司	33	广东省盐业集团有限公司
25	中国光大国际有限公司	34	齐鲁制药有限公司

附录四　责任云平台介绍

责任云平台（www.zerenyun.com）由中国社会科学院经济学部企业社会责任研究中心联合国内顶尖 CSR 机构、IT 技术公司发起建立，运用大数据、云计算推动中国企业社会责任更好更快地发展。

一、发起机构（首批）

学术机构：中国社会科学院经济学部企业社会责任研究中心。
数据采集：正德至远社会责任机构。
顾问机构：IBM（中国）。
技术平台：中国软件集团中软信息服务有限公司。

二、核心定义

责任云是一种创新的业务模式，基于云计算的技术，促进社会责任生态链各方的协作，通过利益相关各方的资源聚合、共享和重新分配，为使用者提供整合、创新的企业社会责任服务，从而推动行业升级，促进中国企业社会责任更好更快地发展。

三、平台定位

◇ 中国企业社会责任的权威信息交流展示平台。
◇ 中国企业社会责任资源的共建、共享、共赢。
◇ 促进业务创新，推动行业升级。

四、主要特征

◇ 专业："一站式"社会责任综合服务。

中国企业社会责任报告白皮书（2013）

◇ 创新：业务创新、模式创新。
◇ 开放：多方共建、共同参与的平台。

五、主要应用（1.0版本）

截至2013年10月底，责任云1.0应用主要包括"中国企业社会责任发展指数"（以下简称"CSR指数"）和"中国企业社会责任观察"（以下简称"责任观察"）两个项目。

"CSR指数"项目以《企业社会责任蓝皮书》（2009、2010、2011、2012、2013）为基础，汇聚了中国100强系列企业社会发展指数的技术路线、榜单查询以及原始数据查询等功能，以便企业、研究者等相关方定制化、系统化、多客户端地了解我国企业社会责任管理体系建设状况和信息披露水平。

"责任观察"项目是中心和正德至远社会责任机构联合建立的一个创新项目，通过中心的理论支持和正德至远的数据采集团队，重点、实时地关注我国企业社会责任领域的进展状况，进而为相关方提供更加及时、准确和全面了解企业社会责任发展现状服务。

六、联盟倡议

责任云平台的核心关键词是"专业、创新、开放"，诚邀各利益相关方参与：

- 政府部门。
- 中外企业。
- 专业媒体。
- 研究机构。
- 咨询机构。
- 投资机构。
- 社会团体。
- 社会公众。

共建共享、共创和谐！

后 记

《中国企业社会责任报告白皮书（2013）》是集体劳动的成果，整个项目前后历时8个月，先后有30余人投入工作，共收集47个行业1400余家企业社会责任报告，对192000个指标进行采集和打分，最终形成中国企业社会责任报告最终得分。数据采集和评价通过中国企业社会责任一站式综合服务平台——责任云（www.zerenyun.com）完成。评价指标数据库构建工作由中国社会科学院企业社会责任研究中心和正德至远社会责任机构联合完成。内容结构和技术路线由钟宏武、张蒽、孙孝文研究确定，并听取了相关专家的意见和建议。数据采集过程中信息搜集、阅读和整理工作由翟利峰、方小静组织协调完成，翟利峰、方小静、周亚楠、郑策、陈晓锋、李亚珍、应孟冷、宋静思、叶丽清、赵雪伶、杨栋、宋春玲、王蛟蛟、姚丽婷、文敏、王玲玲、华铝丽、耿源、王晓旭、吴佳伟等同志负责信息采集和评价工作，最终由翟利峰、方小静、汪杰、张林菁共同组织完成信息录入、数据清理与指标赋权。

白皮书的写作提纲由钟宏武、魏紫川、张蒽、孙孝文共同确定。总论由钟宏武、翟利峰、周亚楠撰写；行业篇的第一章"特种设备制造业社会责任报告综合评价"、第二章"通信服务业社会责任报告综合评价"、第三章"电力供应业社会责任报告综合评价"由郑策撰写；第四章"石油和天然气开采与加工业社会责任报告综合评价"、第五章"银行业社会责任报告综合评价"、第六章"一般采矿业社会责任报告综合评价"由赵雪伶撰写；第七章"电力生产业社会责任报告综合评价"、第八章"零售业社会责任报告综合评价"、第九章"酒精及饮料酒制造业社会责任报告综合评价"由宋春玲撰写；第十章"煤炭开采与洗选业社会责任报告综合评价"、第十一章"通信设备制造业社会责任报告综合评价"、第十二章"金属冶炼及压延加工业社会责任报告综合评价"由王蛟蛟撰写；第十三章"食品饮料业社会责任报告综合评价"、第十四章"机械设备制造业社会责任报告综合评价"、第十五章"交通运输设备制造业社会责任报告综合评价"由陈晓锋撰写；第十六章"保险业社会责任报告综合评价"、第十七章"计算机及相关设备制造业社会责任报告综合评价"、第十八章"交通运输服务业社会责任报告综合评价"由杨栋撰写；第十九章"非金属矿物制品业社会责任报告综合评价"、第二十章"建筑业社会责任报告综合评价"、第二十一章"电子产品及电子元器件制造业社会责任报告综合评价"由姚丽婷撰写；第二十二章"医药生物制造业社会责任报告综合评价"、第二十三章"工业化学品制造业社会责任报告综合评价"由文敏撰写；第二十四章"服装鞋帽制造业社会责任报告综合评价"、第二十五章"房地产开发业社会责任报告综合评价"由华铝丽撰写。评级篇资料整理与编辑由方小静完成；附录一"中国企业社会责任报告评价结果与排名表（2013）"由周亚楠整理；附录二"重点行业社会责任报告结果与排名（2013）"由方小静整理；附录三"未参与评价的企业社会责任报告名单（2013）"由翟利峰整理。全书由钟宏武审阅、修改和定稿。

中国企业社会责任的研究起步不久，还有很多的问题有待探索和解决。希望各行各业的专家学者、读者朋友不吝赐教，以推动中国企业社会责任更快、更好地发展。

（本书电子版请登录中心网站下载，地址：http://www.cass-csr.org/，相关数据的查询和排名亦可登录责任云 www.zerenyun.com，或下载手机客户端应用——"责任云"进行相关查询）

中国社会科学院经济学部企业社会责任研究中心
正德至远社会责任机构
2013 年 11 月

2014 年中心工作计划

类别	项目内容	时间/地点
研究	《中国企业社会责任报告编写指南（CASS-CSR3.0)》分行业指南研究及发布	1~12月
	中国矿业企业社会责任现状调查与评估	1~12月
	《中资企业海外社会责任蓝皮书》	1~12月
	《中国企业社会责任理论研究论坛（2014）》	8月
培训	分享责任——中国企业社会责任公益讲堂	2月,北京;5月,上海;8月,成都;11月,深圳
	中国社会科学院MBA《企业社会责任必修课》	3~5月
	全国MBA《企业社会责任》教学研讨会	8月
	《中国企业社会责任报告编写指南（CASS-CSR3.0)》应用培训会	1~12月
评价	中国企业社会责任报告评级总结会（2013）	1月
	《中国企业公益蓝皮书（2014）》	3~7月
	《企业社会责任蓝皮书（2014）》	7~11月
	《中国企业社会责任报告白皮书（2014）》	3~12月
责任云	责任云——责任报告指数	1月
	责任云——《指南3.0》（应用）	1~12月
	责任云——分享责任在线培训（应用）	2~11月
	责任云——最佳实践案例（应用）	7~12月
	责任云——社会/环境核心数据库（应用）	1~12月
调研	中心理事会	1月
	企业社会责任国际考察（韩国、瑞典等）	5月
	责任中国行——中心理事单位系列调研	1~12月

正德至远社会责任机构简介

正德至远社会责任机构成立于 2010 年，在中国社会科学院经济学部企业社会责任研究中心咨询部和数据中心的基础上组建而成。公司系中国社会科学院企业社会责任研究中心的战略合作机构和成果转化平台。公司成立以来，先后为《中国企业社会责任蓝皮书（2010/2011/2012/2013）》、《中国企业社会责任报告白皮书（2011/2012）》、《中国企业社会责任报告编写指南（CASS - CSR 2.0)》等项目提供数据支持；双方共同为国内外数十家大型企业提供社会责任管理咨询、培训和报告服务。

机构依托中国社会科学院企业社会责任研究中心深厚的理论研究基础，结合我国企业实践经验，专注于企业社会责任管理咨询、能力培训和品牌推广，为客户提供全方位的社会责任解决方案，帮助客户成为面向未来的可持续企业。机构提供的服务主要包括：

社会责任管理咨询：帮助企业建立社会责任组织体系、制度体系、指标体系、社会责任战略规划和社会责任项目评估。

社会责任报告咨询：帮助企业建立社会责任报告编写流程、议题选择流程，并指导企业进行年度社会责任报告编制。

社会责任传播：帮助企业建立社会责任传播与沟通体系、利益相关方沟通手册，树立负责任的品牌形象。

社会责任培训：为企业提供社会责任理论和实践培训，提升管理层和员工的社会责任意识，并帮助企业掌握社会责任工作工具。

社会责任评估：依托中国社会科学院企业社会责任研究中心的数据库和知识库资源，为企业提供社会责任诊断和评估，并提供针对性解决方案。

地址：北京市朝阳区东三环中路 39 号建外 soho 写字楼 A 座 1710

邮箱：sunxw@ cass - csr. org

电话：010 - 59001552